TGIF 시대의

글로벌경제

김용진 저

머리말

20세기가 지나 21세기를 맞이한 지도 벌써 10년이 지났다. 새로운 천년을 맞이하면서 지구촌이 요란했던 일들이 생각난다. 그리고 최근 우리들 주위의 변화된 생활환경을 보면 예전과는 아주 다른 것들이 많이 있다는 것을 느끼게 된다.

그 가운데 필자가 최근에 느끼는 것은 얼마 전 아이폰을 사용하고 난 이후부터이다. 20세기 후반에 컴퓨터가 현대사회에 널리 사용된 후 부터는 우리사회와 우리생활에 엄청난 변화가 있었으며, 특히 인터넷이 등장한 이후 그 변화의 속도는 우리의 상상을 초월하게 되었다. 게다가 21세기에 들어와서 더욱 새롭게 변화를 주고 있는 것은 twitter, facebook이 우리사회에 등장한 것이다. 최근 TGIF를 하지 않으면 시대에 따라가기 어렵다는 이야기가 있을 정도이다. TGIF란 Twitter, Google, Internet, Facebook의 약자이다.

요즈음 필자는 항상 휴대하고 있는 아이폰을 통해 많은 정보를 얻기도 하며, 그 정보를 다른 사람에게 보내기도 한다. 뿐만 아니라 필자가 필요한 정보는 아이폰으로 즉시 그 자리에서 찾아보고 있다. 내 손안에 있는 아이폰으로 당장 필요한 정보를 국내뿐만 아니라 글로벌 정보를 얻을 수 있으며 다른 사람에게 그 정보를 전달하고 의견을 교환할 수도 있는 놀라운 세상이 되었다.

예를 들면 국내 뉴스를 알기 위해서는 국내에서 발행되는 각종 신문들을 보며 정보의 현장감을 얻기 위해서는 라디오를 듣거나 TV를 본다. 해외의 뉴스를 알기 위해서는 외국 신문들을 주로 본다. 필자가 즐겨 보는 해외신문은 뉴욕 타임즈와 USA TODAY이다.

세계주요국의 주식시세, 세계주요도시의 날씨와 기온의 변화도 아이폰으로 정보를 얻을 수 있다.

세계 각국으로 전화통화는 물론이고 메일을 주고받을 수 도 있다. 세계 여러 사람들과의 대화의 공간인 Twitter, Facebook의 이용은 정말 지구촌이 글로벌 시대가 되었다는 것을 실감나게 한다.

머리말

이제 세계는 거리와 공간이 좁혀져 지구촌이란 말이 적절한 용어같이 느껴진다. 자원이 부족한 한국경제는 2011년 GDP 1조 달러 시대, 세계무역규모 1조 달러 시대, 즉 한국경제의 쌍둥이 1조 달러 시대가 다가왔다. 이러한 경이적인 한국경제의 변화를 비추어 볼 때 한국의 경제와 세계경제는 맞물려 돌아갈 수밖에 없다는 것을 우리는 이해가 된다. 예를 들면 미국이 이자율을 올리면 한국증권시세가 변동하고, 국제유가의 변동은 한국경제에 미치는 영향이 엄청나다. 중국 위안의 가치변동은 우리의 무역에 큰 영향을 주며, 최근 이집트의 정부불안이 세계경제에 영향을 주기도 한다. 그리고 1960년대까지 한국의 최대 무역파트너는 일본이었으나 1970년대부터 미국으로 바뀌었고, 2004년부터 중국으로 바뀌었다. 중국의 고도성장은 석유자원 등의 가격을 급등시켜 이 또한 한국경제에 바로 영향을 준다. 이처럼 한국경제와 국민생활은 글로벌경제에 긴밀하게 통합되어 가고 있다. 그러므로 세계경제를 모르고 한국경제 문제를 풀어나가는 것은 어려운 일이다.

이렇게 급변하는 시대에 살고 있는 우리는 세계경제의 여러 가지 현상들을 제 정리하고 세계 각국들의 경제환경의 변화를 직접, 간접경험과 문헌, 각종 정보매체를 인용하여 세계경제현상을 좀더 쉽게 그리고 현장감을 느낄 수 있도록 교재를 저술하려고 노력하였다.

이 책은 대학생, 대학원생, 일반인들도 쉽게 이해할 수 있도록 집필되었으며 이해를 돕기 위해 관련 팁(관련 예)을 보충하였다.

이 책은 9장으로 구성하였다. 제1장 경제학과 글로벌경제에서는 경제학의 태동과 글로벌경제의 배경에 대하여, 제2장 Globalization에서는 그 어원과 Globalization 등장의 시대순 배경과 M&A에 대하여, 제3장 글로벌경제의 핫이슈에서는 지구촌의 인구문제, 자원문제, 환경문제에 대하여 제4장 국제무역에서는 국제무역의 발전과정, 국제무역에 기초적인 이론, 국제무역정책에 대하여, 제5장 국제금융에서는 외환의 의미와 환율제도, 국제수지에 대하여, 제6장 국제경제기구에서는 국제경제기구의 필요성, 국제경제기구의 설립배경,

Preface

국제경제기구인 IMF, IBRD, GATT, WTO, OECD에 대하여, 제7장 세계경제의 기초이론에서는 세계경제통합의 배경, 경제통합의 유형, 방법 및 효과에 대하여, 제8장 세계주요지역의 경제통합에서는 EU의 탄생배경과 변화과정, 한국에 미치는 영향, NAFTA의 추진배경과 회원국과 한국에 미치는 영향, ASEAN의 성립배경과 회원국간의 경제협력, MERCOSUR의 성립배경과 회원국간의 경제협력관계, APEC의 추진배경과 전망, 그리고 미국, 중국, EU, ASEAN 등 세계 주요국의 FTA 추진현황에 대하여, 제9장 글로벌 시대의 한국경제에서는 우리나라의 경제발전과정을 해방이전부터 최근까지의 시대별 경제현황과 발전과정을 설명하였으며, 그리고 글로벌시대 한국의 FTA의 필요성, 추진배경 및 한국의 FTA 현황, 한국과 주요국간의 FTA내용에 대하여 체결 및 발효국가, 체결국가, 협상중인국가, 협상고려중인 국가로 구분하여 이에 대하여 상술하였다.

이 책이 출판되기까지는 많은 분들의 수고와 도움이 있었으며, 이 책의 출판에 도움을 주신 분들은 책의 자료정리 및 조언을 해주신 신계선 박사, 조언과 교정을 해 주신 서동균박사, 자료정리에 수고한 우리학과 조교 고소영 선생님이며, 이 지면을 통해 이 분들에게 진심으로 감사함을 전한다. 그리고 부족한 필자가 졸고를 준비하였지만 출판을 쾌히 허락해 주신 전두표 사장님, 출판에 많은 조언과 도움을 주신 이승구 상무님, 편집에 수고하신 박진희, 곽은옥 선생님께도 감사드린다.

처음 책의 집필을 구상하고, 시작했을 때에는 멋진 작품을 만들어 보려고 했었지만 필자의 능력한계로 졸작이 된 것 같아 아쉬움이 많이 남는다. 개정판을 낼 기회가 있을 때에는 내용을 좀 더 충실히 보완하여 보다 나은 책이 나올 수 있도록 할 것을 약속드린다.

2011년 2월

한새벌 연구실에서 김 용 진

차 례

제1장 경제학과 글로벌경제 ······ 13

제1절_경제학의 태동과 발전 ······ 13

제2절_글로벌경제 ······ 20

제2장 Globalization ······ 27

제1절_Globalization이란 무엇인가? ······ 27

제2절_Globalization의 등장 ······ 30

제3절_M&A ······ 37

1. M&A 정의 / 37
2. M&A 종류 / 38
3. M&A 장·단점 / 39
4. M&A의 발전과정 / 40
5. 세계 M&A 현황 / 42
6. 한국 M&A 현황 / 43

제3장 글로벌경제의 핫이슈 ······ 45

제1절_지구촌의 인구문제 ······ 45

1. 인구와 경제성장 / 45
2. 세계의 인구변천과정 / 47
3. 세계 주요국의 인구현황 / 49
4. 향후의 인구정책 / 50
5. 향후의 인구문제 / 51

차 례

제2절_글로벌시대의 자원문제 ······ 55

1. 식량자원 / 55
2. 에너지자원 / 58
3. 수자원 / 62
4. 지식자원 / 65

제3절_글로벌 시대의 환경문제 ······ 66

제 4 장 국제무역 ······ 73

제1절_국제무역의 발전과정 ······ 73

제2절_국제무역이론의 발전 ······ 74

1. 중상주의(Mercantilism) / 74
2. 중농주의(Physiocracy) / 76
3. 고전학파무역이론(Classic School) / 77
4. 근대무역이론 / 80
5. 현대무역이론 / 83

제3절_국제무역정책 ······ 86

1. 무역정책의 목표 / 86
2. 무역정책의 유형 / 87

제 5 장 국제금융 ······ 91

제1절_외환 ······ 91

1. 외환(Foreign Exchange) / 91
2. 외환의 종류 / 92
3. 외환시장(Foreign Exchange Market) / 92

제2절_환율(Foreign Exchange Rate) ········· 93

1. 환율의 의미 / 93
2. 환율의 종류 / 95
3. 환율제도 / 96
4. 우리나라의 환율제도 / 99

제3절_국제수지(Balance of Payments) ········· 101

1. 정의 / 101
2. 국제수지표의 구성 / 102
3. 국제수지관리의 중요성 / 106
4. 한국의 국제수지 / 107

제6장 국제경제기구 ········· 113

제1절_국제경제기구의 필요성 ········· 113

제2절_IMF(International Monetary Fund) ········· 114

1. IMF 설립의 목적 / 114
2. 변동화율제시대 / 118

제3절_IBRD ········· 124

1. IBRD의 설립목적 / 124
2. IBRD의 조직 / 125
3. 융자활동 / 125
4. 1960년대 이후의 주요활동 / 127

제4절_GATT ········· 128

1. GATT의 설립목적 / 128
2. GATT의 기본원칙 / 128
3. GATT의 전개과정 / 130
4. GATT의 후퇴 / 132

차 례

제5절_WTO ··· 133

1. WTO의 설립배경 / 133
2. WTO의 설립목적 / 134
3. WTO의 기본원칙 / 135
4. WTO의 조직 / 137
5. WTO의 특징 / 137
6. WTO체제하의 뉴 라운드 / 138

제6절_OECD ··· 141

1. OECD의 목적 / 141
2. OECD의 성격 / 141
3. 가입에 따른 실익과 부담 / 143

제 7 장 세계경제통합의 이론 ··· 149

제1절_세계경제통합의 배경 ··· 149

제2절_경제통합의 전제조건 ··· 150

제3절_경제통합의 필요성 ··· 152

제4절_경제통합의 형태 ··· 154

1. 자유무역지역(Free Trade Area) 또는 자유무역협정 (Free Trade Agreement : FTA) / 155
2. 관세동맹(Customs Union) / 155
3. 공동시장(Common Market) / 156
4. 경제동맹(Economic Union) / 156
5. 완전경제통합 / 156

제5절_경제통합의 방법 ··· 157

1. 기능적 통합(Functional Integration)과 제도적 통합(Institutional Integration) / 158

Contents

2. 부문적 통합(Sectoral Integration)과
전반적 통합(Overall Integration) / 158
3. 수평적 통합(Horizontal Integration)과
수직적 통합(Vertical Integration) / 159

제6절_경제통합의 효과 및 문제점 ········· 160
1. 경제통합의 효과 / 161
2. 경제통합의 문제점 / 163

제 8 장 세계주요지역의 경제통합 ········· 167

제1절_EU ········· 167
1. EU의 추진배경 / 167
2. 마스트리히트조약과 EU / 168
3. EU의 주요 공동정책 / 171
4. EU의 통화통합 / 175
5. EU가 한국경제에 미치는 영향 / 176

제2절_NAFTA ········· 178
1. NAFTA의 추진배경 / 178
2. NAFTA의 주요내용 / 180
3. NAFTA의 효과 / 182
4. NAFTA가 우리 경제에 미치는 영향 / 183

제3절_ASEAN(동남아시아국가연합 : Association of South-East
Asia Nations) ········· 184
1. 성립배경 / 184
2. ASEAN의 역내경제협력 / 186
3. ASEAN의 문제 / 186

차 례

제4절_MERCOSUR ······ 187

제5절_APEC ······ 189

1. APEC의 추진배경과 특징 / 189
2. APEC의 조직 및 운영 / 192
3. APEC에서의 한국의 역할 / 195
4. APEC의 전망 / 196

제6절_세계 각 지역의 FTA 열풍 ······ 197

1. 세계 FTA의 개요 / 197
2. 세계 주요국의 FTA 추진현황 / 198

제9장 글로벌 시대의 한국경제 ······ 209

제1절_한국경제의 발전과정 ······ 209

1. 해방전후의 경제(1945년 전후) / 209
2. 1950년대의 한국경제 / 214
3. 1960년대의 한국경제 / 216
4. 1970년대의 한국경제 / 222
5. 1980년대의 한국경제 / 226
6. 1990년대의 한국경제 / 228
7. 2000년 이후의 한국경제 / 230

제2절_글로벌시대 한국의 FTA ······ 232

1. 한국의 FTA 필요성 / 232
2. 한국의 FTA 추진과정 / 234
3. 한국의 FTA 현황 / 234
4. 한국과 주요국간의 FTA 내용요약 / 236

참고문헌 / 283

찾아보기 / 287

경제학과 글로벌경제 제1장

제1절 경제학의 태동과 발전

인류가 지구상에 존재한 이후 경제문제는 대두되었다. 즉 인간이 기본적인 생활을 하기 위해서는 의식주문제를 해결해야 한다. 의식주문제를 해결하기 위해 인간은 갖은 수단과 방법을 사용하였으며 이런 노력의 결과 오늘날의 사회로까지 발전해 온 것이다.

이러한 발전과정을 보면 기원전부터 지속적으로 발전을 거듭하여왔으나 특히 자본주의의 태동과 산업혁명의 영향으로 비약적인 발전을 하였다. 엘빈 토플러의 제3의 물결은 인간사회의 발전과정을 간단명료하게 설명한 내용이다. 특히 제2의 물결인 산업혁명은 인류에게 많은 영향을 주었다. 예전에 없던 물건들이 만들어졌으며 오래전부터 있던 물건들은 생산량이 향상되어 인류의 소유욕구를 채워주었다. 이러한 환경 가운데 사회과학의 한 분야로 분화되어 오늘날 경제학이 태동하게 되었다. 경제에 관한 내용은 고대 철학자들도 나름대로 이론을 정립하여 주장하였다. 예를 들면 플라톤은 분업의 중요성을 강조하였으며, 아리스토텔레스는 돈은 재산증식의 수단이 아니라 교환수단이므로 이자의 수취를 강력히 비난했다. 고대, 중세의 경제사상은 언제나 윤리학, 정치학, 신학의 일부로 논의되었으며 경제문제만을 독립적으로 취급하지는 않았다.

경제학이 학문적으로 정립된 것은 약 200년 조금 지났다. 경제학의 정립의 조상은 영국의 아담 스미스이다. 일부학자들은 프랑스의 중농주의 학자인 케네를 조상이라고 주장하기도 한다. 하지만 대부분의 학자들은 경제학의 조상은 아담 스미스라는 견해가 지배적이다.

아담 스미스를 경제학의 조상이라고 하는 이유는 오래전부터 많은 학자들이 다루었던 경제문제들을 체계적으로 총 정리하여 국부론이란 책을 저술했기 때문이다. 국부론이 탄생하기까지에는 아담 스미스는 프랑스의 케네의 영향을 많이 받았다. 그래서 국부론이 완성 되었을 때 케네가 생존했었다면 그 책을 케네에게 바쳤을 것이라는 이야기도 있다.

요약하면 경제학의 태동은 18세기 산업혁명과 자본주의의 배경 하에서 아담 스미스가 국부론을 저술함으로써 경제학이 사회과학의 학문적인 한 분야로 자리매김한 것이다. 아담스미스의 뒤를 이어 데이비드 리카르도, 토마스 맬스서, 죤 스튜어트 밀 등 고전경제학자들이 경제학을 학문적으로 정립시키는 기초를 다졌다. 그 이후 자본론의 저자인 칼 마르크스, 한계효용이란 개념을 경제학에 도입시킨 한계효용학파인 영국의 제본스, 오스트리아의 멩거, 프랑스의 왈라스가 경제학의 발전에 많은 기여를 하였다.

경제학에서 또 하나의 거대한 산맥은 케인즈혁명이라 불리는 케인즈경제학이다. 케인즈(J. M. Keynes ; 1883～1946)는 20세기 경제학의 방향을 돌려놓았다고 할 만큼 유명하고 영향력이 큰 경제학자이다. 그는 경제학의 연구방향을 당시까지 경제학의 주류를 이루던 고전학파와 신고전학파의 가치와 분배이론으로부터 소득과 고용결정이론으로 돌려놓았으며, 소비, 투자, 정부지출 등과 같은 총체 경제변수의 움직임과 결정에 연구의 관심을 집중시켰다. 케인즈는 자본주의의 가장 큰 취약점인 실업의 원인과 해결책을 거론하면서 당시의 자본주의가 자율적 조절 기능을 상실한 것으로 판단하였다. 이에 자유방임주의를 공격하고, 완전고용을 달성하기 위해서는 정부가 경제활동에 능동적으로 관여해야 한다고 주장하였다.[1] 케인즈경제학은 1929년에 미국을 기점으로 발생한 대공황(great depression)을 수습하는 처방전으로 전개된 이론이다. 대공황은 경제학을 위기에 몰아넣었다. 마르크스주의자들은 공황의 가능성을 부인한 신고전파 경제학을 비웃었다. 그러나 '존경받는 경제학'은 아무 일도 할 수가 없었다. '세이의 법칙(Say's Law)'[2]과 '왈

1) 박장환, 경제사상사의 이해, 학문사, 1997, p.241.
2) 단지 화폐는 교환의 매개수단에 불과하며 생산물의 총공급은 항등적으로 총수요에 일치한다. 즉, 공급은 그 자체의 수요를 창출하므로 본질적으로 과잉생산은 불가능하다.

라스(L. Walras)의 일반균형(general equilibrium)'[3]이 지배하는 경제학의 세계에서는 대공황과 같은 일이 일어날 수 없다. 그래서 자본주의를 변호해 온 경제학자들은 자본주의 역사에서 반복해서 나타난 주기적 공황이라는 현실을 무시했다. 그러나 대공황이 몰고 온 혼란과 고통은 너무나도 강력하고 광범위한 것이어서 이번에는 그들의 경제학이 쓸모없는 것으로 무시당하는 벌을 받았다. 신고전학파의 낡은 고정관념으로는 자본주의를 구제할 수 없다는 사실이 명백히 드러나자 '풍요한 세계'는 케인즈의 진단과 처방에 관심을 보이기 시작했다. 케인즈는 대공황이 세계를 강타하기 이전부터 이 질병의 원인을 탐구하였으며 완전하지는 않지만 제법 효과 있는 처방을 생각하여 두고 있었다. 그러나 대공황이라는 절망적인 사태가 아니었던들 그의 진단과 처방은 받아들여지지 어려웠을지도 모른다. 왜냐하면 그가 내린 '정부의 계획적인 개입'이라는 처방은 '보이지 않는 손(invisible hand)'이라는 낡은 신앙에 대한 중대한 반역이었기 때문이다.

한편 케인즈경제학 이후 경제학계는 다양한 이론과 학파가 형성되었다. 노벨경제학상을 처음 수상한 프리쉬와 틴버겐을 비롯하여 미국인으로서 처음이며 1970년도에 제2회 노벨경제학상을 수상한 사무엘슨, 1976년에 노벨경제학상을 수상한 통화주의자, 시카고학파인 프리드먼 등이 등장하여 경제학의 발전에 공헌하였다. 이상에서 보았듯이 경제이론의 발전은 어느 학자나 학파에 의해 과거와는 완전히 단절된 상태에서 돌발적으로 생겨나는 것은 아니다. 어떤 것은 기존의 이론을 발전시켰거나, 여러 이론을 결합 내지 종합했거나 하는 형태로 발전해 온 것이다.[4]

---

3) 국제무역은 결국 당사국내의 물품간의 교환비율의 차로 말미암아 성립된다는 설이다. 예를 들어, A 및 B 품목이 갑국에서는 3 대 1의 비율로, 을국에서는 2 대 1의 비율로 교환된다면 A품목은 갑국에서 을국으로 수출될 것이다. 교환비율이 차가 발생하는 것은 첫째로, 공급면에서 자원·노동력·기술자본 등 여러 종류의 생산요소의 질과 양, 그 조합조건 등이 상이하기 때문이다. 둘째로, 수요면에서는 소비자의 기호, 국민의 소득수준 및 그 분배상태의 결정요인 때문인 것이다. 이 설은 이론경제학에서 부분적 균형에 대립, 그를 보충하는 일반적 균형론을 국제무역에 연장시킨 것으로 수출가액이 수입가액과 일치할 때 균형이 유지된다고 주장한다.

4) 서기원 외, 경제학설사, 문영사, 1999, pp.9~10.

아담 스미스(1723-1790)

아담 스미스는 네 살 때 거리에서 노래하던 여인에게 납치되었다. 그러나 다행히 숲까지 쫓아간 어머니 덕에 구출되었다고 한다. 열네 살에 글레스고 대학입시에 통과해 수학과 자연 철학을 공부했다. 그는 성적이 우수해서 1740년에는 무료로 옥스퍼드 대학에 입학했고 계속해서 학업에 매진할 수 있었다. 그는 옥스퍼드 대학에서 당시 영국의 유명한 철학자이자 역사학자이며 경제학자인 데이비드 흄을 알게 되어 깊은 우정을 나누었다.

옥스퍼드 대학에서 돌아온 아담스미스는 에든버러대학에서 강의했다. 그 후 1751년, 아담 스미스는 글레스고 대학의 교수직을 맡게 되어 논리학과 도덕 철학을 가르쳤다. 그의 경제 사상은 이 시기부터 발전하기 시작했다. 1759년, 그의 저서 《도덕 감정론》에서 도덕적인 판단의 원인을 증명하거나 사람이 어떤 행위를 하는 것이 도덕적으로 허락되는지를 결정하는 원인을 설명했다. 아담 스미스는 사람을 이기적인 동물로 간주했으나 그들은 이기적인 사고에 기인하여 도덕을 판단하지는 않는다고 했다. 아담 스미스는 이 책으로 크게 명성을 얻었다. 1764년, 스미스는 글레스고 대학 교수직을 사직하고 청년 귀족인 바클루 공작의 개인 교사를 맡았다. 그는 바클루 공작을 따라 유럽을 여행하면서 프랑스 계몽학파의 사상가인 볼테르와 중농학파의 시조인 케네 등 많은 유명한 학자들을 사귀게 되었다.

이 시기에 아담 스미스는 대표작 《국부론》의 체계가 서서히 잡혔다.

1767년, 아담 스미스는 고향으로 돌아와 연구에 매진했다. 그리고 1776년에 당시 경제학의 원조가 된 《국부론》을 출판하기에 이르렀다. 이 책은 인간의 이기심에서 출발해 경제 성장의 원천과 동력의 문제를 다루고 있다. 또한 자유경제사상에 대해 체계적으로 서술하고 있으며 스미스는 바로 이 책에서 그의 유명한 '보이지 않는 손'에 대해 언급했다. 이 저서는 총 5편으로 이뤄지는데 제 1편은 분업의 발전을 국민의 부의 증식에 중요한 요소로 강조했다. 제2편은 자본의 성질, 구조, 축적 및 사용에 대해 논술하고 있다. 앞의 두 편은 아담 스미스 경제학 원리의 기본을 이루고 있다. 뒤의 세 편은 국민의 부의 증가와 관련한 간접적인 요소를 고찰하고 있다. 그는 역사적인 관점에서 출발해 각기 다른 경제정책과 경제학설 그리고 재정제도가 국민의 부를 증가시키는 것의 관계에 대해 논술하고 있다. 《국부론》의 출판은 큰 반향을 불러일으켰고 전 유럽대륙으로 퍼져나갔다.

1778년, 스미스는 스코틀랜드 해관의 세무국장을 역임했다. 1787년에는 모교인 글레스고 대학의 학장직을 맡았다. 그는 평생 결혼하지 않았고, 1790년 67세로 삶을 마감했다.

칼 마르크스(1818~1883)

마르크스는 1818년 독일 라인주 트리어시의 풍족한 유대인 중산층 가정에서 태어났다. 마르크스의 아버지는 개신교로 개종한 변호사였고, 어머니는 가정적인 주부였다. 마르크스의 아버지는 볼테르나 레싱 등의 저작을 읽고 계몽주의 사상을 견지하였기 때문에, 세속적이었지만 합리주의를 신봉했다. 트리어시는 한때 나폴레옹의 지배로 인해 프랑스혁명의 진보적 영향을 받은 곳이었기 때문에, 프로이센 군주의 지배에 반감을 가진 지방이었다.

마르크스는 1835년 본 대학의 법학과에 입학하였는데, 본 대학 시기에 독일에 만연하던 낭만주의 사조의 영향에 젖었다. 특히 마르크스의 장인이 될 시의원 베스트팔렌 남작의 영향이 강했다. 아마도 마르크스의 열정적인 문장력은 이 시기 낭만주의 문학으로 인한 것이라고 할 수 있다. 마르크스의 아버지는 아들이 더욱 성공하도록 이듬해 1836년에 베를린 대학 법학과로 진학시킨다. 여기서 마르크스는 4년을 보내게 되는데, 이 때 베를린 청년들을 사로잡은 헤겔주의 사상에 빠져들었다. 마르크스의 스승이었던 브루노 바우어의 교수해임으로 교수가 될 길이 막힌 마르크스는, 저널리즘 쪽 일을 하기로 결심하고 〈라인신문〉에 기고하기 시작했다. 하지만 마르크스가 포도재배업자의 비참한 삶에 대한 비판적인 원고를 싣는 바람에 〈라인신문〉은 폐간되고 말았다. 이 때 마르크스는 베스트팔렌 남작의 딸인 예니와 결혼식을 올렸다.

독일의 답답한 상황에 실망한 마르크스는 사상의 자유가 꽤 보장되는 프랑스 파리로 이주하였다. 파리에서 마르크스는 〈독불연보〉에 "유대인 문제", "헤겔 법철학비판 서문" 등을 기고하는 등 활발한 저작활동을 벌였다. 이 때 마르크스는 프랑스 혁명과 영국의 고전경제학자들에 대해 연구하기 시작했다. 철학에 경도되었던 마르크스는 점점 현실의 역사와 정치경제에 관심을 기울이기 시작했던 것이다. 파리 시기의 결실이 미완성작인 〈경제학·철학 수고〉이다. 무엇보다 마르크스는 파리에서 그의 평생후원자인 엥겔스(F. Engels)를 만나게 되었다.

엥겔스는 부유한 공장주로서 마르크스의 어려운 재정형편을 뒷받침함으로써 마르크스 사상이 세상의 빛을 보는데 지대한 기여를 했다. 1845년 엥겔스와 공저로 〈독일 이데올로기〉라는 명저가 탄생하게 되었다. 〈독일 이데올로기〉는 역사에 대한 유물론적인 개념을 제시하고 있다. 마르크스는 프랑스에서 1848년 혁명이 발발하자, 파리의 혁명을 돕기 위해 〈공산주의자 선언〉을 작성하게 되었다. 공산주의자 선언에는 자본가와 노동자 간의 계급갈등으로 역사를 조망하는 관점이 간명하게 제시되고 있다. 또한 혁명의 기운을 틈타 〈신라인신문〉을 창간하여 당시의 정치적 상황을 조명하는 시의적절한 글을 생산해냈다. 처음에 마르크스는 노동자와 진보적인 부르주아가 협력할 것을 당부하다가, 나중에 가면 노동자들의 독자적인 정치행동을 옹호하게 된다. 마르크스는 프랑스의 혁명이 실패하자 결국 영국으로 망명을 떠나게 되었다.

영국에서 마르크스는 더 이상의 정치적 활동을 중단하고 1848년 프랑스혁명의 의미를 반추하는 〈1848 프랑스 계급투쟁〉이라는 책을 출판한 뒤에, 자본주의의 경제적 법칙을 일반화하기 위해 〈자본론〉 저술에 착수하였다.

마르크스는 혁명은 인위적으로 발발하기보다는 새로운 자본주의의 위기 시에 발생할 것이라고 생각하게 되었다. 이로써 마르크스는 동료들로부터 정태적이라고 비난받게 되었으며, 일체의 정치활동을 중단하게 되었다.

런던에서 생계난에 시달리던 마르크스는 결국 첫째 아들을 병으로 잃게 되었다. 1864년(46세)이 되어서야 어머니가 돌아가시고 유산을 받게 되어 어느 정도 경제력이 회복되었다. 그러나 경제적 형편이 풀리자 건강이 악화되었다.

이러한 와중에 마르크스는 세계노동자의 단결을 꾀하는 '제1인터내셔널' 발기인이자 개회연설자로 참여하였다. 이후 마르크스는 8년 동안 인터내셔널 런던 지부에서 주도적인 역할을 하였다. 〈자본론〉의 1권은 1867년에 발간되었다.

1870년대에 이르면 엥겔스가 자신의 공장을 통해 연금 수령권을 주었기 때문에 마르크스는 중산층 생활을 회복할 수 있었다. 이 때는 딸들을 사립학교에 보내고, 온천을 방문하고, 증권거래소에도 출입하였던 것이다. 하지만 마르크스의 창조적 능력을 발휘되지 못하였다. 1873년 마르크스는 뇌졸중으로 건강이 매우 악화되었으며, 단편적인 글 작성과 정치활동을 하다가 1883년 안락의자에 앉은 채로 눈을 감게 되었다.

케인즈(John Maynard Keynes, 1883~1946년)

20세기가 낳은 위대한 경제학자이며 칼 마르크스 이후 가장 중요한 경제학자 중 한사람이다. 케인즈가 없었으면 현대 자본주의는 무너졌을지도 모른다. 왜냐하면 케인즈의 이론은 칼 마르크스나 레닌과 같은 사회주의자들의 주장에 반기를 들었으며 60년이 지난 지금도 케인즈를 따르는 학자들이 많아 그의 영향력은 아직도 발휘하고 있다. 자본주의가 살아남는 한 케인즈의 이름은 계속해서 들을 수밖에 없을 것이다.

케인즈는 1883년에 영국 케임브리지에서 태어났다. 아버지는 저명한 경제학자이자 케임브리지 대학의 강사였고 어머니는 시의원이었으며 나중에 케임브리지 시의 시장까지 지낸다. 그는 전형적인 귀족교육, 엘리트 교육을 받으며 자라나 귀족 자제들이 다닌다는 이튼 스쿨을 졸업했다.

그는 1902년에 케임브리지 대학에 입학해 경제학을 배운 뒤 1905년 공무원 시험을 준비해 이듬해 합격한다. 약 2년간 인도에서 근무한 다음에 1909년부터 모교였던 케임브리지에서 경제학 강사로 일하게 된다. 그는 28세에 1911년 당시 영국의 최대 경제단체였던 왕립경제학회의 공식기관지인 '이코노믹 저널'의 편집장으로 임명되었다. 1914년에 1차 세계대전이 발발하자 영국 재무성의 근무위촉을 받아 자문위원으로 활동하며 베르사유 조약에도 개입했다. 이 때 영국, 프랑스의 강력한 대 독일 압박에 불만을 표시로 평화의 경제적 귀결(The economic consequence of the peace)이란 저술을 출간하여 주목을 받기도 했다.

1920~1930년대에 걸쳐 케인즈는 잇따라 확률론, 화폐개혁론 등을 발간하며 자신의 이론을 정립시켜 나간다. 1936년 세계 대공황이 아직 가시지 않던 시점에 그는 자신의 대표 저작이자 이후 세상을 바꾼 책인 고용, 화폐, 이자에 관한 일반 이론(General Theory of Employment, Interest and Money)을 펴낸다. 이후 2차 세계대전 때에도 영국 재무성에서 일했으며 1944년 브래튼 우즈 체제를 만드는데 지대한 공헌을 했다. 종전 이후인 1946년 4월 사망했다.

케인즈는 자본주의에 중대한 수정을 가한 경제학자이다. 세계 대공황의 근본원인은 생산품의 공급이 수요보다 많아지는 것에 기인한 디플레이션이었는데 이에 대한 처방으로 유효수요를 제시했다. 이는 그 이전까지 세계 경제학의 기본 원리였던 세이의 법칙(공급은 수요를 창출한다)을 정면으로 반박한 행동이었고 또 이것이 맞아떨어졌다.

케인즈의 처방을 간단히 말하면 공급이 수요보다 많아지면 정부가 개입해 수요를 창출시켜 해결해야 한다는 주장이다. 케인즈는 빈 병을 땅에다 파묻고 정부가 사람을 고용해 빈 병을 파내라 라는 말로 자신의 이론을 설명했다. 그전까지의 이론은 자유방임주의를 인용해 보이지 않는 손이 모든 것을 해결해 준다고 믿었기에 케인즈의 이론은 많은 반향을 일으켰다. 하지만 프랭클린 D. 루즈벨트가 시행한 뉴딜정책이 케인즈의 이론이 어느 정도 맞다는 것을 증명했고 이후 1970년대 오일 쇼크가 일어날 때까지 케인즈의 이론은 세계 각국 경제정책의 기본 지침이 되었다.

1970년대 이후 스태그 플레이션이 터지면서 케인즈의 이론이 흔들리게 되는데 이때 등장한 것이 밀턴 프리드먼을 위시한 신자유주의 경제학이다. 이후 2008년까지 신자유주의 학파와 케인즈 학파간의 논쟁이 많았으며 신자유주의 학파가 우세를 보이는 상황에서 서브프라임 모기지 사태가 터졌고 케인즈 경제학이 다시 우위를 보이는 상황으로 진입했다. 현재는 두 학파 모두 나름 장·단점이 있기에 현실 경제에서 어떤 것이 더 옳다고 말하기에는 애매한 상황이다.

Tip

밀턴 프리드먼(Milton Friedman, 1912~2006)

1912년 7월 31일 뉴욕 브루클린에서 출생하였다. 러트거스뉴저지주립대학교 · 시카고대학교 · 컬럼비아대학교에서 공부했으며 1948~1976년 시카고대학교 교수를 지내고, 스탠퍼드대학교의 후버연구소로 옮겼다. 신화폐수량설(新貨幣數量說)로 통화정책의 중요성을 주장하였으며 케인즈학파의 재정 중시책에 반대하였다.

자유방임주의와 시장제도를 통한 자유로운 경제활동을 주장하였으며 1976년 노벨 경제학상을 받았다. 저서에 《소비의 경제이론-소비함수(消費函數)》(1957), 《미국과 영국의 통화추세 Monetary Trends of United States and the United Kingdom》(1981) 등이 있다.

알프레드 노벨(1833~1896)

스웨덴의 스톡홀름에서 태어나 9세에 아버지가 군수공장을 운영하고 있던 러시아의 상트페테르부르크로 이주했다. 그는 과학만이 아니라 어학과 문학에도 소질이 있어서 곧 5개의 외국어를 구사할 수 있었고 영어로 시를 썼다.

17세에 뉴욕에 가서 4년 동안 저명한 스웨덴계 엔지니어인 에릭손에게서 일을 배운 후 러시아에 돌아왔을 때 아버지의 사업이 망했지만, 곧 그의 형들은 바쿠의 유전 개발에 성공하여 초대형 정유소를 건설했고, 세계 최초로 유조선과 파이프라인을 이용한 원유 공급 방식을 사용하여 대부호가 되었다.

노벨 자신은 니트로글리세린의 안전성을 확보한 폭약, 곧 다이너마이트를 발명하였고, 이어서 무연화약도 개발하여 대성공을 거두었다. 당시는 수에즈 운하나 알프스 산맥의 고타르 터널 같은 대규모 공사가 이루어지던 때였다. 그렇지만 사실 그런 평화적인 용도보다도 전쟁용 화약 수요가 엄청나게 컸다. 그의 말년에는 파산 직전에 있던 스웨덴의 군수회사 보포스(Bofors) 사를 인수하여 세계 최고의 대포 제조회사로 키웠다.

유럽 각지에 공장을 설립하고, 또 전쟁이 일어나면 양편 모두에 군수물자를 팔며 큰돈을 벌었지만, 그의 마음이 편치는 않았던 것 같다. 그의 마음은 세계평화를 기원하는 이상주의와 비관적인 시니시즘 사이를 오갔다. "한순간에 양측 군대가 서로를 몰살시키는 게 가능한 날이 오면 문명국들은 공포심을 느끼며 전쟁을 후회하게 될 것이다." 이런 글을 쓰는가 하면 자기 형에게 보낸 편지에서는 자신이 죽으면 시체를 뜨거운 황산에 녹여 버리라는 비탄 조의 말을 했다. "1분 만에 시체가 녹을 겁니다. 거기에 석회를 섞으세요. 황산과 석회가 섞이면 버릴 것 하나 없는 훌륭한 비료가 되니까요."

실제 장례식을 그렇게 하지는 않았지만, 대신 그의 재산을 스웨덴 과학아카데미에 맡겨 노벨상을 제정했다. 1921년 노벨물리학상을 받은 바 있는 아인슈타인은 1945년 노벨상 수상식 만찬에서 노벨이 가공할 파괴수단을 만든 데 대한 양심의 가책으로 이 상을 만들었다고 말했다. 하긴 아인슈타인 자신도 루스벨트 대통령에게 원자폭탄을 만들라는 편지를 쓰지 않았던가.

제2절 글로벌경제

오래된 인류의 역사는 앞서 언급한 바와 같이 엘빈 토플러의 제3의 물결로 요약 할 수 있다. 그리고 경제학은 18세기 산업혁명시기인 제2의 물결의 배경 속에서 탄생되었다.

이러한 흐름이 20세기에 와서는 정보혁명이란 새로운 변화를 맞이하게 되었다. 제3의 물결이란 곧 정보혁명으로서 급변하는 과학기술의 혁신과 지식의 홍수 속에서 여하히 인간이 대처할 수 있는가에 따라서 한 나라의 운명이 결정될 뿐만 아니라 인류의 문명이 본질적으로 개조되어 가고 있다. 가족제도는 전통적인 개념이 더 이상 통용될 수 없을 만큼 다원화되었고, 산업혁명이후 대량생산체제가 도입되었고 대량교육이 이루어지게 되었으며, 모든 것은 획일적, 표준화, 규격화가 이루어졌다.

이렇듯 대중문화와 대량생산체제가 지난 300년 동안 문명을 주도하여 왔다. 그러던 것이 오늘날 다시금 대규모화 이탈현상, 즉 획일화를 거부하면서 다원화되고 개별화되었다. 이것은 단순히 양적인 문제로써 끝나는 것이 아니라 질적인 변화를 가지고 있다는 점에서 가히 혁명이란 말을 사용할 수 있다.

불과 200년 전만 하더라도 사람들의 행동반경은 일생 동안 40킬로미터를 넘지 못할 정도로 사회의 의식구조가 밀폐되었던 반면에 생산양식은 조방적이어서 많은 토지를 차지해야만 했다. 그런데 오늘날의 현실은 이와는 반대로 행동반경은 몇 천 배로 넓어진 대신에 산업화와 도시화로 말미암아 주거환경은 제한되고 있다. 인구밀도가 높은 주거생활을 해야 하면서도 행동반경은 넓어졌다.[5)]

최근은 지구촌시대라고 이야기 할 정도로 세계는 가깝게 느껴지고 있다. 이와 같은 결과는 컴퓨터의 등장이후 큰 변화가 시작되었으며 1990년대에 인터넷이 등장하여 이것을 사용함으로 인해 지구촌이란 말이 어색하지 않게 되었다. 최근에는 아이폰과 같은 스마트폰을 사용하는 사람들은 전세계가 내 손안에 있다는 것을 실감나게 느낀다.

이러한 급속한 변화속에서 앞으로 IT기술이 어느 정도까지 발전할 것이며 또 과학기술이 더욱 발전하여 앞으로의 시대는 어떤 시대가 올 것인가를 예측하기 어려운 혼란속에서 오늘날 우리는 살아가고 있다. 그러므로 오늘날 경제사회는 정말 국경을 초월하는 시대가 되어 각국들은 세계 곳곳에 눈을 돌려 관심을 가질 뿐만 아니라 직접적으로 경제활동을 하고 있다. 지구촌에서 생산되고 있는 상품의 국적을 보더라도 다양화, 다국적화되어 어느 국가의 제품인

---

5) 주명건, 세계경제론, 박영사, 1986, p.188.

지 구별하기 어려울 정도로 예전과 다른 생산방식을 채택하고 있다. 외국기업을 유치하기 위해 세계 각국들은 기업하기 좋은 환경을 만들어 놓고 자기 영토에 공장을 지어 상품을 생산토록 유인하기도 한다.

상품을 구입하는데 있어서도 국적을 따지지 않고 품질이 좋고 값이 저렴하면 구입한다. 뿐만 아니라 상품의 국적을 구분해 내는 일도 쉽지 않다. 미국, 일본, 영국, 독일, 한국 등과 같은 국가보다도 루비통, 나이키, 구치, 리바이스, 소니, 삼성, 현대 , 벤츠, 아우디, 포드, 클라이슬러 등 다양한 브랜드를 가지고 상품을 구입한다.

영토의 개념에 있어서도 기업하는 사람들은 굳이 본국에서 토지를 매입하여 공장을 설립하는 것이 아니라 세계 어느 곳에서나 공장을 설립하여 상품을 생산하고 있다. 한국기업들도 한국 땅에서 공장을 세우려고 하지 않고 자기 기업에 이익이 된다면 중국, 인도네시아, 베트남, 일본, 미국 등 세계 어디든지 땅을 구입하거나 임대하여 공장을 짓는다. 그 결과 삼성전자, 엘지전자, 현대자동차 등 한국기업들은 해외매출액 비중이 국내 매출액 비중을 현저하게 초과하고 있다.

전자상거래를 통하여 기업 간에 거래가 이루어지는 경우도 많으며 심지어는 개인들도 세계의 시장을 인터넷을 통해 조사하고 필요한 경우에는 구입을 직접 하기도 한다. 요즈음 개인들은 상품을 구입할 때 대부분 상품의 대금결제는 신용카드로 하는데 카드결제는 세계 어느 곳에서도 대금결제가 가능하다.

요즈음 지구촌 시대의 사람들은 Twitter[6], Google, Iphone, Facebook[7]의 약

---

6) 트윗(tweet)이란 말은 작은 새가 지저귀는 소리를 나타내는 영어단어이다. 트위터는 2006년 3월에 미국의 오비어스 코프라는 기업에서 만들었다. 개발자는 노아 글래스(Noah Glass), 잭 도시(Jack Dorsey)이다.

7) 하버드 대학교의 학생이었던 마크 저커버그는 2004년 2월 4일에 페이스북을 개설하였다. 처음 2월까지는 하버드 대학교의 학생들만 이용할 수 있게 하였다. 3월에는 스탠퍼드, 컬럼비아, 예일까지 영역이 확대되었으며, 그 이후 아이비리그 대학교들, 뉴욕 대학교, 매사추세츠 공과대학교, 미국과 캐나다의 대부분 대학교로 영역이 확대되었다. 2005년 9월에는 고등학교에까지 영역이 확대되었다. 2005년 말까지 2,000개 이상의 대학과 25,000개 이상의 고등학교의 네트워크가 생성되었다. 그 이후로는 몇몇 기업에까지 회원 영역을 넓혔으며, 마침내 2006년 9월에는 13살 이상의 전자우편 주소를 가진 사용자라면 누구나 가입할 수 있게 되었다. 또한 페이스북은 2006년 야후로부터 10억 달러에 인수 제안을 받았으나 이를 거부하고, 벤처

자인 TGIF를 하지 않으면 시대에 뒤떨어진다는 사고를 하기도 한다.

이러한 세계경제 환경변화에 적응 또는 대응하기 위해서는 우리는 국제경제의 범위를 넘어서서 글로벌경제로의 안목을 넓혀야 하며 사고를 해야만 급속히 변화는 세계경제환경에 대처할 수 있다.

한국 최초의 개인용 컴퓨터
PC81년 삼보엔지니어링이 SE-8001 개발

국내에서 공식 업무에 사용된 최초의 컴퓨터는 1967년 경제기획원 통계국이 인구조사 분석을 위해 미국 IBM에서 수입한 'IBM 1401'이다. 거의 같은 시기에 생산성본부도 일본 후지쓰의 '파콤222'를 도입했다. 이후 정부기관과 기업을 중심으로 업무용 컴퓨터가 잇달아 도입되면서 국내 컴퓨터의 역사는 시작되었다.

사실 이에 앞서 국내에서도 1962년 8월 한양대학교 전기공학과 이만영 박사가 청계천을 돌면서 구한 부품을 모아 소형 전자계산기(computer)를 만들었던 적이 있다. 하지만 항공기 · 유도탄 등 관련 산업이 없던 상황에서 정부도 고성능 컴퓨터 개발을 지원할 경제적 여력이 없었기 때문에 이 박사의 컴퓨터는 상용화하지 못한 채 잊혀졌다. 그리고 1980년 7월 2일, 이용태씨를 비롯한 7명의 젊은이가 서울 청계천 세운상가에 모여 자본금 1000만 원으로 삼보엔지니어링을 설립했다. 이 회사는 설립 6개월 만인 1981년 1월 SE-8001을 발표했는데, 이것이 국내에서 처음으로 상품화된 개인용컴퓨터(PC)이다.

PC(Personal Computer)는 IBM이 발표한 'IBM PC'라는 고유상표명에서 비롯된 단어로, 하나의 중앙처리장치(CPU)를 여러 개의 단말기가 공유하는 형태의 이전 컴퓨터와 비교해, 하나의 CPU를 한 개의 단말기로 사용하는 컴퓨터를 뜻한다.

SE-8001은 텔레비전 수상기에 전동 타자기가 붙어 있는 형태로, CPU 속도는 1㎒였다. 현재 국내에서 판매되는 110만 원짜리 일반 PC의 CPU 속도(약 2.5㎓)와 비교하면 2500분의 1 수준인 셈이다. 가격은 1000만 원. 당시 대기업 대졸 초임이 25만 원 수준이었던 점을 감안하면 가정용으로 쓰기엔 값이 너무 비쌌다. 때문에 이 PC는 주로 기업의 회계관리용으로 사용되었으며, 일부가 캐나다로 수출되기도 했지만, 대량 생산 · 판매는 이뤄지지 않았다.

국내에서 처음으로 가정에 보급되며 상용화한 PC는 삼보가 1982년 개발한 두 번째

캐피털로부터 2억 5천만 달러를 투자받기도 하였다. 설립자인 마크 저커버그는 2008년 포브스 선정 세계의 억만장자에 15억 달러의 자산으로 785위에 올랐으며, 동시에 유산 상속이 아닌 자수성가형 억만장자 중 최연소로 기록되었다.

PC '트라이젬20'이었다. 가격은 42만9000원으로 여전히 비쌌지만 1982~1983년 6000대가 팔렸고, 이 가운데 개인이 구입한 수가 1000대였다. 트라이젬20의 성공은 금성사(현 LG전자) · 삼성전자 · 대우전자 등 대기업의 PC시장 진출을 불러왔다.

정부가 1983 · 1989년 두 차례에 걸쳐 학교에 전산실을 만들고 PC를 보급한 '교육용 PC 보급 계획'으로 PC는 개별 가정으로 확산하기 시작했고, 이후 인터넷의 보급과 함께 PC산업은 폭발적인 성장을 이뤄왔다. 지난해 11월 영국 이코노미스트 인텔리전스 유닛(EIU) 조사에 따르면, 국내 PC 보급률은 인구 100명당 60대, 초고속 인터넷망은 전체 가구의 92%에 깔린 것으로 나타났다.

(2010.01.27. 조선일보)

한국 휴대폰의 역사

22년 전 우리나라 업체가 처음으로 만든 휴대폰은 요즘 시각으로 보면 '휴대폰'이라고 부르기도 민망할 정도였다. 삼성전자가 1988년 처음 개발한 'SH-100'이라는 휴대폰은 길이가 요즘의 두 배가 넘는 20㎝이었고, 무게는 6배 가까운 0.7㎏이었다. 한 손으로 들면 팔이 휘청할 정도인 데다 두께(4.6㎝)까지 만만치 않아 '냉장고 폰'이란 별명까지 생겼다. '휴대폰'하면 대부분 '모토로라'(미국 휴대폰업체)밖에 떠올리지 못하던 시절에 국내 기업이 휴대폰을 만들었다는 사실만으로도 다들 자랑스러워했다. 1988년 9월 서울 올림픽 때 첫 선을 보인 이 제품은, 이듬해 5월부터 일반인에게 판매되었다.

이보다 앞서 일반인들이 처음으로 이용하기 시작한 휴대폰은 모토로라 제품이었다. 1988년 7월 SK텔레콤이 국내에 처음으로 이동통신 서비스를 시작했는데, 당시 도입된 휴대폰이 모토로라의 '다이나택 8000'이었다. 하지만 이 제품은 '보통 사람'에겐 '그림의 떡'이었다. 휴대폰 가격만 240만 원이었고, SK텔레콤에 내야 하는 가입비도 65만 원이나 되었다. 막대한 투자비 회수를 위해선 비싸게 받을 수밖에 없다고 했지만, 실제 이 휴대폰을 쓴 사람은 극히 소수였다.

휴대폰 첫 해외 수출은 삼성전자가 1997년 초 홍콩 업체에 두 개 모델(모델명 SCH-100S, SCH-200)을 판매하면서 시작되었다. 하지만 당시 휴대폰 업계 종사자들조차 지금처럼 휴대폰이 한국의 대표 수출 상품으로 우뚝 설 것으로 예상한 사람은 드물었다. 그때 동남아시아에라도 수출해보겠다며 동분서주하던 국내 휴대폰업체들은 남다른 열정과 기술력으로 불과 13년 만에 전세계 최정상으로 우뚝 솟았다. 삼성전자는 현재 미국 · 프랑스 · 러시아 등 전세계 10여 개 나라에서 1위를 달리고 있다. 작년엔 2억대 이상의 휴대폰을 팔아 전세계 시장의 20% 이상을 차지했다. LG전자 역시 2009년 1억1000만대의 판매고로 세계 시장 점유율 10%를 돌파했다. 덕분에 휴대폰 등 무선통신기기는 작년 1~9월 사이에만 223억 달러어치의 수출을 기록, 같은 기간 한국 전체 수출의 9%를 차지하는 대표 수출품으로 자리 잡았다.

22년 전 들고 다니기조차 어려웠던 휴대폰에는 인터넷 · 사진촬영 · 방송수신 등 각종 첨단 기능이 꾸준히 접목되면서, 이젠 국내서도 4000만 명 이상이 쓰는 필수품이 되었다. 최근엔 거의 PC와 맞먹는 수준의 업무처리 · 인터넷 기능을 갖춘 '스마트폰'이란 제품이 속속 출시되면서 새로운 휴대폰 시대를 예고하고 있다.

(2010.02.16. 조선일보)

Globalization 제2장

제1절 Globalization이란 무엇인가?

우리들이 자주 접하는 물건들을 보면 세계화에 대한 생각이 실감이 난다. 최근 우리들의 의식주에 대한 생각을 해보자.

우리들이 입고 있는 옷들을 보면 예전과 많은 변화를 가져왔으며 또 이러한 변화를 자연스럽게 받아들이고 있다. 정장차림의 양복, 양장, 숫자가 적혀 있는 티셔츠, 다양한 형태의 청바지 등은 예전 우리 조상들이 입었던 옷과는 너무나 다르다는 것을 알 수 있다.

우리들의 식생활은 어떠한가? 우리들의 주식은 매일 밥과 여러 가지 반찬을 요리하여 식사를 해왔다. 하지만 예전과는 다른 식생활을 하는 사람들도 적지 않는 것 또한 많은 변화이다. 빵의 소비, 맥도날드, 피자, 중국음식, 일본음식 등 다양한 국가들의 식생활이 우리들의 식탁을 변화시키기도 한다. 우리들의 주식인 쌀의 소비량이 점점 적어지고 있을 뿐만 아니라 식탁에 올라온 반찬류도 국내에서 생산 재배된 것보다 외국에서 수입한 원료로 요리한 반찬류가 많은 비중을 차지하고 있는 실정이다.

우리들의 주생활은 어떠한가?

우리들의 주생활도 많은 변화를 가져왔으며 이 또한 자연스럽게 받아들여지고 있다. 예전의 조상들이 살았던 집인 초가집이나 기와집들은 찾아보기 어렵고 단독집 형태의 주거형태도 많은 변화를 가져왔다. 최근에는 다양한 형태의 아파트들이 우리들의 주거에 대표적인 형태가 되었다.

그리고 오늘날 우리들을 둘러싸고 있는 유형, 무형의 온갖 물건, 디자인, 사회조직, 정치제도, 가치관 등은 그 어느 때보다도 다른 지역에 살았거나 현재 살고 있는 사람들에 의해 구상되고, 만들어지고, 전파되고 있다.

세계화를 상호의존적인 네트워크의 전 세계적 확산은 오늘날 세계화가 과거 어느 때보다 높은 수준의 세계화를 경험하고 있다는 것을 우리는 알 수 있다. 뿐만 아니라 인터넷 등 정보통신의 비약적인 발전은 앞으로 세계화의 속도가 더욱 빨라질 것이라는 전망을 예측할 수 있다.

세계화는 경제분야에서 자신의 모습을 가장 잘 드러내지만 우리가 의식 또는 무의식 속에서 다양한 경로로 우리의 사고체계와 생활방식에 영향을 끼치고 있다.

사회학자 기든스(A. Giddens)는 세계화가 국제결혼, 핵가족, 여성들의 사회진출 등 가족제도 및 이를 둘러싼 가치관에 대한 중대한 변화를 초래하고 있다고 지적하기도 했다.

세계화는 다음과 같은 속성을 지니고 있다.

첫째, 세계화는 사회적 네트워크와 활동이 기존의 지역적 한계를 넘어 확장되는 상황을 말한다.

둘째, 상호의존성이 지리적으로 확장될 뿐 아니라 강도도 심화된다.

셋째, 상호의존성은 경제뿐만 아니라 정치, 사회, 문화의 다양한 측면에서 나타난다.

넷째, 세계화는 변화의 결과가 아니라 과정에 초점을 맞춘다.

세계화를 종합해 보면 세계화는 기존의 경계를 넘어서 경제적, 정치적, 사회적, 문화적 상호연계성을 지향하는 사회적 과정이다. 즉 세계화란 인간의 기술과 정보, 재화와 서비스, 그리고 이들이 사람들과 상호작용을 하는 형태의 총체로서의 문화가 국경을 넘어 상호 침투함으로써 지역 간, 국가 간, 민족 간의 상호의존성이 심화되는 과정이다[8].

---

8) 손병건, 세계경제사, 도서출판 해남, pp.3~10.

Tip

바퀴 달린 여행가방 : Wheeled luggage

바퀴는 인류 최고 발명품 중 하나다. 가장 오래된 바퀴는 메소포타미아 유적에서 발견된 통나무 원판 전차용 바퀴로, 기원전 3500년 것으로 추정된다.

그렇다면 바퀴 달린 여행가방은 언제 나왔을까. 가방에 바퀴를 단(put wheels on suitcases) 것은 그리 오래되지 않았다. 1970년 10월 4일에 첫선을 보였다(first hit the market). 이번 달로 40주년을 맞았다(celebrate its 40th anniversary this month). 가방업체 사장이던 버나드 섀도라는 사람이 가족과 해외여행을 다녀오다 아이디어를 얻게(come up with the idea) 되었다.

아내와 아이들 가방까지 둘러메고 힘겹게 공항을 걸어가던 그의 눈에 띄는 것이 있었다. 한 남자가 공장에서 물건들을 옮길(move things around in factories) 때 쓰는 4개 다리 바퀴가 달린 짐받이대(a skid with four casters) 위에 기계를 올려놓고 밀고 가는 것이었다. 아이디어가 머리에 번쩍 떠올랐다(have a light bulb go on over his head).

집에 돌아온 그는 가방 밑바닥에 4개의 강철 구슬을 달고(attach four steel balls to the bottom of a suitcase), 개줄이 달린 버팀대를 설치(install a bracket with a dog leash)했다. 기발한 발명을 했다고 생각한 그는 상품화를 위해 뉴욕시 백화점들을 헤매고 다녔지만 모조리 퇴짜를 맞았다(be rebuffed). 절망에 빠졌던 그는 마지막으로 메이시백화점 부사장을 찾아가 자신의 발명품을 보여줬다(show off his invention to the vice president at Macy's).

그는 바퀴 달린 가방의 실용성(the suitcase's practicality)을 한눈에 알아봤다. 퇴짜를 놓았던 구매담당자를 당장 불러들였다. 바퀴 달린 가방이 흔하고 평범한 필수품(an ubiquitous and unremarkable essential)이 되는 순간이었다.

또 다른 발전이 이뤄지는 데는 20년 가까이 더 걸렸다. 바퀴 2개에 넣었다 뺐다 할 수 있는 손잡이로 끄는(be pulled on two wheels with a retractable handle) 여행가방은 80년대 말 노스웨스트항공사 조종사 밥 플래스가 개발했다.

(2010.10.28 조선일보)

'하늘 나는 자동차' 美서 내년 출시

교통체증에 시달리는 운전자들에게 희소식이다. 이르면 내년 중 미국에서 '나는 자동차'가 출시될 전망이다.

미국 벤처기업 테라푸지아(terrafugia)는 평소에는 일반 차량처럼 도로를 달리다, 고속도로나 활주로 등 일정거리의 직선 주행로가 확보되면 비행기로 변신해 날 수 있는 자동차 '트랜지션'을 내년부터 연간 10대 규모로 제작할 예정이라고 최근 발표했다.

회사명 테라푸지아는 라틴어로 '지상으로부터의 탈출'을 의미한다. 미국 매사추세츠공대(MIT) 출신 5명의 비행사가 주축이 되어 2006년 설립된 회사다. 나는 자동차에 대한 미국인들의 관심은 뜨겁다. 현지 언론은 이 소식을 전하며 "어린 시절 꾸었던 꿈이 실현될 수 있다"고 표현했다.

트랜지션은 일반인들이 현실적으로 구입할 수 있는 첫 번째 '비행기'가 될 전망이다. 이전까지 개인이 소유할 수 있는 가장 현실적인 비행수단은 미국의 대표적인 경비행기 세스나(cessna)로, 대당 수억 원에 달한다. 가격 외에도 이륙을 위한 활주로 설치 의무조항 등으로 인해 어지간한 재력의 소유자가 아니라면 사실상 구입이 불가능했다.

미국 연방 항공청은 지난 7월 테라푸지아가 제출한 나는 자동차의 설계 도안에 '비행시 균형을 잡기 위해 차체 무게를 조금만 늘리면 될 것'이라고 권고하는 등 사실상 승인을 내줬다. 시험 비행은 작년에 성공했다.

시판 가격은 20만~25만 달러(약 2억 3천만~3억 원) 수준으로, 현재 시판되고 있는 일부 최고급 대형세단과 비슷한 수준이다. 테라푸지아는 대당 1만 달러를 받고 사전예약을 접수하고 있다. 이 차를 실제로 운전하기 위해서는 운전면허증 외에도 경비행기 운항 자격증이 필요하다.

(2010.09.14. 조선일보)

제2절 Globalization의 등장

최근 우리가 자주 사용하고 있는 세계화란 용어는 영어의 globalization이라는 단어를 번역한 용어이다. 웹스터 영어사전에는 1944년도에 globalize라는 단어가 등재되었다. 사전에 어떤 단어가 등재된다는 것은 그 단어가 어느 정도 사용될 때 이루어진다는 점에서 globalize라는 단어의 등장을 1940년대 전후로 추측할 수 있다. 그리고 globalization이라는 단어 자체가 등장한 것도 그렇게 오래되지 않았다. 이 단어가 본격적으로 사용되기 시작한 것은 1990년대 중반이다.

기업, 정부, 학계 등 세계경제지도자급이 모여 세계경제의 최신 현안을 논의하는 모임으로서, 매년 스위스 다보스에서 개최되고 있는 세계경제포럼(World Economic Forum)의 1996년의 의제가 지속적 세계화(sustaining globalization)였던 것을 보면 이 단어가 이즈음에 부각되었음을 알 수 있다. 그리고 한국을 포함한 동아시아에서 외환위기가 있었던 1997년 후반기에 이미 이 단어는 세계에서 가장 유행하는 단어의 하나가 되어 있었다.[9]

그러나 상호의존적인 네트워크의 전 세계적 확산이라는 현상자체가 1990년대에 처음 발생한 것은 아니다. 일부학자들은 세계경제가 서구에 의해 주도되고 있으며, 이러한 서구의 우위는 19세부터 널리 진행되었다는 주장을 하는 등 세계화의 등장배경에 대해서는 의견이 다양하다. 또한 지리학이나 역사학 군사학 등 학문적인 성격에 따라서 세계화에 대한 견해를 달리 하기도 한다. 이러한 내용들을 감안하여 다양한 의견의 세계화 등장배경을 연대순으로 정리 요약하면 다음과 같다.

첫째, 로마가 통치하던 1-2세기가 세계화의 출발로 본다.

로마의 시대에는 광대한 영토에 걸쳐 포장도로가 건설되었고, 통일된 화폐제도가 마련되었다. 표준화된 도량형이 도입되었으며, 로마법이 사회의 질서를 규율하였다.

둘째, 콜럼버스가 신대륙을 발견한 15세기를 세계화의 출발로 보기도 한다. 신대륙의 발견은 큰 변화를 일으켰다. 특히 신대륙의 발견으로 인해 국제무역의 규모가 확대되었고 교역물의 종류도 다양화되었다.

그 당시에는 아시아의 향료와 아메리카의 귀금속이 가장 중요한 교역물이었다. 그 외에도 염료, 면화, 담배, 설탕, 커피, 코코아, 감자, 토마토, 고추, 호박, 옥수수 등은 아메리카로부터 유럽인 손을 거쳐 세계각지로 전파되어 장기적으로 인류생활에 지대한 영향을 끼쳤다. 한편 아메리카에 없었던 밀과 쌀이 전파되면서 신대륙의 농작물에도 중요한 변화가 발생하였다. 따라서 신대륙의 발견은 유럽의 생물학적 팽창을 의미하기도 한다. 유럽인과 동식물, 미생

9) 김관호, 세계화와 글로벌경제, 박영사, 2009, pp.4~5.

물 등이 생태적, 사회적으로 수천 년간 분리되었던 아메리카와 오세아니아로 옮겨감으로써 인류역사에 큰 변화를 야기시켰다. 실제 생물학적 이동은 유럽에서 신대륙으로만이 아니라 신대륙에서 유럽으로도 이루어졌으므로 정확히 표현하자면 이 시기를 생물학적 혼합이 발생한 시기라고 규정할 수 있다.

셋째, 산업혁명이 일어났던 18세기를 세계화의 출발로 보기도 한다.

영국에서 출발된 산업혁명은 그 시대에 엄청난 변화를 가져왔다. 영국의 산업혁명당시 주요한 산업은 방직산업, 금속산업, 석탄산업이다. 방직기술의 발달로 실을 뽑는 기계가 발명되어 옷감을 짤 수 있었다. 그 결과 각양각색의 많은 의류를 생산할 수 있었다. 금속산업의 발전은 무기의 발달은 물론이고 기계공업이 발달하여 대량생산이 가능하게 되었다. 석탄산업의 발전으로 인해 에너지의 원동력을 이용하여 여러 분야의 산업에 영향을 주었으며, 석탄을 이용한 기차, 증기선은 당시 수송 수단으로 사용됨으로 인해 세계경제에 큰 변화를 가져왔다.

넷째, 세계무역이 급속한 팽창이 시작되었던 19세기를 세계화의 출발로 본다. 역사적으로 보면 19세기는 산업혁명의 영향으로 인해 대량상품이 생산됨으로 인해 과잉생산도 가능하게 되었으며 다양한 상품이 생산되고, 예전에 없던 상품이 생산되었다. 뿐만 아니라 기차와 증기선이 발전하여 많은 상품을 원거리 운송이 가능하게 되었다. 이와 같이 상품의 이동은 자본의 이동, 사람의 이동으로 연결되어 19세기는 세계무역이 급속도로 증가된 것이 특징이다.

다섯째, 20세기 후반 정보혁명이 일어났던 시기를 세계화의 출발로 본다. 컴퓨터의 등장과 IT기술의 발달, 인터넷의 등장으로 세계는 시간과 공간을 초월하게 되었으며 이로 인해 세계는 지구촌화되었다.

위와 같이 세계화의 등장을 연대순으로 다양하게 언급을 하고 있지만 저자의 견해로는 20세기 후반이 가장 합당한 세계화의 출발이라고 생각한다. 왜냐하면 20세기 후반에 엘빈 토플러의 제3의 물결인 정보혁명이 일어남으로 인해 세계는 거리가 아주 좁아 졌다. 특히 1995년 인터넷의 등장은 획기적인 변화를 일으켰다. 퍼스널 컴퓨터와 인터넷의 결합에 의한 정보기술혁명은 순식간에 국경을 초월하여 전 세계로 전파되어 경제활동의 세계화를 급속도로 촉진시켰다. 사람, 물건, 화폐, 기술 등 경영에 필요한 자원은 한정된 지역시장에서 조달할 필요가 없어지고 세계시장에서 가장 양질의 자원을 조달하는 것이 가능하게 되었다.

당연히 기업의 경쟁도 한 국가시장의 범위를 벗어나 지구규모의 대경쟁시대로 접어드는 등 새로운 시대로 변화되어가고 있다. 기업의 국적이 희미해지고 필요하다면 국적을 달리하는 기업 간의 합병, 인수, 제휴가 과거에는 상상할 수 없었던 규모로 진행되고 있다. 기업의 임원, 종업원도 국적 및 민족을 초월하여 다양한 사람으로 구성된 지구기업의 시대로 변화하고 있다.

그리고 냉전체제로 있던 정치구도가 1980년대 중반 동유럽을 시작으로 하여 베를린장벽의 붕괴, 소련의 붕괴 등 사회주의 시스템의 붕괴로 인해 지구촌이 하나의 경제시스템 체제로 변하였다. 이러한 변화에 더하여 2차 세계대전 이후 세계무역질서의 규범이었던 GATT 체제가 1995년에 GATT의 결점을 보완하고 세계무역질서를 새롭게 재편하기 위해 WTO체제로 변화된 것 또한 세계화의 급물살을 타게 하는 계기가 되었다. 따라서 세계화의 등장에 대한 여러 견해 가운데 우리가 실제적으로 느끼고 있는 20세기 후반을 세계화의 출발로 보는 것이 좋을 것 같다.

신대륙을 발견한 콜럼버스

콜럼버스는 1451년 이탈리아 제노바에서 상인의 아들로 태어났다. 그는 동방견문록에 빠져 인도로 가는데 골몰하며 관심을 쏟았다. 상인의 아들답게 젊은 나이인 25세에 당시 스페인보다 앞서나간 항해기술을 가진 포르투갈로 갔다.

기회를 포착하기 위해 리스본에서 지도장사를 하며, 포르투갈 여자와 결혼도 했다. 장인은 왕립항해센터에서 선장으로 일하는 사람이었다. 콜럼버스는 이미 포르투갈이 개척한 동쪽 항로보다 서쪽길로 가면, 인도에 훨씬 빨리 닿을 수 있다고 생각했다. 인도를 가기위한 후원자를 찾기 위해 영국, 네덜란드, 포르투갈, 스페인 등을 다녔으나 거절당했다.

당시 스페인은 이슬람 세력을 이베리아 반도에서 몰아내는 전쟁 중이었다. 그것은 독실한 가톨릭 신자였던 이사벨여왕의 꿈이기도 하였다.

1486년 드디어 꼬르도바 수도원에서 콜럼버스는 수도원장의 소개로 이사벨여왕을 만나게 된다. 이사벨여왕은 포르투갈이 이미 아프리카 등 여러 곳을 점령했다는 소문에 내심 배 아파하고 있는 중이었다. 콜럼버스가 여왕께 내놓은 조건은 이러했다.

1. 인도에 도착하면 나에게 귀족 칭호를 달라 – 평범한 상인이었던 그는 신분 상승 욕구가 있었다.

2. 인도에 도착하면, 그 영토는 무조건 여왕께 바치겠다.

3. 선원 300명과 큰 배 5척을 후원해 달라.

4. 들어오는 모든 재화의 1/8을 갖겠다.

그렇다면, 당시 유럽사람들은 왜! 그렇게도 인도에 가려고 안간힘을 쓰며 발버둥을 쳤던 것일까?.....

당시의 식량비축법은 양을 제외한 가축을 모두 도축하여 염장하여 1년 동안 말려서 먹는 방법이었는데 염장할 때, 후추같은 향신료를 뿌리면, 고기가 쉬는 것을 방지하고 또 상하려고 하던 것도 맛이 싹 달아났기에 향신료는 값이 비쌌다고 한다. 원산지는 중국과 인도였고, 물건이 집하되던 도매상같은 곳은 지금의 터키 이스탄불(그 당시 콘스탄티노플)이었다. 이곳에선 원산지값보다 벌써 500배나 비싼 값에 팔렸다. 이스탄불을 장악한 이슬람들은 이교도가 이곳에 오는 것을 막았다.

향신료값은 가뜩이나 비싼데다, 폭등하게 되었다. 오스만투르크의 방해없이 안전하게 인도로부터 향신료를 가져오면 엄청난 부가 따라오는 것은 두말 할 필요도 없다.

콜럼버스도 이 향신료가 바로 목표였다. 뒤늦게 장사에 뛰어든 그는 잘못된 계산에 의해 서쪽 방향을 잡은 것이 실수로 아메리카를 발견하게 된 것이었다.

콜럼버스가 6년을 기다린 끝에 이사벨 여왕과 맺은 협상은 1. 귀족칭호 2. 영토상납요구는 문제가 없었다. 3. 선원은 300명에서 165명으로, 배는 5척에서 3척으로 깎였다. 4. 모든 재물의 1/8은 들어오는 모든 재화의 1/10으로 바뀌었다.

1492년 팔로스 항에서 콜럼버스의 배가 출항했다. 10월 12일 아메리카에 도착했고, 다시 스페인으로 돌아왔을 때, 세비야 항으로 돌아왔다.

신대륙 발견 후, 1503~1717까지 200년간 신대륙과 관련된 모든 업무를 관할했던 곳이 바로 이 세비야 항이었다. 콜럼버스는 총 3번 신대륙으로 항해를 하였다.

콜럼버스가 신대륙을 발견한지 500년이 지난 지금 그에 대한 평가는 엇갈린다. 그러나 콜럼버스가 인류사에 큰 영향을 끼친 것만은 사실이다. 콜럼버스 덕에 지금 우리가 맛보고 있는 것은 의외로 많다. 담배, 옥수수, 초콜릿, 고추(가루) 등 말이다.

Tip

토르데시야스 조약 체결(1494.6.7)

15세기 중반 대서양 연안 유럽 국가들은 새 교역로를 개척하기 위해 바다로 나섰다. 그 선두국가는 포르투갈이었다. 포르투갈은 아프리카 서해안을 따라 내려가는 신항로를 개척하며 1481년 교황의 칙서에 의해 대서양 카나리아제도 이남의 모든 영역에 대한 소유권을 인정받았다. 그러나 스페인의 지원을 받은 콜럼버스가 신대륙을 발견하면서 포르투갈과 스페인 사이에 영토 분쟁이 발생했다.

중재에 나선 교황 알렉산데르 6세는 1493년 5월 경도상에 가상의 선을 그어 두 나라

간의 경계를 삼도록 했다. 그 기준은 아프리카 서쪽 카보베르데 섬에서 서쪽으로 100리그(480㎞) 떨어진 지점. 여기에 남북을 잇는 경계선을 그어 동쪽은 포르투갈, 서쪽은 스페인 영토로 정했다. 이때 그어진 선이 이른바 '교황 자오선'이다.

그러나 교황의 결정에 불만을 품은 포르투갈은 스페인과의 직접 교섭을 추진했다. 이듬해인 1494년 6월 5일 스페인 북부 도시 토르데시야스(Tordesillas)에서 양국 대표가 만났다. 48시간의 협의 끝에 6월 7일 조약을 체결했다. 교황 자오선을 270리그 더 서쪽으로 옮겨 370리그(1천780㎞) 지점을 경계선으로 정하는데 양국은 합의했다. 이 조약을 토대로 포르투갈은 인도양 일대의 해상권을 확보해 동방무역을 장악했으며, 스페인은 아메리카 대륙에 대한 영토적 지배를 확립했다.

토르데시야스 조약의 경계선은 서경 46도37분에 해당한다. 이 선이 브라질 동부 지역을 지나기 때문에 남미에서 유일하게 브라질이 포르투갈령이 되었다. 포르투갈과 스페인의 국력이 약해지면서 조약은 효력을 잃게 되지만, 서구 열강들이 벌인 식민경쟁의 출발점이라 할 수 있다.

(2008.6.2 부산일보)

Tip

세계화와 민족주의

우리에게 일본은 가깝고도 먼 나라이다. 일본은 지리상으로 매우 가깝다. 역사적으로 우리나라를 침략한 나라인 일본의 진정성에 의심이 많다. 대학생들에게 물어보면 가장 싫어하는 나라는 미국과 일본, 유학을 가장 가고 싶은 나라도 미국과 일본이다. 전자는 민족주의의 답이고, 후자는 세계주의의 대답이다. 우리나라의 지방자치단체는 일본 자본을 유치하기 위하여 노력하고 있다. 지방 발전의 가장 빠른 길은 해외 직접투자이다.

공업단지에 일본인 투자단이 오면 10년간 소득세를 면제해 주고, 우리나라 기업인보다 더 우선으로 특혜를 제공하고 있다. 아시아에선 유일하게 한국과 일본은 비자를 면제해 주고 있다. 해마다 대학생 100명을 정부 장학금으로 교환하고 있다. 제주도에는 일본인 관광객들이 넘쳐난다. 독도 문제가 있음에도 불구하고, 이러한 조치들은 국경의 개념을 희석시키는 일이다. 국가는 국경을 넘는데 입국사증을 받으라 하고, 상품에 관세를 내라 한다.

국가 간에 싸우지 않고 평화롭게 잘 살면 된다. 민족주의자 눈으로 보면 편치 못하다. 일본 만화, 일본 소설이 판을 치고 일본 상품이 시장을 점유하면 우리의 것은 무엇이고 국산품을 어쩌란 말이냐 하는 소리다. 세계화는 상품의 국적을 따지지 않는다. 질이 좋고 값이 싸면 된다. 좋은 상품을 만들 수 있는 나라가 으뜸이다. 우리의 상품이 일본에 뒤지는 것도 있지만 앞서는 것도 있다. 개방하면 경쟁력도 생기고, 겨룰 만한 양질의 국산품도 많이 있다 한다.

유학생들에게도 국가를 따지지 않는다. 좋은 학교이고 잘 배우면 된다. 꼭 민족 대학이라야 하는 것은 아니다. 영토의 개념도 그렇다. 기업하는 사람에게 굳이 한국 땅에 공장을 세우라고 할 수 없다. 수지가 맞으면 중국, 일본, 미국 어디든 땅을 사서 공장을 짓는다. 카드의 결제는 세계 어느 나라에서도 가능하다.

우리는 독도를 우리 땅이라 하고 일본은 자기네 땅이라 우긴다. 울릉도에 공장 짓겠다고 하면 허용하고, 독도에 일본인 가공 공장을 짓겠다고 한다면 허용하지 않을 것 같다. 세계 영토 분쟁이 있는 국가 간에 자기 영토라고 주장하여 전쟁도 하고 실랑이를 해 보았지만 그렇게 해서 자기 영토가 된 곳은 세계 어느 곳에도 없다. 전쟁으로 사람만 많이 죽었다. 모순이다. 우리나라 땅은 일본인 땅처럼 사용하라고 내놓는 것이 세계화이고, 한 치의 땅도 양보하지 못하겠다는 것이 민족주의이다.

한 · 일 해저터널 문제가 거론되고 있다. 터널이 완공되면 일본의 거대한 제품 물량이 한반도를 통해 이동할 때, 한반도는 화물과 금융의 중심지가 된다. 북한을 거치고 중국, 러시아를 통하여 런던에 이른다. 신 실크로드가 될 것이라 한다. 독도 문제에 대해 일본이 억지 주장을 하고 있는 마당에 일본과 해저터널이 연결된다면 일본의 영향력이 급속도로 확대될 것이라는 우려도 나온다. 민족의 정체성을 문제로 삼는다. 일본의 '경제적 침략'으로 부산항의 기능은 몰락할 것이라 한다. 일제 강점기 때인 1941년에 설계하고 착공했다가 중단한 그 터널이다. 일본의 경제적 지배가 더욱 심해질 것이라는 주장이다.

한 · 일 해저터널 진지하게 검토해 봐야

우리는 무역으로 먹고 살고 있는 나라이다. 이미 문을 닫고 살 수는 없다. 1970년대 매판 자본을 받아들인 한국은 얼마 있지 않아 남미 대부분의 국가와 같이 미국의 종속국가가 되어 가난한 나라가 될 것이라고 했다. 그래도 한국은 문 닫고 사는 나라보다는 형편이 낫다. 2009년 지역발전위원회는 한 · 일, 한 · 중의 2개 해저 터널을 검토 과제로 하여 '경제적, 기술적인 타당성 연구'를 포함, 2020년까지 국토개발기본구상을 했다. 일본 강점기 때 부관(釜關)터널의 악몽은 있지만 생각을 바꾸어야 한다. 개방하지 않고 경쟁이 없으면 이래도 죽고 저래도 죽는다. 해저터널은 220㎞, 추정해서 100조 원이 필요하다. 한국 측이 감당해야 할 예산은 20% 정도다. 공사 기간도 20년은 걸릴 것이라고 한다. 진지하게 검토해 볼만한 토목공사이다.

세계화는 국가의 경계를 넘어서 전 세계가 하나처럼 살자는 것이고, 민족주의는 우리 민족끼리 잘 살자는 말이다. 한 국가에서 쓰는 말이지만 개념은 서로 배치된다. 민족주의를 강조하면 세계화를 할 수 없고, 세계화를 강조하면 민족주의 의미가 희석된다.

(2010.09.20 부산일보)

제3절 M&A

경제의 글로벌라이제이션의 주요 촉진요인은 20세기 말 미·소 냉전시대의 종결이다.

그리고 1990년 전후에 구소련·동유럽을 중심으로 하는 사회주의 국가가 붕괴된 것도 글로벌라이제이션에 많은 영향을 끼쳤다. 이와 같은 변화는 중국 및 베트남 등 인도지나반도국가에도 순식간에 중흥기를 맞이한 아시아 신흥공업경제군(NIEs), 동남아시아국가연합(ASEAN)의 고도성장시대이기도 했다. 이 결과 냉전시대에는 미·일·유럽을 중심으로 한 선진국에 한정되어 있던 시장경제의 세계가 냉전종료 후는 구 사회주의국가, 신흥의 동아시아국가의 시장을 포함하여 비약적으로 확대되어 기업의 활동무대도 세계화되었다.

20세기 후반에 컴퓨터의 발명과 인터넷의 사용은 글로벌라이제이션에 많은 영향을 주었으며 지구촌이 가까워지면서 기업 또한 국경을 초월한 형태로 변화되었다. 이와 같은 변화로 인해 각국들은 국내외를 막론하고 M&A 열풍이 일어났다.

1. M&A 정의[10)]

M&A의 정의를 살펴보면 Merger & Acquisition의 결합명사로 기업의 합병과 인수를 뜻한다. Merger는 기업합병으로 둘 이상의 기업이 통합되어 하나의 기업이 되는 것을 의미한다. Acquisition은 기업인수로 인수대상기업의 주식이나 자산을 전부 또는 일부 매입함으로써 경영권을 획득하는 것이다. 인수와 합병은 기존 경영진이 새로운 경영진으로 교체 된다는 공통점이 있다. 인수합병에서 인수는 과정적인 측면을 나타내고, 합병은 결과적인 측면을 나타낸다. Merger & Acquisition을 그림으로 정의를 설명하면 다음과 같다.

Merger		Acquisition
둘 이상의 기업이 통합되어 하나의 기업이 되는 것	+	인수기업이 인수대상기업의 주식이나 자산을 전부 또는 일부 매입함으로써 경영권 획득

[그림 1-1] M&A 정의

10) 변재웅, 해외직접 투자론 I, 비즈프레스, 2010, p.40.

2. M&A 종류[11)]

인수에는 자산인수와 주식인수가 있는데, 자산인수란 인수기업과 피인수기업의 경영진간에 영업권 양도 양수계약을 체결해 피인수기업의 유형자산을 포함한 영업권을 양수·양도함으로써 피인수기업의 주요한 자산 전부 또는 일부에 대해 지배권을 인수하는 방법이다. 주식인수는 우리나라에서 가장 일반적으로 일어나고 있는 M&A로서 인수기업이나 그 지배주주가 대상기업의 지배주주로부터 직거래를 통해 취득하거나, 불특정 다수의 주주로부터 공개매수 방법을 통해 대상기업의 주식을 취득해 기업을 지배하는 방법이다. 또한 피인수기업의 경영진의 동의여부에 따라 우호적 M&A와 적대적 M&A로 나눌 수 있는데, 대상기업의 경영진이 매수 제의에 동의하고 있는 경우는 우호적 M&A라 하고, 동의하고 있지 않는 경우는 적대적 M&A라고 한다.

합병은 법률적으로 신설합병과 흡수합병의 두 가지 방법이 있다. 신설합병이란 2개 이상의 기존 기업이 모두 해산, 소멸하고 전혀 새로운 회사가 설립되는 것을 말한다. 흡수합병은 하나의 기업이 다른 기업에 흡수되는 경우를 말한다.

또한 경제적 관계에 따라 수평적 합병, 수직적 합병, 다각적 합병 등으로 나눠지며, 수평적 합병은 같은 산업에서 생산활동 단계가 비슷한 기업 간에 이루어지는 경우를 말한다. 이것은 주로 시장 점유율을 높이거나 판매력 강화 또는 생산 및 판매를 일원화하기 위해서 이루어진다. 수직적 합병은 같은 업종에 속하지만 다른 단계에 속하는 기업을 합병하는 것을 뜻한다. 수직적 합병은 직접적인 시장점유율 확대효과는 없지만 원재료의 안정적인 수급을 통한 간접적인 시장지배력의 확대 내지 경영전략상의 안정성을 목적으로 많이 이루어진다. 다각적 합병은 같은 산업에 속하지 않는 전혀 다른 업종의 회사를 합병하는 경우를 말하는 것으로 다각적 합병은 최근에 번지고 있는 사업다각화로 말할 수 있다.

이 밖에도 매각이나 차입매수, 주식 스왑 등과 같은 다양한 종류의 M&A 방법이 있다. 여기서 주식 스왑이란 기업이 서로의 보유주식을 맞교환하는 방식으로 최근에 많이 이용되고 있다.

---

11) 김정수 외, 세계화와 국제비지니스의 이해, 동아대학교 출판부, 2008, pp.224~225.

3. M&A 장·단점[12)]

1) M&A 장점

첫째, 신속한 현지시장 진입

독자적으로 해외시장에 진출할 경우 상당한 시간과 노력이 요구된다. 이에 인수, 합병의 형태로 진출할 경우 피인수기업이 갖고 있는 제반자원을 획득하여, 신설투자에 비해 목표시장에 신속하게 진입할 수 있고 투자자금의 회수기간이 짧아진다.

둘째, 인수기업의 부족한 경영자원 획득

인수기업이 가지고 있는 경영자원 외에 피인수기업이 가지고 있는 경영 및 인력, 제조, 판매 경험 등의 지식도 함께 흡수가 가능하다. 또 인력확보의 어려움을 상당히 해소시킬 수 있고 본사의 제품라인과 유사할 경우 본사의 기술과 지식을 활용할 수도 있다. 이에 신규투자에 의한 초기사업에 위험을 회피할 수 있다.

셋째, 비용절감 및 시너지 효과

기존 생산시설을 인수하게 돼 신규 시설 설치비용이 절감되고, 제조시설의 설치로 과잉생산 상태를 방지할 수 있는 가능성이 높으며, 경영자원활용에 의한 추가적 가치를 실현하여 효율화 촉진과 시너지 효과를 기대할 수 있다.

넷째, 해외시장에서의 경쟁심화 완화

신규투자로 해외시장에 진입할 경우 경쟁을 더욱 격화시키거나 현지 업체와의 마찰로 소기의 목적 달성이 어려워질 수 있다. 따라서 경쟁이 치열하거나 진입장벽이 높은 산업에 인수 및 합병 형태로 진입하는 것이 바람직하다.

2) M&A 단점

첫째, 적절한 인수대상 선정 어려움

회계기준, 재무제표, 인수가격 등 사실적 평가 결정이 어렵다. 인수 전 조사한 평가액보다 당해 피인수기업의 자산 가치가 낮을 수 있다. 또 현지시장에서의 피인수기업의 이미지가 안 좋을 수 있고 낙후된 시설을 보유하고 있을 가능성도 높다.

---

12) 변재웅, 전게서, pp.48～50.

둘째, 문화의 차이

인수기업과 피인수기업간의 조직문화 차이에 인수, 합병 이후에 압력이나 불화의 가능성이 상존하며 이는 생산성의 저하나 경영성과 악화 등으로 나타날 수 있다.

셋째, 현지정부의 규제

피인수기업이 위치한 정부나 관련단체가 인수 및 합병을 금지 또는 제한하여 인수, 합병이 불가능해질 가능성이 있다. 현지에서 발생할 경제적 효과가 미미하다고 여겨 현지에서 독과점을 금지하고 현지국의 관련 법규에 저촉되는지에 대한 주의도 필요하다.

4. M&A의 발전과정

1) 1단계(1885～1905) : 수평적 합병시대

이 시기는 창업자들이 이윤추구 및 시장지배를 목적으로 동일한 산업 내에서의 통합이 주로 일어났으며 미국기업이 제조공정의 경제적 효율화, 세계시장을 무대로 한 판매전략, 원료생산 및 유통시장의 기반을 확립한 때이다. 그러나 독점을 위한 합병은 1914년 독점금지법의 제정으로 쇠퇴하기 시작하였다.

2) 2단계(1920～1929) : 수직적 합병시대

이 시기의 초기는 증권시장의 대호황시기로 대기업이 원료에서 완제품에 이르기까지 모든 생산 line의 계열화를 시도하면서 Boom이 일어났으나 1929년의 경제대공황으로 쇠퇴하기 시작하였다.

3) 3단계(1950～1969) : 복합적 합병시대

1929년의 경제대공황으로 한동안 잠잠하던 기업의 M&A 활동은 세계경제가 2차세계전후의 경제재건 Boom에 편승하여 호경기에 접어들자 다시 활발하게 움직이기 시작하였다. 이때는 산업의 연관성 내지 동질성과는 관계없이 투자수익 또는 양적 성장을 목표로 기업의 인수합병이 일어났던 시기이다.

4) 4단계(1990 이후) : 기업구조의 재편성시대

이 시기는 개인투자가나 은행투자가들이 은행이나 보험회사 등의 대규모 자본집단과 결탁하여 경영능력이 취약하거나 기업가치가 저평가되어 있는 기업을 찾아내서 인수한 후에는 수익성이 없는 자산이나 사업부는 매각처분한다거나 종업원들을 정리하여 기업구조를 재편성하였다. 특히 IMF이후 기업의 M&A 활동이 급격히 증가된 요인으로는 첫째, 자본주의 경제의 발달로 여유자금이 풍부한 기업이 시간과 노력을 많이 투자하여 새로운 기업을 시작하기보다는 이미 기반이 다져진 기업을 인수 합병함으로써 쉽게 기업을 확대할 수 있기 때문이다. 둘째, 각종 금융기관이 가지고 있는 고수익성 상품에 투자하려고 몰려드는 자금의 규모가 큰 것도 그 한 이유이다.[13)]

STX 조선의 노르웨이 아커야즈 인수

STX그룹은 대동조선(2001년, 현STX조선), 산단열병합발전(2002, STX에너지), 범양상선(2004, STX팬오션) 등을 인수하며 설립 7년만에 자산총액 기준 재계 21위에 오른 중견그룹이다. 회사정리절차가 진행중이거나 경영정상화 과정인 기업을 인수해 주력계약사로 성장시키는 등 M&A에 뛰어나 수완을 발휘했다.

(이데일리 2008.09.10)

M&A를 통해 성장해 온 STX그룹은 2007년 10월 STX조선이 '블루오션'시장으로 꼽히는 크루즈시장에 진출하기 위하여 세계 2위의 크루즈선 제조업체인 노르웨이 아커야즈를 인수하였다. 아커야즈 인수는 국내 조선업계의 해외 M&A 사상 최대 규모로 계열사 람베라AS를 통해 아커야즈의 지분 40%가량을 인수했다.

아커야즈의 지분 39.2%를 8억 달러에 인수한 STX조선은 유럽 조선업체들과 프랑스, 이탈리아, 노르웨이 현지의 텃세가 있었지만 이를 이겨내고 현재 공개매수를 통해 지분을 88.4%까지 끌어올리며 약 10개월 만에 경영권까지 확보하게 되었다.

STX조선은 이번 아커야즈 인수를 계기로 국내 진해·부산조선소, 중국다롄조선소를 잇는 '삼각 생산벨트'를 완성했다. 또한 벌크선에서부터 고부가가치 선박인 크루즈선, 해양플랜트 등 다양한 선종 포트폴리오를 구축했다.

회사측은 각 생산거점별 특화를 통해 오는 2012년 250억 달러(아커야즈 100억 달러, 국내 100억 달러, 중국다롄 50억 달러)의 매출을 달성, 세계 최대 규모의 조선그룹으로 도약할 계획이다.

(서울경제신문 2008.08.27)

아커야즈는 크루즈선, 특수선, 쇄빙선 등의 원천기술을 보유한 무한한 성장잠재력을 갖춘 기업으로 STX그룹이 보유하고 있는 선박 건조 노하우와 엔진·조선기자재 공급 능력을 결합한다면 충분히 세계 톱 클래스로 성장할 수 있다는 것이 업계의 평가다.

13) 최낙복, 아시아경제론, 도서출판 두남, 2009, pp.115~116.

후지쓰·도시바 휴대폰사업 합병 추진

미일본 전자기업인 후지쓰와 도시바가 휴대폰 사업 통합을 추진하고 있다고 니혼게이자이신문이 11일 보도했다. 두 회사는 이르면 올해 안에 휴대폰을 생산할 공동합작사를 설립하는 방향으로 협상을 진행 중이며, 이르면 이달 안에 세부사항을 확정할 것으로 보인다고 이 신문은 전했다. 양사의 투자규모는 아직 정해지지 않았지만 후지쓰의 출자 비율이 절반을 넘을 것으로 예상된다.

2009년 말 기준으로 일본 휴대폰 시장에서 점유율 3위인 후지쓰와 8위인 도시바의 사업통합이 성사될 경우 시장점유율이 18.7%로 샤프(26.2%)의 뒤를 이어 2위로 급부상한다. 이에 앞서 지난 2010년 6월1일엔 NEC와 카시오계산기, 히타치제작소 등 3사의 휴대폰 사업 통합 작업이 완료되는 등 일본 휴대폰 시장내 합종연횡이 활발하다.

후지쓰와 도시바가 이같이 나선 이유는 일본 휴대폰 시장의 부진이 지속되는 상황에서 업체 난립으로 경쟁이 과열되었기 때문이다. 양사는 향후 기술협력에 주력하며 연구·개발비용을 줄이고, 생산 및 판매기반을 강화해 해외 시장경쟁력도 키우겠다는 방침이다.

두 회사는 이미 지난해 10월 도시바가 후지쓰의 하드디스크 드라이브 부문을 300억엔에 인수하는 등 돈독한 제휴관계를 유지해 오고 있다.

(한국경제, 2010년 6월 11일)

5. 세계 M&A 현황14)

20세기 초 세계 M&A 시장규모는 1000억 달러 미만으로 그 규모가 크지 않았다. 그러나 20세기 후반 정보통신, 바이오 등 신경제업종을 중심으로 붐을 이루면서 M&A 시장규모가 증가하기 시작하여 2000년에는 약 1조 달러로 증가하였다. 특히 1991년부터 1995년까지 연평균 증가율은 23.3%인데 반해, 1996년부터 2000년까지 연평균 증가율은 49.8%로, 세계 M&A 시장규모는 1990년대 후반에 급격히 증가하였고, 2000년에 시장규모가 1조 1440억 달러로 최대를 기록하였다.

그러나 2000년 이후 세계 M&A 시장규모는 9.11테러 등으로 미국 경제를 포함한 전 세계적 경기 불황으로 위축되었다가 2004년과 2005년 세계경제의 회복으로 다시 증가하게 되었다. 국제 M&A는 그 후 빠른 증가세로 전 세계

14) 변재웅, 전게서, pp.57～58.

M&A에서 차지하는 비중이 2003년 29.2%에서 2006년 상반기 중 40.6%, 2007년 상반기 중 60%로 각각 증가했다.

최근 세계 M&A 시장은 2007년 2분기를 정점으로 미국발 신용경색에 따른 금융시장의 불안으로 인해 지속적인 축소세를 보이고 있다. M&A 거래대금 규모는 2008년 1분기에 7300억 달러로 전년 동분기의 9633억 달러에 비해 24.2% 감소하였다. 이는 M&A의 중심역할을 하는 미국이나 유럽의 사모펀드 운용사들이 미국발 서브프라임 모기지 사태로 금융위기를 겪고 있는 것에 기인한 것이다.

Tip

다임러+클라이슬러 인수 실패

미국·독일 기업문화 충돌. 한때 '꿈의 결합', '세기의 결합'으로 불렸던 다임러크라이슬러의 M&A는 이제 대표적인 실패사례로 꼽힌다. 자동차 산업에서 규모의 경제는 중요한 경쟁력 강화의 수단으로 작용한다. 독일의 다임러벤츠와 미국 크라이슬러는 공동 생산 및 연구개발을 위해 1998년 합병을 추진하였다.

그러나 완고함과 서열 중심적인 독일 특유의 기업문화와 유연성과 성과 중심적인 미국의 기업문화가 충돌하면서 기업 가치 창출을 저해했다. 세계적인 명차 벤츠를 만든다는 자부심을 가졌던 다임러 직원들은 크라이슬러와의 생산라인 공유를 꺼려했고, 크라이슬러 직원들은 독일 기업 특유의 수직적인 조직문화를 이해하지 못했다.

이로 인해 주요 경영진의 사퇴, 우수 인력의 이탈 등이 근로자 사기 저하로 이어져 실적 악화로 나타났다. 결국 독일의 다임러 크라이슬러는 회사명을 '다임러'로 되돌리기로 결정했으며, 400억 달러를 들여 인수했던 크라이슬러를 단 60억 달러에 매각하기에 이르렀다.

6. 한국 M&A 현황

2008년 하반기 이후 글로벌 금융위기 확산 등으로 우리나라의 M&A가 위축되고는 있으나 최근 3년간(2006~2008년) 금액 및 건수 기준 모두 두 자릿수의 높은 증가세를 나타내고 있다. 공급측면에서는 과거 외환위기 등으로 외국인투자자와 정부에 경영권이 이전되었던 기업들 중 구조조정을 통해 기업 가치가 향상된 매물을 중심으로 크게 증가하였다.

수요측면에서는 기업들의 새로운 성장동력 확보 및 시장내 우월적 지위점유를 위한 욕구가 커지고 글로벌 경쟁력을 갖춘 기업들의 수익 확대 등으로 투자여력이 증가하였다.

2006~2008년 중 금액기준 연평균 증가율을 보면 IN-OUT(투자자금이 국내에서 해외로 유출) 및 IN-IN(국내에서만 이동) M&A가 각각 217.4%, 14.3% 증가한 반면 OUT-IN(해외에서 국내로 유입)은 22.4% 감소하였다.

IN-OUT은 국내 대기업의 적극적인 해외진출과 함께 외국 기업의 지분인수 형태로 투자패턴이 변화한데 주로 기인하였으며, IN-IN은 외환위기 당시 정부, 채권은행 등으로 지분권이 이전된 기업에 대해 국내 경쟁기업들의 관심이 높아지면서 대폭 증가하였다. 그리고 OUT-IN의 부진은 국내 대기업의 재무건전성이 개선됨에 따라 외국인투자자에게 매력적인 매물이 나오지 않는데 주로 기인하였다.[15]

---

15) 현혜정, "국경간 M&A 동향과 한국의 과제", 오늘의 세계경제, 제07~33호, 대외경제정책연구원, 2007.

글로벌경제의 핫이슈 제3장

제1절 지구촌의 인구문제

1. 인구와 경제성장

인구는 일반적으로 일정영역(국가)에 생존하는 어느 시점의 사람의 수를 말한다. 사람은 경제의 주체인 동시에 생산요소의 하나인 노동을 공급하여 준다. 한 나라의 사람 수가 그 나라의 인구이므로 국민경제의 과제는 그 인구의 필요를 충족시키는 것이며, 인구는 그 나라의 노동공급원이라고 할 수 있다.

이러한 경제와 인구의 일반적인 관계를 규명하려는 인구이론에 대한 최초의 체계를 세운 사람은 영국의 토마스 맬서스(T. Malthus)이다.

맬서스(T. R. Malthus; 1766~1834)는 "인구의 원리(An Essay on the Principles of Population, 1798)"에서 '인구는 기하급수적으로 증가하지만 식량은 산술급수적으로 증가하는 경향이 있다'고 언급하고 있다.[16] 즉 그는 인

16) 세계인구의 총수를 1억 명이라고 가정할 때, 인구는 1, 2, 4, 8, 16, 32, 64, 128, 256의 비율로 증가하지만, 식량은 1, 2, 3, 4, 5, 6, 7, 8, 9의 비율로 증가한다. 이렇게 될 경우 200년 후 인구와 식량의 비율은 259 : 9, 300년 후 에는 4096 : 13, 그리고 2000년 후에는 계산할 수 없을 정도로 차이가 커진다. 이것은 무서운 이론이다. 인간은 그 누구도 식량 없이는 살아갈 수 없다. 만약 어떤 시점, 어떤 사회에서 인구가 식량생산에 비해 현저하게 증가한다면 어떤 일이 발생하며, 또한 어떻게 그 일이 진행될 것인가? 맬서스의 대답은 명확하다. 전쟁과 살육, 자연재해와 기근, 전염병 등, 실로 끔찍하고 절망적인 과학이다. 맬서스의 이론에 따르면 인간은 종족보존의 본능, 즉 성적욕망의 충족을 포기하거나, 아니면 풍요로운 미래에 대한 희망을 포기해야 한다. 인간의 성욕이 포기될 수 없는 본능으로 남아

구증가→우량경지의 고갈→열등경지에의 경작확대와 기존경지에의 증산압력→수확체감의 법칙으로 인한 식량증산의 한계→인구증가율 저하·정지→경제성장정지로 연결된다는 것을 예견했다. 산업혁명이후의 기술혁신은 그의 원리에 돌파구를 만들어 오늘날과 같은 인구증가를 가능하게 했지만, 현재 세계의 '인구·식량문제'는 다시 맬서스의 예견을 부활시키고 있다. 맬서스의 이론에서는 인구증가가 자원을 고갈시켜 인류가 멸망한다는 것이지만, 오늘날의 문제는 인구증가는 자원이 고갈되기 이전에 환경파괴로 인해 인류멸망을 초래하는 상황으로 변화되고 있다.[17]

아담 스미스, 토마스 맬서스 등 전통적인 경제학자들은 인구증가를 경제개발의 저지요인으로 보았으나 영국의 케인즈와 1971년 노벨 경제학상을 탄 미국의 시몬 쿠즈네츠는 국가의 경제성장에는 인구의 감소가 경제성장을 저지한다고 생각하였다.

나라마다 사정이 다르긴 하지만 일반적으로 인구의 증가는 경제성장을 저지시킨다고 알려져 있다. 인구증가율이 높을수록 경제성장률이 낮다는 것과 인구과잉국의 경우 1인당 국민생산성이 낮다. 따라서 인구와 관련해서 다음에 지적한 사항들은 사실로 받아들여지고 있다.

첫째, 과잉인구는 식량문제, 도시문제를 비롯하여 완전실업, 불완전실업, 위장실업 등의 문제를 낳게 하고 전근대적인 취업구조와 저임금의 문제를 야기시키는 등 여러 가지 사회경제적인 문제를 낳게 한다.

둘째, 경제성장률과 고용증가율은 대체로 비례한다. 즉 경제성장률이 높아질수록 고용증가율이 높아지는 것이다.

셋째, 경제성장에 따라 취업(고용)구조도 근대화되며, 인구 과잉국에서는 대체로 기술 인력의 부족현상이 나타나는데 기술 인력의 양성과 확보를 위한 인력개발이 덜 되어 있다는 것이다.[18]

있는 한 그 비참은 피할 수 없는 운명이다(유시민, 부자의 경제학 빈민의 경제학, 푸른나무, 1992, pp.43～44).

17) 이승환 역, 죽은 경제학자들의 살아있는 아이디어, 김영사, 1999, pp.73～97.

18) 문병집, 한국경제론, 법문사, 1989, pp.100～101.

2. 세계의 인구변천과정

인류의 역사는 대개 50만년으로 추정되는데 원시시대, 농경시대, 산업혁명 이전시대까지는 인구증가가 극히 저조하여 그 규모가 1800년에도 10억 명에 미달되었다. 그러나 세계인구는 산업혁명이 가속화되면서 급격히 증가하여 불과 200년이 조금 지났는데 세계인구는 2010년 현재 67억 명이 넘었으며 2011년에는 70억 명이 될 것으로 예상된다.[19] 세계인구가 산업혁명 이후 이와 같이 계속적으로 증가한 이유는 세계 각국이 인구변천과정을 겪게 된 때문이며 선진국들의 경우 1700-1950년 간 인구변천과정을 대체로 완료하였으나 개발도상국들은 특히 2차 세계대전의 종전 이후부터 지금까지 그 중간 과정을 지나고 있는 중이다. 따라서 향후 세계인구의 전망은 현재의 개발도상국들이 얼마나 빠른 속도로 인구변천과정을 완료하는가에 좌우된다.

1) 산업혁명 이전의 인구

산업혁명이전의 인구증가율은 질병, 기아, 전쟁 등으로 인한 높은 사망률 때문에 연평균 0.002%에도 미치지 못하는 것으로 추정되고 있다. 이 시기에 인구증가가 저조하였던 것은 연간 15~30%에 이르는 높은 사망률 때문이었으며, 특히 영아사망률은 연간 20~50%의 높은 수준에 이르렀던 것으로 추정되고 있다.

산업혁명 이전 유럽의 경우 B.C.400~A.D.250년간에는 인구가 연간 0.001% 정도로 완만하게 증가하였으나 A.D.250~1150년간에는 인구규모가 절대 감소한 것으로 추정되고 있다. 1150~1300년간에는 농업생산의 증가로 증가세를 회복하였으나 1350~1450년간에는 전염병으로 인하여 인구규모가 다시 25~50% 감소하여 인구의 증가감소가 교대하는 현상을 보였다.

14~15세기 동안 출생률은 3.9%, 사망률은 4.1%로서 인구증가율이 −0.2%, 산업혁명 직전의 16~18세기 동안은 출생률이 4.2%로 높아진 한편 사망률은 3.6%로 저하됨으로써 인구증가율이 현저히 높아졌다. 이와 같이 산업혁명 직전에 인구증가율이 높아진 원인을 17~18세기 영국의 경우에서 살펴보면 경제성장으로 영양상태가 개선되는 한편 전염병주기에서 벗어남으로써 사망률

19) 조선일보, 2011.1.7.

이 저하되었고 동시에 곡물가격의 하락, 취업기회의 증가와 경제적 지위의 상승, 신대륙의 출현 등 경제적 기회의 확충으로 전통적인 인구증가 억제방법 중 하나인 만혼습관이 붕괴됨으로써 혼인연령이 저하되고 출산력이 상승되었기 때문인 것으로 분석되고 있다.

2) 산업혁명 이후의 인구

산업혁명 이후 사망률은 현저히 저하한 데 비하여 출생률은 이에 상응할 정도로 충분히 저하되지 못하였기 때문에 급격한 인구증가가 야기되었다. 즉 원시사회와 농경사회에서는 전쟁, 기아, 질병 등 여러 가지 재난으로 사망률이 높았으나 산업혁명 이후 과학과 교통의 발달, 생산성의 향상 등으로 기아와 질병이 퇴치됨으로써 사망률이 저하된 것이다.

인구의 변천과정을 보면, 산업혁명 이전의 사회에서는 출생률과 사망률이 높아 사망률이 주기적으로 변동하여 소위 다산다사의 인구동태양상을 보이면서 장기적으로는 극히 미미한 인구증가를 보일 따름이다. 그러나 산업혁명으로 인하여 사망률은 저하되는 반면 출생률은 높은 수준에 정체되거나 오히려 상승경향이 있어 다산소사의 인구동태양상을 보이면서 인구증가율이 상승하기 시작한다. 그러나 어느 정도의 시간이 경과하여 사람들이 새로운 수준의 사망률에 상응하는 출산행태를 보이게 되면서부터 출생률이 저하됨으로써 인구증가율이 저하되기 시작한다. 마침내 출생률과 사망률이 낮은 상태에서 안정되어 소산소사의 인구동태양상을 보이게 됨으로써 인구는 다시 정체상태에 놓이게 된다. 이와 같이 인구동태의 양상이 다산다사에서 다산소사를 거쳐 소산소사의 과정으로 이행하는 것을 인구변천과정이라 하는 것이다.[20]

이와 같이 다산다사, 다산소사, 소산소사의 과정을 거치지만 세계 각국들의 인구의 변천과정은 다양하다. 하지만 대체로 선진국은 소산소사 형태로, 개도국은 다산다사형태에서 최근 다산소사형태로 변해가고 있다. 이러한 인구변천과정에 비추어 인구의 전망을 추정해보면 개도국의 인구증가율에 따라 인구는 증가 또는 감소가 될 것이다.

20) 구성열, 인구경제론, 박영사, 1996, pp.25～28.

3. 세계 주요국의 인구현황

세계 주요국의 인구현황을 보면 아래 [표 3-1]과 같이 중국이 가장 인구가 많으며 다음은 인도이지만 양국의 인구격차가 줄어들고 있음을 알 수 있다. 이러한 이유는 중국은 1978년 이후 1가구 1자녀 운동의 영향으로 인구증가율이 낮아졌기 때문이다. 인구학자들은 앞으로 인도의 인구가 중국의 인구를 능가하는 것이 조만간 이루어질 것으로 예측하고 있다.

미국은 선진국 중에서 인구증가율이 아주 높은 국가이다. 이러한 이유는 무엇보다도 세계 각국으로부터 이민유입에 의해 인구가 증가되고 있기 때문이다.

[표 3-1] 세계 주요국의 인구현황

국가별	면적	2005	2006	2007	2008	2009	2010
세계	만㎢	6,512,276	6,591,548	6,670,801	6,750,062	6,829,360	6,908,688
한국	9.9	48,138	48,297	48,456	48,607	48,747	48,875
중국	960	1,312,253	1,320,724	1,329,090	1,337,411	1,345,751	1,354,146
인도	329	1,130,618	1,147,746	1,164,670	1,181,412	1,198,003	1,214,464
일본	38	127,449	127,451	127,396	127,293	127,156	126,995
북한	12.3	23,529	23,632	23,728	23,819	23,906	23,991
캐나다	997	32,307	32,628	32,945	33,259	33,573	33,890
멕시코	196	105,330	106,411	107,487	108,555	109,610	110,645
미국	982	302,741	305,697	308,674	311,666	314,659	317,641
브라질	851	186,075	188,158	190,120	191,972	193,734	195,423
베네수엘라	91	26,726	27,191	27,656	28,121	28,583	29,044
프랑스	55	61,013	61,373	61,714	62,036	62,343	62,637
독일	35	82,409	82,393	82,343	82,264	82,167	82,057
영국	24	60,261	60,575	60,899	61,231	61,565	61,899
러시아	1,708	143,170	142,530	141,941	141,394	140,874	140,367
남아프리카공화국	122	48,073	48,639	49,173	49,668	50,110	50,492
오스트레일리아	768	20,395	20,628	20,854	21,074	21,293	21,512

세계인구 70억 명 눈앞

지구촌 인구가 올해 70억 명을 돌파할 것으로 예상되었다. 미국ABC방송은 5일 유엔 인구국의 전망을 인용, 매초 5명의 신생아가 태어나는 속도로 인구가 불어날 경우 세계 인구는 올해 말쯤 70억 명에 이를 것이라고 보도했다.

세계 인구는 1800년에는 10억 명에 조금 못 미쳤으나, 1960년에는 30억 명, 1999년에는 60억 명을 돌파했다. 불과 10여년 만에 다시 10억 명의 인구가 불어나는 것이다.

이와 관련, 내셔널지오그래픽은 1월호 '70억 명'이라는 커버스토리를 통해 "세계 인구는 올해 70억 명을 돌파할 뿐만 아니라 현재 전 세계 여성 가운데 18억 명이 가임여성이기 때문에 2050년에는 80억~105억 명으로 불어날 것"이라고 밝혔다.

내셔널지오그래픽은 "우리는 지금 수자원과 토지가 고갈되고 빙산이 녹으며 어족자원이 사라지는 가운데 약 10억 명의 인구가 배고픔에 시달린다"며 "매년 인구가 약 8000만 명이 늘고 있는 상황에 경각심을 갖지 않을 수 없다"고 지적했다. 내셔널지오그래픽은 "2050년에 약 90억 명의 인구를 먹여 살려야 하는 것은 엄청난 과제이지만 해법을 찾기까지는 아직 많은 시간이 남아 있다"고 덧붙였다.

(2011. 01.07. 조선일보)

4. 향후의 인구정책

향후 인구문제는 국가별로 차이는 있지만, 결국 전 세계 공통의 문제로 되어 환경보전과 식량안전보장을 좌우하는 '지속적 성장'을 저지하는 원흉(元兇)이 될 것이다. 따라서 조기에 조금씩이라도 출생률과 사망률의 균형을 회복하지 않는 한, 인류의 생활수준향상이나 저하억제 및 환경·생태계보전과 식량수급안정화 등이 어렵게 될 것이다. 1973년 세계인구회의에서도 논의된 정지인구정책을 세계적으로 실시한다고 가정해도, 실제의 효과는 21세기 후반 경에나 나타날 것으로 예상된다. 물론 경제성장과 교육수준향상에 따라 빈곤과 인구증가의 악순환을 타파하는 것은 효과가 있다. 하지만 이것도 효과가 늦게 나타나는 것으로 인구의 연평균증가율을 저하시킬 수는 있어도 절대인구수는 감소되기 어렵다. 그러나 중국의 '1가구 1자녀' 정책이 완전하게 실행될 수 있다면 절대인구수는 감소될 수 있다(1.5자녀라도 가능하다고 추계하고 있다). 따라서 향후 인구정책은 중국의 '1가구 1자녀' 정책의 장단점을 연구하여 이것을 세계적 규모로 실시하는 국제적 행동계획과 국제협력이 중요과제로 될 것이다.

5. 향후의 인구문제

인구문제는 노동력문제, 고령화문제, 과잉인구로 인한 식량문제 및 자원문제, 인구의 도시집중문제, 저출산 문제 등이 있다.

우리나라의 인구문제[21]는 2000년 초기까지는 개도국에서 일어나는 일반적인 현상 즉, 과잉인구현상은 좁은 국토(인구밀도 세계 3위)에서 인구가 급증했으며 이로 인해 식량 및 자원문제가 대두되었다. 또한 지역적 편재현상을 들 수 있는데, 즉 대도시에는 인구가 과밀되어 주택, 교통, 환경오염문제를 유발하며, 농촌지역에는 노동력부족과 경지이용률 저하현상을 유발하였다. 인구구조면에서 우리나라는 2000년도에 14세 인구는 21.1%인 반면, 65세 이상 인구는 7.2%로 주요 선진국보다는 젊은 편이었다. 당시 일본은 14세 이하가

---

21) 새천년 즈믄둥이 출산의 영향으로 지난해 출생률이 8년 만에 증가하였다. 또 여성의 평균 출산 연령은 매년 높아지고 있으며, 인공수정에 의한 임신이 늘어나면서 쌍둥이도 많이 늘어나는 추세이다. 통계청은 2001년 8월 23일 지난 한 해 동안의 출생·사망신고서의 인구동태 항목을 종합분석 하여 이 같은 내용의 “2000년 출생·사망 통계 결과”를 발표했다. 이에 따르면 지난 한 해 동안 태어난 아기는 637,000명으로 1999년보다 21,000명 늘어났다. 통계청은 이에 대해 “지속적인 혼인 감소 등에도 불구하고 새천년 즈믄둥이를 낳기 위해 출산시기를 2000년으로 미뤘기 때문”이라고 설명했다. ‘일시적 현상’이라는 것이다. 1991년 이후 완만하게 늘어나던 여성의 평균 출산 연령도 지난해에는 29.1세로 전년(28.7세)보다 0.4세 증가해 갈수록 아이를 늦게 갖는 경향을 보였다. 첫째 아이는 27.7세에, 둘째 아이는 29.7세에, 셋째 아이는 32.2세에 출산해 1991년보다 각각 1.7세, 1.5세, 1.6세가 늘어났다. 또 결혼 후 2년 안에 첫 아이를 낳은 경우도 1991년 85.8%에서 1999년 79.9%, 지난해에는 77.5%로 낮아졌다. 여아 100명 당 남아수를 나타내는 출생성비는 110.2로 전년(109.6)보다는 다소 높아졌다. 첫째 아이(106.2), 둘째 아이(107.4)는 정상 성비(103~107)에 접근하고 있으나 셋째 아이 이상은 143.9로 뚜렷한 남아선호 현상을 보였다. 이 밖에 2000년 출생아 가운데 쌍둥이 이상은 10,700명으로 전체의 1.7%를 차지해 1991년(1.0%, 100명)보다 눈에 띄게 많아졌다. 한편 2000년 사망자는 247,000명으로 하루 평균 678명이 숨졌으며, 인구 1,000명 당 사망자수는 5.2명으로 1999년과 같은 수준이었다. 남자의 사망률은 30대까지 인구 1,000명 당 2명 이하를 보이다가, 40대(4.4명)이후 급증했으며 여자는 50대(3.5명)이후 증가하는 추세를 보였다. 특히 40대 남자의 사망률은 여성의 3배 수준을 보였다(klaatu@joongang, co.kr.).

14.7%, 65세 이상이 17.2%로 노인인구가 유년 인구를 앞질렀다. 그러나 2011년 현재 우리나라는 선진국의 과거 모습보다 훨씬 빠른 속도로 고령사회에 진입하고 있다.

예를 들면 2000년도에 7.2%선인 65세 이상 노령인구가 2018년에 14%를 기록할 것이란 설명이다. 이는 미국이나 일본보다 노령화속도가 빠르다는 것이다. 통계청에 의하면 우리나라는 2018년부터 고령사회에 들어서고 다시 8년 뒤인 2026년에 초고령사회로 진입할 것으로 예상했다.

평균수명도 2000년도 미국 77.1세, 일본 80.2세, 이탈리아가 78.5세이었으며 우리나라는 75.9세로 선진국과 평균수명이 갈수록 줄어들고 있으며[22) 2010년 세계보건기구인 WHO가 발표한 한국인의 기대수명은 80세로, 불과 10년 전인 2000년 당시의 기대수명 76세와 비교하면 4년이 더 늘어난 것이다. 인구 중에서 65세 이상이 7%가 넘으면 고령화 사회, 14% 이상이면 고령사회라고 한다. 세계 최고 장수국인 일본은 1990년에 이미 고령사회에 진입했고, 우리나라도 이미 2000년대에 고령화 사회에 진입했다. 전술한 바와 같이 우리나라는 특히 세계에서 가장 빠른 속도로 노령 인구가 증가하는 나라로 2018년이면 고령사회에 들어서고, 2026년이면 65세 이상 인구 비중이 20% 이상인 초고령사회로 진입할 것으로 예측된다. 그리고 한국의 인구증가율은 1950년대 후반에는 3%였으나 이후 크게 감소하기 시작해 1984년부터는 1% 이하로 떨어졌다. 2000년대 들어서면서 하락세는 더 뚜렷해져 2004년에는 0.49%에 머물렀다. 앞으로 인구증가율은 2010~2015년 기준으로 0.24%로 단계적으로 하락해 2018년부터는 인구가 감소할 것으로 전망하고 있다.[23) 이러한 인구증가율의 감소는 저출산에 따른 것이다. 우리나라의 합계출산율은 1983년 출산율이 2.1명에서 계속 하락해 2001년 1.3명이었으며 2005년 세계 최저수준인 1.08명을 기록한 이래 2006년 1.13명, 2007년 1.26명, 2008년 1.19명, 2009년 1.15명 등으로 소폭상승에 그치고 있다.[24)

한국 인구정책의 가족계획 표어의 변천과정을 보면 이를 짐작할 수 있다. 1960년대는 "덮어놓고 낳다보면 거지꼴 못 면한다", 70년대는 "딸, 아들 구별

22) 조선일보, 2001.11.24.

23) 현대경제연구원, 대한민국경제지도, 원앤원북스, 2009, p.89~90.

24) 조선일보, 2010.9.9.

말고 둘만 낳아 잘 기르자", 80~90년대는 "잘 키운 딸 하나 열 아들 부럽지 않다", 2000년 "엄마 젖, 건강한 다음세대를 위한 약속입니다", 2004년 "아빠, 혼자는 싫어요 엄마, 저도 동생을 갖고 싶어요"라는 가족계획 표어를 지어 전국에 홍보활동을 하였다.[25)]

그러므로 우리나라는 앞으로 인구문제에 있어서 무엇보다 저출산과 고령사회를 대비한 정책과 준비가 필요할 것으로 예상된다.

토마스 맬서스

사상 최초의 전업 경제학자인 토머스 로버트 맬서스는 1766년 2월 13일 영국 서리 주 웨스트우드에서 태어났다. 중산층이며 교양인이었던 부친 대니얼 맬서스는 데이비드 흄과 장 자크 루소 같은 철학자들과도 친분이 있었다. 몇 주 뒤인 3월 9일에 흄과 루소가 실제로 맬서스의 집을 찾아오기도 했으니, "어쩌면 이들이 입맞춤을 통해 이 갓난아기에게 여러 가지 지적 재능을 나눠주었을지도 모른다."(존 메이너드 케인스)

토머스 맬서스는 18세 때인 1784년에 케임브리지 대학 지저스 칼리지에 입학해서 1788년에 졸업했다. 비록 선천성 구개파열(흔히 '언청이'라고 하는)이었지만 일상적인 대화에서는 별다른 문제가 없었으며, 오히려 대학 시절부터 각종 웅변대회를 휩쓴 능변가였다. 이후 서리 주 앨버리 인근 오크우드에서 영국국교회 목사로 재직하던 맬서스는 1793년에 지저스 칼리지의 펠로(평의원)가 되었다.

맬서스의 첫 저서는 32세 때인 1798년에 익명으로 간행한 [인구론]이었다. 다음 저서인 [현재의 식량 고가격의 원인에 관한 한 연구](1800)도 익명으로 간행했는데, 훗날 케인스는 이 저서를 가리켜 "문장도 착상도 단순하다. 그러나 여기에는 체계적인 경제학적 사고의 발단이 있다. 이 팸플릿 속에는 인용할 만한 다른 부분이 많다. 아니 거의 전부가 그렇다"고 격찬한 바 있다.

38세 때인 1804년에는 오랜 독신 생활 끝에 해리어트 에커설과 결혼했으며, 1805년에는 동인도회사의 인력을 양성하는 학교인 이스트 인디아 컴퍼니 칼리지로 자리를 옮겨 역사, 정치, 상업, 금융 등의 과목을 담당했다. 맬서스는 이곳에서 '정치경제학'(Political Economy) 담당 교수가 됨으로써 최초의 전업 경제학자라는 기록도 남겼다(가령 경제학의 조상으로 여겨지는 애덤 스미스만 해도 전공은 경제학이 아니라 도덕철학 담당 교수였다).

맬서스는 30년간 교수로 재직하면서 [곡물법의 영향에 관한 고찰](1814), [지대의 본

25) 조선일보, 2004.6.28

성](1815), [곡물 수입 규제 정책](1815), [정치경제론](1820) 등의 저서와 여러 편의 논문을 간행했다.

맬서스는 또 다른 저명한 경제학자 데이비드 리카도와 교우하면서 당대의 여러 가지 경제 사안을 놓고 논쟁을 거듭하며 서로에게 영감을 제공했다.

[인구론]에 나타난 비관주의만 보면 맬서스는 '음울한 학문'이라는 경제학의 별명에 딱 어울리는 인물 같다. 하지만 증언에 따르면 "심성은 자비로웠고, 기질은 온화하고 차분했으며, 성품은 충실하고 정감적이었다. 그리고 쾌활하였다."(케인스). 맬서스는 [인구론]으로 인해 생전부터 수많은 비난과 논란의 대상이 되었지만, 자신의 견해를 철회하거나 크게 바꾸지는 않았다.

토머스 맬서스의 대표작 [인구론]은 특이하게도 부친과 벌인 논쟁의 결과물이었다. 콩도르세와 고드윈처럼 인류의 무한한 진보를 낙관한 철학자들을 신봉한 그의 부친은 산업혁명 초기에 대두한 갖가지 사회 문제를 개혁 정책으로 해결할 수 있으며, 인구 증가는 미덕이기 때문에 권장해야 한다는 당대의 통념을 충실히 따랐다.

마침 당시 영국 정부에서는 부양 자녀수에 따라 빈민에게 생활보조금을 지급하는 법안을 추진했는데, 토머스 맬서스는 오히려 이런 선심성 정책이 인구 증가를 가속화해서 빈곤의 악순환을 가져오리라 주장했다. 이런 반박이 꽤나 설득력 있다고 여긴 부친은 그 내용을 책으로 써보라며 아들을 격려했다. 그 결과로 나온 것이 바로 익명으로 간행된 [인구론]의 초판(1798)이었다.

[인구론] 초판의 온전한 제목은 [인구의 원리에 관한 소론: 고드윈 씨, 콩도르세 씨 및 기타 저술가의 연구를 논평하면서 장래의 사회개혁에 미치는 영향을 고찰함]이다. "인구는 (억제되지 않을 경우) 기하급수적으로 증가하고, 식량은 산술급수적으로 증가한다." 초판에만 나오는 이 유명한 구절은 [인구론]의 핵심을 한 마디로 요약한다. 맬서스는 인구가 대략 25년마다 두 배씩 증가하므로, "2세기 뒤에는 인구와 생활 물자 간의 비율이 256대 9가 되며, 3세기 뒤에는 4096대 13이 되고, 2천 년 뒤의 차이는 거의 계산이 불가능할 정도로 커질 것"이라고 주장했다.

결국 파국을 피하기 위해서는 빈민의 인구 증가를 억제해 식량 생산 수준에 맞춰야 한다고 맬서스는 주장했다. 억제 방법에는 전쟁, 기아, 질병처럼 사망률을 높이는 '적극적 억제'와 출산율을 낮춰 인구 증가를 억제하는 '예방적 억제'가 있다. 물론 맬서스는 예방적 억제를 권장했고, 효과적인 피임법이 없었던 당시였으므로 대신 결혼을 늦추거나 출산을 자제하도록 빈민을 계몽해야 한다고 보았다.

맬서스의 시대 이후 세계 인구는 꾸준히 증가일로를 걸었다. 맬서스의 출생 직전인 1750년에 8억 명 수준이던 세계 인구는 그의 사망 직후인 1850년에 12억 명으로 늘었고, 1950년에는 25억, 1975년에는 40억, 1987년에 50억, 2000년에는 60억을 돌파했다. 맬서스가 예언한 파국은 아직 찾아오지는 않았지만, 불과 250년 만에 전 세계 인구가 무려 8배 가까이 급증한 것은 사실이다. 전지구적인 식량 대란은 없었지만 환경과 자원 문제를 비롯해서 다른 방면에서는 인구 증가의 폐해가 이미 나타나고 있는 실정이다. 20세기에 들어 급속한 인구 증가에 대한 우려와 함께 폴 에를리히의 [인구 폭탄](1968)과 로마클럽의 [성장의 한계](1972)처럼 현대판 [인구론]이라 할 만한 저서들도 나와 연이어 주목을 받았지만, 역시나 수십 년이 지난 지금에 와서는 [인구론]처럼 지나치게 성급했던 주장으로 치부된다.

제2절 글로벌시대의 자원문제

자원이란 일반적으로 자연자원을 연상한다. 따라서 오늘날 자원 하면 가장 먼저 떠오르는 단어는 석유라고 생각하는 사람이 많다. 따라서 우리나라 사람들은 부존자원이 부족한 우리나라가 앞으로 발전방향은 어떤 것인지에 고민하게 되며, 그 가운데 인재양성, 즉 교육에 많은 비중을 두고 있다.

일반적으로 자원하면 석유, 철강, 금, 구리 등 천연자원, 자연자원을 뜻한다. 하지만 넓은 의미의 자원이란 자연자원을 비롯하여 인적자원, 자본자원, 지식자원 등도 모두 포함된다. 공업화시대의 대표적인 자원은 노동, 자본 및 토지이며, 21세기 정보화 사회, 지식기반사회에서는 자연자원도 중요하지만 지식자원 또한 자연자원 못지않게 아주 중요한 자원이다.

먼저 좁은 의미의 자원 중 식량자원, 에너지자원, 수자원과 넓은 의미의 자원 중 지식자원을 고찰해 보고자 한다.

1. 식량자원

1) 식량자원의 현황

인류에게 가장 중요한 것은 의식주가 될 것이며, 그 중에서도 식량이 가장 중요할 것이다. 식량의 부족은 인간의 생존문제의 근원이며 식량자원에서 야기되는 문제들을 해결하기 위해 인류는 많은 노력을 해 왔다. 이러한 노력의 결과의 하나로 인구가 가장 많은 아시아지역의 주식인 쌀 생산은 1960년대 녹색혁명으로 산출량이 많은 쌀 품종들이 개발되어 아시아 국가들의 생산량이 크게 늘게 되었다.

한국 또한 보릿고개 등 식량문제로 많은 어려움이 있었으나 녹색혁명의 하나인 통일벼 생산이 한국인의 주식인 쌀 문제를 해결하는 계기가 되기도 했다.

식량자원에 대한 미래는 아래와 같이 긍정적인 견해와 부정적인 견해가 있다.

긍정적인 견해로는 다음과 같다. 만일 사람들이 그들의 식단에서 육류의 비율을 줄인다면 세계는 훨씬 더 많은 인구에게 공급하기에 충분한 식량을 생산할 수 있다. 곡식과 목초를 재배해서 가축에게 먹이는 것은 토지를 비효율적으로 사용하는 것이다. 왜냐하면 식물에너지를 인간의 식량으로 전환하는 데는 동물이 비효율적이기 때문이다. 육류 섭취량이 극히 적은 인도와 같은 나라에서는 현재 소비하는 총식물에너지(실제로 섭취하는 농작물에 종자와 동물사료를 합친 것)가 1일 약 3,000칼로리인데 비해 북미, 호주, 뉴질랜드 및 프랑스는 1일 평균 1만 5,000칼로리를 소비한다. 경제학자인 질랜드(B. Gilland)는 세계는 보다 많은 인구에게 식량을 공급할 수 있는 능력이 있다고 보고 있다. 그의 추산에 따르면 세계가 곡물재배면적을 약간 늘리고 평균산출량을 두 배 이상으로 증가시키면 1일 식물에너지 9,000칼로리를 섭취하여 만족스런 식사로 75억 명의 인구를 먹여 살릴 수 있다고 언급하고 있다(이 인구는 2020년에 도달할 수준이다). 1일 6,000칼로리라면 114억 명의 인구에게 공급할 수 있다. 만일 이 계산이 합당하다면 세계는 현재 인구의 두 배를 지금 수준 또는 다소 불만스런 소비수준으로 먹일 수 있으며 훌륭한 수준의 식사를 제공한다 하더라도 현재 인구의 1.5배를 부양할 수 있다.[26)]

미래 식량문제에 대해 다음과 같이 부정적인 견해를 갖기도 한다.

세계환경 문제를 연구하는 월드워치연구소는 '세계는 식량잉여의 시대가 끝나고 곧 식량부족시대로 접어들게 될 것'이라 경고했다. 이 연구소의 브라운소장은 1996년에 그의 저서인 '식량대란'에서 지구촌 최대과제를 식량난으로 꼽았다. 브라운 소장은 1980년대 말부터 지구촌의 식량증산은 한계에 도달했다고 지적하고 있다. 1인당 곡물생산량은 1984~1995년 기간에 15% 감소했으며, 1인당 어획고도 1989~95년 기간에 7%나 줄어들었다. 국제부흥개발은행(IBRD), 경제협력개발기구(OECD) 등 여타 국제기구들도 세계곡물생산증가율이 1960년대의 연평균 3%에서 1970년대 2.3%, 1980년대 이후에는 1.8%로 감소했고 이 같은 추세가 지속될 것으로 예상하고 있다.

이처럼 식량난이 심각해지게 되면 기아는 더 심각해질 수밖에 없다. 유엔식량농업기구(FAO)는 개도국 어린이 2억 명을 포함한 약 8억 2,800만 명이 기

---

26) MacRae, H., *The World in 2020*, Harper Collins Publishers, 1994, p.179.

아상태에 있으며 이들 중 수백만 명은 각종 질병까지 앓고 있다고 경고했다. 이에 따라 해마다 1,800만 명이 아사하고 있으며, 특히 아시아지역에서는 전체 기아인구의 70%인 5억 6,000만 명이 기아상태에 있다.[27)]

2) 식량자원의 해결방안

최근 토지부족국인 한국, 북한, 일본 등 동북아 국가들은 제한적인 농토로 인해 국내농업생산의 자급자족이 불가능한 상황으로 고착되었고 이에 따라 농산물 시장 개방폭도 점점 확대되고 있는 것이 기정사실이다.

이러한 상황에서 만약 해외로부터 직접 수입되는 농산물의 가격보다 해외의 농지개발에 의한 농산물유입이 유리하고 조건이 좋다면 해외농업개발은 그 타당성을 가질 것이다. 가격요인 이외에도 적기의 안정적인 공급이 농산물 수급상 중요한 요인이라고 할 때 해외 농업개발에 의한 농산물의 국내공업은 그 의의가 더욱 크다고 할 수 있다.

따라서 토지자원이 풍부하면서도 지역적 특성, 인구의 지역적 편재 등의 이유로 주로 동북부, 극동지역의 토지를 충분히 이용하지 못하고 있는 러시아와 중국이 개발기술과 자본을 보유한 일본·한국, 저임노동력의 북한과 힘을 합쳐 농장을 개발하고 이를 통해 부족한 식량자원을 충당한다면 동북아시아지역의 안정적인 식량확보가 어느 정도 가능할 것으로 보인다.

과거 이들 지역은 국경지역으로서 정치적, 군사적인 중요성과 일본의 역사적 과오에 의한 민감한 요인 등에 의해 아직까지는 적극적인 개발을 할 수 없었으나 이제는 동북아 생존 전략의 하나로 다자간 협력이 모색되어야 할 것이다. 이미 개발에 착수한 중국 동북부의 삼강평원은 식량위협을 받고 있는 동북아 국가의 농업에서 보완적 역할을 하는 동시에 동북아의 경제협력을 확대하는 단서를 제공할 것으로 전망된다.[28)]

---

27) 김용진 외, 알기쉬운 세계경제, 형설출판사, 2002, pp.47~49.

28) 임양택, 아시아대예측, 매일경제신문사, 1999, pp.551~552.

2. 에너지자원

1) 에너지 자원의 현황

세계 에너지자원은 주로 화석연료에 의해 생산되어 진다. 이와 같은 결과는 적절한 대체연료원이 없기 때문이다.

원자력과 수력에 의해 에너지자원이 생산되는 경우도 있지만 화석연료의 사용에 의한 생산이 아직 전 세계 발전량의 60% 이상을 차지하고 있다. 원자력발전과 수력발전은 모두 환경오염이란 심각한 단점을 지니고 있어 그 성장이 제한될 것이므로 화석연료에 의한 발전량의 비율이 높게 떨어질 것으로 보기는 어렵다.

그래서 전반적인 에너지부족사태가 곧 닥치지는 않겠지만 향후 다음 세 가지 문제는 크게 부각될 것이다.

첫째, 대부분의 운송형태에 유일한 연료인 석유의 부족문제

둘째, 가장 쉽게 운반할 수 있는 연료인 석유가격의 인상으로 사정이 악화되는 지역의 에너지 부족문제

셋째, 환경오염과 기후에 대한 화석연료사용의 영향문제

그리고 대부분의 에너지자원 전문가들은 현재 세계 석유매장량을 약 1조 배럴로 추정하고 있으며 지금의 석유소비수준이 유지되면 50년 내에 석유는 고갈될 수밖에 없을 것으로 전망한다. 지난 50년간 세계 에너지 소비량은 3배로 급격히 늘어나 현재 석유는 연간 240억 배럴이 소비되고 있다. 뿐만 아니라 석유 매장량의 예측도 믿을 수 없다. "사이언티픽 아메리칸" 최근호는 '세계 석유매장량은 알려진 것보다 훨씬 적은 8500억 배럴에 불과하며 그나마 개발가능한 매장량은 10년 내에 생산량이 줄어들기 시작할 것'이라고 경고하며 더 비관적인 전망을 내 놓았다. 석유자원분야의 권위자인 해트필드박사는 석유가 2036년에 완전 고갈될 것이라고 보고 있다. 그는 그 동안 석유메이저들이 지나치게 낙관적인 전망을 제시해 세계가 자원고갈에 대한 대비에 소홀히 해왔다고 주장하고 있다. 그렇지만 석유의 마지막 한 방울이 지하에서 퍼올려지기 훨씬 전에 석유가격이 올라갈 것이며 새로운 유전이 발견되거나 대체연료가 개발되며 또한 절약계획들이 시행될 것이다. 이런 대체연료는 풍부하게 존재한다. 남아연방의 사소일(Sasoil)이 처음 개발한 석탄의 액화계획,

알코올의 사용, 혈암유와 타르모래의 이용, 천연가스의 액체 전환 등 많은 사례가 있다. 기술은 있는데 문제가 되는 것은 단지 현재로서는 이 기술들이 생산하는 기름이 중동의 사막에서 나오는 것보다 값이 비싸지는 데 있다.

그러므로 절약만이 화석연료의 세계적인 공급을 연장하는데 실질적인 도움이 될 수 있다. 1973~74년의 첫 석유파동이 있었을 때까지는 산업세계의 에너지 사용의 정상적인 유형은 생산이 1%씩 증가할 때마다 에너지소비량은 0.5%씩 증가되었다. 그 후 산업국가들은 에너지를 좀 더 효율적으로 사용하는 방법을 배우게 되었다. 1973년부터 1985년 사이에 OECD 국가들의 GDP는 32%가 늘었으나 그들의 에너지소비량은 5%만이 증가했다. 그 후는 에너지절약의 속도가 부진했지만 산업국가들은 국민의 생활양식에 큰 변화를 주지 않고도 에너지 소비량을 더 크게 줄일 수 있었다.[29)]

그런데 급속한 경제성장정책을 전개하고 있는 중국의 경우 이미 지난 1993년부터 석유 등 에너지를 국내에서 충당할 수 없어 수입하는 형편이다.

이 같은 위기의식으로 세계는 태양, 조력, 풍력, 지열 등 대체에너지 개발에 집중하고 있다. 그러나 엄청난 시간과 자금을 필요로 하고 있어 아직 대단한 성과를 달성하지 못하고 있는 실정이다.[30)]

2) 에너지자원의 해결방안

(1) 기후변화협약의 태동

지구 온난화에 대응하기 위한 국제적인 노력은 1992년 리오에서 개최된 UN환경개발회의에서 한국을 포함한 세계 각 국가가 자발적으로 'UN기후협약'에 서명참가하면서 본격화되었다. 협약은 모든 국가에 이산화탄소, 메탄, 프레온 가스 등 온실가스배출 감축을 촉구하고 우선 선진국에 온실가스 배출량을 줄일 것을 요구하고 있다.

지구온난화는 온실가스에 의한 지구기온의 상승을 의미한다. 그리고 온실가스는 산업활동의 원동력이 되는 석유, 석탄, 가스 등 주로 화석연료의 연소

---

29) 산업국가들이 실시한 최선의 방법을 적용하기만 하면 세계의 에너지소비량은 적어도 1/3을 줄일 수 있을 것이다. 1인당 GNP가 미국과 거의 동일한 일본은 1인당 에너지소비량이 미국의 절반이다(이남구, 세계지역연구, 무역경영사, 1999, pp.34~38).

30) 김용진 외, 전게서, pp.49~51.

과정에서 배출되고 있어 온실가스 배출감축에 대한 직접적인 규제는 바로 화석연료사용에 대한 규제이면서 산업활동의 제약을 의미한다.

따라서 각 국가는 지구온난화가 인류에 미치는 부정적인 영향에 대해서는 공감하면서도 자국의 경제발전과 산업경쟁력에 대한 피해를 우려하여 온실효과의 가스감축을 위한 협상에서는 첨예한 대립양상을 보이고 있는 상황이다.

(2) 국제협약적인 온실가스 감축의무 발효

UN기후협약은 1995년부터 매년 베를린, 제네바 그리고 교토(京都)에서 온실가스 감축의무에 대한 의정서작성작업을 했다. 1997년 12월 제3차 교토 당사국총회에서는 유럽연합(EU), 일본, 미국 등 주요 선진국을 대상으로 2008~2012년까지 평균 5.2%의 온실가스를 줄이도록 요구하는 구속력 있는 최초의 국제적 규범을 제정하였다.

이는 화석연료의 사용을 제한하는 역사상 최초의 시도로서 지구의 환경보전을 위해서는 경제성장도 제한할 수 있다는 새로운 원칙을 제시하였다고 볼 수 있다. 이제 환경문제가 직접적으로 영향을 주고 있다는 사실에 주목해야 할 것이다.

선진국들은 1990년대 초반부터 온실가스를 줄이기 위해 노력하면서도 자국의 산업활동을 위축시키거나 경쟁력을 상실하는 것에는 사전에 대비하고 있다. 화석연료를 대체하기 위한 청정에너지개발에 박차를 가하거나 에너지사용량에 따라 세금을 부과하는 에너지 탄소세를 시행하거나 온실가스의 배출총량을 국가별로 할당하여 허용기준이내의 국가는 이를 초과하는 국가에 판매할 수 있도록 하는 배출권 거래제도를 도입하는 등 다양한 수단을 강구하고 있다.

1997년 12월 제3차 당사국 총회에서는 개도국에 대한 온실가스 감축의무 부과는 제외했지만 EU, 미국 등은 개도국을 감축이행 대상국가에 포함시킬 것을 강력하게 주장하고 있다. 한국을 비롯한 신흥공업경제군(NIEs)은 조만간 온실가스배출감축의무 대상국가로 편입될 것이 확실시되는 지금 선진국과 같은 실질적인 노력을 하지 않아 에너지소비구조의 전환과 산업의 구조조정 등 커다란 과제가 남아 있는 상황이다.

Tip

중국 에너지 소비, 美 제치고 '세계 1위'
작년 석유 22억t 분량 소비 10년 전엔 美의 절반 수준
"중국 위상 더 강력해질 것"

중국 경제의 고속 성장세에 '에너지 대국' 미국의 100년 아성이 무너졌다. 중국의 에너지 소비량이 미국 소비량을 추월했다. 국제에너지기구는 19일 중국이 지난해 미국을 제치고 에너지 소비 1위 국가로 올라섰다고 발표했다. 미국은 1900년대 초부터 한 세기 이상 에너지 최대 소비국 자리를 유지해왔다. 국제에너지기구는 매년 원유뿐 아니라 원자력 · 석탄 · 천연가스 · 재생에너지 등 각국이 사용한 에너지의 총량을 석유 기준으로 환산해 산출한다. 지난해 중국은 석유 22억5200만t에 해당하는 에너지를 소비해 21억 7000만t을 소비한 미국을 4%가량 앞지른 것으로 나타났다.

월스트리트저널(WSJ)은 19일 이번 발표가 지난 10년간 미국과 중국 경제의 부침(浮沈)을 극명하게 보여준다고 평가했다. 10년 전만 해도 중국의 에너지 소비량은 미국의 절반 수준이었다. 이후 경기침체를 겪으며 에너지 소비 효율성을 추구한 미국의 소비량이 차츰 줄어든 반면 10년 동안 중공업과 인프라 구축에 엄청난 투자를 한 중국의 에너지 소비는 매년 10% 가까이 늘어났다.

최대 산유국인 사우디아라비아산(産) 석유 수입 순위에서도 중국은 미국을 밀어내고 1위에 올랐다. 국제에너지기구의 파티 비롤(Birol) 수석 연구원은 "최근 몇 년 사이 석유 · 석탄 · 우라늄 등 세계 에너지 가격이 급등한 것도 중국의 막대한 에너지 소비 때문이었다"며 이미 '전세(戰勢)'의 역전을 예상하고 있었다고 밝혔다. 비롤은 "미국 경기의 부진과 중국의 성장이 맞물려 분기점이 더 빨리 찾아오긴 했지만 늦어도 2015년쯤엔 역전이 이루어질 것으로 내다봤다"며 "세계 에너지의 역사에 명실공이 새 시대가 열렸다"고 말했다. 하지만 국민 1인당 에너지 소비량은 미국이 700만t으로 중국(170만t)에 비해 여전히 훨씬 많다. 영국 파이낸셜타임스는 19일 세계 전체 에너지 시장이 중국의 영향력 아래 들어오게 되었다고 보도했다. 이 신문은 "이제 중국의 에너지 수요에 따라 각국은 어떤 종류의 자동차를 생산해야 할지를 결정해야 할 것"이라고 예상했다.

전문가들도 최대 에너지 소비국으로 올라선 중국의 위상이 더욱 강력해질 것으로 전망했다. 국제전략연구소(CSIS)의 데이비드 험프리스(Humphries) 선임연구원은 "중국은 이제 글로벌 에너지 시장의 가장 강력한 권력자가 되었다"며 "미국의 영향력은 점점 줄어들어 혼자 힘만으론 경쟁하기 어려워질 것"이라고 말했다.

WSJ는 중국의 위상 변화로 미국이 외교정책마저 수정해야 할지 모른다고 전했다.

중국정유공사는 이미 미국의 규제 조치에 아랑곳 않고 이란과 석유 및 가스 채굴 프로젝트를 추진 중이다. 중국 정부는 독자적인 온실가스 감축 방안을 추구하면서 지난해 코펜하겐 기후변화협약에서 국제사회의 공동 노력을 좌절시킨 바 있다. 중국의 협조나 참여 없이 미국이 독자적으로 국제전략을 펼치기가 갈수록 어려워지고 있는 것이다.

(2010. 07.21. 조선일보)

3. 수자원

1) 수자원의 현황

지구상의 물의 총량은 약 14억입방 kl로 이야기되고 있으며, 그 중 97%는 해수이고 담수는 3%뿐이다. 더구나 담수의 대부분은 남극, 북극 등의 얼음으로 되어 있어 인간이 이용할 수 있는 물은 전체의 극소수인 1% 미만 정도일 뿐이다.[31] 이와 같이 귀중한 물은 인간에 있어서 생명의 원천이다. 따라서 물의 공급부족과 오염은 우리들의 건강한 생활에 있어서 또한 지구상의 생물에 있어서 중대하다.

하천, 호수, 지하수로부터의 취수는 최근 50년 간에 4배를 초과하고 있으며 개도국의 공업화·도시인구의 집중은 물의 수요를 더욱더 확대시키고 있다. 공업화·도시화의 진전과 함께 물은 자연의 순환을 절단시켜 농촌·산촌에서 공업·도시지역의 관리 하에 놓이게 되었다. 이것이 결과적으로는 물의 수요를 확대하여 오염된 물을 유발시키고 있다. 안전한 물을 입수할 수 없는 사람의 숫자는 현재 10억 명을 넘고 있으며 오염된 물은 전염병 등에 의한 수백만 명의 사망원인이 되고 있다. 더구나 물의 입수가 곤란할 것으로 예상되는 인구는 2050년까지 10~24억(그 때의 추정세계인구의 13~20%)에 도달할 것이라는 추계도 있다.

선진국에 있어서 물의 문제는 결코 해결이 완료된 문제가 아니다. 이상기후에 의한 물의 부족은 매년 발생하는 일이며 물의 지나친 사용에 의한 지하수의 고갈은 지반침하의 원인이 될 뿐만 아니라 농업용수의 확보, 염해, 표토의 유출 등 농업에 심각한 영향을 주고 있다. 또한 선진국의 일상생활은 수많은 화학독물에 포위되고 있어, 우리나라에서도 안전한 물의 확보는 수돗물로는 곤란하게 되어 고비용을 투자해야 할 정도이다.

물의 문제는 우리들의 인간사회만의 문제가 아니다. 물의 오염과 댐 및 제방 등에 의한 자연적인 물의 흐름의 절단은 수많은 생물에 있어서 생존환경의 악화로 될 수 있다. 석유유출사고에 의한 해양오염, 산업폐기물 및 쓰레기 등의 불완전한 처리와 농약에 의한 지하수·하천·호수·습지·바다의 오염, 대기오염 및 산성비에 의한 물·토양의 산성화 등, 이들 모두가 물 문제이다. 인간

31) 김찬훈, 세계경제를 어떻게 볼 것인가?, 현장문학사, 1992, p.105.

의 경제활동에 의한 물의 오염과 반자연적인 관리는 많은 생물의 생명재생산에 있어서 커다란 위협이 되고 있다.32)

2) 수자원의 해결방안

UN은 한국을 물 부족국가로 분류하고 있으며, 우리나라 정부당국에서도 물 부족으로 어려움을 겪을 것으로 전망하고 있다. 이 때문에 세계 각국은 앞다투어 대체 수자원 개발에 나서고 있다. 바닷물에서 소금기를 걸러내는 담수화, 하수도를 여과해 재활용하는 중(中)수도 건설, 빗물 이용기술확대, 인공강우 개발 등이 그것이다.

(1) 인공강우

인공강우는 구름에 '빗방울의 씨앗'을 뿌려 비를 만드는 기술이다. 1940년대 미국 GE연구소의 과학자들이 비행기 위에서 드라이아이스 조각과 요드화은(AgI) 연기를 구름에 뿌려 인공 비를 만드는데 처음 성공했다.

인공강우의 원리는 간단하다. 수 kg의 드라이아이스를 약 1cm의 작은 조각으로 잘라서 비행기로 구름 위에 뿌린다. 40℃ 이하의 드라이아이스를 뿌리면 비를 만드는데 필요한 수분 알갱이가 생겨난다. 그 다음은 구름 방울이 얼음 알갱이와 결합하도록 구름 속에 가는 물방울·염분입자 등 흡습성(吸濕性)이 강한 물질을 뿌린다. 그러면 이 수분 알갱이가 주위의 수분을 빨아들여 얼음 알갱이가 된다. 이것이 무거워지면서 땅으로 떨어져 비가 된다. 인공강우법은 미국·러시아·중국에서 실용화에 성공했으나, 구름이 많아야 가능하다. 따라서 햇볕이 쨍쨍 내리쬐는 맑은 날에는 효과가 없다는 것이 흠이다.

우리나라는 3면이 바다로 둘러싸여 있어 구름이 많이 생긴다. 따라서 인공강우 조건은 좋은 편이다. 문제는 비를 만들려면 공기의 상승 및 하강기류에 따라 언제 구름 씨앗을 뿌려야 하는지를 정확히 판단해야 한다는 점이다.

(2) 해수 담수화

세계보건기구(WHO)의 통계를 보면 지구상에 존재하는 물의 97%는 바닷물이다. 나머지 3%는 담수이며, 이 중 극히 일부(전체의 1% 미만)만을 우리가 수자원으로 활용하고 있다. 따라서 만일 바닷물의 염분을 걸러내 맑은 물

---

32) 김용진 외, 전게서, pp.52~53.

(담수)을 얻을 수 있다면 엄청난 수자원을 확보할 수 있다.

대표적 해수 담수화 방법은 증발법이 있다. 이는 소금기를 함유한 바닷물을 가열해 이때 발생한 증기를 응축시켜 담수를 뽑아내는 방식을 말한다. 바닷물을 가열하기 위해서는 1㎥ 당 이론적으로 최소 0.73kwh의 에너지가 필요하다. 따라서 바닷물 담수화의 핵심은 값싸고 효율적인 에너지원을 어떻게 얻느냐에 달려있다.

이런 점을 비추어 볼 때 가장 주목받는 에너지원은 원자력발전소이다.

최근 정부는 민간기업과 손잡고 중소형 원자력발전소(SMART)설립을 추진한다는 입장을 밝혔다. 스마트원자로는 현재 가동중인 원전보다 작은 중소형 원자로에서 발생한 열을 활용해 바닷물을 마실 물로 바꾸는 해수 담수화와 전력생산에 나눠쓰는 것이 가능해 한 개의 원자로로 인구 10만 명의 도시에 전기와 물을 공급할 수 있다.[33)]

즉 SMART는 전력·난방·물을 동시에 생산하는 다목적 원자로이다. 1997년부터 원자력연구소가 개발해 왔으며, 전력 생산용량은 일단 90mw에 달할 전망이다.

또한 전력을 생산하고 남은 고온증기를 이용하면 하루 최소 4만 톤의 담수를 만들 수 있으며, 50만평 규모의 지역 냉·난방도 가능하다. 동 발전소의 소형 원자로는 계통을 단순화시켜 대형사고의 가능성을 줄임으로써 안전성이 과거 원전보다 100배 이상 높아질 것이라고 말했다.

그리고 2010년 현재 우리나라의 해수담수화 공법은 세계 최고의 기술을 보유하고 있다. 해수담수화공법은 크게 증발법과 역삼투법이 있다. 증발법은 바닷물을 증발시켜 수증기를 만들고 나서 다시 이 수증기를 식혀 물을 만드는 방법이다. 반면 역삼투법은 물을 끓이지 않고 특수한 막을 이용해 바닷물속에 있는 염분을 걸러낸다. 바닷물을 깨끗한 물로 바꾸는 비율(회수율)은 증발법의 경우 30% 수준이다. 그러나 역삼투법으로 하면 회수율이 60%까지 높아진다. 회수율이 높아지면서 깨끗한 물을 얻는데 들어가는 비용은 크게 줄었다. 깨끗한 물 1t을 얻기 위해 증발법은 5~6kwh의 전력이 필요하지만 역삼투법은 3kwh 정도면 된다. 전기 1kwh가 70원 정도라고 하면 깨끗한 물 1t을 만드

33) 2009.9.15, 아주경제.

는데 140~210원의 비용차이가 나는 셈이다.

4. 지식자원

1) 지식자원의 현황

21세기는 정보화사회, 지식기반사회라고 한다. 이러한 사회에서 중요한 자원은 지식이다. 공업화사회의 부자들은 토지, 금, 석유 등의 자원소유자들이었다. 그러나 오늘날 세계 최고 갑부중의 한사람은 빌 게이츠이다. 빌 게이츠는 위와 같은 많은 자원을 가져서 부자가 된 것이 아니라 지식이라는 새로운 생산요소를 토대로 기업가적 역량을 발휘하여 부자가 된 것이다. 공업화사회의 주된 생산요소는 노동, 자본, 토지 등이나 지식사회에서 주된 생산요소는 지식이다.

경영학의 시조인 피터 드러커는 지식, 정보가 중요한 사회인 오늘날의 사회를 지식사회라고 했다. 지식사회에서 주된 산업은 정보통신, 컴퓨터, 생명공학, 레이저산업 등 지식을 바탕으로 하는 산업이며, 부존자원이 아니라 두뇌의 힘 즉 지식이 대세를 결정하는 사회이다. 두뇌의 힘 즉 지식은 창출된 자원이다. 지식사회는 부존자원이 아니라 창출된 자원이 대세를 결정한다. 기술발전이 급속한 시대에는 신기술을 개발할 수 있는 지식이나 신기술을 기업화할 수 있는 기업가의 역할이 절대적으로 중요하다.

그러므로 지식자원은 기술, 경영 또한 중요하다. 그리고 노동, 자본, 토지는 수확체감의 법칙의 지배를 받으나 지식이라는 생산요소는 수확체증의 법칙을 따른다. 그리고 지식이라는 생산요소는 사용할수록 줄어드는 것이 아니라 오히려 늘어난다. 그러므로 희소성 법칙의 지배를 받지 않는다.

오늘날 자연자원과 노동력이 풍부함에도 불구하고 생산활동이 잘 이루어지지 않아 국가가 발전하지 못하는 경우가 있다. 반면에 자연자원이나 노동력이 부족하지만 고도의 기술과 기업경영을 잘하여 부국 또는 선진국으로 인정을 받으며 계속적인 경제성장을 하고 있는 국가들도 있다. 이러한 결과는 단순한 노동력이 아니라 기술, 경영을 잘 할 수 있는 지식을 가진 경영인이 있기 때문이다.

앞서 언급한 MS사의 빌게이츠, GE사의 잭 웰치 같은 기업가, 우리나라의 이병철, 정주영같은 기업가는 풍부한 지식자원을 보유하였다. 북한이나 옛소련이 경제발전을 하지 못한 이유는 기업가가 노동자를 착취한다고 하여 그 존재조차 인정하지 않아 유능한 기업가가 존재하지 않았기 때문이다.

노동자의 일은 로봇이나 기계가 대신 할 수 있다. 그러나 아무리 우수한 로봇이나 기계도 대신할 수 없는 것은 기업가의 역량이다. 자본주의를 자유기업경제라고 하는 것은 기업가의 역량이 그 만큼 중요하기 때문이다. 경제환경의 급변화시대, 자본주의체제간의 무한 경쟁시대, 글로벌라이제이션시대, 기술혁신 급변시대, 정보화시대에서는 기업가의 역할이 매우 중요하다. 따라서 오늘날 지식자원은 어느 자원 못지않게 중요한 자원이다.

2) 지식자원의 해결방안

지식자원의 문제를 해결하기 위해서는 인간자본에 투자하는 것이 가장 중요하다. 우리나라에서 종업원 한 사람을 임원으로 키우는데 거액의 돈이 든다고 한다.

박세리와 같은 세계적인 운동선수를 키우는데도 거액의 교육비가 필요했다.

부존자원이 부족한 우리나라가 오늘날과 같이 성장 발전할 수 있었던 것은 이러한 인간자본에 투자하고자 하는 교육열이 있었기 때문이다. 이러한 교육열이 밑바탕이 되어 기업에서의 훈련, 연수, 교육에 투자가 계속된 결과이다.

그러므로 지식기반사회에서 지식자원을 증가시키기 위해서는 국민각자의 교육열, 기업에서의 지속적인 기술연수 및 경영교육, 정부의 지식기반사회를 위한 관심과 지원이 필요하다.[34)]

제3절 글로벌 시대의 환경문제

글로벌시대는 세계 각국들이 자국의 발전을 위해 많은 노력을 하고 있지만 한편 세계 각국들이 힘을 모아 문제를 해결해야 하는 문제 즉, 글로벌적으로 해결해야만 하는 것들도 있다. 글로벌이슈 가운데 최근 가장 관심을 갖는 것 중의 하나는 지구촌의 환경에 관한 문제이다.

---

34) 송병락, 글로벌·지식·경제시대의 경제학, 박영사, 2001, pp.225~241.

왜냐하면 지금 지구촌에서는 지구의 온난화에 대한 위협과 지구촌의 오염 문제, 생태계파괴로 인한 서식지의 손실 등의 문제들이 야기되기 때문이다.

이와 같은 결과를 낳게 된 것은 세계인구의 증가, 식량, 에너지 및 물의 공급 문제, 각국산업의 지속적인 발전과 발전을 위한 개발 등에 의한 결과이다.

그런데 이러한 환경악화에 대한 심각성은 전 세계가 모두 똑 같이 느끼지는 않을 것이다. 대부분의 개도국은 오염으로 고통을 받으며, 서식지의 감소로 피해를 입을 것이다. 그러나 최근에 산업화가 된 국가들은 이러한 고통이 감소될 가능성이 있다.

환경에 대한 관심을 가지게 된 것은 1868년 미국의 존 뮤어의 요세미티방문을 시작으로 자연보호에 대한 중요성을 인식하면서 시작되었다. 그 이후 1872년 미국의 옐로스톤(yellow stone)이 세계 최초 국립공원으로 지정되었다. 지구촌적인 환경에 대한 관심은 1972년 북유럽의 물의 도시 스톡홀름에서 세계 113개국이 참석하여 UN의 인간환경회의가 개최되면서 부터이다. 이 회의에서 환경의 날을 제정하였으며 지구촌의 환경문제에 대한 관심을 모았다.

1992년에는 지구의 온난화에 따른 기후변화에 적극 대응하기 위해 브라질의 리우데자네이루에서 지구온난화방지를 규제 및 방지하기 위한 기후변화협약(The United Nations Framework Convention on Climate Change)을 체결하였으며 1994년 3월 21일에 발효시켰다. 이 협약의 1차 의무이행기간은 2008부터 2012년까지, 2차 의무이행기간은 2013년 이후이므로 1차 의무이행기간은 이미 시작되었다. 1차 의무이행기간 중에는 1990년대비 평균 5.2%의 온실가스배출을 감소시키는 것이다. 1997년 도쿄의정서를 통해 1차 의무이행기간에 관한 내용이 수립되었으나 미국은 비준거부로 불참하여 세계의 비난을 받기도 했다. 2차 의무이행기간에 관한 내용은 2009년 덴마크의 코펜하겐에서 탄소배출권에 대한 논의가 구체적으로 진행되어 탄소시장에 대한 거래내용 등을 협의하였다.

한국은 1993년도에 기후변화협약에 가입하였으며 1차 의무이행기간에는 의무부담이 없는 상태이나 2차 의무이행기간에는 의무부담이 예상된다. 환경에 관한 국제협약은 기후변화협약외에 스위스 바젤에서 1989년 세계 116개국이 참석한 가운데 유해폐기물의 국가간 이동 및 처리에 관한 협약인 바젤협약(Basel Convention)이 체결되었으며 1992년 발효되었다. 한국은 1994년 3월에 가입하였다. 이외에도 환경에 관한 협약은 폐기물이나 다른 물질의 투기를 규제하는 해양오염방지협약(London Dumping Convention), 국제적으로 중요한 습지를 보호하기 위해 1971년 이란의 람사르에서 세계 각국의 협력으로 맺어진 협약인 국제습지협약(Ramsar Convention), 지구상의 생물종을 보호하기 위해 마련된 협약인 생물다양성협약(Biodiversity Convention), 오존층 파괴물질의 규제에 관한 국제협약인 몬트리올의정서(Montreal Protocol) 등이 있다.

환경문제로 부각되는 최근의 이슈들을 살펴보면 지구의 온난화, 지구촌의 사막화, 지구의 삼림파괴, 선진국과 후진국간의 환경에 대한 갈등, 환경문제 해결을 위한 비용문제, CO_2가스배출 등 다양한 이슈 등이 등장하였다. 세계 각국들은 지구촌의 환경문제 이슈를 해결하기 위해 위와 같이 많은 논의를 해왔으며 그 결과 많은 협정을 맺어 발효시켜 이행중에 있지만 앞으로도 서로 머리를 맞대어 해결책을 찾기 위해 연구, 협의가 계속 이루어져야만 한다. 국제환경 관련 협약들은 [표 3-2]와 같다.

[표 3-2] 지구 환경보전을 위한 국제적 논의

개최일 채택일	국제회의· 협약 명	주요 내용	한국 가입 연도
1971.2	람사협약 (국제주요습지)	보호대상 습지 지정, 람사습지 목록관리, 관련 정보 상호교환	1997
1972.6	유엔인간환경회의 (스톡홀름)	세계 최초의 정치적 수준의 환경관련 국제회의 (113개 국 참가) 최초의 "유엔환경선언"채택 1973 UNEP의 창설 결정	
1972.12	런던덤핑협약 (폐기물·투기에 의한 해양오염방지)	폐기물 투기에 의한 해양오염 방지를 위한 각국의 의무규정	1993
1973	유엔환경계획 (UNEP)	1972 유엔인간환경회의에서 건의 국제환경 협력위안 연성법(soft law)탄생 주도	
1973.3	CITES	(멸종위기 야생 동·식물 종 국제거래)보호가 시급한 정도에 따른 국제거래규제	1993
1982	세계자연헌장	1972 유엔인간환경회의 10주년 기념 자연(자원)보존이 문명을 좌우	

개최일 채택일	국제회의·협약 명	주요 내용	한국 가입 연도
1982.12	유엔 해양법협약	해양환경의 오염방지 포괄적 해양법 체제의 마련 환경·해양 관련 일반원칙 선언	1996
1983	세계환경개발 위원회(WCED)	유엔총회 결의로 탄생 환경문제의 현실적 대안 모색 브룬트란트(노르웨이 수상)주도 1987 브룬트란트 보고서 발간	
1983.11	국제열대목재협정	생태계 균형유지 하에 열대목재림의 최적이용 확보 (1994.1.26 국제협력 강화 협정체결)	1985
1985.3	비엔나협약 (오존층 보호)	오존층 파괴방지 위한 과학기술 협력 인간·환경 보호 위한 오존층 파괴 물질 사용 규제	1992
1987	브룬트란트보고서	1983년 창설된 WCED의 보고서 '지속가능한 개발'의 개념 정립 보고서명: "우리의 공동의 미래"	
1987.9	몬트리올 의정서 (오존층 파괴물질)	1986년 기준 오존파괴 물질 소비량의 단계적 감축일정 규정 비가입국에 대한 무역규제 (1990/92/97 각각 런던/코펜하겐/몬트리올개정서 채택)	1992
1988	토론토회의	대기오염, 산성비, 기후변화에 대한 선언문 채택	
1989.3	바젤협약 (유해폐기물 이동·처리의 통제)	유해폐기물 처리와 국가간 교역 규정 후진국 중심으로 채택	1994
1992.5	유엔기후변화협약	지구온난화 방지 위한 각국 온실가스 배출 감축에 관한 기본내용 규정	1993
1992.5.22	생물다양성 협약	생물다양성 보전과 지속가능한 이용의 증진, 유전적 변형 생명체의 안전관리	1994
1992.6	유엔환경개발회의 (UNCED), 일명 "리우환경회의" "지구정상회의"	180개국 참가, NGO 회담 병행 지속가능한 개발 (ESSD)의 목표설정 리우선언, '의제21' 채택 기후변화협약과 생물다양성협약 서명	
1992.9	제44차 유엔 총회	1972 유엔인간환경회의 20주년 기념 환경과 개발의 조화 방안 모색	
1992.12	지속가능한 개발 위원회(CSD)	의제21의 구체적 실행 평가·감시 리우환경회의의 효율적 후속조치	
1994.6	사막화 방지협약	사막화지역에 대한 재정·기술 지원 개도국의 사막화 대응능력 향상	1999

개최일 채택일	국제회의·협약 명	주요 내용	한국 가입 연도
1994	카이로 인구개발회의(ICID)	환경·개발에서 개발·인구 관계의 문제모색	
1997	유엔 환경특별총회	리우+5 유엔 지구정상회의 지구환경이 1차적 국제 안보라는 개념정립	
1997.12	교토의정서 채택 (Kyoto Protocol)	유엔 기후변화협약 제3차 당사국 총회에서 채택 결정 개별국가에 대한 구체적 감축량 설정	2005

가라앉는 인도양 소국(小國) 몰디브 "외국에 국민 이주할 땅 사겠다"

지구 온난화에 따른 해수면 상승으로 국토가 물에 잠길 위기에 처한 인도양의 지상 낙원 몰디브가 국민들을 이주시키기 위해 외국에 땅을 매입하기로 했다.

11일 취임하는 모하메드 나시드(Nasheed · 41) 몰디브 대통령 당선자는 10일 보도된 영국 일간 가디언과의 인터뷰에서 "우리 힘만으론 지구 온난화를 막을 수 없기 때문에 우리는 다른 곳에 땅을 사야 한다"며 "이는 최악의 상황에 대비해 보험에 드는 것과 마찬가지"라고 말했다.

인구 30만 명의 몰디브는 매년 46만 명의 관광객을 유치하는 관광 대국. 1인당 국민소득 4600달러로 남아시아에서 가장 잘사는 나라다. 그러나 1192개의 섬으로 이뤄진 국토의 대부분은 해수면에서 1.5m 높이에 불과해 온난화가 계속되면 말 그대로 '실낙원(失樂園)'이 될 위기에 처해 있다. 실제 유엔 정부간기후변화위원회(IPCC)는 지구 온난화로 인해 2100년까지 전 세계의 해수면이 25~58㎝ 상승할 것으로 예상하고 있다. 나시드 당선자는 "이미 이웃나라 인도 및 스리랑카와 부지 매입에 대해 논의했으며, 호주도 부지 매입의 고려 대상"이라고 말했다.

지난달 대선에서 30년간 철권 통치를 해 온 독재자 압둘 가윰(Gayoom) 전 대통령을 물리친 나시드 당선자는 23번이나 투옥되고 고문까지 당한 대표적인 민주투사 출신. 나시드 당선자는 그러나 "정치 보복을 하지 않겠다"고 선언, '아시아의 넬슨 만델라'로 불린다고 가디언이 보도했다.

(2008.11.11. 조선일보)

알래스카 주

미국 최대의 면적과 최소의 인구를 가지고 있으며 가장 추운 주이다. 지난날에는 러시아의 영토였던 땅이기도 하다. 베링 해협을 지나 러시아까지 55마일로 러시아에 가장 가까운 주이다. 전체 미국의 5분의 1에 필적하는 면적을 가지고 있는 알래스카는 미답사의 황야, 빙하, 화산, 거대한 산맥(북미 대륙의 최고봉 매킨리산이 있다.)등 여러 가지의 신비적인 자연이 가득하다.

에스키모가 살고 있고 동토, 해마, 바다코끼리, 뇌조, 북극곰 등을 볼 수 있는 유일한 주이다. 주민의 4분의 1은 에스키모 족이거나 북미의 인디언이다. 그중에서 트린기트 족은 조각을 시공한 토템폴로 유명하다.

알래스카는 항공기와 함께 발전하여 이것이 중요한 교통수단이 되었다. 조종사의 수와 개인이 소유하는 비행기수는 전국에서 1위를 차지하고 있다. 또한 알래스카는 풍부한 천연자원을 가지고 있으며 1741년에 덴마크의 베링이 러시아정부의 명령에 따라 탐험하고 대원들이 모피를 가져온 것이 계기가 되어 모피의 독점적 기업이 시작되었다. 1897년에는 유콘강의 골드러시, 1957년에는 오일러시, 현재는 어장으로서 풍부한 자원을 자랑하고 있다. 인구의 반 이상은 철도가 있는 수어드와 앵커리지, 페어뱅크스 등을 연결하는 삼각지대에 모여 있다. 알래스카는 1867년에 당시 국무장관이었던 윌리엄 H. 수어드가 러시아로 부터 720만 달러에 매입한 것으로 당시는 이 구입을 '수어드의 어리석은 행위'라 불렀다. 그 후 수 십 년간 미국 연방정부는 알래스카를 방치했으며, 이는 금이 발견 될 때까지 변하지 않았다.

북부에서의 골드 러시로 알래스카에 대한 관심이 전국에 확산 되었던 20세기 초 알래스카의 州승격을 위한 투쟁이 시작되었다. 많은 알래스카 사람들은 알래스카가 州로 승격될 만하다고 주장했지만, 미국 정부는 1940년대에 가서야 비로소 이를 진지하게 고려하기 시작 했다. 미국이 1941년 일본에 선전포고를 하면서 알래스카의 전략적 위치가 갑자기 중요해졌고, 전쟁 중 알래스카는 주요한 공급 요충지였다. 알래스카의 엄청난 자원이 알려지자, 미 의회는 주승격을 반대했던 과거의 주장을 무시했고, 결국 알래스카는 1959년 1월3일 공식으로 미국의 49번째 주가 되었다.

석유는 1968년에 북극 해안에 있는 알래스카 푸르도 만(Prudhoe Bay)에서 발견되었다. 송유관 건설은 1974년에 시작해서 1977년에 완성되었다. 총 연장 800 마일(약1,300 Km)의 송유관은 역사상 가장 큰 민자 건설사업이다. 파이프관은 지름이 48"(약1.2m)이다. 원유는 시속 5.5 마일(약 시속 9.3 km)로 송유관을 따라 운반되는데, 유전이 있는 푸르도 만(Prudhoe Bay)에서 선적항 발디즈(Valdez)까지 이동하는데 단지 6일도 채 걸리지 않는다. 1959년, 49번째 주(州)로의 승격, 1964년 지진과 1967홍수 후에 재건, 그리고, 1968년 북부 North Slope에서 석유 발견은 알래스카 경제활동의 증대를 가져왔다.

알래스카는 면적 153만 1000㎢로 미국 전체의 1/5에 이러는 최대의 주이며, 소득세를 내지 않고 사는 곳으로 유명하다. 1992년 기준으로 인구 53만 4,000명이고, 주도는 교통의 중심지이자 연어잡이 어엽의 근거지인 인구 2만 6천의 주노(Juneau)이다.

국제무역 제4장

제1절 국제무역의 발전과정

국제무역은 고대부터 현대에 이르기까지 희소한 물품을 획득하기 위하여 이를 해외로부터 조달하는 경제활동으로 인류의 역사와 더불어 존재해 왔다. 이러한 교환행위를 하는 동기는 거래상대방 모두에게 이익을 가져오며 나아가 사회 전체적으로 이익을 발생시키기 때문이다. 뿐만 아니라 국가 간에는 기후, 부존자원, 노동기술의 차이 등으로 인하여 각국의 생산물품이 상이함으로 국내물품과 외국물품을 교환함으로써 거래 당사국 서로에게 이익이 있기 때문이다.

이러한 국제무역은 고대인들은 물품을 육상운송보다는 바다나 강을 이용하는 해상운송을 이용하는 것이 더 용이하여 고대 초기부터 해상운송을 통해 물품을 주로 운송하였다.

해상무역은 기원전 10세기경 지중해를 지배한 페니키아인에 의해 활발하였으며 이들은 사이프러스, 스페인, 카르타고 및 모로코를 무역식민지화 하였다. 또한 그리스 인들은 마르세이유를 건설하고 시실리아, 이탈리아, 북아프리카 및 흑해 연안에 정착하면서 해양을 통해 이집트와 크리미아반도로부터 곡식을, 소아시아로부터는 포도주, 테레의 직물, 시돈의 유리, 그리스 도시들로부터 도자기 등 지역 간의 물품거래가 있었다.

동서양의 교역은 육지의 실크로드를 통한 국제간의 교역이 활발하였다. 1295년 마르코 폴로가 동양에서 베니스로 돌아온 이후 유럽과 극동 간에 이루어진 비단, 면화, 진주, 향료, 도자기 등의 교역이 활발하였다. 이러한 국제간의 교역은 신시장, 신사고, 값싼 노동력, 천연자원 및 신제품이라는 국제무역거래의 동기를 유발시켰다.

지중해를 중심으로 한 도시국가의 해상무역활동이 1492년 콜럼버스의 신대륙 발견 이후 15, 16세기에는 포르투갈, 스페인에 의해 해상무역활동이 활발하였다. 17세기 초에는 동인도회사를 설립한 네덜란드, 영국, 프랑스 등을 중심으로 하여 국제무역이 크게 발전하였다.

산업혁명이 일어난 18세기 이후 금속기술의 발전, 증기기관의 발명과 발전, 면직공업, 화학공업, 기계공업 등의 발전으로 인해 생산력의 획기적인 증대와 해상운송의 변화로 인해 해상운송화물의 급격한 증가와 해외시장은 더욱 확대되었다.[35)]

19세기는 산업혁명의 영향이 지속, 발전되어 다양한 상품의 대량생산, 신상품의 생산, 운송수단의 발전으로 인해 해상운송을 중심으로 국제간의 거래가 활발하였다. 그 결과로 국제간의 거래가 활발함과 동시에 국제자본의 이동, 노동력의 이동도 활발하였다.

20세기 중반에 컨테이너가 운송수단의 용구로 사용되면서부터 국제간의 물품운송은 획기적인 변화를 가져왔으며, 오늘날 국제간의 물품운송은 대부분 컨테이너로 육상운송, 해상운송, 항공운송 또는 복합운송에 의해 이루어지고 있다.

제2절 국제무역이론의 발전

1. 중상주의(Mercantilism)

중상주의는 상공업을 중시하고 국가의 보호 아래 국산품의 수출을 장려하여 국부의 증대를 꾀하려는 주의로써 16세기[36)] 말부터 18세기에 걸쳐 유럽에 널리 퍼졌던 경제사상이다. 중상주의시대의 생산은 15세기 말에 진행된 신대

35) 윤광운, 무역혁명에서 글로벌 상거래까지, 효민, 2009, pp.13~16.
36) 13세기부터 18세기 사이의 경제사상을 중상주의 시대라고 주장하기도 한다(김광수, 중상주의, 민음사, 1984, p.15).

륙의 발견과 동인도항로의 개척에 의해 새로운 전기를 맞이하였다. 지리상의 발견에 따라 세계시장은 급속하게 확대되었고, 이와 함께 신시장의 생산물과 자원·식민지 획득을 둘러싸고 스페인, 포르투갈, 네덜란드, 영국, 프랑스 등의 국가 간에 격심한 상업전쟁이 전개되었다. 특히 16세기 중반 무렵 볼리비아와 멕시코에서 금광과 은광이 발견되어 이것이 유럽으로 유입되면서 유럽의 금·은 보유량은 비약적으로 증대하였다. 이와 같은 역사적 배경 아래 중상주의라는 경제사상이 싹트게 되었는데, 즉 16세기 초기 중상주의 또는 중금주의가 생기고 17세기에 후기의 발전된 중상주의체계가 출현하였다. 그러나 중상주의라는 말은 이 학파에 속하는 사람들에 의해서 사용되지는 않았으며, 중상주의에 대해서 비판적이던 프랑스의 중농주의자나 영국의 고전학파인 아담 스미스에 의해서 사용되었다.

중상주의자들의 사상은 다음과 같다. 첫째, 한 나라의 부 가운데 금·은·화폐를 가장 귀중한 영구불멸의 재산으로 여기고 경제정책의 중점을 이 재산의 증대에 두고 있다.

둘째, 화폐를 중시하여 이윤을 획득하는 것과 화폐를 증가시키는 것을 동일한 것으로 생각하고, 화폐는 상품을 값싸게 매입하여 비싸게 판매하는 매매의 차액에서 생겨나는 것으로 이해한다. 그러므로 이윤의 증식이라는 점에서 보면 농업이나 공업보다도 상업 쪽이 우위에 선다고 할 수 있다.

셋째, 상업은 이윤획득의 수단이 되지만 국내의 상업은 한 국가의 부를 증가시키는 데 기여하지 않는다. 국가적인 차원에서 보면 판매자의 이익은 곧 구입자의 손실이므로 여기에서는 적극적인 이윤이 발생하지 않고 더구나 유럽에서는 금·은의 국내 산출량이 소량이고, 그 대부분을 신대륙으로부터 입수하기 때문이다.

넷째, 한 국가의 금·은을 적극적으로 증가시키기 위해서는 상품의 수입액보다 수출액을 많게 하는 외국무역의 차액을 유지해서 그 차액만큼 금·은을 자국내로 유입하도록 해야 한다. 이러한 관점에서 중상주의자들은 금·은의 증가정책을 연구하였다. 더욱이 초기 중금주의자들은 화폐를 자본축적의 수단으로 보고 국내로 유입된 화폐는 절대로 국외로 유출시키지 않는 방침을 취하였다.

이들의 주장에 입각하여 유럽 국가들은 엄중한 금·은의 수출금지정책을 채택하고, 법률을 위반하여 금·은을 국외로 반출하는 자는 엄하게 처벌하였다.

그러나 이와 같은 정책이 도리어 외국무역의 발전을 가로막고 금·은의 획득에도 효과가 없다는 것을 인식하게 되었다. 그래서 후기의 진보된 중상주의자들은 화폐를 자본축적의 수단으로서가 아니라, 이를 조정함으로써 이윤을 획득하는 편이 현명하다고 인식하였다. 이들은 초기 중상주의자와 같이 외국으로부터 상품을 수입하는 것을 제한하거나 금·은을 반출하는 것을 금지하지 않고, 수입한 상품보다도 많은 수량의 상품을 수출함으로써 금·은의 유입을 도모하고자 노력하였다. 그래서 중상주의의 학설이 화폐차액론에서 무역차액론으로 발전한 것이다.[37)]

2. 중농주의(Physiocracy)

중농주의는 프랑스의 중농주의 대표학자인 케네에 의해 주장되었다.

중농주의라는 말은 자연의 통치에 어원을 두고 있다. 중농주의자는 상공업에 편중하고 농업을 돌보지 않았던 중상주의에 반대하여 자연법철학관을 바탕으로 개인적 자유를 존중하며 농업의 생산적 성격을 강조하고 있다.

중농주의학자들은 다음과 같은 사상을 갖고 있다.

첫째, 인간은 2개의 다른 질서를 바탕으로 살고 있는데 이는 신이 인간의 행복을 위해 정한 영구불변의 자연적 질서와 국가의 형성에 따라 만들어진 인위적 질서이다.

둘째, 자연적 질서를 규제하는 법칙은 자연법이며 인위적 질서를 유지하는 법칙은 인정법이다. 인간은 자연법 테두리 안에서 자유를 찾아야 하며 만약 인정법이 이 자유를 구속한다면 그것은 해로운 법률이다.

셋째, 중상주의가 주장하는 상공업 편중주의와 보호간섭주의는 인정법을 중요시하여 산업발전을 막는 해로운 정책이므로 중농주의자는 이를 반대하여 산업을 간섭하기보다는 그 활동을 자유롭게 방임함으로써 국가 경제력이 증진된다고 역설하였다.

넷째, 그들이 주장하는 '되는 대로 맡겨라, 가는 대로 두어라'라는 자유방임주의 움직임은 봉건제도의 속박을 타파하려는 자본가 계급의 요구와 합쳐져 그 뒤로 오랜 세월 세계의 자본주의 지도이념이 되었다. 중농주의자들은 프랑

37) 김정수 외, 전게서, 2007, pp.55~56.

스경제의 피폐한 원인을 탐구하여 농업의 중요성과 그 구제의 필요성을 역설하였다.

3. 고전학파무역이론(Classic School)

고전학파는 경제학을 정립시킨 학파라고 하여 정통학파라고 한다. 아담 스미스, 데이비드 리카르도, 토마스 맬서스, 죤 스튜트 밀이 대표학자이다.

영국에서 농업혁명, 산업혁명에 수반하여 자본주의의 경제가 성립하는 역사적 정황을 배경으로 중상주의와 중농주의의 학설을 비판하면서 성립하였다.

이 정통학파는 학자에 따라 다소 차이는 있으나, 자유경쟁을 전제로 하고 노동가치설을 택하며, 시장을 매개로 하는 생산·분배의 입체적 분석을 추진함으로써, 체계화하는 데 성공하였다.

고전학파들의 사상은 다음과 같다.

이 학파의 이론은 리카도에 의해서 대표되는데, 그 골자는

첫째, 식량에 대한 수요가 한계경작을 결정하고,

둘째, 이 한계경작이 지대(地代)를 결정하며,

셋째, 노동자를 유지하는 데 필요한 수확량이 그 임금을 결정하고,

넷째, 한계경작에서의 일정량의 노동생산량과 그 노동의 임금과의 차가 이윤을 결정한다는 4가지로 요약된다.

즉, 노동자의 임금은 노동자가 생존하고 식구들의 수를 증감 없이 유지하는 데 필요한 것으로 한정된다. 이른바 생존비설이며, 노동자는 장래성과 생활수준의 향상을 기대할 수 없다.

1) 절대우위론(Absolute Advantage) – 두 나라 비교

아담 스미스로부터 전개되었으며 1776년 자신의 저서 국부론에서 한 국가의 부는 귀금속의 보유량에 달려 있다는 중상주의적 가정에 대해 이의를 제기하였으며 그 대신에 그는 한 국가의 실질적인 부는 자국의 시민들이 이용할 수 있는 상품과 서비스로 이루어진다고 말했다.

아담 스미스는 국제무역에 분업론을 적용시켜 각국이 생산성이 높은 상품의 생산에만 서로 집중하여 국제무역을 하면 두 나라 각각의 생산량을 합한 전체의 생산량이 증가한다는 절대우위론을 주장하였다.

[표 4-1] 절대생산비의 원리

* 1단위 생산에 필요한 노동량

	영국	포르투갈
옷감	100	120
포도주	120	100

첫째, 절대생산비의 원리에 따라 두 나라를 비교했을 때 무역을 하는 경우 영국은 옷감, 포르투갈은 포도주에 특화하여 무역을 하여야 한다.

둘째, 그러면 무역을 하는 경우 무역이익이 얼마나 발생할 것인가?

[표 4-2] 영국의 경우

무역 전			무역 후
옷감(100)	1단위	2단위	옷감220/100=2.2단위(0.2단위 이익발생)
포도주(120)	1단위		

[표 4-3] 포르투갈의 경우

무역 전			무역 후
옷감(120)	1단위	2단위	포도주220/100=2.2단위(0.2단위 이익발생)
포도주(100)	1단위		

2) 비교우위론(Comparative Advantage) – 두 상품을 비교

절대우위에 있는 상품을 생산할 수 있는 경우에는 어떤 일이 발생하는가에 대하여, 아담 스미스의 절대우위론은 한나라가 다른 나라에 대하여 모든 상품의 생산에 있어서 절대적으로 우위가 있을 때에는 두 나라 간에 무역이 발생하지 않는 것처럼 설명하고 있다.

그러나 1817년 데이비드 리카르도는 이러한 아담 스미스의 절대우위론을 보완한 비교우위론을 전개하였으며 리카르도는 비교우위론에서 일국이 절대우위에 상관없이 다른 상품보다 더 효율적으로 생산할 수 있는 상품에 특화를 한다면 이 경우에도 무역을 통해서 세계적인 효율성을 얻을 수 있을 것이라고 생각하였으며 설령 한 나라가 다른 나라에 비해 모든 상품에 절대우위 또는 절대열위에 처해 있다고 할지라도 상대적인 효율성이 높은 산업에 전문화함으로써 두 국가 모두에게 이익이 발생한다고 설명하고 있다.

[표 4-4] 비교생산비의 원리

* 1단위 생산에 필요한 노동량

	영국	포르투갈
옷감	100	90
포도주	120	80

첫째, 비교생산비의 원리에 따라 두 상품을 비교했을 때 무역을 하는 경우 옷감은 영국, 포도주는 포르투갈에 특화하여 무역을 하여야 한다.

둘째, 그러면 무역을 하는 경우 무역이익이 얼마나 발생할 것인가?

[표 4-5] 포르투갈의 경우

무역 전			무역 후
옷감(90)	1단위	2단위	포도주170/80=2.125단위(0.125단위 이익발생)
포도주(80)	1단위		

[표 4-6] 영국의 경우

무역 전			무역 후
옷감(100)	1단위	2단위	옷감220/100=2.2단위(0.2단위 이익발생)
포도주(120)	1단위		

리카르도(David Ricardo: 1772~1823)

영국의 경제학자이며 아담 스미스의 국부론을 읽고 영향을 받아 경제학에 관심을 갖게 되었다. 리카르도는 유태인 주식중개업자의 아들로 출생하여 중학교 교육만을 받은 것이 교육의 전부였다.

최근에는 Krugman이 그의 칼럼에서 오늘날 현실 경제문제를 풀어야 하는 경제학자로서의 자신의 한계와 좌절을 통탄하면서 경제에 관한 Ricardo의 직관력을 높이 평가한 바 있다.

한편, 유대인인 리카르도는 부모님의 반대에도 불구하고 기독교를 믿는 여자와 결혼하였으며 이것이 계기가 되어 부모님으로부터 독립하여 증권 중개업자로서 성공하였다. 그 후에는 그 일에 손을 떼고 은퇴하여 여가를 여러 가지 학문연구에 집중하였다.

경제학에 대하여서는 소양(素養)다운 소양도 없었으나 독학으로 경제논리를 터득하고 아담 스미스의 절대이론을 발전시켜 비교우위론의 이론을 정립시켰으며, 지대가 발생하는 이유로서 지대론, 맬서스가 주장했던 곡물법제정에 대한 반대의견 즉 곡물법폐지론을 주장하여 자기가 대지주이면서 지주편에 서지 않고 산업자본가 입장에서 곡물조세를 반대하였다.

리카르도의 대표저술은 "On the Principles of Political Economy and Taxation(1817, 3. ed.,1821)이며 이 저서는 경제학을 과학의 단계로 끌어올린 획기적인 저서라 볼 수 있다.

경제이론에 있어서 변함없는 진리인 기회비용(opportunity cost)의 원리를 200년 전인 19세기 초에 그는 이미 간파하고 있었다. 그의 학설인 노동가치론은 그 후에 등장하는 Karl Marx(1818~1883)에게 큰 영향을 미쳤다.

리카르도는 1819년에는 의원으로서 영국 의회에 들어갔으며, 죽을 때까지 부르조아 래디컬로서 지조를 지켰다.

4. 근대무역이론

1) 신고전학파

차가운 머리와 따뜻한 가슴으로 라는 연설로 유명한 경제학자 알프레드 마셜에서 비롯된 케임브리지 학파를 가리키는 명칭으로 오늘날에는 다양한 의미로 사용되고 있다. 케임브리지학파가 신고전학파로 불렸던 것은 한계혁명 이후 고전학파 대신 영국의 정통적 학파가 되었기 때문이다.

신고전학파의 경제사상은 다음과 같다.

첫째, 시조 마셜의 경제학이 한계주의에 입각하여 가격의 설명에서는 수요면(한계효용)에 유의하면서도 생산비 분석의 중시나 장기 동태면에 대한 관심 등에서 고전학파의 전통을 계승하고 있다.

둘째, 신고전학파성장론의 경우 생산요소의 대체성(생산계수의 가변성)을 승인하는 면이 특히 주목된다.

셋째, 신고전파총합의 경우 사무엘슨은 경제적 복지의 달성수단으로서 사기업체제와 경쟁의 유효성이라는 점에 초점을 맞춘다.

2) 헥셔-오린(Heckscher-Ohlin)의 정리

리카르도의 비교우위론이 국제무역의 발생원인인 생산비의 상대적인 차이에 기인한다는 점을 밝힌 것이라고 한다면 헥셔-오린 정리는 그러한 비교생산비차가 발생하는 이유를 규명한 이론이라고 할 수 있다.

스웨덴의 경제학자인 헥셔-오린은 국가 사이의 비교생산비차가 발생하는 원천은 요소부존도의 차이에 있다는 것을 밝힘으로써 무역이론의 발전에 기여하였으며 그는 리카르도가 2국, 2재 그리고 노동이라는 1개의 생산요소를 전제로 이론을 전개한 것과는 달리 두 가지의 생산요소를 가지고 설명하고 있다.

* 1명제 : 요소부존이론

- 국가 간에 생산요소의 부존상태가 각각 다르고 또 각 상품에 투입되는 생산요소의 비율이 다르기 때문에 국가 간에 비교생산비차가 발생한다는 것

[표 4-7] 요소부존이론

	A국	B국
요소의 상대적 부존도	노동이 풍부→노동가격이 싸다	자본이 풍부→자본가격이 싸다
재화의 요소집약도	X재 ; 노동집약재 Y재 ; 자본집약재	
생산비차	X재 생산에 비교우위	Y재 생산에 비교우위
수출재	X재 ; 특화 · 수출	Y재 ; 특화 · 수출

* 2명제 : 요소가격균등화정리

-국가간의 비교생산비의 차이에 의해 무역이 발생하면 이러한 무역의 전개에 따라 요소의 국가간 이동이 이루어지지 않더라도 국가간에 요소의 상대가격이 균등화되는 경향이 있다는 것

⇒A국의 경우 ;

노동풍부 → 노동의 가격이 싸다 → X재(노동집약재)특화·수출 →X재 생산증가 → 노동의 수요증가 → 노동의 가격이 비싸진다.

자본희소 → 자본의 가격이 비싸다 → Y재(자본집약재)수입 → Y재 생산감소 → 자본의 수요감소 → 자본의 가격이 싸진다.

3) 레온티에프(Leontief)의 역설

레온티에프는 1947년 미국의 200개 산업의 투입산출표를 이용하여 수출품과 수입품 100만 달러어치를 생산하는데 소요되는 자본과 노동의 양을 계산하여 헥셔-오린 정리의 제1명제(요소부존이론)를 검증하였다.

그 결과 미국은 헥셔-오린의 제1명제 내용대로 자본집약재를 수출하고 노동집약재를 수입할 것이라는 예상과는 달리 미국은 곡물과 같은 노동집약재를 수출하고 섬유와 같은 자본집약재를 수입한다는 결론에 도달하였다. 따라서 이를 레온티에프의 역설이라고 한다.

[표 4-8] 미국의 200개 산업의 투입산출표

	1947		1951	
	수출상품	수입경쟁상품[38]	수출상품	수입경쟁상품
자본(1947년 달러 가격)	2,555,780	3,091,339	2,256,800	2,303,400
노동(연노동 인원수)	181.31	170.00	173.91	167.81
자본/노동(K/L)	14,068	18,184	12,976	13,726
비율	1	1.29	1	1.06

레온티에프는 미국의 노동은 타국의 노동에 비하여 동일한 자본과 결합하더라도 3배 이상의 노동생산성을 가진 까닭에 비록 노동량 그 자체는 희소하

38) 수입경쟁상품 ; 수입재와 동일한 종류의 상품으로 수출국에서 생산되는 상품.

더라도 노동으로부터 비롯하는 생산성은 오히려 상대적으로 풍부하며 이에 따라 미국은 자본집약적 상품보다는 생산성이 높은 노동집약적 상품을 수출한다는 것이다.

또한 미국민은 타국민보다 자본집약적 상품을 선호한다거나 국내 노동자들을 보호하기 위하여 노동집약적 상품의 수입을 억제한다는 설명도 하고 있다.

5. 현대무역이론

현대무역이론은 기존이론들이 지니고 있는 제한적인 가정들을 현실에서 수정 또는 보완하여 어느 정도 설득력 있게 해명해 주고 있는 무역이론이다.

1) 대표적 수요이론

린더가 제시한 무역이론으로 제조업부문에서 한 국가의 비교우위는 그 국가의 대표적 수요[39]에 의해 결정되고 이는 다시 그 국가의 소득수준에 의해 결정된다는 이론이다.

그는 특정 상품이 수출 가능하기 위해서는 우선적으로 국내에서 상당한 정도의 수요 즉 대표수요가 있어야 한다고 주장하였으며, 국내수요가 큰 상품일수록 국내시장의 생산규모 증대로 인한 규모의 경제효과나 기술습득효과로 인해 생산비를 절감함으로써 비교우위를 가질 수 있다는데 그 근거를 두고 있다.

즉 그는 산업을 농산물 부분과 공산물 부분으로 구분하고 농산물 부분의 무역발생원인은 헥셔-오린정리의 제1명제인 요소부존 비율이론으로 설명될 수 있으나 공산물 부분의 무역발생원인은 수요의 측면에서 설명되어야 한다는 대표적 수요이론을 제시하였다.

2) 연구개발이론(R&D)

키싱, 그루버, 메타, 버논 등의 연구개발이론은 연구개발요소가 국가간 비교생산비의 차이를 발생시키는 주요 요인이라고 주장하고 있다.

키싱과 그루버가 미국의 수출실적과 연구·개발노력과의 관계를 실증적으로 검토한 내용을 요약하면, 미국 제조업 중에서 비교우위가 있는 산업은 헥

39) 대표적 수요란 어느 정도 큰 규모의 국내수요를 의미하며 이러한 대표적 수요가 서로 중복되고 있는 국가간에 공산품 무역의 비중이 커진다는 것

셔-오린정리에서 말하는 노동집약적 산업도 아니고 자본집약적 산업도 아닌 연구·개발에 종사하고 있는 많은 과학자 또는 기술자이고, 거액의 연구·개발비를 지출하고 있는 R&D 집약적 산업이며, 연구·개발 노력이 큰 산업일수록 수출실적도 크다고 하였다.

3) 기술격차론

포스너와 호프바우어가 주장한 기술격차이론은 각국 간에는 기술수준의 차이가 존재하며 이러한 기술수준의 차이는 기술 후진국이 기술을 모방하는데 일정한 기간이 필요하므로 기술 선진국은 기술 후진국이 모방할 수 있는 시점까지 비교우위를 가지고 이를 수출할 수 있다는 이론이다.

4) 제품수명주기이론(제품cycle이론)

제품수명주기이론은 마케팅 분야에서 개발된 것으로서 신제품이 시장에 처음 도입되어 판매되기 시작한 후 시간의 경과에 따라 소멸되기까지의 과정을 나타낸 이론이다.

버논은 이러한 제품수명주기이론을 국제적인 차원으로 확대, 발전시켜 국제제품수명주기이론을 개발하였다.

이 이론은 선진국 기업들이 신제품을 개발한 후 그 제품이 점차 성숙단계에 접어들게 됨에 따라 이들 제품의 생산을 비용이 낮은 개발도상국으로 이전하는 과정에 따라서 무역형태가 나타난다는 것을 밝힌 이론이다.

학자들마다 제품수명주기단계와 각 단계별 주장 내용에 차이가 있으나 도입기, 성장기, 성숙기, 쇠퇴기의 4단계의 특징을 살펴보면 다음과 같다.

(1) 도입기

신제품이 처음 개발되었을 때에는 개발된 나라에서 주로 생산이 이루어진다.

(2) 성장기

신제품 개발국과 여타 선진국에서 생산이 이루어지게 된다.

제품은 주로 선진국에서 판매되며 제품이 소비자에게 널리 인식됨에 따라 판매량이 급증하게 된다. 이에 따라 경쟁자도 급증하고 대량생산을 위한 자본의 투입이 증대되고 표준화된 생산기법이 도입된다.

(3) 성숙기

생산입지가 보다 많은 국가로 확장되며 개발도상국에서 제품의 판매가 성장하고 선진국에서는 판매가 일부 감소된다. 시장이 포화상태에 이르게 됨에 따라서 전반적으로 안정적인 판매량을 갖게 되며 경쟁자의 수도 경쟁력이 떨어지는 기업이 퇴출됨에 따라 감소하게 된다. 제품의 가격이 매우 중요한 의미를 갖게 되고, 제품이 고도로 표준화되어 반숙련 노동자에 의한 생산이 가능해지고 많은 자본이 소요되는 장기생산체제를 갖추게 된다.

(4) 쇠퇴기

대체제품의 출현으로 기존제품의 수요가 급속히 감소되는 단계로서 무역활동의 규모로 축소된다. 생산입지는 개발도상국에 위치하게 되며 판매도 주로 개발도상국에서 이루어진다. 일부 개발도상국은 선진국에게 수출을 하기도 하며, 판매가 급속히 줄어들게 됨에 따라 가격이 중요한 경쟁수단이 되며, 생산자의 수도 지속적으로 줄어들게 된다. 미숙련노동자들에 의한 장기생산체제가 가동된다.

스티브 잡스, 스탠퍼드대 졸업식서 진솔한 축사

스티브 잡스(50) 애플사 최고경영자(CEO)가 12일 미국 스탠퍼드대 졸업식에서 진솔한 축사로 뜨거운 박수를 받았다고 AP가 보도했다.

그는 이날 약 5000명의 학생들과 동문, 학부모들 앞에서 "나는 대학을 그만둬야 했기에 혁신으로 나를 채찍질했고, 암에 걸렸기에 삶의 순간순간을 아끼며 사는 법을 배웠다"고 털어놨다. 샌들을 신고 청바지를 입고 졸업식장에 나타난 잡스는 검은 졸업 가운을 걸치고 연단에 섰다. 학생들은 "스티브, 나를 고용해줘요"라고 외치며 열렬하게 환영했다.

그는 고교 졸업 후 오리건주 포틀랜드의 리드 칼리지를 들어갔으나, 학비를 낼 형편이 못 돼 여덟 달 만에 그만뒀다. 그 후 빈 음료수병을 모아 병당 5센트의 보증금을 얻고, 무료급식으로 배고픔을 달래며 살아가기도 했다.

잡스는 인생의 '고비'로 지난 1985년, 자신이 공동 설립했던 애플사에서 쫓겨나야 했던 시기를 들었다. "그때는 실리콘 밸리에서 먼 곳으로 도망갈 생각까지 했다."

그러나 그는 도망가지 않고 다시 달려들었다. 그가 1년 후 공동 설립한 컴퓨터 애니메이션 스튜디오 '픽사'는 '토이스토리' '니모를 찾아서' '몬스터 주식회사' 등의 작품으로 영화사(映畵史)를 다시 썼다. 그는 이때를 회고하며 "약이란 입에 쓴 법이지만, 환자는 약을 먹어야 낫는다"고 말했다.

잡스는 2004년 췌장암 수술을 받았다. 그가 암 판정을 받았을 때 의사는 "길어야 6개월 남았다"고 말했다. 나중에 그의 암은 치료가 가능한 매우 드문 케이스로 밝혀졌다.

그는 "우리는 모두 언젠가 죽는다는 사실을 기억해야 가진 것을 잃을지도 모른다는 두려움을 극복할 수 있다"고 말했다.

(2005.6.14. 조선일보)

제3절 국제무역정책

국제무역정책(trade policy)이란 일국의 경제정책의 일환으로서 각국이 자국의 경제정책의 목표를 달성하기 위하여 일국의 대외경제활동, 즉 무역을 규제·조정·촉진하는 정책이다. 국제무역정책의 결정에서 가장 기본적인 정책은 자유무역정책과 보호무역정책이며, 이 두 가지가 무역정책의 기본이 된다. 그러나 이러한 무역정책의 기본은 시대와 국가에 따라서 각각 다를 뿐만 아니라 각국의 경제발전단계에 따라서도 달랐다. 그러므로 무역정책의 기본은 오직 하나의 무역정책에만 한정된 것이 아니고 자유무역정책과 보호무역정책이 일국의 경제상황에 따라 번갈아 실시되기도 하였고, 또한 동시에 실시되기도 한다.

1. 무역정책의 목표

무역정책은 각국이 자국의 경제정책의 목표를 달성하기 위해서, 특히 무역에 대하여 직·간접으로 규제·조정·촉진하는 정책을 말한다. 따라서 경제정책의 목표를 통해서 무역정책의 목표를 찾아야 하므로, 먼저 경제정책의 목표에 대해 살펴보면 국가마다 경제정책의 목표가 다르겠지만 대부분의 국가들이 공통적으로 추구하는 경제정책의 거시적 목표는 대체로 경제성장, 물가안정, 국제수지의 균형 및 공평한 분배 등이라 할 수 있다.

1) 경제성장

각국이 지향하는 경제적 목표이며, 각국은 이를 위하여 장기 개발계획을 수립하고 모든 정책수단을 동원하고 있다. 선진국에서는 완전고용을 목표로 하고 있으며, 후진국에서는 빈곤의 악순환을 타파하고 자립경제를 확립하기 위하여 경제성장을 추구하고 있다.

2) 물가안정

국내물가와 외환시세는 상반적 인과관계를 맺고 있기 때문에 국제수지의 개선과 외환시세의 안정을 통하여 국내물가를 안정시키지 않으면 안 된다. 따라서 국내물가의 안정화는 국내경제정책의 수단만으로는 부족하므로 무역정책상의 수단도 고려되어야 한다.

3) 국제수지의 균형

각국은 대외지급준비금을 확보하기 위하여 여러 가지 보호정책수단을 통하여 수출을 증가시키고 수입은 감소시키려고 한다.

4) 공평한 분배

자유무역의 전제조건하에서 자국에 유리한 재화를 특화하여 수출함으로써 생산량이 증가하고 생산요소의 절감효과를 가져와 절감된 생산요소를 다른 산업에 투입하여 국제간의 공평한 분배가 이루어진다.

이상의 경제정책의 목표 중에서 무역정책의 목표는 무역을 규제·조정·촉진하여 국내균형(물가안정, 경제성장)과 국제균형(국제수지 균형)을 달성하는 것이다. 다시말해 무역정책의 목표는 물가안정, 경제성장, 국제수지 균형이라고 할 수 있다.

2. 무역정책의 유형

1) 중상주의(Mercantilism)무역정책

중상주의란 15세기 말부터 18세기 중엽에 이르는 기간 동안 유럽제국에서 근대국민국가의 건설과 함께 근대적 산업체제를 확립하기 위하여 채택된 국가본위의 간섭정책이라고 할 수 있다. 그런데 이러한 중상주의에는 다음과 같은 4가지 내용이 내포되어 있다. 즉 화폐의 중시, 외국무역의 존중, 제조업의 보호, 농업의 장려 등이다. 이렇게 볼 때 중상주의는 상업만을 중시한 것이 아니고 산업의 전 영역에 걸쳐 전 산업을 보호·육성하였음을 알 수 있다.

2) 자유무역정책

자유무역이론은 17~18세기의 중상주의의 보호정책에 반대하여 프랑스의 케네(F. Quesnay)에 의하여 체계화된 중농주의에 기반을 두고 대두되었으며, 이후 아담 스미스에게 영향을 미치면서 고전학파 경제이론의 뿌리를 형성하게 되었다.

18세기 후반 프랑스의 케네(F. Quesnay)는 개인의 이익은 사회를 통합하는 가장 중요한 요소라고 강조하면서 개인의 이익이 보장되면 그 사회의 유대관계도 강화된다고 주장하였다. 따라서 그는 개인의 이익 보장 및 이익 향상과 사회의 진보를 위하여 자유경쟁이 성립되어야 한다고 주장하였고, 국가는 다만 개인의 생명과 재산을 안전하게 보호하는데 그쳐야 한다고 주장하였다.

또한 케네는 국가중심의 보호·간섭주의를 비판하고 토지는 국부의 근원이며, 농업만이 부를 창조할 수 있다며 자유무역을 주장하였다. 그가 주장한 이러한 사상은 아담 스미스(A. Smith)에 의해 계승되어 영국에서 자유무역주의가 대두되는 계기가 되었다.

3) 보호무역정책

후진국의 유치산업을 보호하기 위하여 보호무역정책은 이미 오래 전에 해밀턴(A. Hamilton)과 리스트(F. List) 등에 의하여 주장되었다. 그런데 근래에도 보호무역정책은 개발도상국의 무역을 보호하기 위하여 시행되었고, 선진국에서도 국제경쟁력이 상대적으로 낮은 사양산업, 정체산업 및 농업 등을 보호하기 위하여 보호무역정책이 실시되기도 하였다.

이와 같이 보호무역정책이 초기에는 자국산업을 보호하기 위해서 주장되었으나, 근래에는 이러한 단순한 목적에 그치지 않고 국지수지개선론, 교역조건개선론, 소득분배론, 재화시장 왜곡론, 특정산업의 진흥과 자급자족론 등 여러 가지 이론적 근거로 다양하게 주장되기도 한다.

4) 신보호무역정책

2차 세계대전 후 세계경제는 통상적 측면에서 무역자유화를 실현해 온 GATT와 통화적 측면에서 환율의 안정을 추진해온 IMF의 양체제하에 1970

년대 초까지 고도성장과 물가안정의 기본을 유지하여 왔다. 그러나 1970년대 초 석유파동과 그에 따른 자원파동, 세계적인 경제성장의 정체, 국제수지의 불균형, 실업자의 급증, 인플레이션의 심화, 수요부진 등 세계경기가 침체국면으로 접어들자 각국은 자국의 방어책으로 여러 가지 보호무역의 수단인 수입을 규제하기 시작하였다.

[표 4-9] 신보호무역주의와 고전적 보호무역주의와의 비교

구분 \ 형태	고전적 보호무역주의	신보호무역주의
주 체	후진국	선진국
대 상	유치산업	사양산업
수 단	관세	비관세장벽
목 적	공업화	산업구조 변화 지연

따라서 자유무역주의가 후퇴하고 선진국이 주도하는 보호무역주의가 강화되기 시작하였다.

이와 같이 1970년대 초 이후에 선진국 사양산업을 보호하기 위해 주로 비관세장벽을 사용한 세계적인 보호무역주의 현상을 신보호무역주의(neo-protectionism)라고 한다.

Tip

리스트(F. 'List, 1789~1846)

프리드리히 리스트는 프랑스대혁명이 일어난 1789년 독일 중서부 지방의 뷔르템베르크 왕국 로이트링켄에서 태어났다. 역사학파의 창시자로서 현실참여적인 사상가였던 그는 미국 망명 중 보호무역주의의 영향을 깊게 받는다. 그는 스미스의 자유무역 사상을 신랄하게 비판한다. 각국은 경제발전단계가 다르기 때문에 그에 상응하는 경제정책을 채택해야 한다. 후진국은 경제발전 정도가 영국과 같은 단계에 이르러야 비로소 스미스가 말하는 자유무역을 실현할 수 있다. 그 때까지는 선진국의 경제공세를 보호관세에 의한 국내산업 보호육성으로 방어해야 한다. 그 이전에 자유무역을 하면 선진국에 대한 원료공급국 신세를 면치 못할 것이다. 그의 주장의 핵심은 이러한 것이었다.

리스트는 보호무역론자이지만 본질적으로 자유무역을 반대하는 사람은 아니다. 단지 독일의 발전단계에 비추어 당분간 보호무역을 주장할 뿐이다. 만일 그가 영국 사람이었다면 그도 영국의 발전을 위해서 당연히 자유무역을 주장했을 것이다. 그가 스미스를 비판한 것은 영국의 경제현실에 배경을 두고 있는 자유무역주의가 시간과 공간을 초월하여 세계 모든 국가에 적용된다는 생각이었다.

결국 그는 영구적으로 보호무역이 이루어져야 한다고 생각한 것이 아니고 공업을 보호할 필요가 있는 경제발전 과정에서 보호무역이 필요하고 궁극적으로는 자유무역의 필연성을 인식하였던 것이다.

제5장 국제금융

국제금융은 19세기 영국을 중심으로 국제무역이 급신장함에 따라 영국 은행들의 자국기업에 대한 대외진출지원으로부터 출발하였지만, 본격적인 국제금융은 1950년 말 유럽달러시장의 형성과 미국 은행의 유럽진출에서 비롯되었다고 할 수 있다. 따라서 국제금융은 국제무역에 수반되는 자금거래와 자금조달, 대출 또는 해외 직·간접투자 등이 국경을 넘어 이루어지는 현상을 말한다.

제1절 외환

1. 외환(Foreign Exchange)

외환은 국내 통화표시로 기재된 내국환과 대별되는 것이다. 즉 외환(foreign exchange)내지 외국환이란 공간적으로 떨어져 있는 거래상대방이 외국인 또는 외국기업인 경우에 채권·채무를 결제하기 위해 금융기관을 중개자로 하여 자금을 이동하는 수단을 의미한다. 따라서 외환에는 외국통화, 은행예치금, 환어음, 여행자수표, 신용장 등과 같이 고도의 유동성을 가진 청구권이 포함되며, 이들 중에서 국제지급의 주요한 매개수단은 외국통화와 은행예치금이다.

2. 외환의 종류

1) 송금환과 추심환

외환은 대금의 지급을 은행에 위탁하는 방식에 따라 송금환(remittance exchange)과 추심환(collection exchange)으로 구분된다. 따라서 은행으로 하여금 자신을 대신하여 자금을 보내는 것을 송금환, 자금을 청구하는 것을 추심환이라 한다. 일반적으로 개인간의 송금이나 서비스 거래에 송금환이 자주 사용되며, 추심환은 수출과 수입 등 무역거래의 결제에 이용된다.

2) 당발환과 타발환

외국으로 자금을 송금하기 위해서는 해당 국가의 은행을 경유해야 하는데 이때 외환거래의 시발점이 되는 은행을 당발은행이라 하고 당발은행에서 취급하는 외국환을 당발환(inward exchange)이라고 한다. 그러나 같은 거래가 종결되는 은행측에서 보면 자금을 송금한 은행은 타발은행이 되기 때문에 상대측 송금은행이 취급한 외국환은 타발환(outward exchange)이 된다.

3) 매도환과 매입환

외국환은행이 원화의 수납을 대가로 외환을 매각하는 것을 매도환(selling exchange)이라고 하며 수입어음결제가 그 대표적인 예이다. 그와 반대로 원화의 지급을 대가로 외국환을 받아들이는 것을 매입환(buying exchange)이라하며 여기에는 수출환어음이 있다.

3. 외환시장(Foreign Exchange Market)

외환시장은 다수의 외환수요자와 공급자들 사이에서 이종통화간의 매매거래를 매개시켜 주는 시장구조를 말한다. 이러한 외환시장은 특정장소에서 외환거래가 이루어지는 구체적인 시장뿐만 아니라 통신매개체를 통해 공간적으로 거래를 매개시켜 주는 모든 시장기구를 포괄하는 개념이다.

외환시장의 특징은 다음과 같다.

첫째, 외환시장은 지리적 시차로 인하여 거래시간이 중복되어 연결됨으로써 전 세계적으로는 하루 종일 종장(close)이 없는 24시간 시장이라는 특성을 갖는다.

둘째, 외환시장은 하나의 통합시장으로서 범세계적 시장이다. 금융자유화의 세계적인 추세와 고도의 정보통신기술이 급속하게 발전되면서 외환시장은 구조적인 변화를 겪고 있다. 외환시장은 특히 저렴한 거래비용으로 신속한 외환결제가 가능해짐에 따라 환율을 매개체로 하여 하나의 시장으로 되어가고 있다.

셋째, 외환시장에서는 일반 외환거래자들의 거래결과는 기본적으로 제로섬(zero sum)의 성격을 갖고 있다. 이는 외환시장에 참여하는 한 거래자가 외환거래이익을 실현하였다면 다른 거래자에게는 필연적으로 이에 상응하는 외환거래 손실이 발생하였기 때문이다.

[표 5-1] 각 외환시장의 개장시간

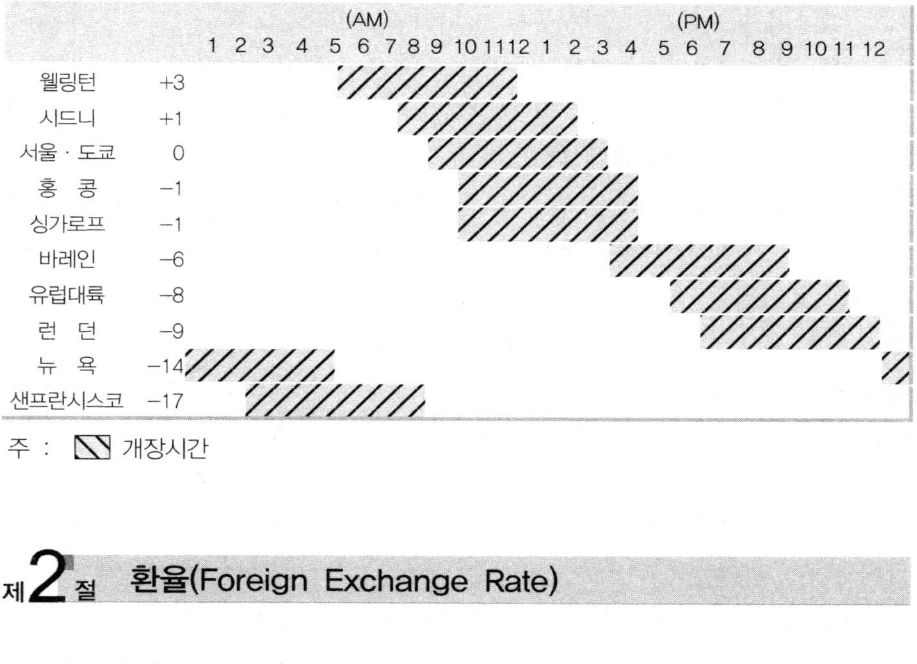

(AM) 1 2 3 4 5 6 7 8 9 10 11 12 (PM) 1 2 3 4 5 6 7 8 9 10 11 12

시장	시차
웰링턴	+3
시드니	+1
서울 · 도쿄	0
홍 콩	−1
싱가로프	−1
바레인	−6
유럽대륙	−8
런 던	−9
뉴 욕	−14
샌프란시스코	−17

주 : ▧ 개장시간

제2절 환율(Foreign Exchange Rate)

1. 환율의 의미

환율은 우리나라 화폐와 외국화폐와의 교환비율이며 외국화폐와 우리나라 화폐의 값어치를 비교하는 비율이다. 환율의 표시 방법은 어느 국가의 화폐를 기준으로 하는가에 따라 자국통화표시법과 외국통화표시법이 있다. 자국통화표시법은 외국 화폐 1단위가 자국화폐 몇 단위와 교환되는가를 나타내는 방법이고, 외국통화표시법은 자국통화 1단위가 외국통화 몇 단위와 교환되는가를 나타내는 방법이다.

우리나라 원화와 미국 달러화의 환율을 U$ 1= \1,000 또는 \/U$=1,000으로 표시하는 방법 즉 외국화폐 1단위를 받기 위해서 우리 화폐를 얼마나 지급하여야 하는가를 나타내는 방법으로 이러한 표시환율을 자국통화표시환율 또는 지급환율이라 한다.

다음으로 우리 화폐를 기준으로 하여 우리 화폐 1단위로 외국 화폐를 얼마나 받을 수 있는가를 표시하는 방법을 외국통화표시환율 또는 수취환율이라고 한다. 이때 앞에 나타나는 통화를 기준통화, 뒤에 나오는 통화를 표시통화라 한다. 일반적으로 외환시장에서는 미국의 달러화가 기준통화이나 예외적으로 영국의 파운드화가 기준통화가 되기도 한다.

그러나 외환시장에서는 여러 나라의 화폐가 거래됨으로 우리 화폐와 외국화폐의 비교뿐만 아니라 외국 화폐 상호간의 교환비율도 나타낼 수 있는데 일반적으로 외국통화 1단위에 대한 미국 달러화의 교환비율을 나타내는 방법, 즉 1=U$1.1977 또는 U$/=1.1977로 표시하는 방법을 American terms라 하며 미국 달러 1단위에 대한 외국통화의 교환비율인 U$ 1=£ 0.774 또는 £/U$=0.774로 표시하는 방법을 European terms라고 한다. 미국 달러화가 기축통화의 역할을 담당하면서부터 국제외환거래의 대부분은 미국 달러화와의 매매거래를 통하여 이루어짐에 따라 국제외환시장에서 환율고시는 대부분 미국 달러화 1단위에 대한 외국통화의 비율인 European terms로 표시되고 있다.

일반적으로 환율이 1000원에서 900원으로 떨어졌다는 말은 우리나라의 원화가치가 상승했다는 말이며 이를 평가절상이라 한다. 그 반대의 경우에는 평가절하라고 한다.

우리나라는 현재 1997년 12월 16일부터 도입된 자유변동환율제도를 채택하고 있는데 이에 따라 원화의 대미달러환율은 은행간시장에서 외환수급에 따라 자유로이 결정된다.[40)]

40) 배기형, 세계경제의 이해, 도서출판 두남, 2008, pp.59~60.

2. 환율의 종류

1) 매입환율 · 매도환율

매입환율(buying exchange rate)은 은행이나 외환딜러가 외환을 상대방으로부터 매입하는 가격을 말하고, 매도환율(selling exchange rate)은 가격제시자인 은행이나 외환딜러가 외환을 상대방에게 매도하는 가격을 말한다.

2) 현물환율 · 선물환율

환율은 외환 매매계약에 따른 결제일 내지 인도일을 언제로 하느냐에 따라 현물환율(spot exchange rate)과 선물환율(forward exchange rate)로 나누어진다. 일반적으로 계약체결 이후 둘째 영업일 이내에 외환결제가 이루어지는 계약을 현물환거래라고 하고 이때 적용되는 환율을 현물환율이라고 한다.

반면에 외환매매계약 체결일로부터 둘째 영업일이 경과한 특정영업일에 외환을 결제하기로 약정하는 선물환거래에서 적용되는 환율을 선물환율이라 한다.

3) 스왑레이트 · 선물환프리미엄

선물환율과 현물환율의 격차를 표시하는 것이 스왑레이트(swap rate)이며 또는 스왑포인트(swap point) 라고도 한다. 또한 스왑레이트를 연간이자율로 표시한 것이 선물환프리미엄이다.

4) 기준환율 · 교차환율 · 재정환율

우리나라 외환시장을 고려해 볼 때 기준통화 즉 미국 달러화에 대한 자국통화의 환율을 기준환율(basic rate)이라고 한다. 따라서 기준환율이 설정되어 있을 경우 기준통화에 대한 자국통화 이외의 여타 통화와의 환율을 교차환율(cross rate)이라 하며, 기준통화와 교차환율을 이용하여 산출되는 자국통화 이외의 특정 해외통화 사이의 환율을 재정환율(arbitrated rate)이라고 한다.

5) 명목환율 · 실질환율 · 실효환율

일반적으로 환율이라고 할 때는 두 나라 통화가치 사이의 상대적 명목가격인 명목환율(nominal exchange rate)을 말한다. 그러나 명목환율은 두 나라 통화의 구매력 변동 즉, 양국간의 물가변동을 정확하게 반영하지 못하기 때문에 명목환율을 해당 통화를 발행한 양국간의 상대적인 물가수준으로 조정한 실질환율(real exchange rate)이 사실상 더 중요한 의미를 가진다. 따라서 명목환율과 실질환율은 자국통화와 어떤 하나의 특정 외국통화 사이의 가격을 나타낸다. 그러나 실효환율(effective exchange rate)은 자국통화와 여러 교역 상대국 통화들 사이의 상대가격을 나타낸다.

역사적인 초인플레이션

1차 세계대전이 끝난 후 독일정부는 전후 배상금 문제와 경기 진작을 위해 화폐를 발행하였고, 이는 초인플레이션으로 이어져 1924년 100조 마르크화의 지폐, 50조 마르크의 주화를 발행했다.

남미 대륙에서는 1980년대에 경제불안정으로 인해 인플레이션이 심화되어 1990년에 브라질은 2,740%, 아르헨티나는 2,315%의 초인플레이션을 경험했다.

최근 아프리카 짐바브웨는 전 세계적으로 가장 인플레이션이 높은 나라로, 최근 2억%라는 최악의 인플레이션율을 나타내고 있다.

그래서 짐바브웨 정부는 2009년 3월 2일 통화 개혁을 단행했다. 그러나 이 통화 개혁마저 초인플레이션의 규모가 너무 컸기 때문에 당분간 자국의 화폐를 미국 달러로 대체하는 통화 개혁을 하게 되었다.

3. 환율제도

1) 고정환율제도(Fixed or Pegged Exchange Rate System)

고정환율제도란 정부가 특정통화에 대한 환율을 일정수준으로 고정시키고 이를 유지하기 위해 중앙은행이 외환시장에 개입하는 제도를 말한다. 그러나 실제로 균형환율 또는 중심환율을 기준으로 상하 소폭적인 범위 내에서 환율 변동을 허용하는 것이 일반적이다. 이와 같은 유형의 고정환율제도로는 과거 국제통화제도로서의 금본위제도(gold standard system)와 브레튼우즈제도(Bretton Woods system)가 대표적이다.

금본위제도(Gold Standard System)

화폐 한 단위의 가치가 일정량의 금 가치에 결부되어 있는 화폐제도로 화폐가치는 금 가치에 의해 제약되며 금 가치를 규정한다. 따라서 화폐 한 단위와 금 일정량과의 등가관계가 어긋나게 되면 금은 화폐로 또는 화폐는 금으로 전환하게 되고 이 전환을 통해 화폐수량은 증감한다. 이리하여 화폐의 가치는 일정량의 금의 가치에 접근되는데, 이 화폐 한 단위와 금 일정량과의 등가관계가 유지 가능한 것은 화폐와 금과의 자유로운 상호전환, 즉 금화 주조의 자유와 은행권태환의 자유, 금수출입의 자유를 통해서만 보증된다. 그러므로 금본위제도를 존속하기 위해서는 충분한 금준비를 필요로 하며 만일 금준비가 고갈되면 자유전환은 인정할 수 없게 되는데 이것을 금본위제정지 또는 붕괴라 한다.

2) 변동환율제도(Floating or Flexible Exchange Rate System)

변동환율제도는 환율이 외환시장에서 외환의 수요와 공급에 의해 결정되는 제도를 말한다. 변동환율제도도 환율이 자유롭게 결정되느냐 아니면 중앙은행이 어느 정도 개입하느냐에 따라 순수변동환율제도와 관리변동환율제도로 구분된다.

(1) 순수변동환율제도

중앙은행이 외환시장에 전혀 개입하지 않고 오직 외환의 수요와 공급에 의해서 환율이 자유롭게 결정되는 경우를 말한다. 역사적으로는 1차 세계대전으로 금본위제도가 붕괴한 후인 1919~1925년에 걸쳐 영국을 포함한 주요 유럽국가들이 실시한 환율제도가 여기에 해당된다.

超인플레로 지폐 안 찍어 美·英 지폐 세탁해 쓴다

인플레로 화폐가치 하락 밥 한 끼에 수십 다발 지불… 작년 자국화폐 사용 중단

지난 1일 짐바브웨 수도 하라레시(市) 중심가. 이스트게이트 빌딩 1층의 한 PC방은 손님 30여명으로 북적였다. 인터넷 사용을 마친 음비리리(Mbiriri · 34)씨는 계산대 앞으로 오더니 신발을 벗었다. 깔창 밑에서 미화 1달러짜리 지폐를 꺼냈다. 낡고 눅눅한 지폐는 구린내가 심했다. 음비리리씨는 “남자는 신발, 여자는 브래지어에 돈을 넣고 다닌다.

소매치기당할 염려가 없어서 좋다"고 말했다. 얼마 전만 해도 그는 책가방을 지갑으로 사용했다. 인플레가 너무 심해 빵 한 조각을 사는 데도 짐바브웨 달러 지폐 몇 다발이 필요했다. 작년 1월 짐바브웨 정부가 미국 달러, 남아공 랜드화 등 외국 화폐를 통화로 채택했고, 사람들의 '지갑'이 달라졌다.

짐바브웨는 1980년 독립했을 때부터 짐바브웨 달러를 사용했다. 당시 이 돈은 영국 파운드화와 1대 1로 거래되었다. 그러나 2000년대 들어 로버트 무가베 대통령의 실정과 미국 · 유럽연합 등의 제재 조치로 인해 나라 경제가 붕괴되면서 통화가치도 급격히 하락했다. 인플레가 계속되자 이곳 정부는 억 · 조 단위 지폐까지 찍어냈고, 급기야 2009년 1월 100조짜리 지폐가 나왔다. 2월엔 미화 1달러가 짐바브웨 300조 달러와 교환되었다. 우리 공관의 이진호(46) 행정원은 "당시엔 한번 외식에 돈다발 수십 개를 줬다. 매달 대사관 결산을 할 때도 영수증마다 '0'이 15개 이상 있어서 계산기를 사용할 수 없었다"고 말했다.

결국 짐바브웨 달러는 작년 4월 12일 이후 사용이 중단되었고, 이곳 정부는 외국 돈을 공식 통화로 받아들였다. 대형 슈퍼마켓 체인점 '스파'에는 계산대 주변에 미 달러 대비 남아공 랜드화, 보츠와나 풀라화, 영국 파운드화, 유로화 환율 등을 적어놓고 있다. 통용 화폐가 많다 보니 상점마다 매일 각국 환율을 확인하는 게 중요 업무다. 스파에서 20달러 50센트어치 물건을 사서 계산대로 갔다. 현금통에는 동전이 하나도 없었다. 외국에서 짐바브웨로 들어오는 동전이 매우 적기 때문이다. 점원은 영수증에 '50cent(50센트)'라고 적어서 건넸다. 해당 영수증이 50센트 가치가 있으니 다음 쇼핑 때 재사용하라는 표시다. 소규모 상점에서는 낱개 사탕이나 초콜릿을 수북하게 쌓아놓고 거스름 동전 대신 쓴다.

미국 1달러 지폐의 수명은 보통 20개월. 그러나 이 돈을 직접 찍어낼 수 없는 짐바브웨에서는 훨씬 오래 쓴다. 지폐가 아무리 닳았어도 액수만 알아볼 수 있으면 OK다. 도난을 우려해 팬티 속에 넣어 다니는 사람도 있다. 이곳 '돈세탁'은 진짜 세탁이다. 회사원 지고라(Zigora · 35)씨는 "공공기관이나 은행에서 냄새가 심하고 더러운 돈을 안 받기도 해서 가끔 빨아 쓰기도 한다. 미지근한 물에 담갔다가 햇볕에 말리면 깨끗해진다"고 말했다.

짐바브웨 정부는 "경제가 개선되면 다시 짐바브웨 달러를 사용할 것"이라고 말하고 있다. 이 나라에 경제제재를 가하는 미 · 영 등을 향해 무가베 대통령은 "지옥에나 가라"고 비난한다. 그러나 상황은 자국 화폐 대신 미 · 영 화폐를 쓸 수밖에 없다. 이곳의 한 기업 간부인 A씨는 "미국 달러 등을 사용해 불편한 점도 생겼지만 그 덕분에 경제가 안정되었다. 당분간 외국 돈을 계속 썼으면 좋겠다"고 말했다.

(2010.10.06 조선일보)

(2) 관리변동환율제도

장기적으로는 환율이 외환시장의 수요와 공급에 의해 결정되도록 허용하나 단기적으로는 중앙은행이 개입하는 형태로 환율을 관리하는 제도를 말한다. 이는 중앙은행이 환율의 지나친 등락을 방지하고 환율변동의 속도를 완화할 목적으로 외환시장에 개입하게 되는 형태를 말한다.

4. 우리나라의 환율제도

우리나라의 환율제도는 정부가 수립된 직후인 1945년 10월에 미군정에 의해 고정환율제도로서 공정환율제를 실시하였다. 그 이후 단일변동환율제도, 복수통화바스켓제도, 시장평균환율제도를 거쳐 현재의 자유변동환율제도로 이행되어 왔다. 이러한 우리나라의 환율제도를 살펴보면 [표 5-3]과 같다.

[표 5-2] 환율의 변화(기준환율, 종가 기준)

	2004년	2005년	2006년	2007년	2008년	2009년	2010. 8.28	2010. 8.29	2010. 8.30	절상률	
										전일비[2]	09말비
₩/U$	1,035.1	1,011.6	929.80	936.10	1,259.5	1,164.5	1,146.3	1,142.0	1,140.2	0.16	2.13
₩/￥100	1,012.0	859.57	783.76	828.63	1,396.8	1,264.5	1,361.7	1,364.7	1,368.1	△0.25	△7.57
￥/U$	103.14	117.82	118.74	112.97	90.17	92.09	84.18	83.68	83.34	0.41	10.50
U$/EUR	1.3633	1.1833	1.3224	1.4614	1.4093	1.4325	1.3448	1.3575	1.3572	△0.02	5.55

* 1) 당일은 15:00분 거래가격, 2) 절상률(+), 절하율(△)

[표 5-3] 우리나라의 환율제도 변천사

제 도	기 간	내 용
고정환율제도	1945~1964	• 1945년 10월 미군정이 공정환율을 시행 • 1달러당 130원 • UN군을 대상으로 한 무역외거래가 주종
단일변동환율제도	1964~1980	• 1964년 5월 3일 기해 고정환율제도를 폐지 • 1달러당 255원을 하한으로 하는 단일 변동환율제도를 채택
복수통화바스켓제도[41]	1980~1990	• 환율변동의 안정과 주요 교역상대국과의 경쟁력 유지라는 측면에서 도입
시장평균환율제도[42]	1990~1997	• 1990년 3월 2일 일일 변동허용폭은 ±0.4%이내였으나 그 후 점차 확대되어 1995년 12월1일 ±2.25% 이내로 확대 되었다.
자유변동환율제도	1997~현재	• 원화가 국제통화로서 유통되지 못하고 있으므로 대미 달러환율에 대해서만 자유변동환율제도를 도입

41) 복수통화바스켓제도란 국제통화기금(IMF)의 특별인출권(SDR)에 있어서 주요국 통화가치를 가중평균하여 새로운 통화계산 단위를 만드는 방식. 표준 바스켓방식이라고도 한다. 채택되는 통화 가운데 어느 한 가지 통화의 상대적 가치가 떨어져

화폐의 기원

원시사회에서 물물교환의 수단으로 이용된 물품화폐, 즉 실물화폐는 주로 곡물, 직물, 가축, 농기구, 무기, 모피, 장식품 등이었다. 점차 물물교환이 활발히 행해지면서 사람들은 같은 양으로 나눌 수 있고, 가지고 다니기에 편하며 썩지 않는 것을 사용하게 되었다.

기원전 16세기경 조개껍질이 교환의 매개수단으로 널리 쓰이면서 중요한 화폐의 기능을 하였다. 그러나 중국 근해에서는 많이 생산되지 않으므로 극히 귀중하게 여겨졌다. 포전(布錢)은 농기구 모양으로 기원전 8세기에서 3세기에 걸쳐 농경이 주산업인 중원지방에서 주조되어 중국 전역에 광범위하게 통용되었다.

도전(刀錢)은 칼모양을 본 따 만든 화폐로 고대 중국에서 춘추전국시대에 융성했던 제나라를 중심으로 널리 유통되었다.

동양의 고대주화는 하늘과 땅을 동시에 볼 수 있다는 심오한 사상이 숨어 있다. 또한 가운데의 사각 구멍은 제조와 유통상의 기능적인 측면을 고려한 결과였다.

거푸집을 써서 한 번에 수천 개씩 주조한 주화들을 완성시키려면 거친 모서리를 제거해야 했는데 그럴 때 사각구멍은 금속막대를 넣어 고정시켜 한꺼번에 줄질하기 쉽게 했다.

이런 과정을 거친 뒤에는 사각 구멍에 끈을 넣어 백 개나 천 개씩 묶어서 사용해 유통과 운반, 보관 등이 편리했다.

중국과 우리나라는 오래 전부터 밀접한 관계를 가지고 있었으므로 우리나라의 고분 등에서 출토되는 중국전에는 당전과 송전이 그 주류를 이루고 있었으며, 조선시대 말에는 상평통보에 비해 조잡하고 값싼 청조전(淸朝錢)이 다량 유입되어 상평통보와 함께 유통되었다.

그리스 지역에서 시작된 서양화폐의 역사는 대정복자 알렉산더 대왕의 유산인 헬레니스틱 왕국들의 시대를 거쳐 로마로 이어지게 된다. 고대 로마의 화폐는 그리스 화폐의 연장에 불과했으나 서기 1세기 아우구스투스(Augustus)황제가 로마화폐 제도를 확립한 이후로 황제마다 자신의 초상을 주화에 넣는 특유의 화폐문화를 이루었다.

로마는 영토가 넓어 지역마다 화폐의 종류나 액면이 조금씩 달랐지만 이탈리아 반도 중심의 본국에서는 금화인 1 아우제우스 및 1/2 아우제우스, 은화로는 1 데나리우스와 1/2 데나리우스, 동화로는 두폰디우스, 콰드란 등의 다양한 액면과 소재의 화폐들이 발행되었다.

도 다른 통화의 가치가 올라가기 때문에 계산 단위의 가치는 비교적 안정된 점이 특색이다.

42) 시장평균환율제도란 외환시장에서 수요와 공급에 의해 결정하도록 하되 급격한 환율변동에 의한 외환시장교란과 경제에 미치는 부작용을 완화하기 위하여 환율의 일중변동폭을 법적으로 제한하는 제도이다.

B.C. 670년경 리디아(지금의 터키)에서는 금, 은의 천연 합금인 호박금(Electrum)으로 사자머리 도안을 새긴 귀금속 주화를 제조하였다. 서양 최초의 금속 화폐로 금속의 무게를 증명하는 내용이 새겨져 있어 표준 가치를 알 수 있었으므로 '스테이터', '스탠더드'로 불렸다. 사자와 황소와 같은 동물 도안이 타각(打刻)되어 있으며, 그 형태는 그리스, 로마로 전파되었다.

B.C. 510년경 아테네에서 제조, 성스런 새인 올빼미와 올빼미 옆에는 A, TH, E라는 그리스어가 새겨져 있는데, 이는 '아테네인들의' 라는 뜻이다.

호박금[금과 은의 천연 합금]이나 황금으로 만들어진 이들 코인은 초기에는 한쪽 면에만 조각되었다.

그 후 그리스 신화의 여러 신들, 성조(올빼미), 곡식의 이삭, 지배자의 얼굴들이 양면에 새겨졌고, 만든 사람의 이름이 새겨진 것도 있다. 헬레니즘시대에는 각 국 왕조 지배자의 용맹함을 찬양한 코인이 만들어지게 되었다.

우리민족은 고조선 시대에 이미 자모전을 사용하였다는 기록이 남아 있으며, 삼한시대에 와서는 철이 중요한 교환수단으로 사용되었다.

고대 지배계층의 무덤의 가장 중요한 장소인 관곽(棺槨) 바로 밑에서 일정한 규격을 갖춘 많은 양의 철정(鐵鋌)이 발견되기도 하는데 이를 통해 당시 철이 무기와 농기구의 원료이면서 화폐로도 사용되었다는 것을 알 수 있다.

제3절 국제수지(Balance of Payments)

1. 정의

일정기간(보통 1년) 내에 자국의 거주자와 외국의 거주자 간에 이루어진 모든 대외경제거래를 체계적으로 기록한 것으로 국제수지는 주로 한나라의 대외적 자금의 수불상황을 밝히려는 목적으로 만들어진다. 그 형식과 작성방법은 2차 세계대전 전에는 나라에 따라 차이가 있어 국제적으로 비교하기가 불편하였으나, 전후에는 국제통화기금(IMF)이 통일기준으로서 국제수지제요를 공표하여 각국은 이에 준거하여 만들게 되었다. 이것을 IMF방식의 국제수지표라고 하며, 〈원표〉라고 불리는 것과 〈국내발표형식〉이라는 것의 두 가지가 있다. 우리나라 국제수지표의 구성은 [표 5-4]와 같다.

[표 5-4] 국제수지표의 구성

	차 변	대 변
1. 경상수지 1). 상품수지 (수출, 수입) 2). 서비스수지 운수(수입, 지급) 여행(수입, 지급) 기타서비스(수입, 지급) 보험, 통신 특허권 등 사용료 사업, 정부 기타 3). 소득수지 급료 및 임금(수입, 지급) 투자소득(수입, 지급) 4). 경상이전수지(수입, 지급)		
2. 자본수지 1). 투자수지 직접투자(해외직접투자, 외국인직접투자) 증권투자(자산, 부채) 기타투자(자산, 부채) 2)기타자본수지(수입, 지급)		
3. 준비자산증(-)감		
4. 오차 및 누락		

자료 : "국제수지 통계의 이해 및 최근동향", 한국은행경제통계국, 2004.

2. 국제수지표의 구성

1) 경상수지

경상수지는 국가간의 거래에서 경상거래(자본거래 이외의 부문 즉, 상품의 매매, 물물교환, 서비스의 수수, 증여 등)를 통해 일정기간 동안 벌어들인 돈과 지출한 돈의 차이를 말한다.

> 예시)
> 우리나라가 미국에 100억을 팔았고, 미국은 우리나라에 50억을 팔았다면 우리나라는 50억의 경상수지 흑자가 발생하고, 미국은 50억의 경상수지 적자가 발생한 것이다.

경상수지 항목은 상품 및 서비스수지, 소득수지, 경상이전수지로 구성된다.

(1) 상품 및 서비스 수지

상품수지는 상품 수출의 대가로 받은 수취액에서 상품 수입의 대가로 지불한 지급액을 차감한 금액을 말한다.

서비스수지는 각종 서비스를 외국인에게 제공하고 그 대가로 받은 수취금액에서 외국인이 제공한 서비스에 대한 대가로 지불한 지급액을 차감한 금액을 말한다. 즉 우리나라의 선박이나 항공기가 상품을 나르고 외국으로부터 받은 운임, 외국관광객이 쓰고 간 돈, 무역대리점의 수출입 알선수수료 수입 등이 서비스수입이 된다. 반대로 우리나라가 외국에 지급한 선박과 항공기의 운항경비, 여행경비, 특허권 사용료 등은 모두 서비스 지급으로 나타난다.

(2) 소득수지

소득수지는 거주자가 외국에 1년 이내 머물면서 일한 대가로 받은 돈과 국내에 일시 고용된 비거주자에게 지급한 돈의 차이를 나타내는 급료 및 임금수지와 거주자가 외국에 투자하여 벌어들인 배당금·이자와 비거주자가 국내에 투자한 대가로 지급한 배당금·이자의 차이를 나타내는 투자소득수지로 구성된다.

(3) 경상이전수지

경상이전수지는 거주자와 비거주자 사이에 아무런 경제적 반대급부가 없이 무상의 일반적 거래를 말한다. 경상이전은 수혜자의 소득과 소비를 늘려주게 되는데 해외에 거주하는 교포가 국내의 친척 등에게 보내오는 송금, 종교기관이나 자선단체의 기부금과 구호물자, 정부간의 무상원조, 증여 등이 여기에 속한다.

우리나라의 연도별 경상수지현황은 [표 5-5]와 같다.

[표 5-5] 한국의 연도별 경상수지 현황

(단위 : 백만 달러)

	경상수지						
		상품수지			서비스 수 지	소득수지	경 상 이전수지
			수 출	수 입			
1995	△8,665	△4,365	124,934	129,298	△2,979	△1,303	△19
1996	△23,120	△15,077	130,038	145,115	△6,179	△1,815	△49
1997	△8,287	△3,256	138,731	141,986	△3,200	△2,454	623
1998	40,371	41,665	132,251	90,586	1,024	△5,638	3,320
1999	24,522	28,463	145,375	116,912	△651	△5,159	1,869
2000	12,251	16,954	176,221	159,267	△2,848	△2,421	566
2001	8,033	13,488	151,478	137,990	△3,872	△1,198	△385
2002	5,394	14,777	163,414	148,637	△8,198	432	△1,618
2003	11,950	21,952	197,289	175,337	△7,424	326	△2,905
2004	28,174	37,569	257,710	220,141	△8,046	1,083	△2,432
2005	14,981	32,683	288,971	256,288	△13,658	△1,563	△2,482
2006	5,385	27,905	331,842	303,937	△18,961	534	△4,093
2007	5.876	28,168	379.045	350,877	△19,768	1,003	△3,527
2008	△5,776	5,669	432,922	427,253	△16,672	5,900	△674
2009	42,668	56,128	373,584	317,457	△17,203	4,554	△811
2010. 1	△631	1,376	32,081	30,704	△2,164	465	△308
2	168	1,558	31,987	30,429	△1,778	548	△160
3	1,798	4,500	39,563	35,063	△2,099	△257	△312
4	1,421	5,124	40,457	35,333	△1,850	△1,378	△474
5	3,815	4,171	38,657	34,486	△643	298	△9
6	5,098	6,415	41,594	35,179	△1,672	327	29
7	5,876	7,382	43,166	35,783	△1,660	437	△283

* 주 : 1」 2000년 불변가격 기준 p : 잠정치 r : 정정치

* 자료: 기획재정부 '주요경제지표' (2010.8.30 일자 현재)

2) 자본수지

경상수지가 상품·서비스와 소득거래를 대상으로 하는데 비해 자본수지는 민간기업, 금융기관, 정부 등이 외국으로부터 차입 등의 방식으로 돈을 빌리거나 이와는 반대로 외국에 신용공여 등의 방식으로 돈을 빌려줌으로써 발생하는 외화의 유출과 유입의 차를 나타낸다.

(1) 투자수지

투자수지는 직접투자, 증권투자, 기타투자로 나누어진다. 첫째, 직접투자는 외국에 있는 기업에 대한 경영참여 등과 같이 영속적인 이익을 취득하기 위하여 행하는 대외투자를 기록한다. 직접투자는 직접투자가와 직접투자기업의 관계를 발생시키는 최초거래뿐만 아니라 양자간 및 계열기업간 자금의 차입, 대출 등 후속거래도 포함한다.

둘째, 증권투자는 외국과의 주식, 채권, 파생금융상품 거래를 나타낸다. 그러나 동일한 주식투자라 하더라도 기업의 경영참여를 통한 영속적인 이익추구를 목적으로 하였을 때는 직접투자로 계상하며 이와는 달리 단지 투자자본의 가치증가 또는 이윤획득만을 목적으로 한 경우는 증권투자로 기록한다.

셋째, 기타투자는 직접투자와 증권투자에 포함되지 않는 외국과의 모든 금융거래를 기록한다. 따라서 대출 및 차입, 상품을 외상으로 수출하거나 수입할 때 발생하는 무역관련 신용, 현금 및 예금 등의 금융거래가 속한다.

(2) 기타자본수지

특허권, 상표권 등을 사고파는 거래와 해외이주자가 외국에 이주할 때 가지고 가는 해외이주비 등을 기록한다.

3) 준비자산증(−)감

국제수지표에서는 매일매일 일어나는 대외거래는 경상계정과 자본계정에 모두 반영되며 이렇게 거래에 의해 발생한 외환보유액의 변동을 준비자산증감이라는 항목에 별도로 표시하고 있다. 외환보유액은 통화당국이 국제수지 불균형을 직접보전하거나, 간접적으로 조정하기 위하여 사용할 수 있는 외화자산을 의미한다.

그린스펀(Alan Greenspan, 1926~)

1987년부터 미국연방준비제도이사회의장을 맡은 이후 2001년 현재까지 네 번에 걸쳐 연임하고 있으며, 미국의 경제대통령, 미국 경제의 조타수, 통화정책의 신(神)의 손 등으로 불린다.

컬럼비아대학을 거쳐 뉴욕대학교에서 경제학 박사 학위를 취득했고, 젊은 시절에는 떠돌이 악사로 활동하면서 동료들의 세금 문제를 조언해 주는 등 평범한 생활을 하다가 뒤늦게 경제학을 공부해 성공한 인물로 평가받는다.

1968년 대통령선거 당시 닉슨 진영 경제고문을 지낸 이래 1974년 포드 대통령 경제자문위원장, 1977년 타우샌드그린스펀 사장 등을 거쳐 1987년 레이건행정부 때 연방분비제도이사회의장으로 취임하면서 주목을 받기 시작하였다.

실물경제에 특히 밝아 시장에 대한 정확한 판단과 정책입안으로 미국 경제계뿐 아니라 국민 대다수의 신뢰를 한 몸에 받고 있으며, 1970년대 초 이후 28년 만의 최저 실업률, 29년 만의 재정흑자 및 고성장 등을 이끈 인물로 평가받으면서 세계의 이목을 집중시키기도 하였다.

평소 보고서에 의존하지 않고 각종 금융시장의 지표를 직접 챙기는 것으로도 유명하며, 2006년 1월까지 연방준비제도이사회 의장을 지냈다. 2011년 현재 미국연방준비제도이사회 의장은 버냉키이다.

4) 오차 및 누락

국제수지표는 모든 대외거래를 차변과 대변에 같은 금액으로 기록하는 복식부기원리에 의해 작성하고 있기 때문에 이론상으로는 오차 및 누락이 발생할 수 없다. 그러나 통관통계, 외환수급통계 등 기초통계들 간의 계상시점 및 평가방법상의 차이나 기초통계자체의 오류, 기업과 은행의 보고누락 등으로 인하여 불일치가 발생하게 되는데 이를 기술적으로 조정하여 대·차를 균형 맞춰주는 항목이다.

3. 국제수지관리의 중요성

국제수지는 경상수지, 자본수지, 준비자산증감, 오차 및 누락으로 구성되는데 이중에서도 경상수지가 가장 중요한 내용을 담고 있기 때문에 일반적으로 국제수지라 할 때는 경상수지를 의미하기도 한다. 경상수지는 앞에서 설명한 대로 상품수지, 서비스수지, 소득수지 및 경상이전수지로 구분되는데, 이중 상품 및 서비스수지가 우리경제에 미치는 영향이 가장 크다고 할 수 있다. 우리가 상품과 서비스를 외국에 수출하면 수출분 만큼 수요가 증가하므로 생산확대를 유발하게 되어 일자리가 늘어나고 소득도 증대되는데 반해 상품이나 서비스를 외국에서 수입하면 수입분 만큼 수요가 감소하므로 국내 기업이 생산을 축소하게 되어 급여 또는 일자리가 감소하기 때문에 상품 및 서비스수지는 소득 및 고용과 직접 관련이 있다.

상품 및 서비스수지를 포함한 경상수지가 전체적으로 흑자를 나타내면 외국에 판 재화와 서비스가 사들인 것보다 많으므로 수출을 통해 늘어나는 소득과 일자리가 수입을 통해 줄어드는 소득과 일자리보다 크게 되고 따라서 전체적으로는 그만큼 국민소득이 늘어나고 고용이 확대된다. 국제수지 적자국이 국제수지 흑자국에 대하여 자기나라로 실업을 수출한다고 비난하는 이유도 바로 여기에 있다.

또한 경상수지가 흑자를 보이면 벌어들인 외화로 외국으로부터 들여온 빚을 갚아 나갈 수 있게 되어 외채가 줄어들 뿐 아니라 나아가서는 주요 원자재의 안정적 공급을 확보하거나 무역마찰을 피하기 위해서 해외에 직접투자를 늘려 나갈 수 있는 것이다. 아울러 국내공급 부족 등으로 물가상승압력이 있을 경우에는 수입을 큰 부담 없이 늘려 갈 수 있게 되어 물가를 보다 쉽게 안정시킬 수 있을 뿐 아니라 국내경기가 좋지 않아 경기부양책을 쓰고자 할 경우에도 수입증가를 크게 염려하지 않아도 되므로 부양책을 쓰기가 용이해지는 등 경제정책수단의 선택폭이 넓어져 경제를 보다 건실하게 운영할 수 있게 된다. 이와는 반대로 경상수지가 적자를 나타내면 소득은 줄어들고 실업이 늘어남과 동시에 외국 빚이 자꾸 늘어나 원금상환과 이자부담이 커져 나중에는 빚을 얻기조차 힘들게 된다. 그러나 경상수지 흑자가 반드시 좋다고만 할 수도 없는데, 이는 경상수지 흑자가 국내통화량을 증가시켜 통화관리를 어렵게 하고 통상측면에서는 우리가 흑자를 내고 있는 교역상대국으로 하여금 우리나라의 수출품에 대해서 수입규제를 유발시키는 등 무역마찰을 초래할 가능성이 커지기 때문이다. 그렇지만 우리나라와 같이 경제가 해외에 크게 의존하고 있는 상황에서는 국민소득을 증대시키고 국내고용을 늘리기 위해서는 적정한 수준의 경상수지 흑자가 유지되는 것이 필요하다.[43]

4. 한국의 국제수지

1950년대 이후부터 1960년대 초까지 연 3억 달러 이상의 무상원조가 만성적인 무역수지 적자를 보존하고 경상계정상의 균형을 유지해 오다가, 1960년

43) 배기형, 전게서, pp.54~55.

대 이후 경제개발계획 실시에 따라 자본재 및 시설기자재의 수입 수요가 커지면서 수출의 급속한 증대에도 불구하고 적자가 계속되어 왔다.

1970년대에 들어서면서 무역수지 적자폭이 줄어드는 듯했으나, 1974년 1차 석유파동으로 수출이 부진해지면서 무역수지 적자가 급증하였다. 그러나 1975년부터 적자폭이 감소하기 시작하여 1977년에는 크게 줄었다가 2차 석유파동과 국내 사회·정치의 불안으로 인하여 1979년에는 적자가 44억 달러로 급증하였다.

1982년 이후 국제금리와 유가 하락 등으로 경기가 회복되면서, 1985년에는 무역적자폭이 크게 낮아졌다. 1986년 이후 대외경제여건이 호전되고 한국 기업의 수출경쟁력이 향상되면서 적자폭이 6억 3000만 달러로 감소하였고 1988년에는 125억 7000만 달러라는 사상 최대의 경상수지 흑자를 기록했다. 그러나 1989년에는 원화절상·임금인상·장기간의 노사분규 등으로 수출경쟁력이 약화되어 전년도의 1/3수준에 불과한 41억 1000만 달러의 흑자를 기록했다.

무역수지를 수출과 수입별로 살펴보면 수출은 임금상승·원화절상에 따른 가격경쟁력 약화와 노사분규로 인한 수출차질로 1988년에 비해 17.6% 늘어난 514억 8000만 달러를 기록했다. 또 같은 기간 중의 무역외 수지는 3억 2000만 달러에 불과했는데, 이는 대외자산의 운용수익 증가 및 외채에 대한 지급이자 감소 등으로 투자수익수지가 개선되었으나 해외여행 자유화에 따라 여행수지 흑자가 대폭 감소했기 때문이다.

1986년 이후 꾸준히 늘어났던 이전수지 흑자가 1989년에는 환율의 안정적 운용 및 증시침체 등으로 개인송금이 줄어들고 거주자의 대외송금 자유화 확대조치로 개인송금지급이 꾸준히 늘어나 전년도의 1/5 수준인 2억 3000만 달러의 흑자에 불과했다.

장기자본거래는 해외직접투자 및 중장기연불수출신용 공여증가, 통화옵션거래의 이행에 따른 대금지급 증가 등으로 31억 5000만 달러의 지급초과를 나타냈다. 반면에 단기자본수지는 원화절상 지속에 대한 환차익 기대감으로 단기무역신용도입이 크게 늘어났던 1988년과는 달리 환율의 안정적 운용으로 7억 8000만 달러의 도입초과를 보였다.

이와 같은 경상수지 흑자규모의 대폭축소와 자본수지 지급 규모 확대에 따라 1989년 종합수지는 전년도에 비해 81억 2000만 달러가 줄어든 36억 4000

만 달러의 흑자를 기록했다. 1986년부터 1989년까지 흑자기조가 1990년대에는 반전되기도 했지만 최근 한국은행이 발표한 2010년 경상수지는 282억 천만달러 흑자로 역대 네 번째로 높은 수치이며 13년째 흑자 기조를 유지하였다. 그리고 한국을 비롯한 주요 외환보유국의 2001년 이후 외환보유액[44]은 [표 5-6]과 같다.

[표 5-6] 세계 주요국의 외환보유액

(단위: 억US$)

국가명	2001년	2002년	2003년	2004년	2005년	2006년	2007년	2008년	2009년
일 본	3,962	4,624	6,646	8,352	8,469	8,953	9,734	10,306	10,494
중 국	2,187	2,952	4,122	6,186	8,189	10,663	15,282	19,460	23,992
대 만	1,266	1,660	2,111	2,466	2,533	2,661	2,703	2,917	3,482
한 국	1,028	1,214	1,554	1,991	2,104	2,390	2,622	2,012	2,700
러시아	366	478	770	1,245	1,740	2,992	4,764	4,271	4,390
인 도	482	704	1,023	1,304	1,372	1,773	2,756	2,477	2,835
홍 콩	1,112	1,119	1,184	1,236	1,243	1,332	1,527	1,825	2,558

*자료;외교통상부 통상기획홍보과, 주요경제통상통계, 2010.8

미국서 만든 무궁화(10환) · 거북선(50환) 동전

대한민국 정부 수립 이후 최초의 지폐는 1950년 6 · 25 전쟁 직후에 나왔지만, 최초의 주화(鑄貨 · 동전)는 1959년에 탄생되었다. 동전을 발행하게 된 것은 화폐비용 절감 차원이었다. 주화는 지폐에 비해 사용기한이 훨씬 길기 때문이다.

그러나 당시 국내에는 동전 제조기술이 없어 미국 필라델피아 조폐국에 의뢰해 만들었다. 지폐공장인 조선서적인쇄주식회사가 6 · 25 때 파괴되는 바람에, 대한민국 최초 지폐를 일본 대장성 인쇄국에서 찍은 것과 비슷한 탄생 스토리를 지닌 셈이다.

1959년 10월 20일 50 · 10환 동전이 첫 발행되었고, 10월 30일에는 100환 동전이 나왔다. 10환은 구리를 95% 넣어 붉은 빛깔을 띠었다. 50환은 구리(70%) 외에 아연

44) 외환보유액이란 국가의 비상금으로 중앙은행과 정부가 갖고 있는 "외화 지급준비자산"이다.

(18%), 니켈(12%)을 넣어 백색을 띠었다. 100환은 구리 75%, 니켈을 25% 섞어 지금의 100원 동전과 비슷한 색상이었다.

발행연도는 '4292년'으로 서기(西紀)가 아닌 단기(檀紀)로 기록되었다. 1948년 정부 수립 이후 1961년까지는 단군기원(檀君紀元)을 사용토록 법제화되었기 때문이었다. 그림은 무궁화(10환), 거북선(50환), 이승만 대통령(100환)이 등장했다.

30여년간 조폐공사와 한국은행에서 화폐 도안을 담당했던 조병수(72)씨는 "10환에는 당초 벼 이삭 그림을 넣으려고 했으나 국화(國花)인 무궁화가 더 국민적 공감대를 얻을 수 있다는 생각에 도안이 바뀌었다"고 밝혔다.

무궁화는 1890년대 대한제국 시절부터 주화 문양으로 사용해왔다. 50환 속의 거북선은 '충무공 전서'에 수록된 거북선을 근거로 깃대는 있으나 돛대는 없는 모양이었다. 하지만 그 이후에는 검증절차를 거쳐 돛대가 있는 거북선이 화폐에 등장했다. 이승만 대통령의 초상화는 측면 모습으로, 1950년 발행된 1000원권 지폐의 정면 초상화와 대비되었다.

이들 최초의 동전 주화 수명은 그리 길지 않았다. 100환짜리 동전은 3년 뒤인 1962년 환을 원(圓)으로 바꾸는 화폐개혁이 시작되면서 유통이 중지되었다. 그러나 50환과 10환만은 5원, 1원으로 인정돼 1975년까지 사용되었다.

원화로 표시된 최초의 동전은 1966년 8월 16일에 10 · 5 · 1원짜리 3종이 나왔다. 1970년에는 100원, 1972년에 50원, 1982년에는 500원 동전이 각기 처음으로 발행되었다.

(2010.12.07 조선일보)

중(中), 세계의 공장에서 '세계의 은행'으로

글로벌 금융 위기가 세계의 금융 지도를 바꾸고 있다. 세계의 금융을 장악하고 있던 영미(英美) 은행들이 위험한 투자와 무리한 합병으로 몰락한 반면, 보수적인 자산 운용을 하던 중국 은행들이 경제성장에 힘입어 약진하고 있다.

영국 파이낸셜타임스(FT)가 23일 보도한 세계 금융기관의 지난 10년간 시가총액 순위 변동에 따르면, 1999년 세계의 20대 은행 중 11개는 미국계였고, 4개는 영국계였다. 그러나 2009년 3월 17일 현재 세계 20대 은행 중 미국계는 4개, 영국계는 1개로 줄었다.

반면 중국계 은행은 시가총액 1753억 달러(약 244조 원)로 1위를 차지한 중국공상은행(中國工商銀行) 등 5개가 20위권에 올라 영미계를 압도했다.

시가총액 1~3위가 모두 중국 은행들이었다. 1위인 중국공상은행에 이어 중국건설은행(中國建設銀行 · 1 287억 달러)과 중국은행(中國銀行 · 1128억 달러)이 각각 2 · 3위를 차지했다. 중국 교통은행(交通銀行 · 12위)과 초상은행(招商銀行 · 17위)도 20위권에 올랐다. 이 은행들은 불과 2~3년 전에 주식시장에 상장되었다.

1999년 시가총액이 1509억 달러로 세계 1위였던 미국 씨티그룹은 2009년 시가총액이 137억 달러로 90% 이상 줄면서 20위권 밖으로 밀려났다.

씨티그룹은 2007년 금융위기가 발생하기 전까지 1위를 줄곧 유지했으나 지금은 미국 정부의 구제금융으로 연명하는 신세가 되었다. 1999년 세계 2위였던 뱅크오브아메리카(BOA)는 파산 위기에 처한 투자은행 메릴린치를 인수했다가 부실의 늪에 빠져 11위로 추락했다.

현재 미국의 1위 은행인 JP모건체이스는 세계 4위에 그쳤다. JP모건체이스는 JP모간과 뱅크원, 워싱턴뮤추얼, 체이스맨해튼 등이 합병해서 생겨난 은행이지만 시가총액은 945억 달러로 10년 전의 절반 수준으로 줄었다.

2009년 세계 금융기관 순위

1위	중국 중국공상은행(1753억달러)
2위	중국 중국건설은행(1287)
3위	중국 중국은행(1128)
4위	미국 JP모건체이스(945)
5위	영국 HSBC(783)
6위	미국 웰스파고(621)
7위	일본 미쓰비시UFJ파이낸셜(562)
8위	스페인 산탄데르은행(541)
9위	미국 골드만삭스(457)
10위	캐나다 RBC(403)

출처: 파이낸셜 타임스, 괄호 안은 시가총액

(2009.03.24 조선일보)

65년 재임 세계 최장 泰 국왕, 83회 생일

세계 최고의 '부자 국왕'이자 최장 집권 국왕인 태국의 푸미폰 아둔야뎃<사진>이 5일 83회 생일을 맞았다. 1927년 12월생인 푸미폰 국왕은 19세 때인 1946년 6월 즉위해 65년째 재임하고 있다. 2번째로 집권 기간이 긴 영국의 엘리자베스2세 여왕(84세 · 1952년 즉위)보다는 한 살 아래지만 재임 기간은 6년이 더 길다.

푸미폰 국왕은 그 사이 19번의 쿠데타를 경험하면서 헌법을 16번 개정하고 총리를 28명이나 교체했다. 태국 정국이 고비를 맞을 때마다 막강한 영향력을 발휘, 태국에서 '살아있는 부처'로 통하는 그는 미국의 경제 전문지 포브스가 올 7월 발표한 세계 '부자 왕족' 재산 현황에서 300억 달러로 1위를 기록했다.

푸미폰 국왕은 아피싯 웨차치와 총리를 비롯한 정부, 의회, 군부 고위층 수천 명이 집결한 가운데 '그랜드 팰리스'에서 열린 생일 축하연에서 "모든 태국인들이 각자의 위치에서 자신들의 의무를 충분히 이해하고 최선

세계의 부자 왕족 재산 현황

(2010.7)

순위	이름	재산 규모 (억 달러)
1	푸미폰 아둔야뎃 태국 국왕	300
2	하사날 볼키아 브루나이 국왕	200
3	압둘라 사우디아라비아 국왕	180
4	셰이크 칼리파 UAE 대통령	150
5	셰이크 모하메드 두바이 지도자	45
6	한스 아담스2세 리히텐슈타인 왕자	35
7	모하메드 6세 모로코 국왕	25
8	하마드 카타르 국왕	24
12	엘리자베스 2세 영국 여왕	4.5

자료: 포브스

을 다해야 한다"는 대국민 메시지를 낭독했다.

방콕의 영자신문 네이션은 6일 "수백만 태국인들이 TV를 통해 그랜드 팰리스 생일 축하연과 차오 프라야 강변에서 열린 불꽃놀이를 지켜봤다"면서 "왕실이 개설한 한 웹사이트에는 170만 명이 국왕의 생일을 축하하는 메시지를 남겼다"고 보도했다.

(2010.12.01 조선일보)

국제경제기구 제6장

제1절 국제경제기구의 필요성

1차 세계대전 후 1920년대의 세계경제질서는 극심한 인플레이션으로 대혼란을 가져왔다. 특히 유럽 주요국들의 인플레이션은 상상을 초월할 정도였으며 그 중 패전국인 독일의 인플레이션은 독일경제를 회복 불능의 상태까지 이르게 되었다. 이러한 1차 세계대전 후의 초인플레이션은 전세계적으로 파급되어 미국을 제외한 세계각국들은 경제질서의 대혼란을 경험하게 하였다. 1920년대 미국은 roaring twenties이라는 표현을 할 정도로 활황을 이루었으나 1929년 이후 대공황을 거치면서 미국 또한 경제혼란을 가져왔다. 따라서 세계 각국들은 통화질서가 혼란스러웠으며, 각국들이 경제적 어려움을 대처하기 위해 강력한 보호무역정책을 경쟁적으로 취하게 되었다. 이러한 결과는 2차 세계대전의 원인을 제공하게 되었다.

1939년부터 1945년까지 2차 세계대전을 치루며 2차 세계대전이 종식될 즈음에 미국을 중심으로 세계 각국들은 세계통화질서와 무역질서 확립을 위해 국제적인 경제기구의 필요성을 느끼게 되었다.

국제경제기구란 세계경제의 안정적인 성장을 도모하기 위하여 다수의 국가를 대상으로 경제정책과 제도를 국제규범에 부합하도록 조정, 제약 또는 지원하는 제도적인 장치를 말한다. 국제경제기구는 정치적 또는 경제적으로 목표와 수준이 서로 다른 다수의 국가들에 의해서 공동으로 운영된다. 따라서 기구의 목표와 체제가 최선의 방안을 추구하기보다는 회원국사이의 타협에 의해서 힘의 논리로 결정이 되고, 비록 합의가 된 국제규범이라도 강력하게 집행하기에는 한계가 있다는 문제점을 갖고 있다. 이러한 결함에도 불구하고 그 동안 국제경제기구는 세계경제가 안정적이고 건전한 발전을 이룩하는데 주도적인 역할을 수행했다는 긍정적인 평가를 받고 있다.

국제기구의 탄생은 Bretton Woods체제에서 시작된다. 2차 세계대전 후 국제경제질서를 선도해 온 시스템이 브레턴우즈체제이다. 그 이전까지 각국은 세계경제불황으로부터 자국의 이익을 보호하기 위하여 높은 관세와 수입제한 조치를 경쟁적으로 실시해 왔다.

이러한 상황에서 1944년 7월 미국 주도아래 전후(戰後)의 국제경제조직의 구축을 위한 회의가 뉴햄프셔 주에 있는 브레턴우즈에서 44개국의 참가로 개최되어, '국제통화기금(International Monetary Funds ; IMF)' 및 '국제부흥개발은행(International Bank for Reconstruction and Development ; IBRD)'의 설립에 관한 협정을 체결하였다. 브레턴우즈협정에 따른 IMF와 IBRD는 각국의 의회승인을 얻은 후 1946년 사바나창립총회를 시작으로 IBRD는 1946년 6월 25일부터, 그리고 IMF는 1947년 4월 1일부터 각각 업무를 개시하였다. 또한 브레턴우즈회의에서는 다자간 국제무역기구의 창설에 대한 필요성도 인식되어 1947년에는 '관세 및 무역에 관한 일반협정(General Agreement on Tariffs and Trade ; GATT)'이 성립되었다. 이러한 세 가지의 체제를 일반적으로 "브레턴우즈체제"라고 부른다.

제2절 IMF(International Monetary Fund)

1. IMF 설립의 목적

IMF 설립의 기본적인 목적은 통화질서의 안정과 유지를 시키는 것이며 외환거래의 자유화와 각국이 일시적으로 국제수지가 불균형이 일어나는 경우 외화자금을 공급함으로써 통화질서를 유지시키는데 목적이 있다. 그 내용을 구체적으로 보면 다음과 같다.

1) 외국환의 안정

IMF는 협정문 제1조에 그 설립목적을 상세하게 규정하고 있지만, 우선적으로 규정하고 있는 것은 외국환의 안정이다. 제2차 세계대전전의 세계경제의 혼란이 환율의 불안정에 원인이 있었다는 것에 착안하여 IMF는 고정환율제를 기본으로 하여 출발하였다. 즉, 가맹국은 자국의 통화가치를 금(金) 또는 달러로 표시하고 환율을 평가의 상하 1%범위 내에 유지할 것을 의무화했다. 각국의 통화당국은 시장개입에 의해 환율을 이 범위 내에 유지하게 되었다. 환율이 이처럼 거의 고정된 수준에 유지된다는 것은 종래의 금본위제와 유사하다.

그러나 평가의 준수의무는 절대적이 아니었다. 어느 국가가 만성적인 국제수지의 불균형이 된 경우에는(기초적 불균형(fundamental disequilibrium)), 시장개입으로 지탱될 수 없기 때문에 평가의 변경을 인정했다. 만일 IMF가 그 나라의 국제수지가 기초적 불균형상태에 있다는 것을 인정하게 되면 고정환율은 장기적으로 달러에 대하여 평가절상 또는 평가절하할 수 있게 된다. 즉 달러화에 대하여 고정된 IMF평가의 변경이 제한적으로 허용된다. IMF협정의 정관에 기초적 불균형에 대한 정의가 명확하게 규정되어 있지 않으나, 국제수지의 불균형이 장기적이고 구조적인 것이어서 국내물가의 대폭적인 하락이 이루어지지 않으면 높은 실업률과 만성적인 국제수지적자를 시정하기 어려운 경우로 해석되어 이 경우에는 자국통화의 평가절하를 인정한다는 것이다.[45]

또한 미국은 기축통화국으로서 각국이 금(金)대신 공적준비자산으로 보유하는 달러화에 대하여 금 1온스 당=35달러의 고정된 금평가(gold parity)에 따라 금태환을 보장하고 있다.

2) 외환거래의 자유화

가맹국에 외환거래의 자유화를 의무화하고 있는 것은 IMF협정문 제8조[46]

---

45) 결과적으로 환율은 단기적으로 금 1온스=35달러의 평가를 중심으로 고정되나 장기적으로는(기초적 불균형의 경우에) 평가변경을 허용함으로써 국제수지의 불균형을 조정할 수 있게 되었다. 이와 같이 IMF평가는 일정기간 단기적으로는 고정되어 있으나 조정이 가능하다는 점에서 브레턴우즈체제를 '조정가능고정환율제도(adjustable fixed exchange rate system ; adjustable peg rate system)'라고 한다(차철호, 현대 국제경제학-이론과 정책- 형설출판사, 1996, p.797).

46) 국제통화의 개혁작업과정에서 자유무역은 새로운 국제통화제도와 마찬가지로

이다. 여기서는 경상수지에 대한 외환제한의 철폐, 차별적 통화조치의 폐지, 외환보유잔고에 대한 교환성의 부여가 규정되어 있다. 이 의무를 수락하고 이행하는 국가를 "IMF 제8조국"이라고 한다.

다만 동 협정문 제14조에는 전후(戰後) 과도기에 대비한 예외규정을 두고 있다. 즉 전후 과도기간(1947~1952년) 중에 가맹국은 IMF에 통고하여 경상거래의 지급 또는 자금이동에 제한을 할 수 있으며, 동기간이 경과한 이후에도 제한조치를 철폐할 수 없는 국가는 이에 관하여 IMF와 협의를 거쳐야 할 의무가 있다. 이에 해당하는 국가를 "IMF 제14조국"이라고 부른다. 여기에 해당하는 국가는 매년 IMF와 협의를 거쳐 경상거래의 지급 또는 자금이동에 제한을 가할 수 있다는 것이다. 우리나라는 1988년 11월에 IMF 제14조국에서 제8조국의 의무를 이행할 의사를 IMF에 통고하여 외국환시장의 개방을 선언하였다.[47)]

3) 외환자금의 공여

가맹국은 이상과 같은 외환안정, 외환자유화의 의무를 부여받고 있지만, 반면에 단기적인 국제수지의 불균형이 된 경우에는 IMF로부터 외환자금의 공여를 받을 수 있는 편의가 부여된다. 자금원은 가맹국의 출자금이다. 가맹국

기본이념이 됨으로써, IMF는 1974년 6월 '무역조치에 관한 선언(The Declaration on Trade Measures)'을 채택하고 각 가맹국이 이에 서명하게 하였는데, 이는 IMF협정문 제8조를 보완하는 입장에서 한 것이다. 본래 동 협정문 제8조는 각국 정부가 취하는 제한조치를 판정함에 있어 그 실시동기 또는 영향을 판정기준으로 하지 않고 단지 외환의 조정 및 사용에 대하여 직접적인 정부의 제한이 개입되는가의 여부에 따라 판정할 수밖에 없었으므로 국제수지 개선을 목적으로 하고 있는가, 또는 타국의 국제수지에 어떠한 영향을 주는가에 대해서는 별개의 문제이었다. 이에 따라 동 선언문은 'IMF가 정당성을 인정하는 경우를 제외하고 각국은 국제수지를 개선할 목적으로 무역 및 기타 경상거래상의 제한조치를 새로이 도입하거나 강화시키지 않도록 자율적으로 규제하여야 한다'는 원칙을 세우고, 만약 가맹국이 불가피한 사정으로 제한조치를 실시할 경우에는 사전에 IMF에 통보하고 IMF가 그 정당성을 인정하지 않는 경우에는 제한조치 실시계획을 철회하여야 한다고 규정하고 있다. 그러나 이러한 규정을 적용함에 있어서는 개발도상국의 특수한 상황을 고려하여야 한다고 되어 있다(IMF, *International Monetary Reform, Document of the Committee of Twenty*, 1974, p.23).

47) 서정두, 국제통상법, 삼영사, 1996, pp.84~86.

은 각각의 경제력에 부응해 출자액을 할당받아, 처음에는 그 중에서 1/4(25%)를 금(金), 나머지인 3/4(75%)를 자국통화로 지불해야 한다. IMF의 융자는 이러한 기금에 의해 행해지고 있었다.

Tip

IMF 지분 랭킹, 브릭스(BRICS: 브라질 · 러시아 · 인도 · 중국) 모두 '톱10' 한국, 지분율 1.8%로 16위 확정… 中, 3위로 도약

국제통화기금(IMF)에서 한국을 포함한 신흥시장 국가들의 발언권이 대폭 확대되었다. 브릭스(BRICs: 브라질 · 러시아 · 인도 · 중국 등 경제가 빠르게 성장하는 신흥국) 모두 IMF 지분율 랭킹 10위 안으로 들어갔다.

특히 중국은 IMF 지분율이 4%에서 6.39%로 크게 늘어나면서 IMF 내에서 미국 · 일본에 이어 세 번째로 발언권이 높은 나라로 부상했다. 우리나라의 지분율은 1.41%에서 1.8%로 높아져, 전체 회원국 내 발언권이 18위에서 16위로 올라갔다.

IMF는 5일(현지시각) 집행이사회를 열어 주요 20개국(G20) 경주 재무장관 및 중앙은행총재 회의 결과를 바탕으로 한 지분율 및 지배구조 개혁안에 합의했다. 이에 따라 지분율 6%가 선진국에서 과소대표국 및 신흥개도국으로 넘어가고, IMF 자본금도 100% 확충된다.

이번 IMF 개혁의 핵심은 빠르게 몸집을 늘려가는 신흥시장국들의 IMF 내 위상 강화다. 경제 규모에 비해 과도한 파워를 행사해온 IMF 내 서유럽 국가들의 지분이 줄어드는 대신 신흥시장국들의 발언권이 늘었다. IMF는 주식회사처럼 자본금을 더 많이 내면 지분율이 높아지고 의결권도 따라서 올라가는 구조다.

이번 IMF 지분율 개혁으로 지분율이 4%에서 6.39%로 크게 늘어난 중국 말고도 인도 · 브라질 · 러시아 등 나머지 국가들도 1~4단계씩 순위가 뛰어올라 브릭스 모두 지분율 상위 10위권에 포함되었다. 이들 브릭스 4개국 지분율을 모두 합하면 14.17%로 IMF 내에서 실질적으로 거부권을 행사할 수 있는 지분율(15%)에 바짝 다가섰다.

반면 서유럽 국가들의 지분율이 떨어지고 순위도 내려앉았다. 프랑스 · 영국 · 네덜란드 · 벨기에 · 스위스 등은 지분율이 감소하면서 1~5계단씩 밀려났다. 미국의 경우 지분율은 17.67%에서 17.41%로 축소되었지만, 여전히 거부권을 행사할 수 있는 절대 지분율로 IMF 내 최대 영향력을 발휘할 수 있는 위상을 유지했다.

IMF는 경제위기에 보다 효율적으로 대처하기 위해 자본금 규모도 현재 3779억 달러에서 두 배인 7557억 달러로 늘리기로 했다. 이번 쿼터 증액은 1998년 이후 12년 만에 이뤄진 것이다.

IMF는 또 현행 24명의 이사회 규모를 유지하되 2012년 말로 예정된 차기 이사 선출 때 선진유럽국가의 이사 수를 2명으로 줄이고, 이를 신흥개도국으로 넘기기로 했다. IMF

집행이사회의 이번 결정은 187개 회원국들이 참여한 내년도 전체 총회에서 승인을 받고 각국 의회에 동의절차를 거쳐 확정, 시행된다. 도미니크 스트로스칸 IMF 총재는 "IMF의 65년 역사상 가장 근본적인 운영개혁이 이뤄졌고, 세계 경제에서 신흥개도국의 역할 증가를 인정하는 최대 규모의 지분율 이동이 일어났다"고 말했다.

(2010. 11.08 조선일보)

2. 변동화율제시대

1) Nixon 선언과 Smithsonian체제

1960년대에 들어 미국의 만성적인 국제수지적자의 지속은 달러화의 과잉공급을 초래하여 달러화의 국제적 신인도가 저하되자 국제외환시장에서 금 및 강세통화에 대한 투기적 수요가 증가하면서 국제통화제도에 불안이 나타나기 시작했다.

따라서 국제유동성의 공급이 달러화에 크게 의존함에 따라 국제유동성공급의 적정성문제와 달러화의 국제적 신인도 문제가 상충되는 이른바 '유동성 딜레마(liquidity dilemma)'를 야기시키게 되었다.[48] 그 결과 달러와 금의 교환정지조치를 위해 닉슨 대통령은 1971년 8월 15일에 긴급조치로서 이 대책을 발표했다.[49] 금과 달러는 전후(戰後)의 국제통화체제의 기본이었는데 양자의 교환정지는 금·달러본위제의 종언을 의미하고 있었기 때문에 세계 각국에 커다란 충격을 주었다.

이 성명이 발표되자 달러의 평가절하를 예상하여 미국에서 대량의 자금이

48) 이와 같이 국제유동성의 부족문제를 해결하기 위해 IMF는 금과 달러화 이외에 새로운 국제준비자산으로서 SDR을 창출하였다. 1969년 7월 IMF총회에서 합의되고 1970년에 창출된 SDR은 금이나 다른 외환과의 교환성이 없어서 민간거래용으로는 사용될 수 없으나, IMF가맹국들의 정부간에 국제수지의 불균형을 결제하기 위한 국제준비자산으로서의 기능이 부여되었다. 이러한 의미에서 SDR을 지금(紙金)(paper gold)이라고도 한다. 따라서 IMF는 SDR의 창출을 통하여 적절한 양의 국제유동성을 공급함으로써 금과 같이 산금량(產金量)에 따라 그 공급량이 결정되거나 또는 기축통화국의 적자에 의해서 그 공급량이 결정되는 종래의 불안정한 국제유동성의 공급방법을 개선할 수 있게 되었다(차철호, 전게서, pp.798~799).

49) 주요 내용은, ① 미국은 달러화의 금태환을 중지하고, ② 미국은 무역상대국들이 그들의 통화가치를 평가절하하지 않는 한 10%의 수입과징금을 부과하고, ③ 미국은 인플레이션억제를 위해 임금·물가수준을 동결한다는 것이다.

유럽 및 일본의 강세통화를 겨냥하여 유출되었다. 각국은 사태가 중대하다고 판단하여 긴급피난조치로써 변동환율제로 이행했다. 그래서 고정환율제를 가장 중요한 것으로 생각해 왔던 브레턴우즈체제는 종언을 맞이하게 되었다.

닉슨 선언 이후의 잠시 동안은 평가의 조정을 둘러싸고 각국 간에 통화전쟁의 상태가 지속되었지만, 고정평가제에의 복귀에 대해 드디어 협의가 이루어져 1971년 12월에 워싱턴의 스미소니언박물관에서 개최된 10개국 재경부장관회의에서 합의가 성립되었다. 이것이 스미소니언체제이다.[50] 여기서 합의된 주요한 점은 달러의 평가절하를 포함하는 평가의 다각적 조정과 고정환율제로 복귀는 하되 변동폭을 확대하는 것이었다. 특히 주목할 점은 전후 부동(不動)의 지위를 유지해 온 달러의 절하였다. 그 결과 주요 통화는 달러에 대해 절상되었지만 그 중에서도 일본의 엔(円)은 최대로 절상되었다.[51]

그러나 스미소니언체제는 장기간 계속되지 않았다. 대규모의 평가조정에도 불구하고 국제불균형은 거의 시정되지 않았다. 그러한 가운데 1972년 6월에 파운드화의 불안으로 영국은 변동환율제로 이행했다. 1973년에 달러에서 마르크 및 스위스 프랑 등에 대량의 투기자금이 발생했다. 그 때문에 미국은 1973년 2월에 두 번의 평가절하를 단행했기 때문에 주요 국가는 혼란을 회피하기 위해 변동환율제로 이행했다. 이 때 유럽공동체(EC)국가는 역내에서는 고정환율제, 역외에 대해서는 변동환율제를 취하는 공동변동환율제를 채택했다.

2) 변동환율제시대

선진국의 주요 통화가 변동환율제로 이행한 것은 이상과 같이 투기에 대한 긴급피난이 목적이었다. 그러나 이 같은 부득이한 조치라는 소극적인 입장과는 달리 환율이 가지는 수지조정기능을 적극적으로 활용하려는 지지론도 있었다. 예를 들면, “외환탄력화론”이 그것이다. 1970년대에 이 같은 적극론의 고조에 밀리게 되어 IMF당국도 외환탄력화의 검토에 착수했다. 이 같은 상황

---

50) 동 협정의 주요내용은, ① 달러는 모든 외국통화에 대하여 8%의 평가절하를 단행하고 마르크, 엔(円), 파운드화 등의 평가절상을 실시하고, ② 금의 공정가격은 1온스=35달러에서 38달러로 인상하고, ③ 미국은 10%의 수입과징금을 철폐하고, ④ 각국은 대미 달러화에 대한 환율의 변동을 당초의 상하 1% 범위 내에서 상하 2.25%로 확대하는 “wider margin” 또는 “wider band” 제를 채택한다는 것이다.

51) 1949년 이래 1달러=360엔에서 308엔으로 되었다.

이 긴급피난조치로서 채택된 변동환율제를 영구화한 하나의 근본이 되었다는 것은 부정할 수 없다.

그러나 변동환율제를 장기간 지속시킨 최대의 원인은 석유파동이었다. 스미소니언체제가 붕괴된 이후도 이 체제를 대신하는 국제통화제도가 계속 모색되었다. 1973년에는 IMF잠정위원회에 의한 개요가 공포되고 1974년에는 개혁안의 개요도 정리되었다. 그런데 1973년 말에 갑자기 발생한 석유파동으로 이 구상을 완전히 보류하게 되었다. 각국 모두 석유파동의 대응에 쫓기어 통화개혁을 고려할 여유 등을 완전히 상실했다. 이래서 고정환율제의 꿈은 사라졌다. 각국 모두 사태를 직시할 필요가 있었기 때문에 당분간은 변동환율제에 맡길 수밖에 없었던 것이다.

그런데 1973년 초에 선진국의 주요 통화를 변동환율제로 이행했을 때 개발도상국의 대부분은 고정환율제를 지속했기 때문에 전세계가 변동환율제를 실시했다고는 볼 수 없다. 그러나 개도국통화가 연계되고 있었던 구 종주국의 통화인 달러, 파운드, 프랑 등이 변동환율제로 된 이상, 실질적으로 전세계가 변동환율제를 채택한 것과 동일한 것이다.

3) Kingston체제

석유파동 이후의 심각한 세계경제위기를 극복하기 위해 1975년 11월에 프랑스의 랑브웨이에서 미국, 프랑스, 영국, 독일, 일본, 이탈리아 6개국의 정상들에 의해 제1회 선진국정상회담이 개최되었다. 이 회의에서는 위기타개를 위해 경기, 무역, 통화, 원조, 에너지 등에 관한 합의가 성립되었다. 통화문제로서는 장기간에 대립상태가 계속되었던 미국·프랑스간에 타협이 성립된 것이다. 즉 국제통화제도의 중핵인 환율제도에 대해 미국이 변동환율제를 주장하고 있는 것에 비해 프랑스는 고정환율제를 주장하여 서로가 양보하지 않았지만, 동 회의에서는 세계경제의 난국을 극복하기 위해 환율의 안정화에 대해 양자가 일치를 보게되었다.

이 합의를 근거로 1976년 1월에 자메이카의 킹스턴에서 개최된 IMF총회에서는 다음과 같은 점에 대해 합의가 성립했다. 첫째는, 변동환율제를 인정하지만, 고정환율제와 변동환율제의 어느 쪽을 채택할지는 가맹국의 선택에 위임하기로 했다. 둘째는, 금(金)에 대한 공정가격제 및 금평가제를 폐지하고,

IMF가맹국이 할당액의 1/4을 금으로 납부하던 금출자(金出資)의무를 폐지함에 따라 금(金)은 완전하게 화폐의 자리에서 물러나게 되었다. 셋째는, 국제준비자산으로서 '특별인출권(Special Drawing Rights : SDR)'의 역할을 증대시키기 위해 SDR의 가치평가방법을 개선한다는 내용이다.[52)]

IMF협정문 개정안은 가맹국의 비준 등 소정의 수속을 거쳐 1978년 4월부터 발효되어 킹스턴체제는 출범했지만, 그 의도는 변동환율제의 추가적인 인정이라는 당면과제에 부응한 것이므로 국제통화제도의 근본적인 재고(再考)를 목적으로 한 것은 아니었다.

4) 정책협조시대

(1) 확대된 국제 불균형

1980년대 들어 석유파동에서 우선 탈출한 국가는 미국이었다. EC 및 일본은 인플레이션의 걱정 및 재정재건 등을 위해 정부, 민간 모두가 신중한 자세를 취했다. 하지만 호경기가 지속되고 있는 미국에 밀려 지연되기는 했지만, 1980년대 중반에는 이들 국가가 회복의 추세였다. 이러한 가운데 점차로 구체화된 것이 미국의 무역적자, 서독과 일본의 무역흑자였다.[53)]

이 같은 불균형은 역 방향의 자금이동에 의해 보충되었다. 미·일간에는 소위 "Japan Money"가 일본에서 미국으로 이동하여 자금이 조달되었다. Japan Money의 공급원은 거액의 자금을 운용하는 생명보험회사 및 신탁은행 등 기관투자자로써 주요한 투자대상은 안전하고 이자가 높은 미국의 국채였다. 문제는 이 같은 자금이동이 언제까지 계속되는가에 있었다. 대외채무를 계속 누적하고 있는 미국경제에 대해 만약 불신감이 생기면 자금은 갑자기 역류할 수도 있다. 그렇게 되면 달러는 폭락하고 세계경제는 대혼란이 발생하게 될 것이다. 이 같은 사태를 사전에 방지하기 위해서는 불균형의 규모를 축소하는 것이 최선의 해결책이었다. 이것이 1980년대 후반이후의 세계경제가 안고 있는 제일 중요한 과제로 되었다.

---

52) 1969년 SDR창출 당시 1 SDR=순금 0.8888671그램=1달러이었으나 그 후 달러화의 평가절하로 1 SDR=1.20835달러로 변경되었다.

53) 1987년의 무역수지는 미국이 1595억 달러의 적자이고, 서독과 일본이 각각 655억 달러, 963억 달러의 흑자이었다.

(2) 거시·미시 조정책

여기서 채택된 대응책은 세 가지가 있는데, 첫째는, 불균형의 원인을 미국 대 일본·EC간의 경쟁력격차에 있다고 보고 달러고(高)·마르크저(低)·엔저(円低))를 시정하는 것이었다. 1985년 9월 뉴욕의 플라자호텔에서 개최된 선진 5개국 재경부장관회의(G5)에서는 협조시장개입에 의해 달러고(高)를 시정하는 것이 합의되어, 즉시 실행하게 되었다. 당시의 환율은 1달러=240엔(円) 전후이었지만 플라자합의 후에는 달러저(低)·마르크고(高)·엔고(円高)로 되어 지나칠 정도의 기세로 진척되었다. 그러나 불균형은 즉시 시정되지 않아 1987년경까지는 "J커브 효과"[54] 등으로 인해 오히려 증대되었다.

둘째는, 외환조정을 보완하는 총수요정책이었다. 즉 적자국(미국)의 총수요긴축, 흑자국(서독·일본)의 총수요확대가 그것이다. 당시 미국은 자국만이 세계경제의 기관차역할을 하고 있는 것에 강한 불만이 있었다. 그래서 서독과 일본에 대해 더 한층의 내수확대를 주장했다. 이로 인해 일본도 금리인하, 재정지출의 확대 등을 통해 내수확대를 도모했다. 그 결과 1987년 이후는 내수주도에 의해 호경기가 지속되었지만, 1989년부터는 경기가 과열되어 지가(地價) 및 주가 등이 폭등하여 소위 '거품경제현상'을 초래했다. 1990년에는 이 경향이 더욱더 진전되어 고급품 및 사치품 등의 수입증가로 인해 무역흑자가 감소했다. 그러나 부실융자의 발각 등으로 거품경제가 붕괴되자 경기는 갑자

---

54) 평가절하는 J커브효과를 유발시켜 일정한 기간이 경과한 후에 국제수지개선효과가 나타나기 때문에 적어도 단기적으로는 평가절하가 국제수지개선에 기여하지 못하게 된다. 평가절하의 J커브효과란 평가절하 후에 재화의 상대가격변화와 물량변화간의 시차의 존재로 인해 단기적으로는 평가절하가 오히려 국제수지를 악화시키고 일정한 기간이 경과한 후에 국제수지를 개선시키는 효과를 말한다. 시간의 경과와 더불어 평가절하의 국제수지개선효과를 그림으로 나타내면 J자의 모양을 띠게 되기 때문에 이를 평가절하의 J커브효과라고 한다. 즉 평가절하를 할 경우 수출재의 상대가격과 수입재의 상대가격은 각각 즉시 하락하고 상승하지만 이러한 수출입재의 물량이 증가하고 감소하는데는 어느 정도의 시간이 소요된다. 때문에 단기적으로는 평가절하 후의 수출입량은 크게 변화하지 않는 상태에서 수출재의 가격은 저렴해지고 수입재의 가격은 상승하는 결과만 초래됨으로 무역수지가 악화되게 된다. 그러나 시간이 경과함에 따라 차츰 수출량이 증가하고 수입량이 감소하여 물량면의 조정이 함께 이루어짐으로써 무역수지는 개선되게 된다(서근태, 국제경제, 삼영사, 1998, p.737).

기 악화되었다.

이상의 두 가지 대응책은 거시적인 국제협조정책이다. 이것에 비해 셋째의 처방은 미시적 대책으로서 구체적으로는 미국이 EC, 일본, NIEs 등에 요구한 보호정책의 철폐 및 시장개방이었다. 특히 1980년대 후반에 전술한 거시대책의 효과가 기대한 것만큼 발휘되지 않았기 때문에 이 미시대책을 전면에 내세우게 되었다.[55)]

1990년대도 환율은 불균형을 반영하여 격렬한 움직임을 보였다. 달러·엔(円)에 대해서 말하면 1980년대 후반부터 1990년대 초반에는 1달러=130엔 전후로 소강상태이었지만, 1993년부터 엔고(高)·달러저(低)가 계속되어 1994년 여름에는 100엔대로 되었다. 그리고 1995년에 멕시코의 통화인 페소의 폭락으로 엔고(高)·달러저(低)는 더욱더 가속되어 동년 4월에는 80엔대로 되었다. 그 이후 1999년에는 150엔대로 되었다.

2000년대 이후 달러 가치는 하락하고 엔화가치는 상승하여 2011년 2월 11일 81.42엔으로 계속적인 엔화강세가 이어지고 있다. 달러에 대한 유로화의 가치도 강세가 이어지고 있다.

이래서 국제통화정세는 동란의 시대에 돌입했다고 할 수 있다. 이 같은 시대에는 주요 국가, 특히 미국, 중국, EU, 일본의 정책협조가 필요하지만, 현재로는 각국 모두가 국익에 합치되면 협조하지만, 반대의 상태가 되면 무시하는 경우가 많다. 오늘날 절대적인 힘을 갖고 있는 리더가 없기 때문에 세계경제의 운영은 매우 어려운 국면에 처해 있다고 할 수 있다.

---

55) 예를 들면, 종래에 미·일의 경우 대상품목은 농산물이 주류이었지만 금융, 보험, 건설 등 서비스분야의 자유화요구가 추가되어 내정간섭으로 될 수 있는 제도 및 관행의 공통화의 요구에로까지 발전했다. 1989년부터 시작된 미·일경제구조회의(SII)에서는 미국은 불균형시정을 위해 일본의 저축투자형태, 토지이용, 유통기관, 담합, 기업계열 등의 제도 및 관행의 개선을 요구했다. 또한 일본도 미국에 대해 적자를 축소시키기 위해 재정적자의 삭감을 비롯해 국제경쟁력회복에 대한 제반 대책을 제언했다. 그러나 이들 제반 방책은 미·일 모두 국내사정으로 인해 간단하게 시정할 수 없는 문제이었다(土屋六郎編著, 國際經濟學, 東洋經濟新報社, 1997, p.293).

제3절 IBRD

1. IBRD의 설립목적

국제부흥개발은행(International Banks for Reconstruction and Development ; IBRD, World Bank ; WB)은 브레턴우즈에서 1944년 7월에 44개국이 참가하여 체결되었으며, 소위 '브레턴우즈협정'에 근거하여 설립되었다.

동 협정은 당시 승리를 목전에 둔 연합국이 제1차 세계대전 후의 분열과 혼란의 체험에서 획득한 교훈과 반성을 근거로 전후의 경제안정과 성장을 국제적 협조에 근거하는 통화·금융체제에 따라 수립하려고 한 적극적 의도가 결실을 맺은 것이다.

즉, 1차 세계대전까지는 금본위제도를 기반으로 하여 세계경제는 자율적인 경제조정기능을 통해 비교적 균형이 잡힌 발전을 이룩한 것이다. 이 시대는 영국이 국제결제의 중심적 지위를 차지하고 있었는데, 즉, 단기자금뿐만 아니라 장기금융에서도 풍부한 축적을 한 오랜 경험을 바탕으로 해외투자에 유용한 것이 이러한 균형이 잡힌 발전으로 유도할 수 있게 했다는 것은 부정할 수 없다.

그런데 1차 세계대전 후 영국이 쇠퇴하고 대신에 미국이 세계최대의 채권국이 되었다. 당시 미국의 고립주의적 편향과 경험부족 및 경제불황으로 인해 해외투자를 포함한 장기자본이동의 원활한 운영은 성공하지 못했다. 저개발지역을 포함한 세계경제의 균형있는 발전을 위해서는 장기자본의 국제적 이동이 원활하게 이루어져야 하는 것은 불가결한 것이었다. 이 시기에 있어서 2국간의 이동만에 의지하는 것에 한계가 인정되어 국제부흥개발은행이라는 초국가적 기구가 국제통화제도와 단기자본의 조정기관인 국제통화기금(IMF)과 함께 전후체제를 지탱하는 두 개의 기둥으로서 탄생한 것이다.

IBRD는 가맹국의 전재(戰災)로부터의 부흥뿐만 아니라 저개발가맹국의 개발을 목적으로 하여 설립된 것이다. 하지만 당초는 우선 긴급한 서유럽국가의 공업력의 '회복'에 중점을 두었다. IBRD가 이러한 조역(助役)적 지위에서 벗어나 저개발국의 개발원조라는 중요사명에 입각하여 새로운 독자의 방향에 의욕적인 노력을 경주해, 점차 세계적으로 그 업적을 높이 평가받기에 이르게 된 것은 이 이후의 일이다.

2. IBRD의 조직

IBRD 가맹국이 되기 위해서는 IMF의 가맹국이라는 것이 조건이다. IBRD의 주요기구는 최고의결기관인 총회와 집행기관인 이사회와 총재, 부총재 및 사무국으로 구성되어 있다.

이사회는 상설로서 세계은행의 일반적 업무운영을 담당하고 총회에서 위임된 대폭적인 권한을 행사한다.

총재는 이사회가 선출하고 이사회의 의장을 겸임하고 있으며 또한 사무국의 장으로서 이사회가 결정하는 방침에 따라 업무활동을 수행한다. 또한 총재의 대리로서 2명의 부총재가 있다.

회원국가의 수는 2010년 10월 현재 187개국이며, 한국은 1955년 IMF와 IBRD에 가입하였다. IBRD는 일명 WORLD BANK(세계은행)이라고 하는데 실제 세계은행에는 middle income and poorer countries를 위한 IBRD와 poorest countries를 위한 IDA로 구성되어 있다.

3. 융자활동

IBRD의 근거협정은 1945년 12월에 35개국대표의 서명으로 발효되었지만 실제로 업무를 개시한 것은 1946년 6월(최초의 융자승낙은 1947년 5월 프랑스에 대해 2억 5000만 달러의 부흥융자)이다. 당초는 프랑스, 네덜란드, 덴마크, 룩셈부르크와 서유럽 4개국에 대해 부흥융자에 상당한 실적을 보였다. 그러나 1948년 4월 미국을 중심으로 1948년부터 1952년까지 120억 달러를 당시 미국 국무장관인 마샬의 아이디어로 시작된 원조인 일명 마샬프랜이 개시되자 그 이후에는 IBRD는 오로지 저개발국원조를 중심으로 지원해 오고 있다.

IBRD는 저개발국의 지원에 초점을 맞추어 경제적인 지원을 하고 있다. 제2차 세계대전 후 선진공업국이 전쟁의 아픔에서 재건함과 동시에 기술혁신, 지역적 결합에 의한 시장확대 등에 의해 현저한 경제성장을 달성했다. 반면에 선진국의 산업정책 및 수요증가의 변화로 인해 저개발국으로부터의 제1차 산품 수출은 대개 침체되었다. 또한 이들 국가의 독립을 지원한 민족주의 대두 및 정치적·사회적 불안 등의 결과 민간자본 등은 오히려 선진국에 돌아가는 경향조차 발생했다. 그 때문에 저개발국의 자본축적은 저해되어 개발에 최저한의 필요 장기자금조차 부족하였다.

저개발국의 자본부족은 이윽고 선진국의 무역확대를 곤란하게 하여 국제적으로 불안이 증대된다는 악순환을 초래한 것이다. 양적뿐만 아니라 질적으로도 2국간 원조는 정치적 결합이 가능한 국가에만 유출될 뿐만 아니라 수익성이 있는 부문에는 회전되어도 새롭게 독립한 국가들이 우선 필요를 통감하는 운수, 개관, 전력 등 산업을 일으키는 전제가 되는 기초부문에는 좀처럼 회전되지 않는 경향이 있어 이러한 수요충족을 위해 활동하는 것이 국제기구로서의 세계은행이 앞으로 해야 될 일이다.

마셜 플랜 [Marshall Plan]

제2차 세계대전 후, 1947년부터 1951년까지 미국이 서유럽 16개국에 행한 대외원조 계획이다. 정식 명칭은 유럽부흥계획(European Recovery Program, ERP)이지만, 당시 미국의 국무장관이었던 마셜(G. C. Marshall)이 처음으로 공식 제안하였기에 '마셜 플랜'이라고 한다.

1947년 6월 5일 미국의 하버드대학교 졸업식에 참가한 마셜(Marshall) 국무장관은 연설을 통해 "시장 경제 체제를 채택하는 나라들이 그들의 국내 경제를 부흥시키기 위해 집행하는 계획에 대하여 미국은 대규모 재정적 지원을 하겠다"며 대규모의 유럽 경제원조 계획을 밝혔다. 마셜 플랜은 유럽에 한정된 것이었지만, 미국의 정책 변화는 일본(日本)에도 적용되었다. 1947년 11월에 미국 정부는 일본에 빠른 시일 안에 경제 회복을 이룰 수 있는 경제부흥계획의 수립을 요청했다.

마셜 플랜의 핵심 내용은 다음의 3가지로 정의된다. 첫째, 유럽부흥계획을 수립하는 문제는 유럽인의 일이어야 한다는 것이다. 마셜은 연설에서 "경제적 자립을 목적으로 하는 유럽부흥계획을 미국 정부가 일방적으로 수립하려고 시도하는 것은 적절하지 않다. 이 계획은 공동의 계획안으로 되어야 하며, 유럽 국가의 전부는 아닐지라도 많은 국가에 의해서 동의되어야 한다."고 강조했다.

둘째, 유럽 국가들이 재정적인 자립적 기반 위에서 원만한 생활 수준을 유지할 수 있는 정도까지 경제를 회복시키는 데 원조의 목적을 두었다.

셋째, 계획에 참가할 수 있는 대상은 기본적으로 유럽 전체로 설정되었다. 하지만 참가국들이 수용해야 할 일정한 조건을 단서로 붙여 소련과 동유럽 국가들을 실질적으로 배제하고 있었다.

미국 의회는 1948년 3월 상원에서 67표 대 17표, 하원에서 329표 대 74표로 경제협력법(Economic Cooperation Act)을 통과시켜 마셜 플랜을 승인했다. 경제협력법은 1948년 4월 3일 대통령의 서명을 거쳐 공식적인 법적 효력을 얻었다. 미국 정부는 이를 근거로 1948년 4월부터 1951년 말까지 서유럽에 120억 달러에 이르는 경제 원조를 하였다.

4. 1960년대 이후의 주요활동

1960년 9월 24일 IDA는 세계은행의 계열기구로서 설립되어 최초의 출자금 총액이 9억 1200만 달러로 되었다. 다음해 5월 11일에 IDA는 온두라스에 고속도로개발 및 관리의 프로그램에 자금조달을 하기 위해 최초로 900만 달러의 개발융자를 증대했다. 또한 1962년 9월 17일에 최초로 교육에 대한 자금조달을 승인하고 IDA는 학교건립을 위해 튀니지에 500억 달러를 지원했다.

1970년 2월 12일 세계은행은 일본으로부터 약 1억 달러를 차입하고 3월 12일에 일본으로부터 다시 1억 달러를 차입했다. 다음해 5월 19일 국제농업연구에 대한 자문그룹이 신설되어 워싱턴에서 회의를 소집했는데 동 그룹의 회원국은 19개 국가이었으며 9월 1일 세계은행은 WHO와 협력하여 물의 공급, 쓰레기 처분 및 우수배수관부문의 자금조달에 대한 협조적인 프로그램을 설립하는 작업에 착수했다.

1980년 1월 4일 세계은행의 수권자본은 440억 달러에서 850억 달러로 증가하고 동년 5월 25일 터키에 최초의 구조조정대부금으로써 2억 달러를 대부했다.

한국은 1955년 IBRD 차관 등으로 지원을 받아왔으나 1995년 3월 3일 한국은 세계은행으로부터 졸업한 26번째의 국가로 되었다. 2000년 이후 세계은행은 아프리카에 있는 세네갈, 우간다, 잠비아, 르완다, 아시아의 방글라데시, 인도네시아, 유럽과 중앙아시아의 보스니아, 알바니아, 아르메니아, 마케도니아 등에 빈곤완화와 경제성장, 민족분쟁해결, 물공급과 이용, 삼림보호, 환경보호 등을 위해 지원을 하고 있다.

제4절 GATT

1. GATT의 설립목적

2차 세계대전으로 세계경제가 극심한 혼란을 겪던 1944년 7월에 연합국 대표들이 미국 뉴햄프셔주의 브레튼우즈(Bretton Woods)에서 개최된 UN통화금융회의에서 국제통화기금(IMF), 국제부흥개발은행(IBRD : International Bank for Reconstruction and Development), 국제무역기구(ITO: International Trade Organization) 등 3대 국제경제기구를 설립하기로 합의하였다. 브레튼우즈의 합의에 따라 IMF가 1947년 3월에, IBRD가 1946년 6월에 각각 계획대로 출범하였다. 그러나 ITO를 설립하려던 계획은 무산되었고, 그 대신 잠정적인 협정의 형태로 1948년부터 관세 및 무역에 관한 일반협정(GATT: General Agreement on Tariffs and Trade)이 발효하였다.

2. GATT의 기본원칙

GATT의 기본이념은 자유무역과 무차별적인 국제무역체제를 확립함으로써 국제경제의 발전을 추구하는데 있다. 따라서 기본적인 원칙은 무역자유화 원칙, 무차별주의 원칙, 다자주의의 원칙에 의해 설립되었다.

1) 최혜국대우(MFN) · 내국민대우(NT)

GATT 제1조 제1항에는 '수입 또는 수출에 대하여 그리고 수입 또는 수출과 관련하여 부과되거나, 수입 또는 수출에 대한 기(旣)지급의 국제적 이전에 대하여 부과되는 관세 및 모든 동종의 과징금에 관하여, …체약국이 타국의 원산품 또는 타국에 적송되는 산품에 대하여 부여하는 이익, 특전은 다른 모든 체약국 영역의 동종 원산품 또는 이러한 영역에 적송되는 동종의 산품에 대하여 즉시 그리고 무조건 부여되어야 한다'라는 규정이 있는데, 이를 이른바 '최혜국대우조항(MFN)'이라 한다.

이러한 GATT의 최혜국대우원칙에 의해 체약국 간의 관세상의 양허는 모든 체약국에 적용된다. 최혜국대우는 국제통상질서의 가장 보편적인 원리로, 물품의 수출입과 관련하여 어느 체약국에게 부여한 가장 유리한 대우를 다른 체약국에게도 무차별적으로 적용하는 것이다.

이와 더불어 GATT 제3조에는 내국민대우(NT)의 원칙, 즉 체약국은 자국내의 과세나 기타 규제 및 절차에 관하여 수입품을 국산품보다 불리하게 대우하지 아니하도록 규정하였다. 이처럼 최혜국대우조항과 내국민대우조항에 의해 어느 체약국의 생산품에 대하여 관세율이 인하되면 다른 모든 체약국의 동종상품에 대하여도 무차별적으로 적용됨으로써 모든 체약국이 그 혜택을 받게 되었다.

2) 상호주의(reciprocity)

관세는 무역제한조치 중에서 역사적으로 가장 오래되었고, 또한 큰 효과가 큰 것이 특징이다. 따라서 GATT의 기본목적은 각국 간에 적용되고 있는 관세율을 인하시키는데 있다. GATT는 관세인하에 대해 세 가지 원칙을 설정하고 있는데, 첫째는, 2국간 또는 가맹국 상호간에 결정된 관세율은 GATT에 등록되어 가맹국에 무차별적으로 적용되며, 둘째는, 관세율은 3년마다 개정할 기회를 부여하며, 셋째는, 가맹국간에 관세의 차별적인 특혜를 철폐한다는 것이다.

이 원칙에 따라 2국간의 관세교섭에 의해 결정된 관세율이 모든 가맹국에 확대적용됨에 따라 무역자유화는 상당히 진전되었다. 그러나 이러한 방식으로는 관세율의 대폭적인 인하가 어려웠다. 따라서 관세인하교섭의 진전에 따라 후술하는 케네디 라운드에서는 관세율의 대폭적인 인하를 위해서 일괄인하방식을 채택하고 있다.[56)]

3) 비관세장벽의 철폐

GATT는 국내산업의 보호수단으로 관세를 인정하고 있기 때문에 관세의 완전한 철폐를 요구하고 있지 않다. 그러나 수출입에 대한 수량제한(quantitative restriction ; QR)에 관해서는 완전철폐를 일반원칙으로 규정하고 있다. 그 이유는 이러한 수량제한은 관세보다 한층 더 강력한 무역장벽으로서 차별적으로 적용될 가능성이 많기 때문이다. 또한 관세의 경우는 가격 메커니즘을 통해 경쟁을 할 수 있는데 비해, 수량제한의 경우는 수입품의 가격에 관계없이 직접 국가 간의 교역상품의 유통을 중지시키거나, 또는 그 수량·금액을 일정

---

56) 서근태, 전게서, 1998, p.411.

한도로 규제할 수 있기 때문이다.

그러나 실제로는 각 체약국이 긴급을 요할 때에는 양허관세율 이상의 관세 부과 또는 일시적인 수량제한을 행할 수 있도록 예외규정을 두고 있었다. 이것이 인정되는 것은 과잉농산물처리를 위한 수입제한(제11조 제2항), 국제수지방어를 위한 수입제한(제12조 제1항), 저개발국의 경제개발을 촉진하기 위한 수입제한(제18조), 긴급조치로서 행하는 수입제한(제19조, 이를 이른바 “safeguards”라 함), 공중도덕, 생명·건강보호, 안전보장을 위한 수입제한(제20조, 제21조), 기타 의무면제에 의한 수입제한 등이다.

3. GATT의 전개과정

GATT의 협상 다시말해 “라운드”의 역사를 살펴보면 GATT에 참여한 국가는 때때로 모든 국가가 참여하는 다자간 무역협상을 하게 된다. 그러한 매번의 협상 과정을 “라운드”라 한다. 일반적으로 이러한 협상은 회원국들간에 일정 수준 관세를 낮게 하며, 이때 각 국가간의 사정이 고려되어 개개의 무역품목에 따른 특별관세, 혹은 많은 예외나 수정이 협상 내용에 추가된다.

GATT에 의한 다자간 무역협상은 [표 6-1]에서와 같이 그 동안 제1차에서 제8차까지에 걸쳐 진행되어 왔는데 이 중에 케네디 라운드, 도쿄 라운드, 우루과이라운드는 매우 중요한 의미를 지닌 협상이었다.[57]

첫째, 케네디 라운드는 1962년 미국 케네디 대통령의 제안에 의해 개시되어 1967년에 타결되었는데, 그 주된 성과로는 총 62개국이 참가하여 평균관세인하율이 약 35%, 관세양허품목수가 약 30,300개에 달하였고, 또 반덤핑협정도 체결되었다.[58]

둘째, 도쿄 라운드는 1973년 일본정부의 제안에 의해 개시되어 1979년에 타결되었는데, 그 주된 성과로는 총 99개국이 참가하여 관세인하와 비관세장벽의 경감을 위한 각종의 국제협정이 체결되었다는 점이며, 평균관세인하율은 약 38%(원자재, 반제품 30%, 완제품 33%의 평균치임), 관세양허품목수는

---

57) Jackson, H. J. & Davey, W. J., *Legal Problems of International Economic Relations*, West Pub.Co., 1986, pp.324～325.

58) 池田美知子, ガットからWTOへちくま新書, 1996, pp.112～115.

27,000개에 달하였다. 도쿄 라운드의 결과 체결된 국제협정은 주로 비관세장벽의 철폐에 관한 것이었으나 보조금·상계관세·기술장벽·수입허가절차·정부조달·관세평가 등 6개 부문에 걸친 다자간 무역협정이 체결되고, 기타 쇠고기·낙농품·민간항공에 대한 세부협정을 마무리하였다.[59)]

셋째, 도쿄 라운드가 타결되었으나 1970년대의 세계경제는 두 차례의 석유파동을 거치면서 경기침체가 계속되고 각국의 보호주의는 심화되어 갔다. 따라서 GATT는 체제의 위기를 인식하여 1986년 9월 우루과이의 Punta del Este에서 개최된 각료회의에서 21세기를 향한 새로운 세계무역질서의 재건을 위한 UR의 개시가 선언되었다. UR은 safeguards 문제 등 도쿄 라운드에서 해

[표 6-1] GATT의 다국간 교섭의 역사

	기 간	참가국의 수	교 섭 내 용
제1차 일반관세협상 (제네바라운드)	1947.4.~1947.10	23	관세인하(45,000개 품목)
제2차 일반관세협상 (안시라운드:Annecy)	1949.4.~1949.10	29	관세인하(5,000개 품목)
제3차 일반관세협상 (토키라운드:Torquay)	1950.9.~1951.4.	32	관세인하(8,800개 품목)
제4차 일반관세협상 (제네바라운드)	1956.1.~1956.5.	33	관세인하(3,000개 품목)
제5차 일반관세협상 (딜론 라운드)	1960.5.~1961.7.	39	관세인하(30,300개 품목)
제6차 케네디 라운드	1964.5.~1967.6.	74	반덤핑협정·국제곡물협정·화학품협정(발효않됨) 관세인하(4,400개 품목)
제7차 도쿄 라운드	1973.9.~1979.7.	99	관세인하(27,000개 품목) 10가지의 비관세장벽(수량제한·검역규칙 등)의 경감의 협정
제8차 우루과이 라운드	1986.9.~1993.12	117	WTO의 설치 관세인하(263,735개 품목) 시장접근개선·무역규칙에 관한 교섭·신분야의 교섭

59) Feensta,R.C.,et al, *The Political Economy of Trade Policy-Papers in Honor of Jagdish Bhagwati-*, The MIT Press, 1996, p.166.

결되지 못한 통상문제, 그리고 1980년대에 새로이 제기된 통상문제가 그 협상대상이었으며 1994년 4월 15일 모로코의 마라케시에서 완전히 타결되었다.

4. GATT의 후퇴

GATT가맹국간에 다자간 교섭이 활발하게 진행되고 있었는데도 불구하고, 세계무역이 확대됨에 따라 선진공업국간에서는 2국간의 무역마찰이 빈발했다. 이러한 무역마찰을 처리하기 위해 GATT협정문에 위반하거나 또는 규정상의 적용을 받지 않는 2국간의 무역협정이 수많이 체결되게 되었다. 그 결과 GATT체제는 후퇴하게 되었다.

전술한 바와 같이 GATT상의 예외규정은 여러 형태가 있는데, 이것은 이전부터 존재하고 있었다. 예를 들면, 최혜국대우의 예외조치로서 영국·프랑스의 과거 식민지와의 무역에 관한 특혜관세에 관한 협정 및 EC, EFTA와 같은 관세동맹·지역무역협정이 인정되어 왔다. 또한 GATT가맹시 그 국가의 섬유제품에 관한 최혜국대우를 유보하는 경우도 있었다. 이 이외에 수출보조금에 관해서도 미국, EC의 농산물수출 보조금 및 미국·EC·일본의 항공산업 보조금, 나아가 수입수량제한에 관해서도 가맹시점에 존재하고 있던 수입수량제한이 이 이후에도 잔존하는 형태로 되어 많은 국가에 잔존수입수량제한이 존재했다.[60)]

또한 GATT규정상 빈발하는 무역분쟁에 관한 처리 메커니즘이 명확하지 않아 GATT가 분쟁처리기관으로서 충분한 기능을 할 수 없다는 결점도 지적되었다.

국제경제구조의 변화와 신(新)보호무역주의의 만연은 GATT의 무역자유화 및 최혜국조건을 점진적으로 침해하게 되었고, 이에 따라 그 기능을 현저하게 약화시켰다. 그리고 GATT자체도 국제무역질서의 급격한 변화와 팽배하는 보호무역 기조에 능동적으로 대처하지 못했기 때문에 가맹국으로부터 신뢰를 받지 못하게 되었다. 따라서 이러한 GATT의 기능회복과 신뢰회복을 위해 새로운 다자간 무역협상이 필요하게 되었다.

---

60) 若杉隆平, 国際経済学, 岩波書店, 1996, p.203.

미국 케네디대통령

매사추세츠 주(州) 브루클린 출생. 하버드대학에서 정치학을 공부하였으며, 학위논문 〈영국은 왜 잠자고 있었나, Why England Slept〉 (1940)는 베스트셀러가 되었다. 제2차 세계대전 중에는 해군에 복무하였는데 그가 승선한 어뢰정이 일본 구축함의 공격을 받아 격침되었으나 정장(艇長)으로서 부하를 잘 구출하여 전쟁의 영웅이 되기도 하였다. 1946년 매사추세츠 주 제11구에서 하원의원으로 당선되어 정계에 투신하였으며, 1952년 같은 구에서 상원의원으로 선출되었다. 1953년 《타임 헤럴드》의 사진기자 재클린과 결혼하였으며, 1957년 《용기 있는 사람들 Profiles in Courage》로 퓰리처상을 받았다.

1958년 상원의원으로 재선되었으며, 1960년 대통령선거에서 민주당 후보로 출마, 뉴프런티어(New Frontier)를 슬로건으로 내걸고 미국 국민의 헌신적인 협력을 호소하여 공화당 후보 R.M.닉슨을 누르고 승리하였다. 1961년 미국 역사상 최연소이자 최초의 가톨릭 신자로서 미국의 제35대 대통령이 되었다. 케네디와 닉슨 간의 텔레비전 토론은 미국의 대통령선거운동에 새로운 장을 열어놓았으며, 대통령이 된 이후에도 웅변과 재기를 무기삼아 국민에게 호소하는 방법을 자주 이용하였으며, 또한 기자회견 등에서도 텔레비전을 유효하게 활용하였다. 그러나 내정면에서는 의회와의 관계가 원활하지 못하여 두드러진 업적을 이룩하지 못하였다.

한편 외교면에서는 쿠바미사일위기에 즈음하여 핵전쟁의 위험을 무릅쓰고 소련의 총리 N.S. 흐루시초프와 대결한 결과, 미국은 쿠바를 침략하지 않을 것을 약속하는 대신에 소련은 미사일 · 폭격기 등을 쿠바에서 철수하고, 미국측의 사찰을 인정함으로써 소련과의 극적인 타협을 이루게 되었다. 이것을 계기로 소련과 부분적인 핵실험금지조약을 체결하였고, 미 · 소 간의 해빙무드가 형성되었다. 또한 중남미 여러 나라와 '진보를 위한 동맹'을 결성하였고, 평화봉사단을 창설하기도 하였다. 베트남 개입에도 신중한 태도를 취하였으며, 중국 본토와의 재수교를 재선 후의 최대 과제로 삼았으나, 1963년 11월 22일 유세지인 텍사스 주 댈러스 시에서 자동차 퍼레이드 중 암살자의 흉탄에 치명상을 입고 사망하였다.

제5절 WTO

1. WTO의 설립배경

GATT체제의 출범 이후 7차례의 다자간협상이 개최되어 무역자유화를 위한 미비점을 보완하여 왔다. 그러나 각국간의 무역불균형의 심화, 지역경제블록의 강화, GATT원칙을 우회하는 각종 무역제한조치의 등장, 기존의 GATT 규범으로는 규율할 수 없는 서비스교역문제, 지적재산권문제 등 새로운 분야가 출현함으로써 GATT체제를 확대, 개편하기 위한 새로운 무역규범의 필요성이 대두되었다. 그리하여 1986년 9월 우루과이 협상이 시작된 이후 약 7년 후에 협상이 마무리되면서 1995년 1월 1일부터 GATT체제에서 미비점을 보완한 WTO체제로 전환되어 재출발하게 되었다.

2. WTO의 설립목적

세계무역기구(World Trade Organization ; WTO)는 모든 국제교역분야에서 자유무역의 질서를 확대·강화하고 제도화하기 위한 목적에서 출범한 기구로써, 경제분야의 UN이라 할 수 있다. WTO의 출범은 과거 1960년대 자유무역체제가 1980년대 접어들면서 관리무역체제로 변화된 국제무역질서를 다시 자유무역체제로 전환시켜, 세계경제의 활성화를 부각시켰다는데 중요한 의의가 있다.

WTO는 자유무역질서를 보다 확고하게 정착시키고 이에 위배되는 행위를 효과적으로 감시할 수 있도록 현행 계약적 성격이 농후한 GATT체제를 확대 개편한 다자간 무역기구이다. WTO는 GATT와는 달리 법적 구속력이 강한 권한을 행사할 수 있는 별도의 국제기구형태로 설치되게 되었다.

WTO의 탄생은 새로운 세계무역질서가 기존의 GATT와는 근본적으로 다른 새로운 체제로 돌입함을 의미한다. GATT는 문자 그대로 협정으로 국가간 무역분쟁에 대해 실질적인 구속력을 가질 수 없는 제한성을 가지고 있었다. 따라서 WTO는 이러한 GATT의 단점을 보완하여 세계경제를 규율할 새로운 다자간 무역규범으로 대두되었으며, 이어 1994년 4월 15일 모로코의 마라케시협정(Marrakesh Agreement)을 통해 1995년 1월 1일 WTO가 설립되었다.[61]

---

61) Schott, J. J., *The Uruguay Round-An Assessment*, Institute for International Economics, 1997, p.4.

3. WTO의 기본원칙

전술한 바와 같이 WTO협정은 GATT체제의 한계를 극복하기 위하여 새로이 체결된 것이나, 이를 전면적으로 부정하는 협정이 아니라 과거의 GATT체제의 기본원칙을 유지하고 그 내용을 보완·발전시킨 것이다.

1) 최혜국대우(MFN)

GATT에서 언급한 바와 같이 이 원칙은 어느 국가의 관세 및 과징금에 있어서 특정국가로부터의 상품에 대하여 부여하는 이익, 특전 또는 면제를 다른 모든 국가의 동종의 상품에 대해서도 즉시 그리고 무차별적으로 부여해 주어야 한다는 원칙이다.[62](GATT 제1조 제1항)

이 원칙은 WTO체제 하에서도 이어져 상품의 원산지국에 상관없이 어느 정부의 관세적 또는 비관세적 혜택을 모든 국가에 대하여 획일적으로 적용함으로써 교역국들이 공정한 경쟁을 할 수 있는 기회를 주고 있다. 만약 어느 국가가 특정국가에만 최고 유리한 혜택을 주는 경우, 수혜국가의 상품은 다른 국가의 상품보다 훨씬 우월한 경쟁력을 갖게 되기 때문에, 이러한 최고의 혜택을 모든 국가에 대하여도 무차별적으로 적용하여야 한다는 것이 바로 최혜국대우의 원칙이다.[63]

2) 내국민대우의 원칙(NT)

이 원칙은 외국인과 내국인을 동등하게 대우해야 한다는 의미로서, 이는 어느 국가가 자국내의 과세나 기타 규제 및 절차에 관하여 수입품을 국산품보다 불리하게 대우하지 않도록 하여야 한다는 원칙이다(GATT 제3조). 전술한 최혜국대우의 원칙이 외국의 모든 수출국에 대하여 공정한 경쟁기회를 보장한다는 것이라면, 내국민대우의 원칙은 수입국내에서의 수입품과 국산품간의 공정한 경쟁을 할 수 있도록 보장함으로써 자유무역을 실현하고자 하는데 목적이 있다.[64]

예를 들면, WTO회원국은 수입품에 대하여 동종의 국산품에 부과하는 것보

---

62) 전용일, WTO, 한국무역경제, 1995, pp.12～13.

63) Houtte, H.V., *The Law of International Trade*, Sweet & Maxwell, 1995, pp.59～60.

64) Jackson, J. H. & Davey, W. J., *op.cit.*, pp.483～486.

다 높은 내국세·과징금을 부과하거나 또는 국내에서의 유통 또는 사용에 관한 법령 및 정책 등에 있어서 수입품을 불리하게 취급하거나, 또는 수입원자재를 사용한 특정상품에 대하여 순수한 국산품보다 차별적인 대우를 하여서는 안 된다는 것이다.

3) 시장접근보장의 원칙(Market Access)

이 원칙은 관세나 조세를 제외한 상품과 서비스의 공급에 대한 모든 수입제한을 철폐하여야 한다는 원칙이다. 관세나 조세는 수입가격을 조절하여 국내시장에서의 수급에 영향을 미치는 간접적인 제한수단이지만, 기타 수입할당제와 같은 각종 비관세적 수단은 수입품의 국내반입자체를 직접적으로 제한한다. WTO체제하에서는 GATT에서와 같이 이러한 수량제한을 철폐하여야 한다는 것이다.

예를 들면, 서비스무역에 관한 일반협정(GATS)에서는 국별양허표에 분야별로 구체적인 시장접근범위를 정하도록 하고 있으며, 또 WTO농산물협정이나 다자간섬유협정(MFA)은 종전까지만 해도 묵시적으로 수량제한이 인정되는 분야이었으나 WTO체제 내에 편입되어 수량제한조치를 폐지하고 예외없는 관세화를 채택하고 있다.[65]

4) 투명성의 원칙(Transparency)

투명성의 원칙은 각국의 행정부나 사법기관의 의사결정 또는 법령적용, 제도운영이 합리적이며 예측할 수 있어야 하고, 그러한 결정에 관한 이유를 고지하고, 또 결정의 기초가 되는 모든 법령 및 자료들이 공중에게 공개되어야 하는 원칙이다. 이 원칙은 WTO체제의 기본원칙이지만, 국가안전보장에 관계되는 내용, 법집행에 위해가 되는 사항, 영업상의 비밀정보 등 특정한 경우에는 그 예외를 인정하고 있다.

---

65) Schott, J.J., The Uruguay Round-An Assessment, Institute for International Economics, 1997. p.66.

4. WTO의 조직[66)]

1) 각료회의

각료회의는 회원국의 각료급 대표로 구성되며, WTO의 모든 협정에서 발생하는 문제에 대한 결정권한을 가지는 최고의 의사결정기관인 동시에 집행기관이다. 그러나 각료회의는 2년에 1회 이상 개최되는 비상설기관이기 때문에 실제 WTO의 중심적 역할은 일반이사회가 맡고 있다.

2) 일반사회이사회

일반사회이사회는 모든 회원국의 대표로 구성되며, 필요에 따라 개최된다. 일반사회이사회는 각료회의가 개최되지 않는 기간 동안 각료회의의 기능을 수행하며 자신의 의사규칙을 제정한다. 또한 일반사회이사회는 분쟁해결기구와 무역정책검토기구의 업무를 수행한다.

3) 분과이사회

일반이사회 아래에 3개의 분과위원회, 즉 상품무역이사회, 서비스무역이사회 및 무역관련 지적재산권 이사회 등이 설치, 운영되고 있다.

4) 특별위원회

각료회의 산하에 무역개발위원회, 국제수지제한위원회, 예산재정행정위원회, 환경무역위원회를 두고 있다.

5. WTO의 특징

UR협상타결로 설립된 WTO는 기존의 GATT와는 달리 농산물, 서비스, 지적재산권, 무역관련투자 등 새로운 교역분야를 관장하고 있을 뿐만 아니라 상품교역에 있어서도 GATT체제의 한계점을 극복할 수 있는 새로운 다자간 규정을 제정하였다. 즉 WTO는 UR협정을 수행하기 위한 무역기구이므로 UR협정의 주요 결과인 공산품의 관세인하와 시장개방의 확대, 섬유류 및 농산물교역에 대한 다자간 협정체결, GATT기능 강화, 규범의 명료화, 그리고 무역거래의 공정성 제고, 서비스교역에 대한 다자간 협정체결, 지적재산권 보호를

66) 김정수 외, 전게서, pp.163～164.

무역체제로 편입시키는 등의 내용을 다루고 있다. 기존의 GATT체제와 비교할 경우 WTO체제의 주요 특징은 [표 6-2]와 같다.

[표 6-2] GATT와 WTO의 비교

	GATT 체제	WTO 체제
국제기구의 성격	◦ 국제협정 성격 – 기존 GATT 분쟁해결은 분야별로 산재	◦ 법인격을 갖는 WTO설립 – 분쟁해결을 전담할 상설 기구 설치
관세 및 비관세장벽 완화	◦ 관세인하에만 주력 ◦ 비관세장벽은 선언적인 규정 정립 수준	◦ 관세인하는 물론 특정분야에 대한 일률적인 관세철폐 및 하향 평준화 달성 ◦ 비관세장벽 철폐 강화 – 모든 회색조치 4년내에 철폐
국제무역규율 범위	◦ 상품(주로 공산품)	◦ 공산품 외에 농산물에 대한 규율 강화 – 섬유류도 WTO체제로 흡수(10년내 자유화)
새로운 규범 설정	◦ 서비스, 지적재산권, 투자조치에 대한 규범이 없음	◦ 서비스, 지적재산권, 투자조치도 규율대상에 포함 ◦ 서비스협정 체결 – 서비스규율원칙, 양허계획 작성 ◦ 지적재산권 관련 국제규범 제정 – 특허권, 저작권, 상표권 등의 보호기준 및 보호 절차 규정

6. WTO체제하의 뉴 라운드

UR의 타결로 인해 WTO출범이 공식적으로 이루어지자 새로운 과제들의 국제무역협상이 활발하게 논의되기 시작했다. 즉, WTO는 외형적인 교역범위의 확대와 교역제도의 강화는 가져왔으나 내용적인 측면인 교역조건에 대해서도 별도의 구체적인 장치를 마련하지 못했다. 따라서 각 선진국에서는 교역의 범위와 제도뿐만 아니라 교역조건에 대해서도 모든 회원국들의 평등화가 이루어져야만 공정한 무역질서가 확립될 수 있다고 주장하고 이에 대한 협상을 진행시키고 있다. 즉, 환경라운드(Green Round), 기술라운드(Technology Round), 경쟁라운드(Competition Round), 노동라운드(Blue Round) 등은 UR타결 이후 선진국에 의해 자유공정무역의 구현이라는 명분으로 대두되기 시작한 새로운 국제무역협상의 과제이다.

1) 환경라운드

환경기준을 국제표준화하여 각국이 환경보전에 필요한 조치를 취하도록 유도하고, 국제적으로 합의된 환경기준에 미달하는 상품에 대하여는 수출입을 제한 또는 금지하거나 상계관세를 부과하는 등의 규제를 가하여야 한다는 것이다.

2) 기술라운드

기술분야의 협상목표는 정부기술정책의 국제표준화를 통하여 특정국가가 수입상품에 대한 특수한 기술규격 또는 표준을 요구하지 못하도록 하고 과학기술인력의 자유로운 이동과 국제적인 협력을 보장하며 또 정부의 기술개발 특혜를 방지하고자 하는 것이다.

3) 경쟁라운드

경쟁정책분야의 협상목표는 경쟁조건의 국제표준화를 통하여 특정국가의 자국기업의 독점적 지위를 부여하는 등 공정한 경쟁을 제한하는 각국의 복잡한 시장구조 또는 기업관행을 철폐해 나가야 한다는 것이다.

4) 노동라운드

노동분야의 협상목표도 근로조건의 국제표준화를 통하여 특정국가의 인권유린이나 임금 또는 근로조건 등이 열악하여 생산비가 낮아져 가격경쟁력을 갖추고 있는 상품에 대하여는 무역규제를 가하여야 한다는 것이다.

그러나 이러한 것들은 선진국들이 자국의 통상이익을 극대화시키기 위한 세계시장의 지배전략으로 보는 견해가 많다. 그 이유는 환경조건, 노동조건, 기술력 등 구조적으로 경쟁력이 취약한 이러한 분야에서 개도국들의 교역조건을 선진국의 수준으로 요구하고 있기 때문이고 개도국의 입장이 고려되지 않고 있기 때문이다. 교역조건은 평등해져야 한다고 주장하는 선진국들의 입장이 이러한 분야에서는 적어도 충분한 경쟁력을 갖고 있기 때문에 선진국들의 이익극대화의 논리로 비춰지고 있다.[67]

---

67) 공배완, 신세계질서와 국제통상, 한올출판사, 1999, pp.165～166.

Tip

한·중 마늘분쟁

마늘분쟁은 2000년 6월 중국산 냉동마늘과 초산조제 마늘의 관세율을 30%에서 315%로 대폭 올리는 세이프가드 조치를 취하면서 시작되었다.

중국은 전세계 마늘 생산량의 75%를 생산하고 있다. 거기다 인건비가 싸고 중국인들이 주로 마늘줄기를 요리해먹기 때문에 중국산 마늘가격은 우리 마늘의 1/3 수준도 미치지 못한다.

하지만 싸다고 중국산 마늘을 무조건 수입하다보면 우리 농가의 피해가 크기 때문에 일정물량만, 관세를 부과하여 수입해온다.

따라서 우루과이라운드 협상때 우리나라는 마늘의 경우, 껍질을 벗기지 않은 통마늘에 한해서만 수요량의 2-4% 정도를 50%의 관세율만 매겨 수입키로 했다. 수요량의 2~4%를 넘는 물량부터는 360%의 높은 관세를 매기기로 했다.

마늘품목에는 까서 냉장, 냉동한 마늘과 식초에 절여놓은 마늘도 있었다. 하지만 오랫동안 저장, 보관, 운송하기가 힘들어 개방해도 수입되기 힘들 것이라고 판단해 그런 품목에는 30%의 낮은 관세만 매기기로 합의했다.

그런데 국내 수입업자들이 98년 중국 현지에 냉동창고와 통마늘을 까서 깐마늘로 만드는 작업장을 세우기 시작했다.

이로 인해 1999년 9월말 국내 마늘농가의 피해를 우려한 농협이 중국산 마늘에 대한 피해구제를 신청했다. 그리고 조사결과 피해가 있다고 판정돼 재정경제부가 2000년 6월 중국산 냉동마늘과 초산조제 마늘의 관세율을 2003년 5월까지 30%에서 최고 315%로 대폭 올리는 세이프가드 조치를 취했다.

하지만 중국은 이를 받아들이지 않았고 일주일 뒤 한국산 휴대폰과 폴리에틸렌의 수입을 잠정 중단한다는 보복조치를 발표했다.

이 같은 보복조치는 국제규정에 어긋난 것이지만, 당시 중국이 WTO에 가입하지 않아 어디에 제소하거나 중재를 요청할 데도 없었다. 그래서 한·중간에 마늘협상이 시작되었다.

결국 2000년 7월 31일 '마늘협상안'에 한·중 양국이 최종서명함으로써 타결되었다. 중국은 휴대폰의 수입중단을 풀기로 하고, 우리나라는 2002년까지 3년간 매년 3만2000~3만 5000kg의 중국산 마늘을 30~50%의 낮은 관세율로 사오고 세이프가드 시한을 2002년 말까지 줄이기로 합의했다.

그러나 중국과 맺은 합의문 부속서에 세이프가드를 2003년 1월 이후 연장하지 않겠다는 내용이 포함되어 있었던 것이 밝혀져 논란이 일었다.

제6절 OECD

1. OECD의 목적

1948년 4월 16일 유럽경제협력기구(Organization for European Economic Cooperation ; OEEC)라는 이름으로 국제경제기구가 발족하였으며, 16개 서유럽국가들을 회원으로 발족하고 독일과 스페인이 추후 가입하였다. 1961년 9월 30일에 경제협력개발기구(Organization for Economic Cooperation and Development ; OECD)로 확대·개편하게 되었다.

그 후 18개 OEEC회원국 및 미국, 캐나다 등 총 20개국으로 구성되었으며, 일본(1964년), 핀란드(1969년), 호주(1971년) 및 뉴질랜드(1973년)의 추가가입으로 선진국들이 총집결하게 되었다. 1990년대 초까지는 24개 회원국이었으나 그 이후 멕시코(1994), 체코(1995), 헝가리(1996), 폴란드(1996), 한국(1996), 슬로바키아(2000)등 6개국이 추가되어 30개 회원국으로 구성되었다. 최근 2010년 칠레, 슬로베니아, 이스라엘, 에스토니아가 OECD회원국으로 가입함으로써 2011년 5월 현재 34개국이 회원국이다.

OECD는 '개방된 시장경제' 와 '다원적 민족주의' 라는 양대 가치관을 공유하는 국가들간의 경제사회정책 합의체를 말하는데, 그 목적은 경제사회부문별로 공통의 문제에 대한 최선의 정책방향을 모색하고 상호의 정책을 조정함으로써 공동의 안정과 번영을 도모하고 나아가 양대 가치를 창달시켜 나가는데 그 목적이 있다.[68]

2. OECD의 성격

첫째, 기본적으로 OECD는 자유무역의 확대를 통하여 세계 경제 발전을 도모하려는 조직이다. OECD의 규정 대부분이 교역의 확대와 효율성을 제고하기 위하여 각종제도와 표준을 국제적으로 단일화하고 공인제도를 도입하여 우량제품 수출입의 신속성을 도모하려는 내용을 담고 있다. 즉 자유무역의 확대가 세계경제발전에 기여한다는 신념을 토대로 자유로운 교역을 방해하는

68) 김정수, 국제통상정책론, 박영사, 2000, p.384.

회원국의 각종규제를 완화하거나 폐지하기 위하여 노력한다고 할 수 있다. 아울러 이 기구는 에너지위기 같은 국제문제와 위기에 대비하거나 해결하기 위해서 회원국들이 모여 토론하고 정책을 협조하는 기구이다.

둘째, OECD는 세계경제질서의 개편을 선도하는 논의의 장이다. OECD라는 조직자체가 세계 GDP의 80%이상을 점유하고 있고 세계 경제에 대하여 논의할 만한 일정규모이상의 국가만이 가입할 수 있는 배타적 조직이기 때문에 이것이 가능한 것이다. 또한 여타 국제기구가 무역, 통화, 환경 등 특정분야만을 다루는데 비하여 그 다루는 영역이 경제정책은 물론 환경, 무역, 조선, 에너지, 고용, 소비자 보호, 교육 등 모든 경제사회분야를 포괄하고 있는 세계 유일의 종합적인 경제협의기구이다.

이처럼 세계경제를 주도하는 국가들이 광범위한 영역의 주제에 대하여 각국의 정책협조 방안을 협의할 뿐만 아니라 미래의 세계경제가 나아가야 할 방향을 제시하고 이를 위해 범세계적 무역질서를 창출해 내는 인큐베이터 역할을 하고 있다.

셋째, OECD는 유럽 국가 간의 경제협력을 도모하는 OEEC를 모태로 출발된 조직이므로 자연히 유럽 중심적 색채를 띠고 있다. 따라서 OECD 규정 중 상당부분 특히 수송분야, 농업분야, 원자력 분야 등과 같이 주로 유럽 중심적인 내용을 담고 있어 타 지역 회원국과는 거의 무관한 분야도 있다. 그러나 점차적으로 문제의 범위가 범세계화되고 회원국 구성에 있어서도 비유럽 국가가 늘어나면서 유럽적 색채가 점점 완화되고 있다.

넷째, OECD는 세계최대의 경제정보공급원으로서 단연 독보적 위치를 차지하고 있다. OECD는 선진국 및 주요 개도국에 대한 통계자료 및 국별 연구평가보고서를 발간하고, 경제·사회 전반에 걸쳐 통계를 작성·분석하며, 정책건의자료를 제공하는 역할을 한다. 매년 약 300종, 6만 페이지 이상의 경제전망 및 연구보고서를 발간하고 있다. 이 기구가 생산한 방대한 자료는 OLIS(On Line Information Service)를 통해 각 회원국에 배포되고 있다.

한편 G-7정상 회의나 재무장관회의는 선진 7개국 간의 정치, 세계경제운영 등에 관한 '현안 과제 위주' 로 정책협력을 하는 모임인 반면, OECD는 전반적인 '중장기 경제사회정책' 에 대하여 협의·조정하는 기구인 점에서 차이가 있고, 만장일치제를 근간으로 하여 몇몇 소수국가의 독단적 이익이 그대로 반영될 수 없는 조직이라는 성격을 띠고 있다.

3. 가입에 따른 실익과 부담

1) 실익

(1) 국제금융시장에서 우리 기업의 차입금리의 인하 및 한국물품에 대한 수요증가

먼저 금융상품들의 가격상승을 들 수 있는데, 우리나라의 OECD가입으로 국제적인 신인도 상승의 기대로 국제금융시장에서 우리기업의 차입금리가 지속적으로 하락하고 있다. 차입비용 하락요인으로서는 외국투자자들에게 우리 경제전역에 대한 신용위험의 감소효과의 기대를 발생시킬 수 있다.

특히 OECD의 가입으로 정부기관과 은행이 발행한 채권에 대해 국제결제은행(BIS)규칙상 위험자산 가중치가 100%에서 20%로 대폭으로 감소하여 외국투자자의 주식보유 여력이 확대된다.

(2) 우리기업의 해외진출지원 및 수출증대

먼저 수출상품의 경쟁력을 향상시킬 수 있는데, 한국도 고부가가치제품을 생산할 수 있는 선진국에 근접한 나라라는 점이 전세계에 홍보되어 국산제품의 제값받기 등 수출에 긍정적인 영향을 미칠 수 있다.

또한 수출저변을 확대할 수 있는데, 일부 국가 및 지방정부 등에서 발전설비 등과 같은 주요 기자재에 대해 구매처를 OECD국가로 한정하고 있는 지역에 대한 수출을 증대시킬 수 있다.

(3) 국내외 기업에 의한 국내투자 증대

OECD가입에 따라 업종개방이 더욱 확대되고 외국투자기업에 대한 내국민 우대확대 등으로 국민경제발전에 순기능을 하는 외국인투자가 지속적으로 증가할 것이다.

최근 제조업 중심의 해외투자가 급증하는 원인이 국내의 '고비용·저효율' 경제제도에 따른 것임을 고려할 때, 금융 및 자본이동의 자유화로 인한 투자환경개선으로 해외투자를 국내투자로 전환하는 효과를 창출할 수 있으며 자본이동의 자유화로 국내기업의 저금리의 자금조달기회가 확대되고 금융상품에 대한 국내기업의 선택의 폭이 확대되고 있다.

(4) 선진국의 경제·과학기술정보 습득용이

OECD회원국만 독점적으로 활용할 수 있는 데이터뱅크시스템을 통하여 첨단기술정보를 입수할 수 있다. 원자력 분야를 예로 들면, 회원국은 원자로의 작동모형에 대한 최신자료를 비롯해 1,700여종의 관련자료를 이용할 수 있다.

(5) 규제완화의 가속화에 따른 기업의 경쟁력 강화

OECD가입으로 정부규제의 질 향상을 목표로 하는 공공관리위원회활동에 참여함으로써 규제완화가 더욱 가속화되어 우리 기업의 국내의 활동에 있어 경쟁력을 강화할 수 있다.

(6) 세계경제질서형성에 능동적 참여로 국익확보

변화하는 세계경제 환경변화에 따른 새로운 문제에 대한 각종 규범설정을 사전적으로 검토하는 OECD논의과정에 참여가 가능하다. 이러한 문제가 WTO 등 국제기구에서 논의되기 전에 참여하여 국익을 확보하고 사전에 대응할 수 있는 기회가 마련된다. WTO 등 국제기구에서 논의되는 사항은 OECD에서 미리 검토, 연구된 사항이 대부분이다.

(7) OECD각종 위원회의 참가로 공무원의 전문화·국제화 능력 향상

OECD의 참가를 통하여 우리 공무원들이 모든 분야에 걸쳐 직접 선진국관리들과 접촉하는 과정에서 국제적인 의견과 시야를 확대하여, 이것이 정책수립 및 집행에 반영됨으로써 국민들의 여망에 효과적으로 부응하고 나아가 정부의 세계화 시책에 기여할 수 있다. 즉 OECD는 정부간 협의기구로서 산하 23개 위원회 및 각종 부속기구에서 연간 총 400여 회에 달하는 회의를 개최하고 있으므로, OECD에 공무원이 전문가로 파견되어 축적된 지식과 의견을 국내정책수립에 활용할 수 있다.

2) 부담

(1) 자본시장 개방 및 이에 따른 국내경제 혼란

자본시장을 개방할 경우 이는 급격한 단기자본의 유출입으로 이어져 우리 거시경제운영에 커다란 어려움을 초래할 수 있다는 우려가 대두되고 있다.

(2) 대 개도국 원조

OECD는 회원국에게 일정수준의 개도국 원조를 강제하지 않고 단지 권고하고 있는 바, 개도국에 대한 개발원조를 확대해야 한다는 부담이 반드시 발생하는 것은 아니다. 또한 개발원조위원회(DAC)에는 당분간 가입하지 않을 것이므로 부담을 느낄 필요가 없다. 다만 향후 우리의 경제력 향상에 따라 우리 기업의 대 개도국진출과 경제협력강화차원에서 대 개도국원조를 점진적으로 확대해 나갈 필요가 있다.

(3) OECD분담금

우리나라의 분담금 규모는 OECD 전체예산의 1.8% 정도에 해당하는 370만 달러 정도인데, 이 금액은 약 38억 원에 해당하는 것으로서 우리나라 예산의 0.004%에 불과하다.[69]

G20에 대하여

2010년 11월 11일(목)~12일(금) 동안 G20 정상회의가 서울에서 개최되었다. G20 회원국은 다음과 같다.

1.남아프리카 공화국 2.대한민국 3.독일 4.러시아 5.멕시코 6.미국 7.브라질 8.사우디아라비아 9.아르헨티나 10.영국 11.오스트레일리아 12.유럽연합 13.이탈리아 14.인도 15.인도네시아 16.일본 17.중화인민공화국 18.캐나다 19.터키 20.프랑스

G20이란? G20의 'G'는 그룹(Group)의 약자로 '모임'을 뜻한다.

'주요 20개국 모임'으로 번역되는 G20은 기존의 선진국 중심의 G7에다가 신흥국 12개국, EU를 포함하여 1999년에 만들어졌다.

G20 정상회의의 목적은 세계 경제에 있어서 중요한 국가간의 경제 및 금융에 관한 정책 및 동향, 현안에 대한 정보교류 및 대화를 확대하고, 세계경제 성장과 안정을 위하여 지속적인 협력을 증대하기 위하여 설립되었다.

G20 창설배경은

첫째, 1997년도 아시아 외환위기 이후에 국제 금융시장의 불안정한 상황 속에서, 세계 안정을 위한 협의 필요성이 부각되었다.

둘째, 1999년 9월 IMF 연차총회 당시에 개최된 G7 재무장관 회의에서 G7 국가가 그 외 주요 신흥 시장국이 참여하는 G20창설에 합의하였고, 1999년 12월에 독일 베를린에

69) 운영경비결정 기준은 회원국의 이전 3년간의 평균 국민소득을 기준으로 하고 있다.

서 제 1차 회의를 개최하였다.

셋째, 2008년 11월 세계 금융, 경제위기 발생 이후에 향후 위기 극복을 위하여 G20 정상회의가 창설되었고, 이 회의는 연 1회 정례적으로 개최되는 G20 재무장관회의 이외에 정상회의 직전 재무장관 회의가 추가로 개최된다.

G20의 설립배경은 1973년 말 석유파동으로 전세계가 휘청거리자 선진 6개국(미국 · 프랑스 · 영국 · 독일 · 일본 · 이탈리아) 정상들은 1975년 프랑스 랑부예에 모여 대책을 논의하게 되었다. 여기에 캐나다(1976년)가 합류해 G7 체제가 정착되었으며, 이후 매년 회원국들이 돌아가며 회의를 열고 있다. 경제 문제뿐 아니라 소련의 아프가니스탄 침공, 항공기 납치 문제, 인질 문제, 난민 문제 등 정치적 논의도 중요하게 다뤄졌으며, 1997년 이후 러시아가 정식 가입해 G8이 되었다.

그 후 1997년 아시아의 외환위기 직후 선진국과 신흥국 간의 국제협력 필요성이 대두되어 1999년 G7 국가와 브라질 · 인도 · 중국 · 한국 등 주요 신흥국의 재무장관이 모여 회의를 열고 G20 재무장관 · 중앙은행총재 회의에 합의하였다.

회원 20개국을 선정하는 데는 국내총생산(GDP) · 국제교역량 등 경제규모가 우선적으로 고려되었기 때문에 20개국의 GDP를 합치면 전세계 총 GDP의 85%에 달한다.

2008년 미국의 투자은행인 리먼 브러더스의 파산으로 시작된 금융위기가 전세계를 강타하자 미국은 G20 재무장관회의 참가국 정상들을 워싱턴으로 초청해 국제 금융위기 극복 방안을 논의했다. 이것이 제1차 G20 정상회의이다.

그 다음 회의는 2009년 4월 영국 런던에서 열렸고 9월 미국 피츠버그에서 열린 제3차 회의에서는 각국이 G20 정상회의의 정례화에 합의하였다. 2010년 11월에 서울에서 개최된 정상회의는 5차 회의이며, 4차 회의는 2010년 6월 캐나다 토론토에서 개최되었다.

제5차 G20정상회의의 의장인 이명박 대통령은 세계경제의 85%를 차지하는 G20가 최빈국들을 포함한 개발도상국에게도 세계경제의 강하고 지속된 성장의 혜택이 고루 나눠질 수 있도록 각별히 노력해야 함을 촉구하여 주목을 받았다.

이 대통령은 G20가 세계경제의 최상위 협의체로서 글로벌 이슈에 적극 대응할 것임을 천명하면서, 서울 정상회의에서 ▲기존 합의사항의 성실한 이행 ▲국제 개발격차 해소 및 금융안전망 구축 등 새로운 의제 발굴 ▲비 G20회원국 및 유엔 등 국제기구와의 협력 강화를 추진할 것이며, 아울러 정상회의 계기에 민간기업이 참여하는 비즈니스 서미트를 개최할 것임을 밝혔다.

G20 정상회의가 우리나라에는 어떤 효과가 있을까?

이번 서울 G20의 주목적은 경제위기 탈출을 위한 이행방안의 마련이다. 금융통화 및 경제협력, 제조업, 건설업, 물류, 원자재 등 모든 것에 대한 조정과 이행에 대한 체계 마련이다.

우선 국제기준에 맞춘 국제회계법이 차근차근 시행이 되면 현재 국제회계법이 적용된 회사를 제외하고도 모든 회사가 국제회계법이 적용될 수 있다. 국제회계법이 시행되면 일단 자산재평가가 발생하고 한국의 위상에 맞는 가격이 형성될 것이다. 든든한 자산을 보유하고 있으면서 지속적인 수익이 발생되는 그런 주식들에 대하여 평가가 재해석될 것이다.

(2010.11.08 조선일보)

"G7 · G20? 이젠 'G제로' 시대"

브레머 유라시아그룹 회장 "당분간 세계 지도국 없어"

"G7?, G20?, G2?…. 아니다. 이젠 'G제로'시대다."

중국 · 인도 · 브라질 · 러시아 같은 신흥국가들의 세력이 날로 강성해지며 국제사회의 세력이 점점 균등해지는 가운데, 향후 10년 동안 뚜렷한 지도국이 없는 'G제로' 체제가 자리 잡을 것이라고 미국의 위기 컨설팅 회사 유라시아그룹의 이언 브레머(Bremmer) 회장이 전망했다. 브레머 회장은 5일 로이터통신과의 인터뷰에서 이 같은 '무극성(無極性 · non-polar)'의 시대가 오고 있다고 말했다.

로이터는 'G제로 시대'란 G7이나 G20 같은 국가 집단의 영향력이 줄고 뚜렷한 리더가 없는 무질서한 상황을 의미한다고 설명했다. 브레머 회장은 지도국가가 없는 G제로 세계가 "시장과 기업에 대한 주요한 정치적 위기"라고 경고했다. 그는 "미국 · 유럽 · 일본이 경기침체를 겪으며 '글로벌 리더'로서의 무거운 책무를 분담하고 싶어하지만 선뜻 나서는 국가가 없다"고 말했다. 중국 · 인도 · 러시아 · 브라질 등 신흥 강국은 미국처럼 '세계의 경찰' 역할에 대한 열망도 책임감도 없다는 것이다.

브레머 회장은 이런 무극성 세계가 이미 오래전부터 출현을 예고해 왔지만, 2008년 금융위기가 세계의 일시적인 단결을 불러오는 바람에 잘 드러나지 않았을 뿐이라고 말했다. 당시 세계 지도자들은 세계 경제 회복을 위해 다양한 협력책에 합의하며 마치 G20가 새로운 대안이 된 듯한 착각에 빠졌다는 것이다.

그러나 브레머는 서방 위주 G7의 대안으로 제기된 G20이나 G2(미국과 중국 양강체제) 모두 핵심을 비켜간 것이라고 주장했다.

(2011.01.17 조선일보)

세계경제통합의 이론 제 7 장

제 1 절 세계경제통합의 배경

오늘날 세계경제의 흐름을 요약하면 세계화 물결로 인해 국경을 초월한 경제관계의 흐름과 함께 한편으로는 각국간의 상호 협조하에 동맹을 결성하는 지역화, 블록화라는 경제통합현상으로 요약할 수 있다.

경제통합(economic integration)이란 '여러 나라가 기회균등 하에서 지리적으로 인접한 다수국이 동맹을 결성하여 역외국에 대해서는 공동으로 무역제한을 가하며 상호간에는 무역의 자유화를 도모하는 수평적 결합'이라 할 수 있다.

이처럼 경제통합이란 역내무역자유화와 생산요소의 이동뿐만 아니라 재정, 금융 등 전반에 걸친 상호협력을 도모하고자 하는 지역적 경제협력조직의 결성이라고 볼 수 있다.[70)]

이러한 경제통합현상은 1995년 WTO의 출범으로 다자주의에 근거한 세계무역자유화를 추진하기로 했음에도 불구하고 도하협상(DDA)이 지연되고 있어 최근 세계 각국들은 FTA형태로 블록화, 지역화추세가 이루어져 2010년 현재 FTA 체결 국가 수는 계속적으로 증가하고 있다

세계경제통합의 역사적 배경을 살펴보면, 첫째 세계경제구조의 재편을 들 수 있다. 1970년대 일본경제의 부상과 1980년대 NIEs의 등장은 EC와 미국의 산업과 기업의 국제경쟁력을 상대적으로 약화시켜 미국과 유럽을 주축으로

70) Grimwade, N., *International Trade Policy-A Contemporary Analysis*, Routledge, 1996, p.232.

하는 경제우위의 구도가 점차 붕괴되기에 이르렀다. 결과적으로 위기의식을 느낀 국가들이 자국의 경제적 이익을 보호하고 상실된 경제우위를 회복하기 위하여 상호 지역공동체의 형성을 가속화하게 된 것이다.

둘째, 자유무역주의의 쇠퇴와 보호무역주의의 확산이다. 1970년대 이후 나타난 세계무역경쟁의 심화, 자원민족주의의 대두, 그리고 미국의 강력한 통상정책 등은 2차 세계대전 후 형성되어 온 GATT체제를 약화시키고 1930년대 경험하였던 보호무역주의를 확산시키게 되었다. 이러한 보호주의의 확산에 대응하는 방안으로서 지역별로 국가 간에 관세 및 비관세장벽을 철폐하여 자유무역의 이익을 제한적으로나마 유지하려는 경제블록화가 강화된 것이다.

셋째, 국가 간의 상호의존성 증대에 기인한다. 오늘날 정보, 통신 및 교통의 급속한 발달로 경제의 탈 국경화가 가속화됨에 따라 국가 경제간의 상호의존성이 크게 증대되었다. 이는 지리적으로 인접해 있으면서 경제정책의 상호협력이 용이한 국가간에 블록화를 촉진시키는 요인으로 작용하게 되었다.

제2절 경제통합의 전제조건

경제통합체를 형성하기 위한 기본적인 전제조건은 다음과 같다.

첫째, 정치적·경제적인 공동목표 하에서 지리적으로 인접되어 있어야 한다.

둘째, 각국 국민들의 생활습관과 태도, 생활수준, 그리고 경제발전 정도가 비슷해야 한다.

셋째, 각국의 사회·문화의 구조가 비슷해야 하며, 또한 그것의 유대관계가 강화되어 있어야 한다.

넷째, 대외의 각종 정책이 공통성을 가지고 있어야 한다.

다섯째, 인종이나 혈통 등도 비슷해야만 통합의 가능성이 강해지며 성립 후에도 잘 운영될 수가 있다.

15억 원어치 술을 나일강에 버린 이유
사우디王 처남 소유 호텔 전격 주류 판매금지 조치

이집트 수도 카이로의 도심을 지나는 나일강변에 위치한 5성(星)급 고급호텔 그랜드 하얏트가 최근 보유 중이던 800만 이집트 파운드(약 15억 원)어치의 술을 하수구에 버렸다.

사연은 이렇다. 이 호텔의 소유주는 독실한 무슬림인 사우디아라비아인 압델 아지즈 이브라힘(Abdel Aziz Ibrahim)씨. 파드(Fahd) 전(前) 사우디 국왕의 처남이기도 한 그는 술을 금하는 이슬람 신념에 따라, 전격적으로 이달 초 호텔 내 주류 판매를 중단했다. 호텔 주인의 고국인 사우디아라비아에선 공식적으로 술 판매가 금지돼 있고, 압델 아지즈 역시 자신이 소유한 이 호텔에서 술을 파는 것에 대해 지난 수년간 공개적으로 불만을 제기했다고 이집트 신문 '데일리 뉴스'는 전했다.

하지만 그의 이런 조치에 대해 이집트 관광부와 이 호텔을 관리하는 하얏트 인터내셔널 측은 반발하고 있다.

이집트 관광부의 아흐멧 앗티야 차관은 "정부는 호텔 내 술 판매를 요구하지는 않으나, 그랜드 하얏트가 술 판매를 하지 않으면 호텔 등급 규정에 따라 이 호텔의 등급을 크게 낮출 수밖에 없다"고 말했다.

또 다른 정부 관계자는 "사우디아라비아인이 이집트 경제와 사적인 문제에 간섭하는 꼴"이라며, 이집트 전체가 마치 '술을 안 파는 나라'라는 이미지를 줘 관광산업에 악영향을 줄 수 있다고 비판했다. 하얏트 인터내셔널 측도 이 호텔의 술 판매 중단 조치에 대해 사전 통보를 받지 못해 설명을 요구하고 있다.

최악의 경우 이 호텔이 더 이상 '하얏트'라는 브랜드를 사용하지 못할 수도 있다는 얘기도 나온다.

(2008.05.13 조선일보)

time matters (시간은 중요한 것)

지각(遲刻)에 대한 일화가 있다. 독일인은 10분이 늦으면 화를 내고 스페인이나 이태리에서는 10분 정도의 지각은 너무 이른 것이다. 중동국가에서 영업활동을 하는 어느 미국인은 약속시간에 2시간이나 늦게 나타나는 현지 중동인들이 몹시 당황스러웠다. 중동 뿐 아니라 남유럽이나 라틴 아메리카 지역에서는 시간이 주(主, Master)가 아니라 종(從, servant)의 개념이라고 한다. 사람이 시간에 의해 조정 받는다는 것은 말이 안 된다는 생각에서이다.

시간을 주종(主從)개념으로 보는 나라가 있는가 하면 '시간은 곧 돈(time is money)'이라고 보는 곳도 있다. 미국과 캐나다, 대부분의 북유럽에서 시간은 소중한 자산이다. 그래서 상대가 지각하면 나의 자산을 낭비하는 것이고 모욕감을 느끼게 된다. 독일과 네덜란드, 핀란드, 덴마크, 일본에서는 시간엄수(punctuality)가 매우 중요하다. 시간을 지키지 않고서는 영업은 고사하고 상대의 신뢰를 잃기 십상이다. 그러나 이들 나라에서도 5분 이내의 지각은 그리 기분 나빠하지 않는다. 흔히 말하는 virtual punctuality 개념이다. 상식적으로 봐주는 grace time 문화다. 이보다 관대한 곳도 많다. 약 30분 정도 지각을 용인하는 곳은 노르웨이, 오스트리아, 벨기에, 프랑스, 대부분의 아시아 국가이다. 1시간까지 봐주는 나라 중에는 스페인, 포르투갈, 이탈리아, 대부분의 라틴 아메리카 국가들이다.

아예 지각을 심각하게 생각하지 않는 곳은 역시 중동과 아프리카국가들이다. 몇 시간 늦게 약속장소에 나타나는 이들에게 어떻게 화를 내야 할지 알 수 없을 정도다. 그러나 이런 문화도 점점 세계화, 평준화되고 있다. 어떤 사회학자는 맥도날드 문화가 시간엄수에 대한 개념을 심어줬다고 한다. 효율성과 생산성 제고라는 경제환경이 이제 나라를 가리지 않고 신속·정확을 이구동성으로 부르짖고 있다. 이제 중동 나라에서도 회사 중역이 부하직원을 재촉하고 나서는 것이 낯설지 않다.

이런 와중에 헷갈리는 현상이 심심찮게 발생한다. 가령 스위스 사람이 중동국가에 가서 사업을 한다면, 스위스 사람은 시간을 엄수해야 한다. 반면 현지 중동인은 시간엄수를 하지 않아도 된다. 왜냐하면 서로 상대에 대한 인식을 하기 때문이다. 중동인은 '스위스 사람이니까, 제 시간에 나오겠지'하는 기대치가 있다는 것이다. 비합리적이고 공정치 못한 기대감이지만 이것이 문화적 충돌 중 하나다.

시간은 나라와 문화에 따라 달리 사용된다. 동양에서처럼 음력을 쓰는 곳도 있고, 아랍, 히브리 문화는 그들의 절기도 중요하다. 주 5일 직장도 있고 1주 7일 일하는 곳도 있다. 정보기술의 발달로 지구촌이 되고 있지만 아직 서로 다른 문화적 배경은 시간에 대한 개념을 통일시키지 못하고 있다. 그래도 안전한 것은 Time is of essense(시간은 소중하다)라는 인식이 아닐까 싶다.

제3절 경제통합의 필요성

제2차 세계대전 후 세계경제에 나타난 주요 특징의 하나는 많은 전전(戰前) 식민지 국가들이 독립함에 따라 선진국들의 경제블록이 해체되었다는 점이다. 이에 따라 신생 저개발국들은 전후에 정치적 독립과 더불어 경제적 자립을 추구하지 않으면 안 되었는데, 이들 국가들은 성공적 경제통합에 고무되어 경제적 자립을 위해서는 공동으로 협조하고 대처하고자 경제통합운동을 전개하였다. 즉 1960년에 중미공동시장(CACM), 1961년에 중남미자유무역연합(LAFTA)[71], 1964년에 아랍공동시장(ACM), 1966년에 중앙아프리카경제·관세동맹(Central African Economic and Customs Union) 등이 성립되었다. 그리고 1961년에 동남아연합(Association of Southeast Asia : ASA), 1964년에 터키·파키스탄·이란간의 지역개발협력기구(Regional Cooperation for Development ; RCD) 등이 발족하였다. ASA는 1967년에 동남아국가연합(Association of South East Asian Nations ; ASEAN)으로 발전되었다.

이와 같이 유럽제국들이 전화(戰禍)로부터 경제부흥과 평화를 위한 상호협력의 필요성과 구식민 저개발국들의 경제개발 및 자립을 위한 공동협력의 필요성에서 경제통합이 결성된 유력한 동기를 찾을 수 있다. 이 가운데 전후의 경제사정과 관련된 경제적 동기를 구체적으로 설명하면 다음과 같다.

첫째, 제2차 세계대전 이후에 개방경제를 지향하는 자본주의국가들은 그들 국가 간의 경제교류가 활발해졌고 한 나라만으로는 존속·발전할 수 없게 되었다. 따라서 국가 간의 협력이 필요하게 된 것이다. 특히 GATT·IMF체제가 성립되자 국가 간의 경제협력은 한층 더 긴밀하게 되고 상호간의 협의와 협조를 바탕으로 한 국가 간의 경제적 결속을 이룩해야만 되었다.

둘째, 전후의 국제경제협력기구(예, GATT·IMF)의 기능이 각국의 상호이해관계의 대립으로 인해 제대로 발휘되지 못하였는데 이러한 이해관계를 조정하기 위해 선진국간 또는 후진국간에 서로 결속하여 상호의 이익을 도모하지 않으면 안 되었던 것이다.

셋째, 자유진영과 공산진영으로 경제권이 양분되고 신생독립국가들이 늘어나자 세계자유주의 시장은 좁아지게 되었다. 따라서 경제발전 정도가 비슷하고 인접해 있는 국가들은 경제통합을 통해서 시장을 확대할 필요가 있었다.

넷째, 제2차 세계대전 후에 급속한 기술혁신이 발생하였다. 새로운 기술혁신은 대규모생산을 가져오고, 대규모생산은 대규모의 시장을 필요로 하였다. 이러한 대규모시장을 창출하기 위해서는 발전 정도가 비슷하고 인접한 국가 간의 경제통합이 필요하였던 것이다.

---

71) 라틴아메리카 자유무역연합(Latin American Free Trade Association ; LAFTA)은 본래의 자유화계획을 실현시키지 못하고 정체하게 되었다. 한편, 이것과는 달리 라틴아메리카통합연합(Latin American Integration Association ; LAIA)의 부문별 통합방식은 기본적으로 쌍무방식에 의한 관세인하협정을 체결, 무역자유화에 의한 부분적 통합에 주력하게 될 것이라는 점에서 LAFTA와 그 성격을 근본적으로 달리한다. 즉, 지역의 특수성을 고려하지 않고 EC를 모방함으로써 지나치게 이상에 치우쳤던 LAFTA는 결국 새로운 LAIA로 전환할 수밖에 없었다.

1950년대 이렇게 시작된 경제통합의 국제적 추세는 1970년대의 국제적 불황으로 한 때 주춤하였다. 그러나 냉전체제 붕괴 이후인 1990년대부터 유럽에서는 경제통합형태의 강화로 EU가 형성되었으며, 북미에서는 NAFTA가 형성되었다. 2000년대에 들어서서부터는 2010년 현재까지 경제통합형태의 제1단계인 FTA 형태의 경제통합체의 열풍이 계속적으로 일고 있다.

제4절 경제통합의 형태

전술한 바와 같이 경제통합이란 '경제적으로 공동이해관계를 갖고 있는 2개 이상의 국가가 동맹을 맺고 회원국 상호간에 상품 및 생산요소의 자유이동을 보장하고, 또 단일통화를 제정하여 거대시장의 경제적·기술적 이익을 향유하며, 나아가 정치적·사회적인 측면에서도 협력을 추진하는 것'을 의미한다.

경제통합의 유형은 다음 [표 7-1]과 같다.

[표 7-1] 경제통합의 유형

	유형	
UN	① 장기무역협정 및 계약 ③ 수량제한의 특혜적 적용 ⑤ 자유무역지역 ⑦ 경제동맹	② 관세율의 특혜적 적용 ④ Sector간의 통합 ⑥ 관세동맹
J. Tinbergen	① 수량제한의 특혜적 적용 ③ 자유무역지역 ⑤ 경제동맹	② 부분적 통합 ④ 관세동맹
B. Balassa	① 자유무역지역 ③ 공동시장 ⑤ 완전경제통합	② 관세동맹 ④ 경제동맹
ALIM ELAGRAA	① 자유무역지역 ③ 공동시장 ⑤ 완전한 정치적 통합	② 관세동맹 ④ 완전한 경제동맹
S. P. Magee	① 자유무역지역 ③ 공동시장	② 관세동맹 ④ 완전한 경제통합
M.Chacholiades	① 부문별특혜무역협정 ③ 관세동맹 ⑤ 경제동맹	② 자유무역지역 ④ 공동시장

경제통합의 유형을 가장 많이 인용하는 것은 Balassa의 유형이다. Balassa는 그의 저서 "경제통합론" 에서 경제통합의 형태를 발전단계에 따라 다음과 같이 5가지로 구분하였다.[72] 5가지의 경제통합모형은 각국간의 결속력이 약한 단계에서 시작하여 가장 강한 단계의 순서로 나열되어 있다.

그러나 다음과 같은 경제통합의 단계와 형태는 단순한 모형이며 실제로 국가간의 경제통합이 이러한 단계를 차례로 거치는 것도 아니고 이 형태와 완전히 일치하는 것도 아니다. 예를 들면 유럽경제통합체인 EU의 시작은 1951년도에 시작되었으며 이 당시 6개국이 관세동맹형태로 출발을 하여 오늘날 EU 경제공동체가 형성된 것이다. 2010년도에 체결발효된 한국과 인도와의 경제통합형태는 포괄적 경제동반자 협정이며, CEPA로 체결하였다. 하지만 오늘날 대부분의 국가가 체결하는 경제통합형태는 FTA모형의 형태로 체결하고 있다.

1. 자유무역지역(Free Trade Area) 또는 자유무역협정(Free Trade Agreement : FTA)

통합에 참가한 각 가맹국 상호간에는 상품이동에 대한 모든 무역제한조치를 철폐하여 역내에서는 자유무역을 보장하는 한편, 역외의 비 가맹국에 대해서는 각국이 독자적(개별적)인 관세정책 및 무역제한조치를 취하는 형태의 경제통합을 말한다.

즉 역내의 가맹국은 역외의 비 가맹국에 대하여 개별적 관세정책을 유지하는 것이다.

2. 관세동맹(Customs Union)

자유무역지역에서 한 걸음 더 나아가 역외공동관세를 부과하는 형태의 경제통합이다. 즉, 가맹국 상호간에는 상품의 자유이동이 보장될 뿐만 아니라 역외 비 가맹국으로부터의 수입에 대해서는 공동의 수입관세를 부과한다.

72) Balassa, B., *The Theory of Economic Integration*, Homewood, 1961, pp.2～3.

3. 공동시장(Common Market)

공동시장은 관세동맹에서 한 단계 더 발전하여 역내국가간 생산요소의 자유이동이 보장되고 있는 형태의 경제통합이다. 즉 가맹국 상호간에는 재화뿐만 아니라 노동, 자본과 같은 생산요소의 자유이동이 보장되며 역외 비가맹국에 대해서는 각국이 공동관세부과제도를 채택한다.

4. 경제동맹(Economic Union)

이것은 공동시장을 더욱 발전시킨 형태로서 역내 상품 및 생산요소의 자유이동과 역외공통관세를 부과하는 외에도 각 가맹국간 경제정책의 조정과 협력을 강화하기 위해 공동경제정책을 실시하는 형태의 통합이다.

그 주요내용은 역내 가맹국간에 재정(조세), 금융, 사회복지정책 등 모든 경제정책을 상호 조정하는 경제통합의 형태이다.

5. 완전경제통합

이것은 가맹국 상호간에 초국가적 기구를 설치하여 그 기구로 하여금 각 가맹국의 모든 사회·경제정책을 조정, 통합, 관리하는 형태의 통합이다.

[표 7-2] FTA의 형태와 단계

	제1단계	제2단계	제3단계	제4단계	제5단계
	자유무역지대	관세동맹	공동시장	경제동맹	완전통합
역내공동관세	■	■	■	■	■
역외공동관세		■	■	■	■
생산요소이동의 자율성 보장			■	■	■
경제정책조정				■	■
초국가기구설립					■

제5절 경제통합의 방법

경제통합을 형성하거나 확정하는 방법은 [표 7-3]과 같이 형태, 범위, 경제발전의 단계 등 세 가지로 분류할 수 있으나 지역적 관점에서 경제협력을 달성하는데 다음과 같은 방법이 있다.

① 관세동맹이나 자유무역지역 결성을 통한 전면적 무역자유화,

② 생산합리화의 관점에서 기존의 특정산업이나 생산물에 대한 무역자유화,

③ 규모의 경제달성과 가맹국의 집단적 수요를 효율적으로 충족시킬 수 있는 새로운 지역기반산업의 설립과 투자촉진 등이다.

이 가운데 ①의 방법은 후술하는 EU, EFTA 그리고 주로 아프리카, 카리브 지역에서 추진되어 왔고, ②의 방법은 후술하는 LAFTA에서 널리 이용되어 왔다. 그리고 ③의 방법은 후술하는 CACM 및 ASEAN 등에서 널리 이용하였던 방법이라고 할 수 있다.

[표 7-3] 경제통합의 방법

구 분	방 법	내 용
형 태	기능적 통합	각국이 주권을 보유, 협력
	제도적 통합	각국이 초국가적 기구를 설립
범 위	부문적 통합	특정부문에서의 통합(ECSC, EAEC)
	전반적 통합	가맹국의 전부문 통합
경제발전의 단계	수평적 통합	발전단계가 동질적인 통합(EC, EFTA)
	수직적 통합	발전단계가 상이한 통합

그런데 현존의 경제통합체는 비교적 비정치적이고 근접국가로의 전이가 강한 경제부문에서 경제통합의 돌파구를 모색하는 기능적, 부문별, 수평적 통합이다.

1. 기능적 통합(Functional Integration)과 제도적 통합(Institutional Integration)

경제통합은 통합의 형성주체 및 제도적, 법적 장치의 유무에 따라 기능적 통합과 제도적 통합으로 구분될 수 있다. 기능적 통합은 각 회원국이 주권을 보유한 상태 하에서 회원국간에 협력을 꾀하는 경우이고, 제도적 통합은 각 회원국이 결합하여 초국가적인 기구를 만들어 통합하는 경우이다. 제도적 통합은 경제적 통합에 참가하는 가맹국 상호간의 합의에 의해 통합의 조건과 형태를 결정하는 방식의 경제통합이며 초국가적 기구 내지 국제적 협력기관이 수립되어 이를 중심으로 경제통합을 형성하는 경우이다. 반면에 기능적 통합은 민간경제주체의 국경을 초월한 국제적 경제활동에 있어서 비록 제도적, 법적 장치는 없으나 관련지역 내에서 활발히 진행되고 특정부문에서의 국가 간 상호보완관계가 형성되어 경제적 결속도가 강화되는 형태의 통합을 의미한다.

2. 부문적 통합(Sectoral Integration)과 전반적 통합(Overall Integration)

경제통합의 결성방법을 각 범위별로 분류하여 보면 부문적 통합과 전반적 통합으로 구별될 수 있다. 전자의 경우는 통합가맹국의 특정 산업부문간에 통합이 이루어지는 형태로 후술하는 ECSC, EAEC 등이 이에 속하고, 후자의 경우는 전 부문에서 통합이 이루어지는 형태이다. 특히 부문적 통합 중 통합프로젝트방식이 있는데, 이는 둘 이상의 국가가 특정 프로젝트에 생산요소를 공동으로 투입하여 프로젝트로부터의 수익을 공동분배하는 형태를 나타내고 있다.

이러한 통합프로젝트는 설립이나 소유, 관리, 판로조정에 있어서 여러 가지 변형된 형태를 취할 수 있으므로 경제통합 참가국들의 다양한 수요를 충족시킬 수 있을 뿐만 아니라 가맹국간 결합을 장기적으로 매우 견고하게 한다는 특징이 있다.

이와 같이 가맹국이 정치·경제적 주권행사에는 큰 영향을 미치지 않는 범위내에서 통합의 효과를 효율적으로 달성할 수 있는 특정분야에 국한하여 통합을 단행할 수도 있고, 가맹국간의 시장을 전면 개방하여 하나의 시장으로 통합할 수도 있다. 물론, 한 특정부문에서의 경제통합은 그 부문만이 조정 가능하여 타 산업부문에 있어서 자원의 재분배가 저해될 수도 있다. 즉, 새로이 통합된 산업부문에 있어서 회원국의 생산활동이 축소되는 경우 그 손실이 다음 단계의 산업부문에 있어서의 통합이 이루어질 때까지는 보상되지 못하며, 비록 가격, 비용, 자원배분에 관하여 일시적 균형상태가 이루어진다 하더라도 이는 다음 단계의 산업별 통합에 의해 붕괴되게 된다. 그러나 EU의 성립이 ECSC에서 출범한 점을 고려해 본다면 산업부문간의 통합은 지역경제통합으로의 지름길이 될 수도 있다.

3. 수평적 통합(Horizontal Integration)과 수직적 통합(Vertical Integration)

경제발전단계에 따라 가맹국 상호간의 경제가 상호수평적 의존관계에 있는지 혹은 수직적 보완관계에 있는지에 따라 수평적 통합과 수직적 통합으로 구분할 수 있다. 수직적 통합은 선진국과 후진국간의 경제통합, 즉 공산품 수출국과 농산품 수출국간의 경제통합으로 이는 1930년대 식민지와 피식민지국간의 경제적 결합관계로서 보통 블록경제라 한다. 이러한 수직적 통합은 후진국의 선진국에 대한 경제적 의존심화 내지는 종속적 관계로 문제가 발생할 수 있다. 반면에 수평적 통합은 가맹국 상호간 경제발전단계가 유사한 경우로 경쟁촉진, 동태적 효과 등을 기대할 수 있으나 개도국간의 경제통합은 비록 이들 간에 경제발전단계가 비슷할지라도 자원 및 기술의 부족으로 그 또한 한계점이 있다. 따라서 수직적, 수평적 통합의 중간형태로서 중진국과 후진국, 중진국과 선진국간의 경제통합을 생각해 볼 수 있다. 비록 경제발전단계가 유사하지는 않으나 중진국과 후진국의 경우, 후진국은 중진국으로부터 중간수준의 기술을 습득하고 중진국은 후진국으로부터 자원을 제공받음으로써 후진국은 중진국으로 발돋움할 수 있고, 중진국은 자원의 안정적 확보를 통해 안정적이고 지속적인 경제성장을 달성할 수 있다. 또한 중진국과 선진국간 경제통합의 경우, 선진국은 선진국의 사양산업 기술을 중진국에 이전하고 첨단기술분야에 집중투자·육성할 수 있으며, 부분적으로 중진국과의 협력으로 경제관계를 심화시킬 수 있다. 이렇게 함으로써 중진국은 그 나름대로 선진국으로부터 첨단기술을 습득하고 경제발전을 이룩할 수 있다.

제6절 경제통합의 효과 및 문제점

경제·사회적 차이에 의해 이들 간의 경제통합은 처음부터 대국에 의한 소국의 흡수, 합병의 관계로 발전되어 경제통합 그 자체가 왜곡될 수 있다. 그러나 경제통합의 과정에 있어서 조정과 조화를 강조하는 점진적인 경제통합방식을 채택하고 또한 가맹국간 경제발전 수준의 차이를 고려하여 정책조정이나 형평에 입각한 이익배분 메커니즘을 마련할 경우 경제통합과정에서 나타나기 쉬운 개발의 양극화 위험을 미연에 방지할 수 있으며 가맹국간 균형있는 공업화를 달성할 수 있다. 또한 만약 이러한 이질적인 경제관계의 경제통합에 지리적, 사회적, 문화적 및 정치적으로 어느 정도의 동질성이 존재한다면 지역경제통합에서 흔히 나타날 수 있는 마찰이나 잡음을 해소하고 일치된 행동을 이끌어냄으로써 경제통합의 강력한 원동력이 될 수도 있다. 그러므로 이질적인 국가 간의 경제통합이 위와 같은 조건을 만족시킨다면 단기적으로는 경제통합의 제반효과, 즉 규모경제, 신기술의 개발 및 외부경제 효과, 신투자 유발 및 무역창출 효과 등을 얻을 수 없을지라도 장기적으로는 이질적인 관계가 점차 동질적으로 이행됨에 따라 이러한 효과를 누릴 수 있다.[73)]

지역경제통합 중에서 자유무역지역 및 관세동맹의 경제효과에 대해서는 1950년대부터 1960년대에 걸쳐 많은 연구가 행해져 왔다.[74)]

자유무역지역 및 관세동맹은 가맹국간 무역장벽의 철폐에 의해 시장규모를 확대하고 경쟁을 촉진하여 자원의 효율적 배분과 생산성 향상을 목적으로 하기 때문에 지금까지 폐쇄경제였던 것이 무역을 통해 발생하여 높은 경제후생

---

73) 이종원 외, 국제지역경제, 비봉출판사, 1996, pp.19～23.

74) 1950년대부터 1960년대에 걸쳐 J. Viner(1950), J. E. Meade(1956), R. G. Lipsey (1957), 시바타 히로부미(紫田弘文)(1960) 등 많은 경제학자에 의한 연구가 행해졌다. 이들 연구자의 논문을 포함한 대표적 논문은, Robson, P., *International Economic Integration*, Penguin Books, 1971에 수록되어 있다.

을 실현하는 것이 가능하다. 그러나 지역경제통합의 결과 지금까지 수입해 온 상대국이 변화하는 경우가 있다. 그 결과 반드시 지역경제통합이 높은 경제후생에 연결되지 않는 경우도 있다.

1. 경제통합의 효과

1) 관세동맹의 정태적 효과

관세동맹의 결성이 생산에 미치는 정태적 효과란 '역내분업화에 따른 생산능률의 향상' 을 의미한다. 즉, 관세동맹으로 동맹국간의 비교우위에 입각한 분업이 더욱 촉진될 수 있고, 이에 따라 역내의 전반적인 생산능률이 향상된다는 것이다. Viner는 관세동맹의 생산효과를 분석함에 있어서 무역창출효과와 무역전환효과라는 두 개념을 사용하였다.

(1) 무역창출효과와 무역전환효과

관세동맹이 결성되어 가맹국간에 관세가 철폐되면 가맹국 상호간의 수입가격이 그 만큼 하락하게 된다. 그 결과 가맹국간에는 비교우위에도 불구하고 지금까지 관세장벽 때문에 역내에서 거래되지 않았던 상품이 교역되게 되어 가맹국간에 새로운 무역이 창출되는바, 이 효과를 '무역창출효과' 라고 한다.[75)]

한편, 관세동맹이 결성되어 가맹국 상호간에 관세가 철폐되면, 과거 비가맹국으로부터 수입하던 상품을 가맹국내에서 수입하게 된다. 이와 같이 관세동맹의 결성은 수입상대국을 비가맹국(저비용생산국)에서 가맹국(고비용생산국)으로 전환하는 효과가 있으며, 이러한 효과를 '무역전환효과' 라고 한다. 이 경우에 가맹국내의 수입상대국은 세계에서 가장 생산비가 낮은 국가가 아니라 단지 가맹국내에서 생산비가 가장 낮은 국가임을 의미한다.[76)]

(2) 경제적 후생효과

지역경제통합이 세계경제시스템으로서 어떻게 평가되는지를 생각해 보자. 한편의 경우는 세계가 완전하게 하나의 자유무역지역으로 되는 경우이다. 지

---

75) Lipsey, R. G., The Theory of Customs Union : A General Survey, *Economic Journal*, Sept.1960, pp.496～513.

76) 김정수, 전게서, p.166.

역경제통합이 확대되고 세계가 단지 하나의 경제통합에 의해 보충된다는 것을 의미한다.

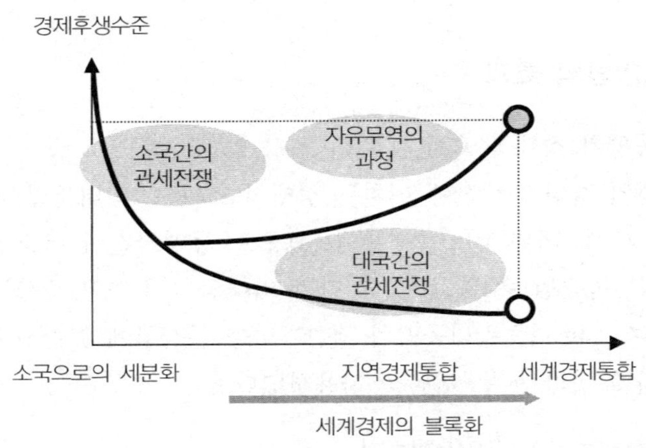

[그림 7-1] 경제통합과 경제후생

이 경우에는 세계의 경제후생은 가장 높아진다. 또 한편의 경우는 지역경제통합이 전혀 존재하지 않는 경우이다. 세계 각국은 소국(小國)이며 각국의 규모는 세계시장을 좌우할 만큼 커다란 규모가 아니라고 가정하자. 이 경우에는 각국이 소국이기 때문에 관세를 부과할 수는 있어도 최적관세를 실현할 수 없다. 현실의 지역경제통합은 이 양자의 중간이며 세계시장을 몇 개의 블록으로 나누어 과점적인 시장구조가 되는 상태라고 생각할 수 있다. 세계시장에 있어서 소수의 과점적 경제통합간에 경쟁이 발생했을 때 각각의 경제통합은 대국(大國)으로 하여금 최적관세를 실현하려고 하여 관세전쟁에 직면하게 된다. 각 지역경제통합이 존재하지 않는 소국간의 무역에 관세를 부과하는 경우 경제후생의 수준보다도 낮은 경제후생 밖에 실현할 수 없는 위험성이 있다. [그림 7-1]과 같이 각국이 소국의 상태로 분단되고 있던 쪽이 지역경제통합으로 형성되는 대국이 관세전쟁으로 인해 서로 충돌하는 것보다도 경제후생의 수준은 높다.[77)]

이상의 효과는 직접적·정태적 분석의 결과이지만 후술하는 동태적 효과까

77) 若杉隆平, 전게서, p.209.

지 고려하게 되면, 경제통합을 결성함에 따라 그 지역전체의 경제성장률이 증대된다.

2) 관세동맹의 동태적 효과

Viner의 관세동맹이론은 가격과 수요공급의 비교학적 분석인데, 경제통합에는 이 이외에 각종의 동태적 효과의 발생이 기대되고 있다. 전술한 Balassa를 비롯해 많은 경제통합 적극론자가 이 효과를 중시하고 있다. 경제통합에 의한 동태적 효과의 주요한 것으로서, ① 시장의 규모적 확대와 다양화에 따른 규모의 경제성과 고도화, ② 시장경쟁의 증대효과, ③ 기술혁신에의 자극과 보급, ④ 생산요소의 국제적 이동의 효과(해외직접투자의 증대, 노동력 이동, 정보교류 등) 등을 들 수 있다. 어느 효과도 경제발전의 원동력과 밀접한 관계를 가지는 것이며 각국이 기대하는 것이다. 통상, 동태적 효과는 장기적으로 나타나는 것이며 보다 높은 통합단계로 진전될수록 보다 선진적인 국가와의 통합일수록 보다 커다란 효과를 기대할 수 있다. 그러나 경제발전의 격차가 너무 크거나 국제독점 및 경제구조적 왜곡이 너무 크면 마이너스의 효과가 발생하는 경우도 있을 수 있다. 동태적인 이익을 주장하는 사람들은 정태적 효과보다도 동태적 효과를 중시하고, 또한 재화시장 및 화폐시장보다도 생산요소시장을 보다 중시한다.

2. 경제통합의 문제점

경제통합의 형성으로 역내에는 많은 경제적 이익을 초래할 수 있으나 세계경제전체로서는 다음과 같은 문제점이 있다.

1) 자유무역주의 원칙의 붕괴

전후 IMF 및 WTO체제의 기본이념인 자유무역주의 원칙이 무너짐으로써 세계무역의 확대를 저해할 위험성이 있다. 즉, 경제통합은 역내 무역자유화에 따른 역내 우선정책 및 역외국에 대한 차별정책의 수행을 그 기본입장으로 취하고 있어 역외국으로 하여금 대항적인 무역제한조치의 기회를 유발시킴으로써 세계무역의 확대를 방해할 수 있다.

2) 지역주의의 다극화

내셔널리즘을 기반으로 하여 다른 영역에 대하여 무역제한 및 차별정책의 봉쇄정책을 취할 경우 이해관계가 밀착된 국가들의 상대적인 경제통합의 형성을 유발시킴으로서 세계경제의 다극화 현상을 초래할 가능성이 있다.

3) 남북문제의 유발

경제통합의 형성으로 역내 회원국간에는 분업이 활발히 진행되어 소득은 향상되나 역외국 간의 분업은 역내국의 역외차별정책으로 크게 진전되지 못함으로써 역외국의 소득은 크게 증대되지 못한다. 특히, 선진국과 개도국을 각각 회원국으로 하는 경제통합간의 국제분업의 왜곡현상이 심화될 경우 개도국의 소득증대가 크게 위협을 받게 됨으로써 이로 인한 남북문제가 심하게 노출될 수 있다.[78)]

4) 국가가격메커니즘에 대한 왜곡

경제통합으로 인하여 경제적 요인이나 비경제적 요인에 의하여 가격메커니즘이 효율적으로 작동하지 못함으로써 생산과 소비의 재분배 기능이 합리적으로 작동하지 못하거나, 대시장의 형성에 의하여 성립된 대기업이 독과점가격을 형성하여 독과점체제를 강화한다면 통합체 내에 있어서 경제적·안정적 성장은 기대하기 어렵다. 여기에 완전고용정책을 비롯한 독점규제, 재정, 금융, 사회복지 등의 경제적 요인에 대한 정책과 정치안정 등의 비경제적 요인에 대한 정책을 어떻게 조화시켜 나가야 할 것인가 하는 문제점이 있을 수 있다.[79)]

5) 국제협력의 경직화

국제무역은 물론, 국제금융, 국제통화 및 원조 등의 제반 국제문제의 해결에 있어서 각 경제통합체가 공동이해그룹으로 결속하여 다른 경제통합체와 대립할 경우 국제경제문제의 조정 및 해결에 난항을 보여 국제협력의 경직화를 초래할 가능성이 크다.

---

78) 이종원외, 전게서, p.47.

79) 김정수, 전게서, p.424.

그러나 이들 문제는 각국의 국익주장과 역내외 조정의 복잡성 때문에 쉽게 해결되지 못할 것이다. 국제무역의 확대를 통한 세계경제의 균형있는 발전과 성장을 촉진하기 위해 1국의 입장, 경제통합체 전체의 입장, 세계적인 입장 등 3자간의 입장이 원활하게 조화되지 않으면 안 된다. 따라서 이러한 문제의 해결책이 향후의 중요한 과제로 대두되게 될 것이다.

세계주요지역의 경제통합 제8장

제1절 EU

유럽연합은 유럽의 정치, 경제통합을 실현하기 위해 1993년 11월 1일 발효된 마스트리히트조약에 따라 유럽 12개국이 참가하여 출범한 연합국이다.

1. EU의 추진배경

유럽통합에 관한 체계적인 제안은 오래 전부터 제시되었지만, 구체적인 유럽통합노력은 1, 2차 세계대전이 끝난 1945년 이후 시작된 것으로 볼 수 있다. 2차 세계대전이 끝난 후 경제대국인 미국의 주도 하에 세계경제는 GATT와 IMF를 중심으로 한 새로운 경제협력이 추진되었다. 그러나 GATT와 IMF는 각국의 이해관계가 달라 기본이념을 완전히 실천할 수는 없었다. 미국은 전쟁이 끝난 후에도 마샬플랜에 의해 계속해서 달러를 유럽에 원조하였다. 유럽은 이러한 원조자금을 보다 합리적으로 배분·이용하기 위하여 유럽경제협력기구(OEEC)를 창설하기에 이르렀다.

EU의 경제통합을 이끈 핵심은 1951년 영국을 제외한 프랑스·독일·벨기에·네덜란드·룩셈부르크·이탈리아 등 6개국이 경제분야의 협력을 강화하기 위해 유럽석탄철강공동체(ECSC)를 설립하는 파리조약[80]에 서명한 것을 들 수 있다.

---

80) 파리조약은 1952년 7월 25일 발효되었으며, 8월 10일에는 룩셈부르크에 석탄철강공동체를 설치하였다.

ECSC는 석탄과 철강생산에 크게 기여하였으며, 나아가 ECSC 6개국은 관세동맹으로의 발전을 주장한 반면, 영국은 자유무역을 주장하면서 논란이 시작되었다. 또한 ECSC 6개국은 유럽경제공동체(EEC)와 유럽원자력공동체(EAEC, Euratom)를 설립하는 로마조약에 서명하였다.

EEC는 관세인하를 추진하고, 역외국가와 교역시에는 공동대외관세를 실시하였다. ECSC, EEC, EAEC(Euratom)는 업무분야는 다르나 유럽통합의 견인차 역할을 하였는데 통합조약에 따라 1967년에 유럽공동체(EC)로 개편되었다.

유럽단일시장의 완성을 뒷받침하기 위하여 법적으로 유럽단일의정서(Single Europe Act ; SEA)를 1985년에 채택하였고, 통합백서에 기초하여 물리적·기술적·재정적 장벽을 제거하기 위하여 282개의 각종 법령을 제정하였다. 이러한 통합노력의 추진이 1993년 1월 역내단일시장의 출범에까지 이르게 되었다.[81]

Tip

장 모네(Jean Monnet, 1888~1979)

장모네는 프랑스의 코냐크에서 태어났다. 코냑(술) 거래상의 아들로 태어나 제1차 세계대전 중에는 연합국 해군위원회의 프랑스 대표가 되었고, 1919~1923년 국제연맹 사무차장으로 일하였다.

1925년 뉴욕의 투자은행 설립에 참가하였고, 제2차 세계대전이 시작되자, 영국 · 프랑스 간의 경제문제조정위원회 의장에 취임하였다.

이어 전시(戰時) 물자구입을 위하여 영국 정부에 의해 워싱턴으로 파견되었다.

1943년 알제리로 가서 프랑스 해방국민위원회에 참가하였다. 전후에는 모네플랜을 제안하여 프랑스 경제부흥에 힘썼고, 1950년 슈만플랜 작성에 결정적인 역할을 하였다.

석탄 · 철강의 유럽공동체 설립에 기여하고, 1952~1955년 유럽공동체 의장을 지냈다. 1966년 독일 본대학에서 로베르 슈만상을 받았다.

2. 마스트리히트조약과 EU

1957년 로마조약이 체결된 지 30년이 훨씬 지나서야 유럽공동체는 정치와

81) 이남구, 세계지역연구, 무역경영사, 1999, pp.261~262.

통화연합을 위한 구체적인 방안을 겨우 마련하게 되었다. 특히 동유럽 공산권의 급격한 와해와 갑작스런 독일통일은 유럽통합의 과정에 심한 동요를 불러왔고, 그와 동시에 유럽회의주의도 또 다시 고개를 들고 있었다. 유럽공동체는 안팎의 문제에 대처하여 새로운 돌파구를 열어야 했고, 돌파구를 위한 적극적인 자세의 결과가 마스트리히트조약이다. 이 조약의 핵심은 경제통화연합(Economic and Monetary Union ; EMU)과 유럽정치연합(European Political Union ; EPU)의 창설이다.

이 조약은 비준 과정에서 많은 논란을 불러일으켰다. 경제불황과 실업증가, 그에 따른 사회적 불안, 여론의 정치권력에 대한 실상 및 유럽통합에 대한 여론·홍보 부족이라는 열악한 상황에서 마스트리히트조약 비준을 둘러싼 찬반 토론이 시작되었다. 가장 큰 문제는 공동체에 대한 부정적인 인식으로, 일반 유럽인들은 공동체를 자기와는 거리가 멀고, 비민주적이고, 신뢰할 수 없는 관료주의 체제로 인식하였다. 덴마크, 영국, 프랑스 국민들은 그들의 민족적 동질성이 위험에 처했다고 판단하기까지 했다. 영국과 독일에서는 마스트리히트 조약이 헌법에 위배되지 않는가에 대한 심판부터 받아야 했다.

그런 어려운 과정을 거치면서 비준에 성공한 마스트리히트 조약으로 공동체 국가들은 더욱 긴밀하게 협조할 수 있게 되었다. 1993년 11월 1일부터 시행에 들어가 유럽공동체는 이제 유럽연합으로 발전하였다. 그러나 동시에 유럽연합은 유럽 각국과 지역의 역사적 다양성을 유지할 것임을 분명히 하고 있다.[82)]

마스트리히트조약이 유럽건설에 새로운 방향과 활력을 제시하고 있는 것은 분명하다. 동유럽공산권의 붕괴와 독일통일로 유발된 새로운 국제기류에 능동적으로 대처하려는 유럽 12개국의 의지도 이 조약에 분명히 나타나 있다. 유럽통합의 현주소는 많은 희망적 요소를 안고 있는 것만큼 많은 문제를 안고 있는 것 또한 사실이다.

1993년 1월 역내출범에 이어 동년 11월 마스트리히트조약이 발표되자 EC는 유럽연합(European Union ; EU)으로 개편되었다. EU는 ECSC, EEC, EAEC의 세 기능을 함께 수행하는 EC와 공동 외교·안보정책과 내무·사법협력 등의 체제로 구성되며 통합의지를 강조한 정치적 개념이다.

---

82) 이창훈외, EU-정치·경제·법, 삼영사, 2000년, p.133.

또한 EU가 UR협상결과와 관계없이 자의적으로 운용가능한 반덤핑규제, 원산지 규제 등의 통상정책수단을 강화시킬 가능성도 높은 것으로 지적되고 있다.[83] 1997년 6월에는 암스테르담조약을 채택하여 EU확대를 위하여 마스트리히트 조약의 일부를 개정하고 1999년 5월에는 암스테르담조약[84]이 발효되었다.

EU가 출범할 때부터 참가한 국가는 프랑스, 독일, 이탈리아, 네덜란드, 벨기에, 룩셈부르크, 덴마크, 아일랜드, 영국, 그리스, 스페인, 포르투갈 12개국이었다. 이후 1995년에 오스트리아, 핀란드, 스웨덴이 가입했고, 2004년에 폴란드, 헝가리, 체코, 슬로베니아, 슬로바키아, 루투아니아, 라트비아, 에스토니아, 키프로스, 몰타 10개국이, 2007년에는 불가리아와 루마니아가 새로 가입함으로써 2010년 10월 현재 총27개국으로 늘어났다.

네덜란드 튤립 광풍

17세기 초중반 네덜란드는 유럽의 금융 중심지로 최고의 전성기를 구가했다. 가난한 사람들도 그림 한두 점은 소장할 정도로 풍요로운 시대였다. 넘쳐나는 자본은 새로운 투자처를 찾았고 생각지도 못한 곳에서 거대한 투기로 이어졌다.

바로 터키에서 건너온 신비의 꽃 튤립이었다. 변종을 거듭한 희귀한 튤립의 보유 여부가 부의 척도로 간주됐고 저택과 별장을 사들이던 부유층들은 앞다퉈 희귀종을 구했다. 동인도 회사 주식을 사고 싶었지만 돈이 없어 엄두를 못냈던 서민들도 '꿩 대신 닭'으로 튤립 거래에 모든 것을 걸었다. 튤립 투자에 대한 이상 열풍으로 튤립 한뿌리의 가격은 한달만에 2천600%가 치솟자 사람들은 앞다퉈 집과 땅을 팔아 튤립을 사들였다. 튤립 투자는 절대 실패하지 않는다는 '튤립 불패' 신화가 생겨났고 땀 흘려 일하는 사람들은

83) 박광서 외, 세계화와 현대경제, 도서출판 두남, 1999, p.52.

84) 1997년 6월 암스테르담 정상회의에서 중·동유럽 국가들과 EU확대협상을 위하여 1992년 체결된 마스트리히트 조약을 대체하는 암스테르담조약을 채택하고 1997년 10월에 암스테르담에서 동 조약에 서명했다. 동 조약 체결에 따라 1998년 초 확대교섭 개시를 위한 기본적인 발판이 마련되고, 이를 바탕으로 기존 마스트리히트 조약보다 외교·안보 및 내무사법분야협력이 보다 적극적으로 모색될 것으로 전망되고 있다. 프랑스가 15개국 중 마지막으로 암스테르담조약 비준서를 이탈리아정부에 기탁(로마조약 제247조)함에 따라, 암스테르담조약 발효규정(제14조)에 의거 동 조약은 1999년 5월 1일부로 발효되고 있다.

바보 취급 당하기 일쑤였다.

돈으로 돈을 부풀리는 버블이 계속되면서 최상급 몇 뿌리면 성채까지 살 수 있었을 정도로 튤립 가격은 이미 상식을 벗어났다. 가격이 끝없이 오르는 데 불안을 느끼면서도 "누가 나보다 더 비싼 값에 살 사람이 있겠지"라는 희망 속에 '폭탄 돌리기'가 계속됐다. 하지만 불안한 믿음은 곧 종착역에 다다랐고 튤립 거래가 시작된 지 10년만인 1637년 1월 어느날 거래가 갑자기 뚝 끊겼다. 꽃의 내재가치보다 수십만배 부풀어 있던 거품이 하루 아침에 꺼지면서 패닉과 공포가 시장을 지배했고 꽃값은 불과 4개월 사이에 99%까지 빠졌다. '상투(주식용어로서 고점을 찍고 내리막으로 접어드는 상태를 말한다)'를 잡은 투자자들은 겨우 본전의 1%만 건졌다. 역사상 최악의 버블 붕괴였다.

바로크 시대를 대표하는 '빛과 어둠의 화가' 렘브란트도 이때 '상투'를 잡았다. 집과 미술품을 모두 경매로 넘기고 파산한 렘브란트는 평생 빚에 시달려야 했다. 하지만 그의 원숙한 정신과 위대한 예술은 이때부터 시작됐다. 회화사에서 렘브란트만큼 그림의 깊이가 심오하고 그만큼 불안과 고뇌가 깊었고 인간과 세계, 순간과 영원 사이의 관계를 파헤친 화가는 없었다.

"글쎄 내가 채권자들에게 빚을 독촉받고 있는 지금의 상황 때문인지는 몰라도 젊은 날의 야망을 꿈꾸던 내가 아니오. 외부적인 경제 환경이 어려우면 어려울수록 나의 정신적 성숙과 표현의 힘은 날로 더해지는 것 같소." 렘브란트가 죽은 아내를 그리며 쓴 편지다.

(2008.11.6. 부산일보)

3. EU의 주요 공동정책

공동정책으로는 재정정책, 산업정책, 공동농업정책, 환경정책, 사회정책, 통상정책, 산업정책, 공동기술정책 등이 있는데, 여기서는 중요한 몇 가지를 중심으로 언급한다.

1) 재정정책

EU의 조세정책은 국민경제에서 차지하는 중요성이 크지는 않다. 재정규모가 차지하는 비중이 적으며 EU당국에는 조세권이 없다. 조세를 거둘 수 있는 권한은 아직 회원국 정부에 있으며, EU는 회원국으로부터 이전된 재정자금을 위임·집행하고 있는 것에 불과하다. 그러나 장기적으로 볼 때 EU의 재정정책에서 조세정책의 중요성이 증대할 것으로 보인다. 왜냐하면 역내시장의 통합완성, 통화통합의 추진으로 거시경제정책의 단일화가 불가피하기 때문이다.

EU의 세제개혁은 간접세 중심으로 개편되었고, 국민경제의 역사 및 관행과 밀접한 관련이 있는 직접세는 보완적인 기능을 담당하는 쪽으로 추진되었다.

1992년까지 단일시장의 완성을 목표로 기술적·인위적·자연적 장벽을 해소하는 것을 골자로 하는 단일유럽의정서의 시행으로 회원국간 존재하는 조세장벽의 해소가 시도되었다. 이는 점진적으로 조세정책의 통합을 의미하는 것이며, 세제의 단일화보다는 국가 간 세제의 조화에 중심을 두고 있다. 우선 개혁의 대상이 된 것은 간접세였다. 그것은 직접세가 정치적으로 민감한 이유도 있겠지만 회원국간 차이야말로 국가 간 상품이동에 관세의 역할과 동일하기 때문이다.[85]

2) 산업정책

EU의 공동산업정책은 1970년 EC위원회의 '유럽공동체의 산업정책' 에 관한 보고서와 1973년 '기술 및 산업정책에 관한 각서'가 각각 EC이사회에 제출되면서부터 그 정책방향이 구체적으로 제시되기 시작하였다.

중소기업의 중요성을 감안하여 1983년을 "유럽중소기업의 해" 로 지정한데 이어 1985년 회원국정상회의는 공동체차원에서 중소기업육성책을 추진하기로 하였으며, 1986년에는 중소기업 육성을 위한 행동계획을 채택하였으며, 2차 계획(1993~1996)에 이어 3차 계획(1997~2000)을 실시했다. 집행위원회는 중소기업을 전담하는 총국을 두어 중소기업에 유리하도록 행정적·환경적 여건을 조장하고 있다.

공동산업정책의 주요 대상은 석탄, 철강산업과 첨단산업부문인 정보처리, 항공, 통신산업이 대상이 되고 있으며 사무자동화, 공장자동화 관련산업도 현재 공동산업정책의 대상이 되고 있다.[86]

3) 공동농업정책(CAP)

공동농업정책은 EEC창설이래 공동정책 중 가장 중요한 위치를 차지해 왔다. 그 이유는 첫째, 전후 식량부족의 기억이 아직 생생했던 시기였으므로 농업의 중요성이 강조되었기 때문이다. 둘째, 유럽통합에서 주도적인 역할을 하고 있었던 프랑스의 요구 때문이었다.

1992년 CAP개혁은 1980년대까지 개혁과는 달리 CAP에 대한 국제적인 압력에 대응하기 위한 조치라는 특징을 가지고 있다. GATT의 UR무역협상에서

85) 이남구, 상게서, pp.270~271.
86) 이남구, 상게서, pp.271~272.

EU는 농업자유무역국 모임인 케언스그룹과 미국으로부터 대단한 압력을 받아 왔었다. 그들은 모두 농산물무역을 왜곡시키는 EU의 지원 특히 세계가격을 하락시키고 EU의 경쟁력을 인위적으로 조작하는 수출보조금의 감축을 원했다.[87)]

4) 환경정책

환경문제에 대한 로마조약의 기본정신이 1972년 파리정상회담에서 구체화되었다. 이때 유엔 및 로마클럽에 의해 환경문제가 제기되고 있는 가운데 유럽국민들의 환경의 중요성에 대한 관심이 고조되고 있었다.

1973년 11월 22일 각료이사회의 선언으로 환경실천계획이 실시되어, 동 계획은 현재까지 5차에 이르고 있는데 각 계획별 기간을 보면 다음과 같다. 1차(1973～1976년), 2차(1977～1981년), 3차(1982～1986년), 4차(1987～1992년), 5차(1993～2000년). 동 계획에서는 대기 및 수질오염, 소음, 화학물질 등에 관한 약 200여 개의 환경관련 입법조치가 채택되었다.

EU환경정책은 1987년부터 발효된 SEA에 의해 처음으로 환경부문에 관해 공동체 차원의 법령적 권한, 목표 등의 법적 근거를 마련하였다. 1993년 11월부터 발효된 마스트리히트 유럽연합조약에는 균형된 발전, 지속가능한 발전 등 환경에 관한 관심을 새로운 차원으로 끌어올리는 조항을 담고 있다.[88)]

5) 사회정책

1972년 파리정상회의는 사회정책을 본격적으로 추진하기로 하였으며, 1974년 각료이사회는 완전고용 달성과 근로자의 생활수준 향상을 위한 40여 개의 행동계획을 채택하였다.

사회정책의 내용으로는 고용수준의 향상, 근로자의 권리보호, 여성근로자의 보호, 이민 근로자의 보호 등을 중심으로 채택하고 있다.

사회정책은 UR 이후의 새로운 과제로 대두되고 있는데, OECD각료회의는 근로조건과 무역의 관계를 정립하기로 하였다. EU는 아프리카 및 중·동유럽과 쌍무간 협약을 통해 사회정책을 확대하여 왔으나, 1994년 이를 다자간 규범으로 확대하기로 하였으며 1998년부터 국제노동규범을 준수하는 국가에

87) 이종원 외, 전게서, pp.72～77.
88) 이종원 외, 전게서, pp.78～79.

대해서는 관세상의 특혜를 부여하는 한편, 강제노동, 미성년자 노동, 죄수노동 등을 실시하는 국가에는 일반특혜관세(GSP)수혜를 정지할 수 있도록 하였다.[89)]

6) 통상정책

공동통상정책의 대상으로서 역외관세율의 조정, 관세와 무역에 관한 협정체결, 무역자유화, 수출정책, 반덤핑 및 상계관세 등 역외국으로부터의 수입에 대한 산업보호조치 등을 열거하고 있다.

EU의 대외통상정책은 유럽지향적이며 다른 어느 나라 또는 블록보다도 특혜무역협정이 많다.

EFTA는 EU최대의 교역대상국인데 EU의 대 EFTA통상정책은 상품교역의 자유화, 노동, 자본, 서비스의 자유이동을 허용하며 또한 EU경쟁법을 EFTA지역에 적용하는 등 EU역외와 동등한 환경을 보장하는데 중점을 두고 있다.

EU는 수입제한적 통상정책을 채택하고 있는데, 상호주의적, 원산지규정, 반덤핑관세의 제정 등을 기본원칙으로 하고 있다.

EU의 신통상정책조치[90)]의 목적은 역내 수입국뿐만 아니라 제3국 시장에서의 불공정경쟁으로 인한 역내 기업의 보호에 있다. 제3국에 의한 불법통상관행에 대응하기 위하여 공동통상정책이 이러한 방향으로 확대되었다. 집행위원회가 조사하지만 보복여부는 각료이사회에서 결정된다. 보복조치는 수입수량제한, 수입관세, 그리고 무역협정에서의 양허취소 등 대단히 광범위하다.

EU의 신통상정책은 미국통상법 제301조 및 슈퍼 제301조에 비하면 온건한 조치이고 실제로 적용된 사례는 드물며 무역보복으로까지 이어진 경우는 아직 없다. 그러나 신통상정책이 제301조와 마찬가지로 개인의 제소권을 인정하는 점을 고려하면 중대한 정책적 수단이 될 가능성도 있다고 볼 수 있다.

---

89) 이남구, 전게서, pp.273~274.

90) 미국 통상법 제301조와 같은 신통상정책조치가 마련되었다. 1984년 9월 각료이사회는 외국의 불법적인 무역관행으로부터 역내기업을 보호하기 위한 법령을 제정했는데 이것이 '신통상정책조치'이다(이종원 외, 전게서, p.99).

4. EU의 통화통합

1) 유럽통화통합의 역사

유럽의 통화통합은 20세기 후반의 획기적인 사건중의 하나이다. 유럽의 통화통합은 역사적으로 보면 유럽에서는 1865년에 라틴통화동맹이라는 통화동맹이 프랑스, 이탈리아, 벨기에 및 스위스의 4국간 금·은화의 표준화를 취지로 출범하였으며 그 후 1868년 그리스가 이 동맹에 참가하여 운영되어왔던 통화동맹이다. 스탄디나비아통화동맹은 1873년 스웨덴과 덴마크 간 체결되었으며 그 후 1875년에 노르웨이가 가입하여 3개국으로 운영된 통화동맹이다.

벨기에-룩셈부르크 경제동맹은 1922년에 출범하여 성공적으로 운영된 대표적인 통화동맹이었으나 이제는 EMU로 흡수되었다.

이와 같이 유럽의 통화동맹은 19세기 후반부터 운영되고 있었으나 2차 세계대전 이후 유럽각국들은 전쟁의 피해를 회복하고 새로운 형태의 국가를 형성하여 유럽이 새롭게 도약할 수 있는 계기를 만들기를 원했다. 그 첫 경제동맹이 유럽6개국의 석탄철강공동체였다. 이후 발전하여 EC형태가 되었으며 유럽의 경제결합과 경제도약을 위해 정치통합 및 통화통합을 위한 마스트리히트조약을 발효시켰다. 특히 통화통합은 12개국간의 의견조율에 어려움이 많았으나 1999년까지 단일통화계획을 실현시켜 유로(EURO)를 탄생시켰다.

1999년 1월 1일 유로탄생과 함께 영국, 덴마크, 스웨덴 및 그리스를 제외한 11개국이 단일통화인 유로를 도입하였다. 그리스는 그 후 2001년에 유로를 도입하였으며 유로는 1999년부터 유럽중앙은행을 독일 프랑크푸르트에서 단일통화정책을 수행하는 기관으로 활동을 개시했다. 1999년 1월 1일부터 출범한 유럽중앙은행은 2002년 1월 1일부터 독점적으로 유로 지폐와 주화를 발행함으로써 통화통합은 실질적으로 완성되었다. 이전까지는 유로와 각국통화를 혼용하였으나 2002년 3월 1일부터는 유로만이 유일한 법정통화로 EU내에서 통용되고 있다. 유럽통화통합은 유럽 내의 예금시장, 채권시장 등 유럽 내의 금융시장을 통합시켜 미 달러 다음으로 중요한 국제시장으로 성장하였다.[91)]

---

91) 김세원, EU경제학, 박영사, 2004, pp.355~359.

2) 국제사회에서의 유로의 영향

경제통화동맹의 출범과 유로의 출현은 국제통화인 달러의 지배력에 도전하는 한편, 달러 및 유럽통화들로 표시된 자산의 수요에 영향을 미치고 있다. 최근 국제통화질서의 동향을 보면 사적 및 공적으로 모두 달러가 절대적인 위치에 있지만 달러의 역할이 축소되는 경향이 있다. 즉 국제무역의 결제통화, 제3국통화의 환율관리를 위한 공적 기준, 준비자산, 그리고 국제투자자산의 표시통화 등의 여러 측면에서 달러의 중요성이 감소하였다.

이상을 종합해 볼 때 향후 EU의 확대에 힘입어 매개통화, 준비통화 등에 있어서 유로의 기능이 강화될 것으로 전망된다. 그러나 이러한 변화가 달러가 주도하는 국제통화질서를 근본적으로 변화시키기는 당분간 쉽지 않을 것으로 보인다. 국제통화의 사용에는 규모의 경제와 네트워크 외부성이 작용하여 상당한 정도로 관성이 존재하기 때문이다. 따라서 유로가 달러에 필적하는 진정한 글로벌 국제통화로 자리잡기 위해서는 EU금융시장 통합의 완결, 그리고 EU 경제의 지속적 성장과 함께 유럽중앙은행제도에 대한 신뢰구축이 요구된다.[92]

5. EU가 한국경제에 미치는 영향

1) 우리경제에 미치는 영향

(1) 긍정적 측면

첫째, EU지역에 대한 수출확대 효과

둘째, 상품표준의 통일 및 기술명세 규제법규의 통일에 따른 생산비 절감효과

셋째, 지역 내 국경통제폐지 및 간접 수입규제의 해제에 따른 부속적인 경비절감효과

넷째, 효과적 현지직접투자로 시장통합의 혜택을 가질 수 있음

(2) 부정적 측면

첫째, 통합지역 생산제품이 경제장벽완화로 비용절감과 규모의 경제실현·공동연구개발 등으로 해당지역과 제3국에서 우리제품의 경쟁력 약화를 초래

둘째, 통합지역에서 무리한 공동산업표준 및 기술규격의 요구로 비관세 장

92) 김세원, 전게서, pp.379~384.

벽으로 등장할 우려가 있음

셋째, 통합지역에서 보호주의를 강화할 경우 수출에 심한 타격

넷째, 통합으로 강화된 협상력을 행사하여 시장개방요구로 불이익이 예상됨

2) 우리의 대응

첫째, 한·EU FTA 체결에 적극적인 연구와 대응책

둘째, APEC에 주도적 참여와 지역협력 강화

셋째, 통합지역에 대한 경제협력 강화

넷째, 우리 산업경쟁력 강화

다섯째, 효과적인 수출전략 수립·운용

[표 8-1] 유럽연합(EU)의 주요 발전 연표

일 시	주 요 내 용
1950. 5	슈만선언
1951. 4	6개 유럽국가가 ECSC를 창설하는 파리조약에 서명
1957. 3	6개 유럽국가가 Euratom과 ECC를 창설하는 로마조약 서명
1958. 1	로마조약이 발효
1965. 4	ECSC, Euratom 및 EEC의 세 공동체의 단일기관 활동을 위한 통합조약 서명
1967. 7	통합조약 발효
1970. 4	공동체 고유 재원의 확립을 규정한 제1차 예산조약 서명
1973. 1	덴마크, 아일랜드, 영국의 공동체 가입
1974.12	유럽이사회가 유럽의회의 직접선거 합의
1975. 7	제 2차 예산조약 서명
1978. 7	유럽이사회가 심화된 통화협력에 합의
1979. 6	유럽의회 의원에 대한 첫 번째 직접선거
1981. 1	그리스가 공동체 가입
1986. 1	스페인, 포르투갈이 공동체 가입
1986. 2	단일유럽의정서(SEA) 서명
1987. 7	SEA 발효 (기존의 ECSC, Euratom, EEC조약이 개정됨)
1992. 2	마스트리히트에서 유럽연합조약(TEU) 서명
1993.11	유럽연합조약(TEU) 발효(EC, 외교·안보, 사법·내무의 3柱 체제로 개편

일 시	주 요 내 용
1995. 1	오스트리아, 핀란드, 스웨덴 EU가입으로 회원국 15개국으로 확대
1997.10	암스테르담조약 서명
1999. 5	암스테르담조약 발효(기존의 EC조약 및 EU조약 개정)
2000.12	니스조약 서명
2003. 2	니스조약 발효 (EU확대를 대비한 제도적 개혁)
2004. 5	키프로스, 체크공화국, 에스토이나, 헝가리, 라트비아, 리투아니아, 몰타, 폴란드, 슬로바키아, 슬로베니아 10개국 EU가입으로 25개국으로 확대
2005.10	터키, 크로아티아 가입협상 개시
2007. 1	불가리아, 루마니아의 EU가입으로 전체 회원국 27개국으로 확대
2007.12.13	리스본조약 서명
2007.12.19	리스본조약 발효

자료 : 변재웅 · 이로리, EU통상정책 특수문제연구1, 계명대학교 출판부, 2001, p.39.

제2절 NAFTA

1. NAFTA의 추진배경

북미자유무역협정(NAFTA)은 미국, 캐나다, 멕시코 북미 3국이 관세철폐와 교역자유화를 위해 3국간 경제통합을 함으로써 급변하는 세계경제환경에 대응하기 위해 결성된 경제통합체이다.

NAFTA는 UR과 북미자유무역협상을 같이 추진하던 미국의 국내 정치적 요인이 많이 작용했다. 즉, 미국이 국운을 걸고 추진했던 우루과이라운드는 나라별, 지역별로 이해관계가 대립되어 협상이 지지부진했고, 각국 무역장벽의 해소는 물론 미국의 무역적자 축소에도 실효를 거두지 못하였기 때문에 차선책으로 멕시코를 끌어들인 경제블록을 선택하게 된 것이다. 또한 EC에 대한 견제심리로 미국은 자신들도 블록을 형성하지 않으면 세계경제의 주도권을 뺏길지도 모른다는 우려에서 협상을 진행시켰다고 볼 수 있다.

한편, 멕시코는 미국과 캐나다라는 거대한 시장의 안정적인 진출 확대와 이들 나라들로부터 자국내의 산업투자의 필요성이 있었다. 캐나다는 북미자유무역지대의 창설로 1989년 발효된 미국과 캐나다 자유무역지대의 기득권을 보호할 필요가 있었기 때문에 3개국 모두 무리없이 북미자유무역지대 창설에 합의하게 된 것이다.

블록의 형성으로 창출되는 효과는 역내국간의 무역이 늘어나게 되고, 또 하나는 역외국가로부터 수입하던 상품을 역내국에서 수입하게 되는 것이다.

NAFTA협상은 1990년 6월 살리나스 멕시코 대통령이 미국 측에 제안함으로써 시작되었다. 그 후 1991년 6월 12일 캐나다의 토론토에서 회담이 본격적으로 진행되기 시작했으며, 1993년 7월에 발효되었다. 다음은 NAFTA의 주요 일지를 나타낸 것이다.

1990년 6월 : 미·멕시코간 자유무역 협상계획 발표
6월 11일 : 미·멕시코, 자유무역협정 체결추진합의
9월 : 부시 미 대통령, 캐나다 포함을 의회에 통보
1991년 2월 : 미국, 멕시코, 캐나다 3국간 협상개시
3월 : 미 행정부가 자유무역협상을 위해 의회의 신속 승인권 연장을 요청
5월 : 미 행정부는 북미자유무역협상 관련 Action Plan을 의회에 제출하였고, 미 의회는 북미자유무역협상에 대한 신속 승인권을 연장
6월 : 제1차 통상장관회담
8월 : 제2차 통상장관회담
10월 : 제3차 통상장관회담
11월 : 미 행정부는 1991년 말로 예정되었던 협상종결 시한을 1992년 말로 연기
1992년 1월 : 협상책임자 회담에서 15개 분야 초안을 마련
2월 : 제4차 통상장관회담
미국 부시대통령과 멕시코 살리나스 대통령 회동
4월 : 제5차 통상장관회담
6월 : 협상책임자 순회회담
7월 : 제6차 통상장관회담
8월 : 협상안 합의

1993년 7월 : NAFTA 발효

2. NAFTA의 주요내용

1) 관세 철폐

미국·캐나다·멕시코간에 이루어지는 무역에 한해 쿼터, 관세를 단계적으로 철폐한다. 따라서 멕시코로 수출되는 미국의 공산품 및 농수산물의 약 65%에 대해 무관세 혜택이 즉각 또는 1998년 이내에 적용된다. 나머지 품목은 2003년, 2008년에 걸쳐 단계적으로 면세대상이 된다. 현행 멕시코의 관세율은 평균 10%로 미국보다 2.5배가 높다.

2) 자동차 및 자동차부품에 대한 관세

NAFTA 내에서 생산되는 자동차 및 경트럭에 대해 멕시코는 현재의 관세율을 50%로 인하하고, 멕시코에 수출되는 미국산 자동차 부품의 3/4에 대해 멕시코는 1998년 내에 관세를 완전 철폐했다.

북미산 부품을 62.5%이상 사용한 자동차만 이 조항의 혜택을 받는다.

3) 자동차 원산지 규정

NAFTA 내에서 생산되는 자동차가 관세인하의 혜택을 받기 위해서는 현지에서의 부품조달비율이 최소한 62.5%를 충족해야 한다. 이는 미국과 캐나다의 자유무역협정이 규정한 50%의 현지부품조달비율을 크게 넘는 것이다.

4) 통신시장 개방

멕시코는 60억 달러에 달하는 자국의 통신장비 및 서비스시장을 개방하고 공중전화망에 대한 외국인투자규제조치에 대해 NAFTA국가에 한해 이를 1995년 7월까지 철폐했다.

5) 섬유 · 의류무역에 대한 장벽제거

미국의 대 멕시코 섬유 및 의류수출품 중 20%에 해당하는 2억 5000만 달러에 대한 관세를 폐지했다. 모든 북미지역에서 생산되는 상품에 대한 무역규제는 7억 달러에 대해서는 1999년 이내, 나머지 교역량에 대해서는 2003년에 전면 폐지되었다.

6) 농업부문의 무역증대

북미자유무역 협상타결로 멕시코의 수입허가제도가 즉각 철폐되었다. 멕시코의 현행 관세제도도 2003~2008년 내에 점진적으로 폐지되었다.

7) 금융서비스의 확대

멕시코의 금융시장을 완전개방하고 미국은행 및 증권회사들이 100% 지분을 가진 자회사를 설립할 수 있도록 하고 잠정적인 규제는 2000년 1월 철폐했다.

8) 보험시장에 대한 신규참여

미국보험회사들이 100% 자본참여한 합작회사설립 등 멕시코 보험시장에 신규참여를 하고 있다. 즉, 멕시코 보험회사에 이미 지분을 가지고 있는 미국 보험회사에 대해 1996년부터 지분이 허용되었으며 2000년부터는 모든 제약이 완전히 철폐되었다.

9) 투자 확대

멕시코는 자국산 부품사용 의무규정을 폐지했다. 따라서 멕시코 내에서 미국기업은 멕시코 기업과 동등한 대우를 받고 있다. 멕시코에 진출한 외국기업의 수출의무규정도 철폐되었다.

10) 육상수송

1995년까지 미국 운송회사가 미국과 인접한 멕시코로 국제화물을 육로로 수송할 수 있게 되었으며 1999년까지 멕시코 전역으로 육로수송 허용범위를 확대했다. 미국의 철도회사는 멕시코에서 사업을 할 수 있다. 미국의 회사는 멕시코 내에서 항만하역작업을 할 수 있으며 이 부문에 대한 직접투자도 가능했다.

11) 지적재산권 보호

기존의 어떠한 쌍무협상이나 다자간 협상보다도 지적재산권 보호를 강화한다. 즉, 저작권, 특허권, 상표권을 보호했다.

12) 환경

3국은 각국이 환경 및 건강, 안전보호를 추구할 수 있도록 허락했다. 그렇지만 투자를 끌어들이기 위해 환경기준을 낮추어서는 안 된다.

3. NAFTA의 효과

NAFTA의 체결은 유럽공동체 외에 또 하나의 경제블록을 지구상에 만들어냈다. 미국의 자본력, 캐나다의 자원과 멕시코의 노동력이 한데 어우러진 이 협정은 비슷한 경제규모를 가진 EU보다 개도국에게 미치는 영향력이 훨씬 클 것이다. 3국이 하나의 공동체를 형성함으로써 나타나는 영향을 살펴보면 다음과 같다.

1) 미국에 미치는 영향

첫째, 미국은 NAFTA로 인해 EU 및 일본에 대한 효과적인 대응이 가능하게 됨에 따라 미국상품이 동아시아 및 유럽경제권에 대응하여 상당히 국제경쟁력을 보유할 수 있게 될 것이다.

둘째, 멕시코의 관세·비관세장벽이 제거되고, 미국이 멕시코의 저임금노동력을 적극적으로 활용한다면 미국의 대 멕시코시장 진출분야는 주류, 음료 및 식료품뿐만 아니라 자동차, 컴퓨터 등의 첨단산업에 이르기까지 급속히 확대될 것이다.

셋째, NAFTA로 인해 멕시코의 공업화 및 경제성장이 촉진됨에 따라 멕시코의 내수시장이 실질구매력을 가지게 된다. 이를 통해 미국은 신규시장을 창출할 뿐만 아니라 중남미경제권 전체의 활성화를 촉진시킬 수 있을 것이며, 이는 미국상품의 중남미 진출에 촉매역할을 할 수 있을 것이다.

넷째, 멕시코국경지대로의 산업유치 및 사회간접자본의 확충에 따라 낙후지역인 동 지역의 경제 및 산업이 활성화되고 실업이 해소됨으로써 미국으로의 불법이민 등이 완화되게 된다. 그러나 부정적인 측면을 보면, 미국의 멕시코에 대한 수출이 증가해 24만 2,000명의 고용이 늘어나는 반면 멕시코로부터의 수입 및 공장이전 등으로 11만 2,000명의 실업인구가 생길 것으로 추산하고 있다. 이에 따라 미국의 대 멕시코상품의 수입증가로 발생하는 미국내의 실업률 증가와 환경규제가 상대적으로 허술한 멕시코로 공해산업의 공장을 이전할 경우 미국과 멕시코간의 국경지대에서 발생하는 환경문제 등이 남아있다.[93)]

2) 캐나다에 미치는 영향

단기적으로 캐나다에 미치는 영향은 그리 크지 않지만 장기적으로는 캐나다와 멕시코간의 교역량이 증가할 것이다. 캐나다는 이미 미국과 자유무역협정을 맺고 있고 멕시코와의 교역규모가 크지 않기 때문에 단기적인 효과는 크지 않겠지만 멕시코의 성장에 따라 투자효과가 증가할 것이므로 캐나다가 강점을 가지고 있는 금융 및 서비스업 등이 혜택을 볼 것이다.[94)]

3) 멕시코에 미치는 영향

첫째, 멕시코는 저임금과 풍부한 노동력을 바탕으로 노동집약 상품 또는 부가가치가 다소 낮은 제품에서는 여타국에 비해 가격경쟁력을 유지하고 있으므로 대미시장 접근기회를 용이하게 확보함으로써 대미수출이 급속하게 신장될 것이다.

둘째, 미국·일본 등 선진국들의 대 멕시코 직접투자증대로 인해 멕시코는 선진고급기술과 마케팅 등 경영기법을 이전받을 수 있으며, 이를 통해 경제개발의 가속화 및 산업의 국제경쟁력강화를 도모할 수 있을 것이다.

셋째, 미국은 SOC를 비롯하여 제조업, 농업, 서비스업에 걸쳐 투자진출의 확대를 시도하고 있고, 유럽·일본·동아시아국가들의 투자증가와 투자기업의 현지화도 가속화될 것이므로 멕시코경제는 자국의 큰 부담없이도 성장할 수 있는 계기를 마련하게 될 것이다.

한편 부정적인 측면으로는 외국의 자본유입으로 경제적 생존력, 정치적 자주성, 문화적 주체성이 상실될지도 모른다는 우려가 있다.[95)]

4. NAFTA가 우리 경제에 미치는 영향

특정지역의 경제통합 추진이 우리 경제에 미치는 영향은 해당지역과 우리 경제간의 의존도, 산업·교역 구조상의 경합도 정도, 해당 지역에 대한 통상정책변화 등에 따라 다르게 나타날 것이다. 특히 북미와 EU지역에서의 경제통합추진은 무역의존도가 높은 한국경제에는 파급효과가 클것이다. 그러므로

---

93) 김정수, 전게서, p.435.

94) 이남구, 전게서, pp.303~304.

95) 김정수, 전게서, p.436.

NAFTA가 1994년 발효 이후 2010년까지 미국경제, 캐나다경제, 멕시코경제에 미친 영향을 세밀히 분석할 필요성이 있다. 왜냐하면 2011년 현재 우리나라는 한·미 FTA와 한·EU FTA가 이미 체결이 되었으며 조만간 발효를 앞두고 있기 때문이다. 특히 멕시코경제, 캐나다경제가 NAFTA 발효 이후 어떤 결과를 가져왔는지를 연구·분석하여 우리 경제의 대비책 마련에 적극 활용하여 한국경제 발전에 큰 기여가 되기 바란다.

제3절 ASEAN(동남아시아국가연합 : Association of South-East Asia Nations)

1. 성립배경

ASEAN은 1967년 방콕선언을 통해 발족되었는데 공산주의의 위협에 대응한다는 정치색채가 강하여 활동은 그다지 활발하지 못했다.

ASEAN의 설립목적을 보면 초기단계에서는 주변 강대국의 영향권으로부터 독립을 추구함과 동시에 미·소 냉전시대의 냉전체제로부터 탈피하여 독자노선을 추구하기 위하여 정치·안보적인 목적에 중점을 두어 설립되었지만 1980년대 중반이후부터 점차 무역, 투자, 기술이전 등의 경제문제에 중점을 두기 시작하였다.

향후 아시아의 협력구도는 기존의 사회주의 국가와 시장경제를 운용하던 국가 간에 이념적 대립에 의한 양분과 마찰에서 벗어나 실질적인 경제협력에 중점을 두면서 중국을 포함하는 광대한 범아시아 시장으로 확산될 것이다. 특히 ASEAN국가들이 1980년대 중반 이후 역동적인 경제성장을 지속적으로 달성하였으며 현재는 지역주의와 세계주의 사이에서 대처방안을 모색하고 있으면서도 ASEAN의 경제통합을 심화시키고 있다. 특히 ASEAN이 1994년 1월 1일부터 ASEAN자유무역지대(AFTA)를 정식으로 출범시킴에 따라 대외경쟁력이 크게 강화될 것으로 전망되고 있다.

ASEAN국가들이 경제협력을 적극적으로 모색하게 된 동기는 UR협정 체결이 가시화되면서 새로운 국제무역체제에서 ASEAN의 입지를 확보하여야 하며, 미국, 한국, 일본, 호주, 뉴질랜드 등이 추진하고 있는 APEC이 지역공동체로 구체적인 협력사업을 시작하기 이전에 회원국간에 실질적인 관세협력을 일정한 수준에 올려놓아야 한다는 것이 AFTA조기결성에 무언의 압력으로 작용하였다.

아시아에서는 성질이 다른 두 가지의 움직임이 있다. 그 하나는 1992년의 ASEAN정상회담에서 창설이 결정되어 1993년 1월에 발족한 아세안 자유무역지역(ASEAN Free Trade Area ; AFTA)이다.[96] 그때까지도 ASEAN은 역내관세의 상호인하 등에 협력해 왔지만, 이것을 가속화시켜 역내협정을 광범하게 진척시키려고 하는 것이다. 이것과는 별도로 말레이시아의 마하티르 수상이 유럽·미국주도의 지역통합에 대항하여 한국, 일본, ASEAN으로 구성되는 배타적인 지역통합(동아시아경제협의회, East Asian Economic Caucus ; EAEC)[97]을 만들려고 하는 구상을 주장하고 있다.

이들에 대해 명백하게 '개방된 지역주의'를 표방하고 있는 것이 APEC이다. 이것은 세계에서 대두하는 지역통합주의에 제동을 걸고 자유무역주의를 강화·보강하는데 그 목적을 두고 있다.[98]

이제 AFTA가 결성됨에 따라 기존의 'ASEAN특혜무역협정(Preferential Trading Arrangement ; PTA)'에 의해 ASEAN국가 간의 무역이 촉진되던 것이 '공동유효특혜관세(CEPT)'를 통해 보다 적극적인 협력을 추진하게 되었다. 그러나 ASEAN은 경제구조, 인구구성, 소득수준, 경제개발의 정도, 법규 등에 있어서 많은 차이를 보이고 있으며 다양한 시장구조를 갖고 있기 때문에 회원국에 대해 협정 및 규정을 일률적으로 적용하지 않고 선도국(싱가포르, 말레이시아)과 후발국(인도네시아, 필리핀, 베트남 등)간에 적용시점과 관세율 등에 있어서 상호차이를 두고 적용한다는 특징을 보이고 있다.

---

96) 이상호 외, 국제무역론, 법문사, 2010, p.141.

97) EAEC의 결성목적은 UR과 같은 국제무역협상에서 열세에 있는 아시아 국가들간에 공동대응전략을 수립하고 나아가 EU와 NAFTA에 맞서는 동아시아 경제협력체의 구축에 두고 있다. EAEC는 세계무역자유화를 위한 동아시아 국가들의 공동입장을 취하고자 하는데 근본적인 목적을 두고 있다.

98) Grimwade, N., International Trade Policy-A Contemporary Analysis, Routledge, 1996, pp.259~266.

2. ASEAN의 역내경제협력

아시아에서 냉전구조의 와해 이후 동남아시아국가들은 대외관계에서 정치적인 이해관계보다는 자국의 경제실리를 최대한 추구하고 있으며 특히 국제경쟁력을 증진시키기 위하여 국제화를 적극 추진하고 있다. 국제화와 병행하여 ASEAN국가들은 인근 국가와 국지적인 지역협력을 추구하는 소위 '소지역주의 경제권'의 활성화도 이 지역에서 나타나는 중요한 추세의 하나로 들 수 있다. 동남아시아의 소지역주의 경제권으로는 태국과 인도차이나 3국 및 미얀마를 연결하는 '바트경제권', '화교경제권', '성장삼각지대' 등을 들 수 있다.

3. ASEAN의 문제

1997년의 몇 가지 주요 사건들은 이러한 ASEAN의 계획에 중대한 차질을 초래했으며, 내정불간섭이라는 기존의 ASEAN문제해결방식과 원칙이 재검토 대상으로 되고 있다. 먼저 캄보디아의 ASEAN가입문제가 예기치 않은 훈센의 쿠데타로 인한 내부정변 때문에 무기한 연기되었고, 인도네시아의 삼림화재로 초래된 동남아시아의 연무문제에도 ASEAN이 어떠한 실질적 대응책을 내놓지 못했기 때문이다. 더욱이 1997년 7월 태국으로부터 촉발된 동남아 외환위기가 말레이시아, 필리핀, 싱가포르 등 역내국가들로부터 전염되면서 1997년 10월에는 인도네시아가 태국에 이어 IMF의 구제금융을 요청하는 사태로까지 발전하게 되었다.

이와 같은 동남아의 경제위기로 그간 동남아시아지역의 안정과 번영 그리고 평화를 유지하는데 중요한 기능을 수행해 왔던 ASEAN의 활동이 위축되고 역내국가들간 내부적 단합이 약화될 가능성이 커지고 있다. 이와 함께 ASEAN내에서 사실상 지도적 역할을 해 왔던 역내 최대국인 인도네시아의 급진적 정치변동 때문에 ASEAN의 리더십 문제와 관련하여 향후 역내국들간 잠재된 경쟁양상이 표면화될 가능성도 높아질 것이며, 이로 인해 ASEAN의 내부적 결속이 이완되면서 중국 등 역외 강대세력들의 영향력이 보다 더 강하게 이 지역에 침투할 가능성도 배제할 수 없게 되었다.

ASEAN은 1967년 창설된 이후 발전을 거듭하여 지난 30여 년 동안 이 지역의 안정과 발전에 중요한 기여를 해 왔으나, 1997년(회원국 확대문제, 연무문제, 동남아 금융위기)과 1998년(금융위기 대응, 내정불간섭원칙에 대한 재검토)에 걸친 일련의 사건들로 중대한 전환기를 맞이하기도 했다. 그러나 2000년대 이후 ASEAN은 결속이 강화·안정되었으며, 2010년 현재 ASEAN은 중국과의 FTA가 발효되었으며 한국과도 FTA체결, 발효가 되어 앞으로 ASEAN 국가와의 결속이 더욱 강화될 것으로 전망된다.

제4절 MERCOSUR

중남미 지역 대부분의 국가들은 과거 스페인 또는 포르투갈의 식민지였던 관계로 인종, 언어, 종교, 문화 등의 면에서 여타 대륙의 국가와 비교할 때 상대적으로 공통성이 크며, 이러한 공통성을 배경으로 1950년대 말부터 지역경제협력기구를 설립하고 국가간 경제협력을 강화하여 왔으나 각 국가간의 이해관계로 그 동안의 성과는 부진한 편이다.[99]

그러나 최근 중남미국가들간에 EU, NAFTA의 결성 및 아·태 국가간의 자유무역지대추진 움직임에 대하여 그 동안 정체상태에 머물렀던 경제통합체를 재활성화하거나 새로운 경제통합체를 결성하려는 움직임이 강하게 나타나고 있다. 즉, 중남미지역은 남미공동시장(MERCOSUR), 안데스공동시장(ANCOM), G3자유무역협정, 중미공동시장(CACM), 카리브공동시장(CARICOM), 라틴아메리카통합연합(LAIA) 등 지역별로 경제통합체를 추진함으로써 주변국들과의 경제협력 증진을 위한 자유무역권 형성이 활발하게 이루어지고 있다.

특히 남미공동시장은 라틴아메리카의 지역주의적 움직임 속에서 1990년대 이후에 가장 주목을 받은 것으로써 1991년 3월 파라과이의 아순시온에서 아르헨티나를 비롯하여 4개국(아르헨티나, 브라질, 파라과이, 우루과이) 정상들이 체결한 아순시온조약에 따라 1995년 1월 1일부터 발효된 것이다.

주요 내용은 회원국간에 상품에 대한 관세 및 비관세장벽의 철폐, 자본, 서비스 및 생산요소들의 자유이동을 보장하고, 역외지역에 대해서는 공통관세와

99) 이종원 외, 전게서, pp.240~258.

공동무역정책을 채택하며, 지역적·국제적 통상협상에 있어서 공동보조를 취하는 등 회원국간에 거시경제정책 및 부문별 공동협력사업을 제시하고 있다.

1995년 1월에 전 품목에 대해 80%의 역내관세인하, 85%의 대외공통관세를 설정하였다.

최근 세계경제환경에 주목을 하고 있는 BRICS 국가 중 하나인 브라질이 포함된 남미공동시장은 남미국가들의 리더격인 경제통합체이다. 남미공동시장은 2010년 12월 16~17 양일간 브라질의 이과수 시에서 지역통합노력을 위한 각료회의와 정상회의에서 회원국간 통상·투자 및 인적·물적 교류 확대를 통해 숙원인 지역통합을 이루기 위한 협력을 강화하기로 뜻을 모았다.

이를 위해 회원국간 투자보장 협정을 체결하고 향후 10년을 목표로 상호 관세폐지를 추진하기로 하는 한편 자동차 번호판을 통일하는 등 실질적인 조치를 추진할 예정이다.

남미공동시장은 역외국가 및 블록과의 자유무역협상도 적극 추진할 방침이다. 유럽연합(EU)과의 자유무역협정(FTA) 체결을 내년 중 마무리하기로 했으며, 팔레스타인 자치정부 및 시리아와 FTA 체결을 추진하겠다는 입장도 밝혔다.

남미공동시장은 특히 이번 회의에서 한국, 인도, 인도네시아, 말레이시아, 모로코, 이집트, 쿠바 등과 '개도국간 특혜관세 혜택 부여 원칙(GSTP)'에 따른 수입관세 인하 협정을 체결했다. 협정은 11개국 간 교역 제품의 70%에 해당하는 4만 7천여개에 대해 최소한 20% 수입관세를 감축하는 것을 내용으로 하고 있다.

남미공동시장은 또 EU 등과의 자유무역협상 역량을 높이기 위해 고위대표를 두기로 했다. 고위대표는 3년 임기에 한 차례 연임할 수 있도록 했다.

남미공동시장은 이와 함께 베네수엘라의 가입을 최대한 빠른 시일 안에 성사시켜 몸집을 불리겠다는 의지도 나타냈다. 메르코수르 4개국 정상들은 지난 2006년 7월 베네수엘라 가입에 합의했으며, 아르헨티나와 우루과이, 브라질은 의회 승인을 마쳤다. 그러나 파라과이에서는 보수우파 야권의 반대로 가입안이 아직 의회를 통과하지 못하고 있다.

남미공동시장은 1991년 3월 공식 출범해 내년 3월로 20주년을 맞는다. 4개국의 인구는 2억 4천만명이며, 국내총생산(GDP)은 2조 5천억달러로 평가된다. 베네수엘라, 볼리비아, 칠레, 콜롬비아, 에콰도르, 페루는 준회원국, 가이아나와 수리남은 옵서버자격으로 참여하고 있다.[100)]

제5절 APEC

아시아·태평양 경제협력체(Asian-Pacific Economic Cooperation ; APEC)는 아시아·태평양 지역 최초의 정부간 공식 협의체로서 그 동안 민간차원의 논의 또는 협력체구성에 머물고 있던 아·태 경제협력을 정부간의 협력으로 격상시켜 구체적인 협력을 추진함으로써 경제협력의 실익을 도모하고 있으며, 각 참가국의 다양성을 존중하는 가운데 역내 경제협력 강화를 추진하고 있다. 또한 APEC은 세계경제의 핵심국인 미국과 일본을 비롯하여 세계경제의 중심국가 중 하나로 부상하고 있는 중국 및 아시아 신흥공업경제군(ANIEs)들을 포함하고 있다는 점에서 다자주의의 확립을 촉진하는 지역주의로서 의미를 지니고 있다고 할 수 있다.

그런데 APEC은 창설 당시 아·태 협력의 기본 원칙에 대해서만 합의하였으며 운영해 나가는 과정에서 필요에 따라 탄력적으로 제도를 마련하고 기구를 확대해 나가고 있으며, 이러한 측면에서 아직도 발전단계에 있는 협의체라고 할 수 있다.

1. APEC의 추진배경과 특징

1) APEC의 추진배경

(1) EU통합과 역외 지역주의에 대한 공동대응

APEC의 설립배경으로는 EU나 NAFTA 등의 지역주의 확산과 이에 따른 자유무역체제 약화에 대한 회원국들의 우려를 들 수 있다. 왜냐하면 일본 및 ANIEs, 그리고 ASEAN 등 아시아 국가들은 대외 지향적 발전전략을 채택하여 고도성장을 실현하였다. 또한 이들 국가들은 모두가 미국시장에 크게 의존

100) 연합뉴스, 2010.12.18.

하고 있기 때문에 자유무역협정은 매우 어려운 과제가 된다.

따라서 고도성장의 역동성을 유지하는 데에 있어서 다자간 자유무역 질서의 유지가 필수적이라고 할 수 있다. 미국 클린턴 정부의 보호주의 정책과 NAFTA나 EU 등 지역주의의 영향을 받게 될 것이라는 우려로 공동대응의 필요성을 절감하게 되었다. 이러한 이유로 아·태 지역 국가사이에서 어떠한 형태의 협력체가 필요하다는 인식이 점차 높아지게 되었다.

(2) 아·태 지역내 소지역주의체제에 대한 유지 및 감시

아·태 지역 내에서 추진중인 대표적인 지역협력체로는 아세안자유무역지대(AFTA) 및 NAFTA, 그리고 지역개발을 중심으로 하는 동북아 경제협력이나 호주·뉴질랜드간 자유무역협정(CER)과 같은 보다 지역적인 경제협력도 있다. 이중에서 APEC은 미국과 일본을 포함한 아시아와 북미, 남미의 칠레까지 포함하고 있다는 점에서 유일한 광역경제협력체라고 할 수 있다.

이러한 의미에서 APEC의 출범은 아시아 지역에서 일본의 영향력 증대에 대한 미국의 견제심리와 북미자유무역협정의 공정성 유지에 대한 동아시아 국가의 우려의 결과라고 할 수 있다.

(3) 장기적인 무역균형

1980년대 중반 이후 아·태 지역 내에서의 무역마찰이 표면화됨에 따라 이를 보다 공정하게 해결하고 나아가 이를 구조적으로 해결할 수 있는 협력방안이 모색되기에 이르렀다. 아·태 지역은 활발한 역내교역에도 불구하고 미국의 동아시아 국가들에 대한 무역적자, 그리고 아시아 개도국의 일본에 대한 적자라는 구조적 불균형 문제를 안고 있다. 특히 미국과 일본간 무역불균형은 환율조정이나 구조조정협의와 같은 쌍무간 무역의 갈등이 일본으로부터 원·부자재 및 자본재를 수입하는 한편 최종재를 미국에 수출하고 있는 아시아 국가들은 쌍무적 무역불균형의 해소를 포함하여 보다 장기적인 무역균형을 위한 정책협의가 필요하다는 데 주목하게 되었다.

(4) 아·태 지역내 상호의존도 강화

EU통합으로 아·태 국가들은 세계경제성장 중심이 유럽으로 이동하는 것에 위협을 느끼게 되었다. 아·태 지역차원에서 상호의존도의 심화를 저해하는 각종 요소들을 제거하고 물리적 기반을 공고히 함으로써 이에 대처할 필요를

느끼게 되었다. 이는 지역주의로 역내국가간 무역확대를 꾀하고, 규모의 경제 실현 및 경쟁강화를 통하여 역내국가들의 국제경쟁력을 강화하기 위함이다.

2) APEC의 특징

(1) 역동적 경제성장 지역

아·태 지역은 세계경제에서 가장 역동적인 지역으로 지난 1970~1980년대 세계에서 가장 높은 경제성장률을 기록하면서 세계경제성장의 견인차 역할을 해 왔다. 이런 아·태 지역의 경제성장은 아·태 지역의 역동성을 발전시켜 온 원동력이 되었고, 역내 국가 간 상호의존도를 급속히 심화시켜 실질적인 경제 통합 과정을 진전시켰다.

한편, 이를 APEC이 포괄하고 있는 3개의 경제지역인 동아시아, NAFTA, CER로 세분하여 분석해 보면 동아시아 지역이 모든 면에서 괄목한 성장을 보인 반면, NAFTA, CER 지역은 모든 면에서 APEC의 평균 성장에도 못 미치는 경제지역으로 나타나고 있다. 이는 동아시아 지역이 실질적인 APEC의 성장주도 지역임을 다시 한 번 대변해 주고 있으며 동아시아를 포함하는 APEC이 NAFTA, CER과 같은 소규모 경제지역보다 효과적 경제 지역체가 될 수 있다.

(2) 상호 의존성의 증대

APEC은 정치, 사회, 문화 및 경제발전 단계, 경제규모 등의 차이에서 비롯되는 다양성과 대외지향적 경제정책, APEC회원국간 보완적인 산업구조 등으로 인해 상호의존도가 증가되고 있다. 또한 APEC역내 국가들의 개혁·개방정책 추진 등으로 무역·투자·기술 등의 분야에서 회원국간 상호협력이 확대되고 있다. 이와 같은 APEC회원국의 상호의존성은 정부주도 하에 이루어지고 있는 것이 아니라 지역간 상호보완성 추구라는 시장원리에 근거하고 있다.

(3) 회원국의 상호 이질성

APEC은 회원국간의 역사, 문화, 경제 등에 있어 차이가 심하다. 우선, 미국, 캐나다, 호주, 뉴질랜드 등은 역사, 문화적으로 유럽에 그 뿌리를 두고 있지만, 우리나라를 비롯한 일본, 중국, 대만, 홍콩은 유교 혹은 동양문화권에 속한다. 경제적으로는 시장경제체제를 추구하고 있지만, 정치적으로는 사회주의 국가인 중국이 가입되어 있으며, 남미국가로는 칠레도 회원국이다.

1999년 1인당 GDP면에서는 미국(3만 3900달러), 일본(3만 46달러)이 선진국군을 이루고 있으며, 수출과 수입 면에서도 미국, 일본 등 상위국가들과 브루나이, 파푸아뉴기니 등은 하위권을 이루어 심한 격차를 보이고 있다. 인구면에서도 중국이 12억 6,000만 명, 브루나이가 30만 명으로 많은 차이가 있으며, 국토 면에서도 APEC회원국간 많은 격차를 보이고 있다.[101]

2. APEC의 조직 및 운영

APEC은 다음과 같은 조직(그림 8-1)을 구성하여 운영되고 있다.[102]

1) APEC 정상회담

중국·대만 문제 등을 감안하여 공식회의 명칭은 "APEC 경제지도자 회의"로 명명하고 있으며, 각국의 정상이 참석하며, 매년 1회 개최되고 있다. 이 회의는 공식의제 없이 자유롭게 의견을 교환하는 형태로 진행된다. 회의결과는 공동선언문 형식으로 발표한다.

2) APEC 각료회의

매년 1회 개최되는 회의로 회원국의 외무장관 및 통상장관이 참석한다. APEC의 전반적인 운영방향을 협의하고 주요정책을 결정하며, 중요사안에 대한 고위간부의 건의를 승인하고 지침을 제공한다.

3) 고위실무자회의(Senior Officials Meeting ; SOM)

각료회의 준비를 위해 해당 각료회의 주최국에서 연 3~5회 개최하는 APEC의 실질적 핵심운영기관이다. 각 회원국의 차관보급 고위간부를 수석대표로 하여 구성된다. 의장은 주최국의 고위간부가 맡는다.

---

101) 이남구, 전게서, p.326.
102) 이종원 외, 전게서, pp.429~431.

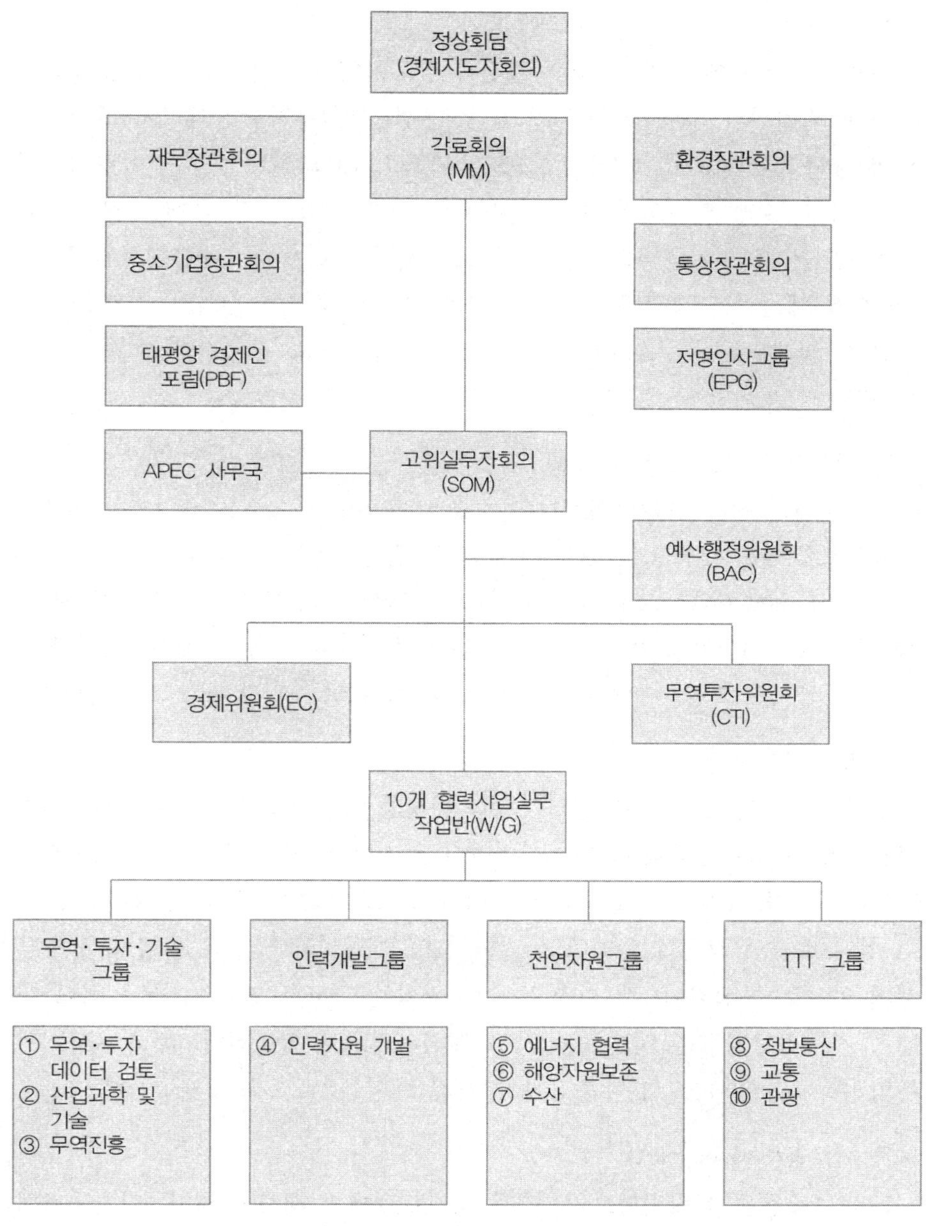

[그림 8-1] APEC의 조직도

4) 위원회

위원회는 필요에 따라 SOM의 결정과 각료회의의 승인으로 설치된다. 현재는 3개 위원회가 설립·운영되고 있다. 우선, 무역투자위원회(Committee on Trade and Investment ; CTI)는 1993년 APEC 각료회의에서 설립이 결정되었으며 역내 무역·투자의 장벽을 완화하는 데 필요한 제반 문제를 토의한다. SOM과 연계하여 연 4회 정도 회의를 개최하고 있다. 예산행정위원회는 APEC의 예산안을 작성하고, 예산집행의 검토와 운영을 논의하며 연 2회 개최한다. 경제위원회는 APEC의 경제동향을 보고하고, 경제전망 보고서를 작성한다.

5) 실무그룹(Working Group)

회원국간의 공동협력을 위해 사안별로 10개의 실무그룹을 운영하며 연 1~3회 정도 회의를 개최하고 있다. 10개 실무그룹은 교역 및 투자데이터 검토실무그룹(Trade and Investment Data Review), 무역진흥 실무그룹, 산업과학 및 기술 실무그룹, 인력자원개발 실무그룹, 에너지협력 실무그룹, 해양자원보존 실무그룹, 통신 실무그룹, 수산 실무그룹, 수송 실무그룹, 관광 실무그룹 등이다.

6) 민간자문기관

민간자문기관으로는 저명인사그룹과 태평양 기업인포럼이 있다. 먼저 저명인사그룹(Eminent Persons Group ; EPG)은 1992년 방콕각료회의 때 설립을 결정하였으며, APEC의 발전방향에 대한 권고의견을 제출한다. 영구적 조직이 아니며, 한시적으로 운영하고 있다. APEC 회원국 정부가 임명하는 학계, 재계 인사로 구성되며, 각 회원국에서 1명씩 참가하고 있다. 그러나 EPG 회원은 자국정부입장을 대변하지 않고 개인자격으로 활동한다. 매년 APEC의 무역·투자 자유화를 위한 중장기 청사진을 담은 보고서를 제출한다.

7) 사무국(Secretariat)

1993년 2월에 설립되었으며, 현재 싱가포르에 소재하고 있다. 임기 1년의 사무총장이 있으며, 의장국에 의하여 임명된다. APEC 사무국 직원들은 회원국들로부터 임명되며, 기타 지원인원은 사무국소재지인 싱가포르에서 현지 채용된다.

8) 전문분야 각료회의

이 밖에 APEC 재무장관회의, 환경장관회의, 통상장관회의, 통신정보산업 장관회의가 비정기적으로 개최되고 있다.

3. APEC에서의 한국의 역할

앞에서도 언급한 것처럼 한국은 APEC 내에서의 활동에 적극적이었다. 이러한 한국의 주도적 역할은 무엇보다도 한국이 어떠한 지역통합체에도 포함되어 있지 않기 때문이다. 따라서 APEC을 통해 지역적인 고립성을 탈피하고, 미국 등의 쌍무적인 압력을 다자적인 차원으로 완화시키며, 나아가 NAFTA, AFTA 등을 중심으로 하는 아·태 지역의 지역주의의 확산을 억제하고자 하는 전략에서 나온 것이다.

좀 더 구체적으로 APEC이 한국에 미치는 영향과 향후 한국의 역할에 대하여 알아보도록 한다. APEC이 한국에 미치는 영향을 외교적 측면과, 경제적 측면으로 나누어 살펴보면 다음과 같다.

1) 외교적 측면

APEC는 한국이 21세기 아·태 지역의 주역으로서 입지를 확보하고 국제사회에서의 행동반경을 확대시키는 발판이 된다. 특히 중간자적인 입장에서 회원국간의 이해를 조정하는 역할을 담당함으로써 국제외교에서 한국의 위상을 재정립할 수 있게 된다.

2) 경제적 측면

한국의 대외교역에 있어 중요한 위치를 차지하고 있는 미·일·ASEAN을 비롯하여 공식외교관계 수립 후 쌍무간 경제관계가 급속도로 발전하고 있는 중국이 APEC 회원국임을 감안할 때 APEC을 통한 역내 국가 간 유대강화는 한국에 유리한 무역환경을 제공해 줄 것이다.[103)]

---

103) 이남구, 전게서, p.337.

4. APEC의 전망

APEC 초기에는 역내회원국 상호간 의견교환을 하는 포럼수준의 느슨한 경제협력체의 성격을 벗어나지 못했다. 그러나 아·태 지역의 중요성에 대해 새로운 인식을 하면서 아·태 지역의 무역·투자 자유화 및 경제적, 정치적 영향력 증대를 위한 강력한 수단으로 활용하게 되었다. 1993년 미국 시애틀에서 열린 제1차 정상회담으로 역내 무역자유화 및 경제협력을 위한 논의가 매우 활성화되었으며, 1994년 인도네시아 보고르에서 개최된 제2차 정상회담에서는 역내 무역·투자 자유화를 위한 목표연도를 설정한 '보고르 선언'이 채택되었으며, 1995년 일본 오사카 정상회담에서는 보고르 선언의 실행지침(Action Agenda)을 마련하였다. 1996년 11월 필리핀 마닐라에서의 제4차 APEC 정상회담에서는 오사카 회담의 결과인, 선진국은 2010년 개도국은 2020년까지 역내 무역·투자자유화에 대한 시행일정을 1997년에 결정했다.

또한 APEC 1997년 회의와 1998년 회의에서는 여러 가지 면에서 종래의 APEC이 경험해온 것과는 다른 문제점들을 낳았다. ① 금융위기와 APEC 방향의 선회, ② 무역마찰요인이 다시 부상함에 따라 1998년 APEC은 일본을 중심으로 미·일, 아시아·일본간의 새로운 무역마찰의 가능성이 발생, ③ 구성원수의 확대, 새로운 이합집산과 APEC정치과정의 복잡화 등을 들고 있다.

2010년 현재 21개의 다양한 국가 및 지역의 집합인 APEC은 운영상의 문제를 안고 있다. 미국·캐나다·호주 등은 무역자본의 자유화를 최대의 목표로 하고 있다. 한편으로 쌀 등 농산물 문제를 안고 있는 한국, 일본 등은 자유화보다 지역경제협력을 우선해야 한다는 입장을 취하고 있다. 일본·미국·캐나다라는 G-7멤버와 한국 등 중진국, 그리고 중국 등의 개발도상국과 경제의 발전단계에도 차이가 있다. APEC중에서 미국·캐나다·호주를 제외하고 그룹을 형성하려고 하는 말레이시아의 마하틸 수상의 제창에 미국 등은 강하게 반대를 하고 있다. 발전단계가 다르고 복잡하고 다양한 문화적 배경을 가진 국가 및 지역을 통합해 나갈 이념은 아직 발견되지 않고 있다.

제6절 세계 각 지역의 FTA 열풍

1. 세계 FTA의 개요

세계무역기구(WTO)가 출범한 1995년 이후 세계 각국들은 FTA로 대표되는 지역무역협정(RTA : Regional Trade Agreement)을 통한 개방, 확대에 열중하고 있다.

일반적으로 FTA와 혼용되기도 하는 지역무역협정(RTA)은 자유무역협정(FTA), 서비스협정, 관세동맹, 개도국간 특혜협정을 포괄한다.

자유무역협정(FTA: Free Trade Agreement)이란 특정국가간에 배타적인 무역특혜를 서로 부여하는 협정으로서 가장 느슨한 형태의 지역 경제통합 형태이며, 지역무역협정(RTA: Regional Trade Agreement)의 대종을 이루고 있다.

2010년 9월 16일 WTO에 보고된 발효 중인 지역무역협정은 286건이며 이 협정들의 체결시기를 살펴보면 [그림 8-2]에 나타난 바와 같이 1947년부터 1994년까지 91건에 불과하던 것이 WTO가 출범한 1995년 이후 2010년 8월 현재 197건이 체결되어 최근 지역주의의 광범위한 영향을 여실히 보여주고 있다.

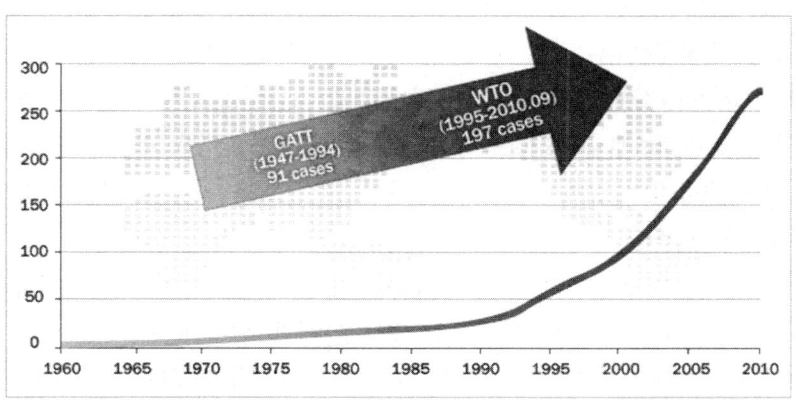

[그림 8-2] 지역무역협정(RTA) 현황(2010년 9월 16일 현재)

지역무역협정 체결은 전술한 바와 같이 WTO 출범(1995.1) 이후 매년 급속히 확산되어, 2007년 기준 전세계 교역량의 50% 이상이 지역무역협정내 교역에 포함되는 것으로 추정된다.

WTO출범이후 FTA 열풍이 부는 이유는 도하아젠다(DDA)협상이 순조롭게 진행되지 않으므로 그 대안으로 각국들이 FTA 형태로 협정을 맺어 국제간의 무역을 원활히 하기 위한 방안으로 각국이 앞다투어 FTA협상을 진행하고 있기 때문이다.

2. 세계 주요국의 FTA 추진현황

1) 미국의 FTA현황

미국은 2차 세계대전이후 세계 최강국으로 부상하면서 정치, 경제의 리더 국가가 되었다. 따라서 세계최강국의 위치에 있는 미국은 IMF, GATT등 국제경제기구의 중심국가로서 세계경제에 미치는 영향이 막강하였다. 2차 세계대전 후 막강했던 미국이 1960년대 후반부터 기축통화였던 달러의 위력이 감소되어 결국 1971년 8월 15일 달러 방위를 위해 달러와 금의 교환을 정지하는 긴급조치를 발표하기에 이르렀다. 1980년대 미국경제는 막대한 재정적자, 무역적자라는 쌍둥이 적자를 타계하기 위해 뉴욕에서 프라자회담을 하여 엔과 마르크를 절상시키는 결과를 가져왔다. 이러한 세계경제환경하에서 유럽국가들은 2차 세계대전 후 각국의 경제회복을 위해 유럽석탄공동체를 시작으로 경제동맹을 시작하였으며 경제동맹관계가 확대 및 강화하게 되었다. 이러한 유럽의 변화는 EC에서 더 결속이 강한 EU로 경제통합을 하게 되었다. 이러한 EU에 대응하기 위해 미국은 캐나다, 멕시코와 NAFTA를 결성, 발효(1994.1.1)하게 되었다.

이와 동시에 WTO 출범 후 도하라운드 협상이 순조롭게 진행되지 않아서 세계 각국들은 FTA형태의 경제적인 결속을 하게 되자 미국 또한 이 FTA열풍에 뒤늦게 합류하게 되었다. 다음 [표 8-2]에서와 같이 2000년대 이후 모로코, 바레인, 싱가포르, 칠레, 호주 등과 FTA체결 및 발효시켰으며 한국과는 2010년 12월 현재 체결은 되었으나 발효를 앞두고 양국간 협상내용을 조율중에 있다.

[표 8-2] 미국의 FTA현황

국가		협정국가	내 용
미국	기체결	미국, 멕시코, 캐나다	NAFTA1994년 1월 발효
		모로코	2006년 1월 1일 발효
		바레인	2006년 8월 1일 발효
		싱가포르	2004년 1월 1일 발효
		칠레	2004년 1월 1일 발효
		호주	2005년 1월 1일 발효
		오만	2009년 1월 1일 미-오만 FTA 발효
		요르단	2002년 12월 17일 발효 - 2010년 1월까지 전면 관세철폐
		이스라엘	1985년 8월 19일 발효
		콜롬비아	2007년 12월 11일 콜롬비아 대통령은 수정협정문을 통과시킴 - 하지만, 콜롬비아 노조 지도자 살해 등 인권 문제가 미국 내 비준의 걸림돌이 되고 있음
		파나마	2007년 6월 28일 미국-파나마 무역촉진협정(TPA, Trade Promotion Agreement)은 美 행정부의 무역촉진권한(TPA)의 만료 시점인 동년 6월 30일 되기 직전 공식 서명됨
		페루	2009년 2월 1일 발효 - 페루는 미국-페루 TPA 발효 시점부터 18개월 내에 환경관련 의무를 충족하도록 되어 있기 때문에, 2009년 4월 13~17일 미국-페루 TPA 페루측 환경 조항(벌목 부속서 등) 검토 회의 개최
		한국	2009년 4월 22일 미-한국 FTA 비준동의안 한국 국회 상임위 통과
	협상중	FTAA	2004년 브라질에서 9차통상장관회담을 거쳐 2005년 12월 공식출범 계획이었으나 브라질 및 여타국의 반발로 교착상태
		SACU	2008년 7월 16일 양측은 TIDCA에 서명
		말레이시아	2009년 10월 미국과 말레이시아 양국간 고위급 회담이후 양국은 쟁점인 정부조달 분야 합의시 FTA가 타결될 것이라고 밝힘
		UAE	2007년 6월 30일 미 의회가 무역촉진권한을 연장하는 것이 불투명해짐에 따라 기존에 정한 협상시한 내 타결이 어려울 것으로 의견일치를 봄
		에콰도르	2006년 5월 미국-에콰도르 FTA 협상중단, 2007년 9월 미국은 에콰도르를 협상대상에서 제외
		태국	2009년 3월 협상재개 전망
		TPP P4+(환태평양 경제동반자 협정)	2010년 3월 미국, 베트남, 호주, 페루 등 4개 신규 국가의 가입을 위한 TPP P4+개시 전망
	검토중	뉴질랜드	미국은 긍정적이나 적극적이 아님
		대만	2003년 3월 31일 미하원 행정부에 대해 대만과 FTA 체결을 촉구하는 결의 상정
		베트남	2008년 7월 14일 미국과 베트남 투자에 관한 양장협정 개시 동의
		이집트	2002년 USTR Zoellick과 이집트 외무장관간 양국간 FTA 가능성 논의
		쿠웨이트	2003년 9월 Colin Powell장관과 쿠웨이트의 이집트 외무부장관간 양국간 FTA 가능성 논의
		파키스탄	2003년 6월 25일 양국간 서명

자료 : 외교통상부.

2) 중국의 FTA현황

중국은 1978년 개혁, 개방화 정책 이후 급속도로 경제성장을 하였으며 특히 2001년 WTO 가입후 비약적인 경제발전을 하였다. 또한 세계 각국들의 FTA열풍에 뒤늦게 동참하여 2008년 뉴질랜드를 비롯하여 [표 8-3]과 같이 FTA를 체결 및 발효시켰으며 협상중이거나 검토중인 국가들도 있다.

[표 8-3] 중국의 FTA현황

국가		협정국가	내용
중국	기체결	ASEAN	2010년 1월 발효
		뉴질랜드	2008년 10월 1일 발효
		대만	2010년 9월 12일 발효
		마카오	2009년 5월 11일 발효
		싱가포르	2009년 1월 1일 발효
		칠레	2009년 4월 7~8일, 6월 22~24일, 9월 23~24일 각각 중-칠레 FTA 제2~4차 투자협상개최
		파키스탄	2009년 10월 10일 발효
		페루	2010년 3월 1일 발효
		홍콩	2009년 10월 1일 발효
	협상중	GCC	2009년 6월 22~24일 FTA 협의
		SACU	SACU(Southern African Customs Union) : 남아프리카 관세동맹. 보츠와나, 레소토, 나미비아, 남아공, 스와질란드 등 5개국으로 구성 2004년 6월 28일 중-SACU FTA 협상 개시 합의
		노르웨이	2009년 3월 10~12일, 6월 2~5일, 12월 15~17일 각각 중-노르웨이 FTA 제3~6차 협상 개최
		아이슬란드	2008년 4월 28일~30일 제4차 협상
		코스타리카	2010년 2월 10일 중-코스타리카 FTA 협상 타결
		호주	2009년 9월 14차 협상
		MERCOSUR	* MERCOSUR (Mercado Comun del Sur, Mercado Comun do Sul) : 중남미공동시장. 브라질, 아르헨티나, 파라과이, 우루과이 등 4개국
	검토중	스위스	2010년 2월 4일 중-스위스 FTA 공동연구 개시
		인도	2008년 10월 10일 양국간 공동연구 종료
		한국	2010.9.28~29 제1차 한-중 FTA 정부간 사전협의(북경) - 민감성 처리방안 협의
		한중일	2010년 5월 6일~7일 한·중·일 FTA 산관학 공동연구 제1차 회의 개최(서울) 2010년 9월 1일~3일 한·중·일 FTA 산관학 공동연구 제2차 회의 개최(동경)

자료 : 외교통상부.

3) 일본의 FTA현황

일본은 2차 세계대전 이후 전쟁피해로 인해 경제적인 어려움이 많았으나 한국특수, 월남특수, 중동특수 등으로 빠른 경제회복과 동시에 비약적인 경제발전을 하였다. 특히 1960년대 이후부터 세계경제에 일본의 영향력이 막강하였으며 그 절정기는 1980년대였다. 그러나 1990년대에 들어서면서 경제적 침체기가 시작되어 2010년 현재 경제회복을 위한 노력을 계속하고 있는 중이다.

[표 8-4] 일본의 FTA현황

국가		협정국가	내용
일본	기체결	ASEAN	2009년 2월 1일 최종발효
		말레이시아	2009년 6월 1일 발효
		멕시코	2007년 4월 1일 발효
		베트남	2009년 10월 1일 발효
		브루나이	2008년 7월 31일 발효
		스위스	2009년 9월 1일 발효
		싱가포르	2007년 9월 2일 발효
		인도네시아	2008년 7월 1일 발효
		칠레	2007년 9월 3일 발효
		태국	2009년 7월 9일 협상
		필리핀	2008년 12월 11일 발효
	협상중	GCC	2007년 12월, 2008년 7월, 2009년 3월 29~31일 일-GCC FTA 비공식 회기간 협의 개최
		인도	2010년 연내 일-인도 EPA 협상 타결 및 12월 만모한 싱 인도 총리 訪日시 공식서명 전망
		페루	2010년 2월 1일 일-페루 EPA 제5차 협상 개최
		호주	2010년 3월 혹은 4월 일-호주 EPA 차기 협상 개최 예정
		EU	2010년 현재 일-EU EPA 협상이 실제로 개시될지는 미지수임
	검토중	뉴질랜드	2008년 5월 14일 일본과 뉴질랜드 양국 정상은 양국간 FTA 타당성 검토를 위한 공동연구를 실시하기로 합의 - 뉴질랜드는 그간 일본측에 FTA 공동연구를 제안해 왔으나, 일본정부는 자국 농업분야 보호를 이유로 거부 의사를 표시해 왔음 뉴질랜드측은 일본측에 교섭 의사를 지속적으로 전달하고 있음
		대만	2003년 9월 대만의 경제부 장관이 일본과의 FTA 체결 관심 표명
		몽골	2009년 12월 일본 외교부는 몽골과 EPA 체결 가능성을 검토하기 위한 일-몽골 EPA 공동연구 개시에 합의했다고 밝힘
		미국	2009년 현재 일본 재계를 중심으로 일-미 FTA 협상을 촉구
		캐나다	2006년 4월, 6월을 끝으로 공동연구 종료
		한국	2010년 9월 16일 한일 FTA 제1차 국장급 협의 개최(동경) - 고위급 협의로 격상됨
		한·중·일	2010년 1월 26일 산관학 공동연구 준비회의 개최 2010년 5월 6일~7일 산관학 공동연구 제1차 회의 개최(서울) 2010년 9월 1일~3일 산관학 공동연구 제2차 회의 개최(동경)

4) EU의 FTA 현황

경제통합의 한 형태인 FTA에 관한 관심은 EU는 어느 국가나 지역보다 많은 경험을 갖고 있으므로 FTA협상의 체결 및 발효 등이 아래 [표 8-5]에 나타난 바와 같이 활발하다. 한국과는 협상이 체결되었으며 2010년 12월 현재 발효를 위한 절차를 밟는 중이다.

[표 8-5] EU의 FTA 현황

국가		협정국가	내용
EU	기체결된	EEA	2004년 5월 1일: 동 협정에 대한 EFTA 회원국인 스위스 탈퇴 및 EU의 확대 등으로 EFTA 3개국(아이슬란드, 리히텐슈타인, 노르웨이) 및 EU 25개국 등 28개국간 EEA 협정으로 단일화됨
		EU확대과정	2007년 1월 1일 루마니아와 불가리아 추가 가입으로 27개국으로 확대됨. 이로써 EU는 2007년 1월 기준 27개국 회원국으로 확대된 세계 최대 규모의 지역 경제블록을 형성
		CARIFORUM	2008년 10월 발효
		마케도니아	2006년 2월 1일 SAA(FTA) 발효
		Faroe Island	덴마크령 페로 제도와의 FTA 1997년 1월 1일 발효
		OCTs	OCTs: Overseas Countries and Territories 과의 FTA (EU 특정 국가들과 정치경제적으로 연계된 20개 소국), 2001년12월 2일 발효
		남아프리카공화국	2000년 1월 발효
		레바논	2003년 3월 1일 잠정 협정 발효 EU확대에 따른 확대국과의 협정은 2006년 4월부터 발효
		멕시코	2000년 7월 1일 발효 – 2007년까지 관세철폐 이행
		모로코	2000년 3월 1일: "EU-Mediterranean Association Agreement"(포괄적인 FTA) 발효. (12년간의 점진적 자유화 조항 포함)
		몬테네그로	–
		보스니아페르체고비나	–
		세르비아	2007년 6월 협상 재개
		시리아	2009년 10월 18일 시리아측의 요청으로 EU-시리아 EPA 협정의 서명이 연기됨
		안도라	1991년 7월 발효
		알바니아	2006년 6월 발효
		알제리	2005년 9월 발효
		요르단	2002년 3월 1일 Euro-Mediterranean Association Agreement 발효 12년 이내에 자유무역지대 창설 목표
		이스라엘	2000년 6월 1일 "Euro-Mediterranean Association Agreement" 발효 1989년부터 존재했던 공산품에 대한 자유무역체제를 확인하고 농산물 양허 추가

국가	협정국가	내용
	이집트	2004년 6월1일 공식 발효 (이는 지난 1977년 양국간 체결했던 Cooperation Agreement를 대체하는 협정임)
	칠레	2003년 2월 발효 – EU 이행기간: 3년 이내(일부 제외) 칠레 이행기간: 공산품 7년 이내, 농산물 최대 10년
	크로아티아	2005년 2월 1일 양국간 Stabilisation and Association Agreement (SAA) 발효
	터키	1996년 1월 관세동맹 발효
	튀니지	1998년 3월 1일 "Euro–Mediterranean Association Agreement"발효 2010년까지 FTA 완성을 위한 기반
	팔레스타인 자치정부	1997년 7월: 공식 발효 현재까지 이스라엘의 방해와 팔레스타인의 경제적 문제로 협정 이행이 늦어짐. 민감한 정치적 상황으로 인해 전면적인 협정 이행 어려움
	한국	2011년 7월 1일 한–EU FTA 잠정발효 예정 * 단, 잠정 발효를 위해서는 우리 국회의 비준동의와 유럽의회의 동의 등 입법부의 동의 절차가 완료되어야함.
	ACP	2008년 11월 말 현재 ACP 22개국과 잠정협정 체결 * ACP 국가들 : African, Caribbean and Pacific countries (ACP) 국가는 대부분 과거 유럽제국의 식민지였던 나라들로서 EU는 이들 국가의 경제개발을 지원하기 위해 특혜관세, quota보장 등 무역상의 혜택을 제공. 2008년 말 현재 ACP 국가는 79개 국가 (48 African states, 16 Caribbean states, 15 Pacific states)에 달함
협상중	ASEAN	2009년 12월 EU는 ASEAN과의 FTA 협상을 진전시키기 위해 태국, 브루나이, 싱가포르, 말레이시아 등의 ASEAN 개별국과 개별국 차원에서 FTA 협상을 추진할 의사를 타진 – 개별국과의 FTA 체결 이전 기반 조성을 위해 말레이시아, 필리핀, 인도네시아 등과 동반자 협력 협정(PCA, Partnership Cooperation Agreement)을 추진할 계획임 – EU 회원국 내에서도 지지부진한 지역간 협상이 아닌 ASEAN 개별국과의 협상을 바라는 목소리가 커지고 있음
	CA	2010년 2월말 CA–EU FTA 협상 재개 및 제9차 협상 개최 전망 * CAC(Central America Community)는 코스타리카, 엘살바도르, 과테말라, 온두라스, 니카라과이 등 5개국이며, 파나마는 옵저버로 협상 참가
	CAN	2010년 2월말에서 3월초 EU–페루, 콜롬비아 FTA 제9차 협상 개최 예정 * 안데안공동체(CAN, Andean Community of Nation): 볼리비아, 콜롬비아, 에콰도르, 페루 등 4개국, 본래 6개국이었으나 칠레, 베네수엘라 탈퇴
	GCC	2009년 9월 29일 GCC측은 지연되어 온 EU와의 FTA가 2010년 3월 타결이 기대된다고 밝힘 * GCC(Gulf Cooperation Council: 걸프협력이사회)
	MERCOSUR	2008년 말 현재 브라질 정부의 정책 결정에 막강한 영향력을 구사하는 재계단체 CNI(National Confederation of Industry) 등이 MERCOSUR의 타회원국을 배제하고 브라질–EU 간의 양자협상에 서명할 것을 강력히 촉구하고 있고, 타회원국은 이에 반발하고 있는 상황
	리비아	2008년 12월 EU–리비아 제휴협정 (Association Agreement) 협상 개시
	에콰도르	2009년 2월 12일 제1차 협상 개최

국가	협정국가	내용
	우크라이나	2007년 3월 PCA 개시*PCA (Partnership and Cooperation Agreement, 동반자 및 협력 협정)
	인도	2010년 초 EU-인도 FTA 제8차 협상 개최 예정
	캐나다	2010년 1월 18-22일 EU-캐나다 CETA 제2차 협상 개최
	콜롬비아	2009년 2월 12일 제1차 협상 개최
	페루	2009년 11월 16일 제7차 협상 개최
	그루지야	-
	러시아	-
	말레이시아	-
	몰보바	-
	베트남	2007년 12월 PCA(Partnership and Cooperation Agreement)발효
	벨라루스	-
	싱가포르	고위급 차원에서 FTA 가능성 논의
	아르메니아	-
	아제르바이잔	2006년 9월 타결
	이라크	2007년 11월 개시
검토중	이란	2002년 6월까지 3차례 협상 개최 현재 이란의 핵사찰 문제로 EU측에서 협상 중단한 상태
	일본	2008년 7월 보고서 제출
	중국	2007년 1월 17일 베니타 페레로-왈드너 EU 대외정책 위원장과 리쟈오싱 중국 외무장관은 양측 간 동반자협력협정(PCA, Partnership Cooperation Agreement) 협상 개시를 공식 선언 양측은 2006년 9월 헬싱키에서, 1985년에 이미 체결되었던 무역경제협력협정(Trade and Economic Cooperation Agreement)을 갱신하기 위한 PCA 협상 개시에 잠정 합의한 바 있음 동 PCA 협상은 양측의 정치, 경제, 무역, 에너지, 환경 등 22개 분야를 포함하는 포괄적 협상이 될 예정
	카자흐스탄	-
	코소보	-
	파키스탄	2009년 10월 20일 EU-파키스탄 FTA 협상개시 논의

5) ASEAN의 FTA 현황

동남아시아의 핵심국가의 연합체인 ASEAN 10개국은 다음 [표 8-6]과 같이 최근 많은 나라와 FTA협상 타결 또는 진행중이며 한국과는 2010년 1월부터 상품 및 서비스 협정이 발효되었다.

[표 8-6] ASEAN의 FTA 현황

국가		협정국가	내용
ASEAN	기체결	AFTA	1992년 1월 28일 ASEAN 회원국간 개도국협정(PTA) 성격의 AFTA(Asean Free Trade Agreement) 본격 개시, 공동실효특혜관세(Common Effective Preferential Tariff;CEPT) 스케줄에 따라 1993년부터 관세 인하 시작 – 역내국간 10년내에 관세를 0~5%로 낮추는데 합의 그 후 2003년 10월 ASEAN 정상회의를 통해 2020년까지 역내국간 공동시장 완성하기로 목표 – Indonesia, Malaysia, Singapore, Thailand, Brunei, and the Philippines(6개국)은 2007년부터 2010년까지 전 품목 무관세 발효시킬 예정 – Laos, Myanmar, Vietnam, and Cambodia(4개국) :2015년, 늦어도 2018년까지 전 품목 무관세 발효 완성 예정 비관세장벽의 경우 2008년부터 축소작업을 시행하여 2012년까지 마무리하기로 합의
		인도	2010년 연내 ASEAN–인도 FTA 서비스협상, 투자협상 타결 전망
		일본	2009년 6월 1일 ASEAN–일본 FTA 태국 발효
		중국	2010년 1월 1일 부로 2005년부터 시작된 상품 관세 인하가 완료되어 7,000여 개 품목의 관세가 "0" 이 되었으며, ASEAN–중국 FTA 상품협정이 실질적으로 완성됨
		한국	2010.1.1 태국 ASEAN –한 FTA 상품협정 및 서비스 협정 가입 의정서 발효
		호주–뉴질랜드	2010년 1월 1일 AANZFTA 브루나이, 미얀마, 말레이시아, 필리핀, 싱가포르, 베트남, 호주, 뉴질랜드 발효 – 국내 절차가 완료되지 않은 캄보디아, 인도네시아, 라오스, 태국 등은 2010년 내 발효 전망
	협상중	EU	2009년 12월 EU는 EU와 ASEAN과의 FTA를 개별국 차원에서 추진할 의사를 타진 – EU는 2010년 싱가포르를 시작으로 베트남, 말레이시아 등 개별국과 FTA를 추진할 계획
		EFTA	FTA 가능성에 대해 검토 중 * EFTA–싱가포르 FTA 발효 중
	검토중	대만	2003년 7월: 대만이 ASEAN에 대해 FTA 관심 표명, 중국의 방해로 진전 없음
		미국	2007년 11월 19일–22일 개최된 ASEAN 정상회담에서 ASEAN 통상장관들은 Susan Schwab USTR과 ASEAN–미 FTA 추진 가능성에 관해 협의함 – 양측은 2006년에 체결된 ASEAN–미국 무역, 투자기본협정(TIFA, Trade and Investment Framework Agreement)을 활용하는 방안에 대해서도 논의 일부 전문가들은 TIFA가 구속력이 없는 상황에서 이러한 논의가 긍정적일 것으로 평가되나, 미얀마 사태가 수습되지 않은 상황에서 양측 간 FTA 체결 가능성에 대해서는 신중한 입장

6) 호주의 FTA 현황

호주의 FTA현황은 [표 8-7]과 같이 일찍부터 협상체결, 발효가 많으며 한국과는 2010년 12월 현재 협상이 진행중이다.

[표 8-7] 호주의 FTA 현황

국가		협정국가	내용
호주	기체결	PACER	2010년 2월 PACER PLUS 협상, 4월 혹은 5월 PACER PLUS 통상장관 회담 개최 전망
		뉴질랜드	1986년 1월 호주-뉴질랜드 CER 서비스 발효
		뉴질랜드-아세안	2010년 1월 1일 AANZFTA 호주, 뉴질랜드, 브루나이, 미얀마, 말레이시아, 필리핀, 싱가포르, 베트남 발효 - 국내 절차가 완료되지 않은 캄보디아, 인도네시아, 라오스, 태국 등은 2010년 내 발효 전망
		미국	2005년 1월 1일 발효
		싱가포르	2010년 초 호주-싱가포르 FTA Review 타결안 반영 예정
		칠레	2009년 3월 6일 공식 발효
		태국	2005년 1월 발효 - 호주로부터 수입되는 제품에 대해 태국은 2010년 1월까지 무관세 적용 완료 예정
		파푸아뉴기니	PATCRA: 호주-파푸아뉴기니 양자 FTA 협정 1977년 2월 1일 발효
	협상중	GCC	2009년 2월 호주-GCC FTA 협상 재개, 동년 6월 호주-GCC FTA 제4차 협상 개최
		UAE	2005년 12월, 3차 협상 후 교착상태, GCC와의 더 포괄적인 FTA 검토중
		말레이시아	2010년 4월 호주-말레이시아 FTA 제7차 협상 개최 예정
		일본	2010년 3월 또는 4월 호주-일본 EPA 차기 협상 개최 예정
		중국	2009년 9월 14차 협상
		한국	2010년 3월 호주-한국 FTA 제4차 협상 개최 예정
		PIE	2007년 6월 예비교섭 개시 *PIF (태평양 제도 포럼) - 호주-뉴질랜드 사이의 FTA 예비교섭으로 PIF에는 호주, 뉴질랜드, 키리바시, 사모아, 솔로몬 제도, 투발루, 통가, 나우르, 바누아투, 파푸아 뉴기니, 팔라우, 피지, 마셜, 미크로네시아, 쿡 제도, 니우에 등
	검토중	TPP P4	2010년 3월 호주, 미국, 베트남, 페루 등 4개 신규 국가의 가입을 위한 TPP P4+ 협상 개시 전망 *Trans-Pacific SEP (Comprehensive Trans-Pacific Strategic Economic Partnership Agreement)는 TPP(Trans-Pacific Strategic Economic Partnership), Asia-Pacific FTA 혹은 P4 협정이라고도 불리며 싱가포르, 브루나이, 뉴질랜드, 칠레 등 4개국이 가입해 있음
		멕시코	2002년 10월 양국 정상간 FTA 협상 개시 가능성 논의
		인도	2010년 4월 호주는 부탄에서 개최 예정인 SARRC 회의에 옵저버 자격으로 첫 참가 예정
		인도네시아	2009년 2월 호주-인도네시아 FTA 공동연구 완료

7) 캐나다의 FTA 현황

캐나다는 [표 8-8]에 나타난 바와 같이 미국과의 NAFTA가 1994년 1월 1일 체결, 발효되었으며 남미국가들과는 협상중이다.

[표 8-8] 캐나다의 FTA 현황

국가		협정국가	내용
캐나다	기체결	EFTA	1998년 10월 9일 캐나다 정부는 스위스, 노르웨이, 아이슬란드, 리히텐슈타인 등 EFTA 4개국과의 FTA 협상개시를 공식 선언함 2009년 7월 1일 캐나다-EFTA FTA 발효
		NAFTA	NAFTA: North American Free Trade Agreement회원국: 미국, 멕시코, 캐나다 1994년 1월 발효
		요르단	2009년 11월 17일 캐나다-요르단 FTA 공식서명
		이스라엘	1997년 1월 1일 발효
		칠레	1997년 7월 5일 발효
		코스타리카	2002년 11월 1일 발효
		콜롬비아	2009년 8월 11일 콜롬비아 의회 캐나다-콜롬비아 FTA 비준 동의 후, 대통령에 전달
		파나마	2009년 8월 11일 캐나다-파나마 FTA 협정 공식 서명
		페루	2009년 8월 1일 캐나다-페루 FTA 발효 - 캐나다-페루 LCA, 캐나다-페루 EA도 함께 발효
	협상중	FTAA	2004년 브라질에서 제 9차 통상장관회담을 거쳐 2005년 1월까지 협상을 마무리짓고 2005년 12월에 FTAA를 공식출범시킬 계획이었으나 미국을 제외한 브라질 및 여타 국가들의 반발로 현재 협상 교착상태
		CA4	2009년 2월 23일-27일 차기 협상 개최
		CARICOM	2007년 10월 18일 사전 협의 개최 - 현재 양측 간에는 CARIBCAN이라는 무역협정이 체결되어 있으며, 카리브해 산 상품의 97%가 캐나다로의 무관세 수출이 가능함. 본 협정은 2011년까지 연장된 바 있음 * CARICOM(Caribbean Community and Common Market) 은 1967년의 카리브 자유무역 연합(CARIFA)을 대체하여 1973년 7월 4일에 체결된 차과라마스 협정에 따라 설립된 카리브해 연안국가의 조직으로, 캐나다와의 협상에는 앤티가바부다, 바하마, 바베이도스, 벨리즈, 도미니카 연방, 그레나다, 가이안, 아이티, 자메이카, 몬세라트, 세인트키츠네비스, 세인트루시아, 세인트빈센트그레나딘, 수리남 공화국, 트리니다드토바고 등 15개국이 참가함
		EU	2010년 1월 18-22일 캐나다-EU CETA 제2차 협상 개최
		MERCOSUR	2005년 2월 7일 1차 협상
		도미니카공화국	2007년 12월 10일-14일 캐나다-도미니카 공화국 FTA 제1차 협상 개최 - 제2차 협상은 2008년 2월 18일-22일 예정되어 있었으나 연기. 차기 협상 일정은 미정
		싱가포르	2006년 11월 14일 데이비드 에머슨 캐나다 통상장관은 싱가포르 Lim H'ng Kiang 통상장관과의 원격회담을 통하여 양국 간 FTA 협상 재개에 합의함

국가	협정국가	내용
		– 2007년 2월 26일~3월 2일 캐나다–싱가포르 FTA 제7차 협상 개최 – 2007년 8월 13일~15일 제8차 협상 개최, 차기 협상 일정은 미정
	한국	2008년 5월 7일~8일 한–캐나다 FTA 회기간 농업회의(밴쿠버)
	Andean Community	2008년 6월 7일 캐나다와 콜롬비아는 논란이 되던 노동, 환경 쟁점에 대해서 합의를 도출하여 캐나다–콜롬비아 FTA 타결 – 2008년 11월 21일 APEC에서 캐나다–콜롬비아 FTA 공식 서명
	모로코	2009년 6월 1~3일 캐나다와 모로코 양국은 캐나다–모로코 FTA 실현가능성을 논의하기 위해 사전 예비 회의 개최
검토중	우크라이나	2009년 10월 "경제 협력과 보호무역주의 극복을 촉진하기 위해 무역 및 투자 분야에 한하여" 협상을 개시할 것이라고 밝힘
	인도	2009년 11월 17일 캐–인도 CEPA 공동연구그룹 출범을 위한 MOU 체결
	일본	2006년 4월, 6월을 끝으로 공동연구 종료 – 2008년 10월 캐나다–일본 FTA 공동연구 결과 일부 수정
	태국	2003년 10월 FTA 체결 가능성에 대한 양국 정상간 논의 있었음

글로벌 시대의 한국경제 제9장

제1절 한국경제의 발전과정

1. 해방전후의 경제(1945년 전후)

한국은 1910년 일본 강점기하에 들어감으로 인해 한국의 경제는 일본자본주의의 식량, 원료공급지, 상품 및 자본시장으로서의 역할 그리고 대륙침략을 위한 병참기지로서 군수물자의 조달 등 일본자본주의의 정치경제적 요구에 따라 강제적으로 재편성되었다. 그리하여 한국경제는 일본의 지배를 그 구조적 기반으로 삼고, 종주국인 일본과의 경제관계를 통해 경제의 순환구조로 형성되었다.

이러한 경제구조의 단면은 당시의 무역구조에도 그대로 반영되었다.

[표 9-1] 일제하의 한국의 무역구조

(단위 : %)

	수출			수입		
	1922	1931	1935	1922	1931	1935
식료품	69.9	70.1	59.7	9.9	12.4	12.5
원료	13.4	9.5	16.5	4.8	7.6	10.4
원료제품	12.3	9.5	17.2	9.2	1.6	14.1
全製品	2.7	7.4	5.1	75.6	63.5	61.6
기타	1.7	3.4	1.5	0.5	4.9	1.3

자료 : 유광호외, 현대한국경제사, 한국정신문화연구원, 1989, p.21.

[표 9-1]에서와 같이 한국의 경제는 식량 및 원료의 공급지며 상품시장으로 이용되었다는 사실이 분명하게 드러나고 있다. 그리고 토지조사사업(1910~1918)으로 인해 토지 소유권의 법적인 인정과정을 통해 지주적 토지소유로 재편, 확립하였다. 이로 인해 지주-소작관계를 중심축으로 한국 농업의 생산구조는 재편성되었다.

이와 같은 결과로 과중한 수리조합비, 토지개량을 위한 비용, 토지세 및 기타 과세, 5할 이상의 고율소작료와 고리대적 수취 등 농민부담의 과중으로 농민층 분해를 촉진시키고, 농지의 소작화를 급속도로 전개시켰다. 뿐만 아니라 한국의 농업생산은 주로 벼농사에만 주력토록 특화시켜 [표 9-2]에서와 같이 한국에서 생산된 쌀을 일본으로 수출하는 양이 해마다 증가하는 구조로 형성되었다.

[표 9-2] 미곡수출량

(단위 : 1,000석)

년도	수출고	년도	수출고
1910	770	1929	5,791
1914	1,332	1930	5,170
1918	2,250	1931	9,030
1922	3,210	1932	9,506
1925	4,758	1933	7,988
1927	6,470	1934	9,931
1928	7,021	1935	9,025

자료 : 재무부 세관국.

그리고 기업활동을 억제시키기 위해 1911년 회사령을 공포하여 한국인의 기업설립을 적극 억제하였다. 1920년에는 일본경제 불황의 타개책으로 회사령을 해제하였으나 이 기간 중에는 이미 일본과 연관된 일본기업이 식민지시장을 제패하고 경제활동을 독점하였기 때문에, 자본과 기술이 열세한 식민지 토착자본의 발전은 제한될 수밖에 없었다. 그래서 [표 9-3]에서와 같이 1930년대 이전까지 식민지하의 공업경제는 정미업이나 주조업 등의 초보적인 식품가공업과 소비재 위주의 경공업이 대표공업이었다.

[표 9-3] 일제하의 한국의 공업구조

(단위 : %)

	1930	1936	1939	1943
중화학 공업	16.5	34	47	49
금속 공업	5.8	5	9	14
기계기구 공업	1.3	2	4	6
화학 공업	9.4	27	34	29
경공업	83.5	66	53	51
방적 공업	12.8	14	13	17
요업	3.2	3	3	4
목제품 공업	2.7	1	1	6
인쇄·제본	3.1	2	1	1
식료품 공업	57.8	27	22	19
와사 및 전기업	2.4	5	2	2
기타	1.5	14	11	2

하지만 한국의 공업도 식민지 종주국의 공업을 보충하는 성격을 지니고 있었다. 예를 들어 금속공업 부문에서는 선철을 주로 생산하는 소재공업이 파행적으로 발전하고 가공분야는 전혀 없어서 생산된 소재의 대부분은 원제재로서 일본으로 수출되었다가 그 일부가 철강재 또는 최종상품인 기계로서 재수입되었다. 금속공업뿐만 아니라 그 밖의 부문에서도 특히 대규모 공장은 자본, 원료, 기술 등에서 일본경제와의 연관이 없이는 가동조차 할 수 없는 것이 태반이었다.

이와 같이 식민지하의 한국농업은 지주소작관계로 재편되었고 한국공업은 일본공업을 보완하는 형태로 식민지공업화형태로 되었다.

이러한 경제구조 속에서 전인구의 70%이상이 영세 소작농이 되었으며 식민지 공업화로 인해 노동자는 일본인 노동자의 반액에도 못 미치는 저임금으로 장시간 노동에 혹사되는 등 열악한 노동조건에 있었다. 뿐만 아니라 이들은 숙련노동에서 완전히 배제되어 가혹한 육체노동에 종사함으로써 식민적 지배의 대상이 되었다.

이와 같은 경제환경에서 갑작스런 한국의 1945년 8월 15일 해방은 일본과의 경제관계를 단절하고 일본의 자본과 기술을 철수시킴으로써 식민지하에서 형성되어온 경제구조의 기반이 와해되었다.[104]

해방이후부터 미군정시기(1945~1948)의 한국은 일제강점기를 거친 후 1945년 8월 15일 해방을 맞이하면서 국가의 주권이 돌아오면서 새로운 경제국면을 맞이하게 되었다.

하지만 한국경제는 갑자기 일본경제와 단절됨과 동시에 남북한의 분단으로 인해 한국경제는 스스로는 도저히 회복할 수 없는 상태가 되었다. 특히 국토분단은 한국경제에 상상을 초월할 만큼 큰 것이었다.

왜냐하면 일본 강점기 때에 남한은 농업 편중적이었으며 공업은 기계, 방적, 목제품, 인쇄제본, 식료품 등 경공업 중심이었다. 북한은 공업 편중적이었으며 그 공업은 화학, 금속, 요업, 가스, 전기 등 중화학공업 중심이며 특히 경제건설에 필요한 지하자원과 전력의 공급면에서는 북한 편재가 절대적이었다.

이와 같이 남한의 편중적인 공업과 북한의 편중된 공업이 각각 분리되는 결과로 이어져 결국 한국경제는 자립적인 국민경제를 성립시키기에는 어려운 여건이었다.

또한, 한국경제의 자립의 어려움은 이 시대의 공업부문의 생산활동을 보면 잘 알 수 있다. 대부분의 생산수단들은 일본인 소유였고 일본인의 경영에 의해 본국 공업의 보충적 공업에 지나지 않았으며 개별적으로도 일본과 긴밀한 연계 하에서만 경영되어 한국 내에서의 각 공업부문간에 있어서는 유기적 연관성을 거의 갖고 있지 않았다. 또한 기계기구 공업부문에서도 소재, 중간재를 거의 일본으로부터 수입해 왔기 때문에 그 최종완성품의 한국내 자급률은 지극히 낮았다.

기타 각 부문에서도 자금, 자재, 기술 등 어느 면에서나 일본과의 연결고리가 강했다. 이러한 상황하에서 1945년 8월 15일 해방을 맞게 되면서 일본인의 갑작스런 철수는 남한 공업의 전반적인 위축을 가져올 수밖에 없었다.

한편 해방 이후 국토의 분단으로 인하여 미국과 소련이라는 대립적 경제체제를 지향하는 세력에 의해 점령되어 남한의 경우 시장중심적인 자본주의 경제체제의 구축을 향해, 그리고 북한의 경우 계획적인 집단화를 통한 사회주의 경제체제를 건설하였다. 이처럼 이질적 형태의 경제체제를 형성해감에 따라 식민지시대의 비자립적이고도 파행적 경제구조의 유산을 극복하고 새로운 경

---

104) 유광호, 전게서, 1989, pp.19~26.

제를 건설하는데 집중시킬 수 있는 경제적 역량이 크게 감소되었다. 이와 같이 해방직후 남한의 경제는 갑작스런 변화로 인해 사회적으로, 경제적으로 대혼란을 겪게 되었다.

경제적 혼란은 급격한 물가폭등을 야기시켰다. 물가폭등은 [표 9-4]에서 나타난 바와 같이 1936년을 기준으로 할 때 1945년 6월의 서울도매물가는 2.7배나 상승하였으며, 해방 직후 약 2개월간에 7.5배 이상, 반년 동안에 16배나 상승하였다. 그리고 1948년 정부수립까지는 무려 67.1배 가까이나 상승하였다.

해방당시 이와 같이 심한 물가폭등현상이 나타난 주요 원인으로는 식민지경제를 지배하던 일제의 권력과 자본 및 기술이 철수하고 해외로부터 귀국하는 동포로 인해 사회적 생산의 전반적 위축과 인구급증현상이 나타났기 때문이다. 그 결과 물자부족의 초래 및 해방 전후 조선은행권 발행고의 증대와 그에 따른 통화팽창 등이 나타났다.

[표 9-4] 서울 도매물가지수

연 도		서울 도매물가 지수
	1936년	100.0
	1944년	241.1
1945년	3월	259.4
	6월	272.4
	9월	2,047.2
	12월	4,359.2
1946년	3월	8,415
	6월	12,058
	9월	16,292
	12월	25,563
1947년	3월	35,676
	6월	37,249
	9월	43,222
	12월	58,305
1948년	3월	67,066

그러므로 이 시기는 혼란 속에서 경제의 침체는 가속화 되었으며 국민경제는 고난에 가득한 기아선상에서 허덕일 수밖에 없었다. 한국경제의 이러한 어려움을 타파하는 길은 미국의 원조에 의지할 뿐이었다.

한국에 대한 미국의 원조는 미군정기로부터 정부수립 초기까지 긴급구호를 통한 경제안정을 목적으로 실시되기 시작하였다.

당시 원조 프로그램은 점령지역 행정구호계획에 의한 무상원조(GARIOA : Government and Relief in Pccupied Area)이었으며 이 원조의 기본목표는 첫째, 기아와 질병의 방지, 둘째, 농업생산의 증가 셋째, 소비재의 만성적 부족을 극복하기 위한 수입원조물자의 대량공급이었다.

이 계획에 따라 미곡생산증대를 위해 비료도입, 기아해결을 위한 밀, 보리, 쌀, 분유 등의 식량도입, 의류 및 의약품 도입 등의 구호물자도입에 역점을 두고 도입하였다.

2. 1950년대의 한국경제

1) 원조프로그램이 한국경제에 미치는 효과

해방이후 미군정하에 있던 한국은 경제적 어려움을 미국원조에 의지해 지탱해 왔으나 1947년 10월 미국은 UN총회에서 주한외국군의 전면철수안이 채택되어 1949년 상반기 동안에 한국으로부터 미군철수작업이 진행되었다. 이와 같이 미군의 철수가 한국전쟁의 원인이 되었으며 한국전쟁의 결과는 한국경제에 커다란 악영향을 미쳤다.

한국전쟁은 수많은 사상자와 피난민의 급증, 악성인플레이션, 빈약한 시설이었던 산업시설이 거의 전부 파괴되는 등 엄청난 어려움을 주었다.

그러므로 [표 9-5]에 나타난 바와 같이 해방이후 무상원조 프로그램인 GARIOA와 1948년 ECA원조 이후 한국전쟁으로 인한 군사원조와 난민구호를 위한 긴급원조는 한국민간구호계획(Civic Relief in Korea : CRIK), 1952년에서 1959년간의 UNKRA(국련한국재건단)원조, 1954=55년간의 FOA, 1955~61년간의 ICA(미국의 국제협력기구)원조, PL480호의 원조 등으로 한국전쟁이후 한국경제는 미국원조의 도움을 많이 받았다.

이와 같이 미국의 원조액이 막대했음에도 불구하고 한국경제는 이에 상응할 만큼의 성과를 거두지는 못했다. 그 요인으로는 첫째, 공여된 원조에 대한 한국의 무계획성과 부정부패라는 불건전한 경제풍토 둘째, 한국에 있어서의 당시의 막대한 국방비부담으로 인한 인플레이션의 가속화 셋째, 원조의 방향을 에너지나 생산재개발 등 기초부문의 건설보다도 당면한 소비재부족에 대한 구조원조에만 중점을 두었다는 점 넷째, 이에 따른 산업구조의 극심한 불균형과 이로 인한 대외의존의 심화 다섯째, 미국의 잉여농산물의 원조가 한국농업에 미친 악순환 등이다.

그러나 당시의 한국에 공여된 상당량의 미국원조가 한국의 경제발전에 있어서 지적한 바와 같이 큰 성과를 거두지 못했다고 하더라도 당시의 국민경제의 불안해소차원에서 볼 때는 결코 과소평가 되어서는 안 될 것이다.[105)]

[표 9-5] 원조수입 총괄표(1945-1965)

	합계	GARIOA	ECA&SEC	PL 480	ICA & AID	CRIK	UNKRA
1945	4.934	4,934	–	–	–	–	–
1946	49.496	49,496	–	–	–	–	–
1947	175.371	175,371	–	–	–	–	–
1948	179.593	179,593	–	–	–	–	–
1949	116.509	92,703	23,806	–	–	–	–
1950	58.706	–	49,330	–	–	9,376	–
1951	106.542	–	31,972	–	–	74,448	122
1952	161.327	–	3,824	–	–	155,534	1,969
1953	194.170	–	232	–	5,571	158,787	29,580
1954	153.925	–	–	–	82,437	50,191	21,297
1955	236.707	–	–	–	205,815	8,711	22,181
1956	326.705	–	–	32,955	271,049	331	22,370
1957	382.892	–	–	45,522	323,267	–	14,103
1958	321.272	–	–	47,896	265,629	–	7,747
1959	222.204	–	–	11,436	208,297	–	2,741
1960	245.393	–	–	19,913	225,236	–	244
1961	201.554	–	–	44,926	156,628	–	–
1962	232.310	–	–	67,308	165,002	–	–
1963	216.446	–	–	96,787	119,659	–	–
1964	149.331	–	–	60,985	88,346	–	–
1965	131.441	–	–	59,531	71,904	–	–
합계	3.886.828	502.097	112,164	487,265	2,188,840	457,378	122,047

자료 : 한국은행, 경제통계년보, 각해당년도

105) 김종수, 한국경제론, 도서출판 두남, 2008, pp.31~40.

2) 휴전이후 한국경제

1953년 한국전쟁의 휴전성립과 함께 미국의 대한국원조사업이 본격화되면서부터 한국경제는 미국의 원조를 기반으로 한 전쟁복구 및 인플레이션 수습을 그 최대의 목표로 내걸고 1954~56년 사이에 거의 전쟁복구를 완료하고 전쟁전의 수준에까지 경제를 재건했으며 이어서 1957~60년간은 비교적 경제가 안정되는 기간이었다.

이 기간의 원조는 소비재에 집중투자되었으며 소비재 중심의 원조이입은 소비재산업의 진흥을 바탕으로 한 수입대체공업화정책을 우선 촉진시키는 결과를 가져왔다. 이 당시 대표적인 수입대체공업은 제당, 제분, 면공업산업이며 그 원료의 대부분을 미국원조에 의존하면서 국내시장중심의 기업경영을 행하는 것이 특징이다. 결국 당시의 원조에 의존한 이 같은 소비재 산업의 진흥책은 다음과 같은 결과를 가져왔다.

첫째, 공업구조의 불균형 심화초래와 국민경제발전의 대외의존적인 구조형성을 가져왔다.

둘째, 과당경쟁으로 인하여 원조재벌 또는 특혜재벌의 형성을 초래했다.

셋째, 소비재중심의 원조는 국민의 소비성향을 높였을 뿐만 아니라 상업부문을 지나치게 비대화 시켰다.

1950년대 당시의 한국공업성장의 주요요소는 수입대체에 목적을 두었고 수출증진과는 관계없이 오로지 국내시장보호를 위한 생산활동에 자원이 주로 투입되었음을 알 수 있다.

3. 1960년대의 한국경제

미국의 원조에 의해 지탱되어 오던 1950년대의 한국경제는 50년대 후반부터 원조의 규모가 줄어들고, 무상원조에서 유상의 차관원조로 원조의 형태가 달라지면서 커다란 위기에 봉착하게 된다. 동시에 그러한 경제적 위기는 한국경제가 하루 빨리 외국원조의 의존체제에서 벗어나 자립경제의 기틀을 마련해야 한다는 강한 국민적 각성을 불러일으키게 되었다.

이러한 시대적 상황은 1961년에 일어난 5.16 군사혁명의 주도세력들의 문제의식과 관련이 깊다. 그 당시 혁명공약 제4항에서 "절망과 기아선상에서 허덕이는 민생고를 시급히 해결하고, 국가 자립경제 재건에 총력을 경주한다." 고 함으로써 자립경제에 대한 국민적 염원을 반영하고 있다.

이러한 군사정권의 자립적 성장에 대한 문제의식은 결코 우연히 착상된 것이 아니라 한국사회의 경제적 현실과 해방 이후 역사적 경험에 바탕을 둔 시대적 요청을 반영한 것이었다.

군사정부는 61년 7월에 경제기획원을 신설하여 경제개발계획의 수립 업무를 담당토록 하였다. 이것은 경제개발에 높은 정치적 우선순위를 두고 경제개발을 체계적으로 추진하기 위해서였다. 또한 자유당 시대의 경제운용과는 근본적으로 다른 것으로, 자유경제체제에 정부주도의 강한 계획성을 가미하면서 혼합경제체제로의 전환을 시도한 것이기도 하였다.106)

경부고속도로

1964년 서독을 방문한 박정희 대통령을 위해 에르하르트 총리가 만찬을 열었다. 그는 박 대통령의 손을 꼭 잡고서 마치 한국의 경제개발 과정을 예언이라도 하듯 일곱 가지 조언을 했다. 그 첫째가 고속도로 건설이었다. "내가 경제장관을 할 때 한국에 두 번 다녀왔다. 한국은 산이 많더라. 산이 많으면 경제발전이 어렵다. 독일을 보라. 히틀러가 아우토반을 깔았다. 한국에도 고속도로를 깔아야 한다."

▶ 다음 조언이 이어졌다. "고속도로를 달릴 자동차를 만들어야 한다. 폴크스바겐은 히틀러 때 만든 차다. 자동차를 만들려면 철이 필요하다. 제철공장을 만들어라. 자동차 연료를 댈 정유공장도 필요하다…." 에르하르트의 조언 때문만은 아니겠지만 박 대통령은 귀국 후 3~4년 준비를 거쳐 고속도로와 제철소, 정유공장들을 경제개발계획 역점사업으로 추진했다.

▶ 박 대통령이 1967년 대선 공약으로 고속도로 건설을 내걸자 반대가 쏟아졌다. 그 해 1인당 국민소득은 142달러였다. 국도 · 지방도가 대부분 포장도 안 된 자갈길 그대로인 나라에서 고속도로 건설은 지나친 낭비라는 지적이 많았다. 국도 · 지방도 정비부터 먼저 하라는 것이 대부분 지식층의 주장이었다. 외국에서도 "국민소득 100달러대 나라가 무슨 고속도로냐"며 비웃었다.

▶ 경부고속도로 중에 1968년 서울~수원 구간이 가장 먼저 뚫렸다. 개통식 날 양재동 톨게이트에서 수원까지 박 대통령의 승용차를 뒤따른 내빈들은 지프를 타고 있었다. 속도가 느린 지프들은 대부분 대통령 승용차를 따라가지 못했고 그나마 끝까지 따라간

106) 유광호 외, 전게서, pp.180~181.

차는 정비공장 신세를 져야 했다. 고속도로는 지프를 밀어내고 본격적인 승용차 시대를 열었다. 포항제철과 울산 정유공장도 비슷한 시기에 추진되었다.

▶ 7일은 '도로의 날'이다. 경부고속도로가 완공된 1970년 7월 7일을 기념해 제정했다. 준공일은 일부러 '행운의 숫자' 7이 셋 겹친 날로 잡았다고 한다. 37년이 흘러 다시 '트리플 7 데이' 2007년 7월 7일을 맞아 돌아보는 경부고속도로는 나라와 국민에게 큰 행운이었다. 대한민국이 전통 농업사회에서 근대 공업사회로 탈바꿈하는 기폭제였다. 그 사이 경제 소통의 대동맥 고속도로는 3000㎞까지 늘어났다. 국민은 37년 전 경부고속도로처럼 지금 우리 경제에 새로운 돌파구를 뚫어 줄 일대 전환점을 기다리고 있다.

(2007년07월06일자 조선일보)

이와 같은 현실적인 요청에 따라 1962년 1월 제1차 경제개발 5개년 계획(1962~1966)이 확정, 발표되고 이때부터 계획적이며 종합적인 경제개발의 시대가 시작되었다.

1962년부터 한국정부는 공업화정책을 중심으로 하는 경제개발 5개년 계획을 적극적으로 시행하였다. 이것은 한국의 역사상 최초로 실시되었던 종합적인 경제개발계획이며 1962년을 출발점으로 하여 매5년 마다 새로운 목표를 향한 개발전략을 수행해 나갔다.

이 계획의 이론적배경은 다음과 같다. 당시의 한국경제는 인구밀도가 높고 산업시설은 전무에 가까울 정도로 실업자가 넘쳐흘러 사회불안이 계속되고 있는 실정이었다. 이러한 상황속에서 무엇보다 한국경제는 많은 실업자를 흡수하는 고용확대의 개발 전략이 절실히 필요했다.

이러한 이론을 뒷받침해준 이론은 첫째 넉시(Nurkse)가 말한 빈곤의 악순환으로 후진국은 생산력이 없기 때문에 가난하며 가난하기 때문에 후진국을 면할 수 없다. 그러므로 이를 해결하기 위한 투자재원을 어떻게 확보할 것이며 확보된 재원을 어느 산업부문에 합리적으로 투자할 것인가에 대한 것으로 귀착된다. 그리고 자금 동원방법은 국내에서는 저축으로, 해외에서는 Adler의 흡수능력이론(Absorptive Capacity Theory : 대부분의 후진국은 자본의 흡수능력이 선진국보다 높고 특히 투자의 한계효율이 높기 때문에 투자자나 투자수혜자가 모두 좋은 결과를 얻을 수 있다는 이론)과 루이스(Lewis)의 자조이론(Self- Help Theory)이 이론적인 바탕이 된다. 한국의 경제발전이론은 미국의 경제학자인 루이스의 무제한 노동공급에 의한 경제발전론에 바탕을 두었다. 그리고 순차적 공업화 즉 원자재를 수입하여 생산한 후 수출하는 개발전략으로 유명한 적송요식(일본인 이름)의 이행형태적 발전패턴(Wild Geese Flying Pattern of Growth)을 이론적 바탕으로 하여 개발전략을 세웠다.

이 이론은 전통부문에서 근대부문으로 흡수하는 적극적인 공업화전략이었기 때문에 당시의 한국경제로서는 실업을 어떻게 빨리 해결할 수 있는 방법이 어떤 이론인지 모색하는 시기라는 점에서도 중요하다. 또한 당시의 한국경제 발전에 가장 적합한 이론이라는 생각하에서 한국의 경제개발전략의 기본적 모델을 기초로 수출지향전략을 수립하게 되었다.

1962년 경제개발계획 당시 한국은 저렴하고 양질의 노동력이 풍부하였으므로 무엇보다 노동력의 생산력강화가 유일의 경제발전전략이었다. 이를 위해서는 외자 도입이 불가결한 절대조건이었다.

한국의 경제개발전략의 기본모델의 특징은

첫째, 기술에 의한 경쟁력보다 싼 임금 노동력에 의한 양적 수출확대

둘째, 성장 제일주의와 수출우선에 의한 공업화 추구

셋째, 대기업중심의 선도산업(집중적 투자)에 의한 수출확대에 초점을 맞춘 경제개발전략의 모델이었다.

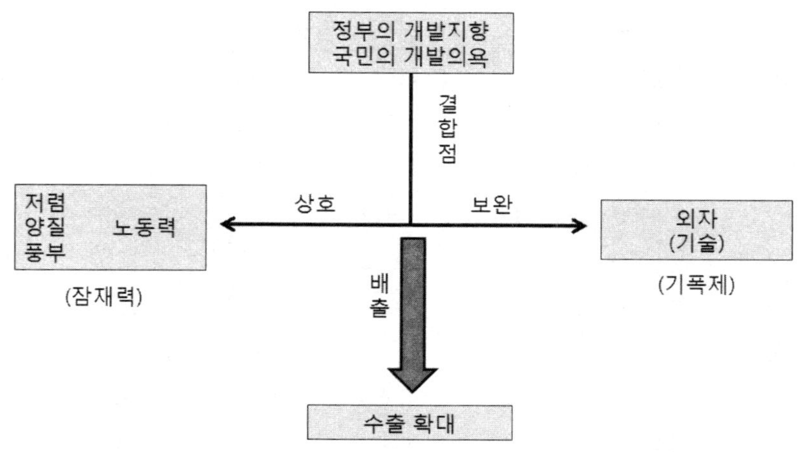

[그림 9-2] 한국의 경제개발전략의 모형

자료 : 김종수, 전게서, p.65.

한국은 이 같은 논리에 따라 외자에 의한 수출지향공업화를 토대로 한 고도경제성장정책을 선택하게 되었다. 하지만 한국의 공업화추진에 있어 가장 어려운 것은 자본형성과 기술습득이었다.

한국정부는 제1차 경제개발을 위해 자본형성을 외자도입으로 방향을 정하였으며 대외경제협력의 원활한 지원을 받기 위해 1962년 외자도입법을 제정하였다. 1965년에는 국제통화기금(IMF)과의 기대성차관(stand-by credit)협정의 체결 및 일본과의 국교정상화 등을 계기로 외자도입이 본격화되면서 선진국과의 자본 및 기술협력이 한층 가속화되었다. 이 같은 관점에서 제2차 경제개발계획(1967~1971)은 그 개발전략을 대외지향적공업화로 전략을 세웠다.

제2차 경제개발계획기간 중 세계경제는 자유무역주의의 영향으로 한국의 수출은 크게 신장하였고, 한국정부는 1967년 GATT에 가입을 비롯하여 케네디 라운드(Kennedy Round)에도 참가하는 등 개방체제로의 이행을 적극적으로 진행시켰다.

이상과 같이 1차, 2차 경제개발계획을 통하여 한국은 과감한 시장자유화정책에 의하여 노동과잉, 자본부족이라는 한국경제의 여건에 적합한 무역패턴

[표 9-6] 대일청구권 자금(1966~75년)

연 도	무상자금		유상자금		합계	
	금액	구성비	금액	구성비	금액	구성비
1966(1차)	39,915	13.3	44677	22.3	84,592	16.9
1967(2차)	34,668	11.6	27389	13.7	62,057	12.4
1968(3차)	27,979	9.3	17813	8.9	45,792	9.2
1969(4차)	24,059	8.0	11070	5.5	35,129	71
1970(5차)	25,995	8.7	8894	44	34,889	7.0
1971(6차)	29,205	9.7	8000	40	37,205	7.4
1972(7차)	29,798	9.9	34900	17.5	64,698	12.9
1973(8차)	29,613	9.9	5004	2.5	34,617	6.9
1974(9차)	28,016	9.3	41521	20.8	69,537	13.9
1975(10차)	30,752	10.3	732	0.4	31,484	6.3
합계	300,000	100	200,000	100	500,000	100

과 생산방법이 촉진되었다. 특히 강력한 수출인센티브정책은 이러한 노동집약재의 비교우위에 의한 국제시장으로의 진출을 촉진하고 급속한 수출의 신장을 실현시켰다. 하지만 실제로 수출증대를 통한 공업화가 본격화 되었던 것은 1965년 12월에 정식으로 발족한 한일경제협력이 성립되고 나서 부터이며, 한·일경제협력은 한국의 공업화율을 높이는 데는 커다란 역할을 했다고 해도 과언은 아니다.107)

이 협정에 의하여 [표 9-6]에 나타난 것과 같이 일본은 한국에 대일청구권자금으로서 무상자금 3억 달러 플러스 알파의 상업차관 제공이라는 경제협력을 시행했다.

1950년대의 미국원조는 주로 소비재에 투자되었으나 한일경제협력에 의한 청구권자금은 포항제철, 경부고속도로건설 등 주로 광공업부문과 사회간접자본에 전체의 77.5%나 투자되었다.

이와 같은 청구자금은 일본상품의 수입촉진을 야기시켜 대일적자의 촉진제가 되기도 했다. 또한 한일경제협력의 과정에 따른 한·일간의 재벌과의 밀착이 한층 깊어지면서 한국의 재벌과 정부 간의 밀착도 촉진되었다. 그리고 더 나아가 한·일간의 재벌밀착 또한 급속도로 진전 되어갔다.

한국 굴지의 기업인 삼성그룹은 한국전쟁 후인 1953년 제일제당을 창립하면서 산업계로 최초로 진출하였고 그 다음해 제일모직을 설립하여 한국 제1의 재벌로 발돋움하였다. 당시의 삼성그룹은 원료를 거의 원조에 의존할 수밖에 없었고 또 좁은 국내시장의 한계에 직면하였다. 특히 1950년대 말부터 시작된 미국의 원조삭감과 더불어 1960년, 1961년 계속되는 한국정부의 정변에 따라 삼성은 어쩔 수 없이 쓰라린 일시적인 경영침체가 나타났지만 결국 삼성은 1960년대 말부터 본격적인 일본기업과 제휴를 통하여 끊임없는 신 기업을 설립하면서 유일한 제1위의 한국기업으로 또 다시 확립하게 되었다.

삼성뿐만 아니라 한국의 대기업과 일본의 대기업과의 연결고리는 매우 강했으며 이와 같은 과정을 거치면서 일본재벌의 자본과 한국재벌의 자본과의 결합관계와 그러한 결합관계가 한국경제 속에서 차지하는 비중이 크게 되었다. 한편 한일경제협력은 결국 일본으로부터의 부품, 원재료 등을 수입하지

107) 김종수, 전게서, p.68.

않고서는 한국의 수출이 증대되지 못할 정도로 한일 무역역조현상이 지속되어 한국경제의 구조적인 면에서 더욱 더 대일의존의 경제체질화로 귀결해 간다는 부정적인 특징을 지니기도 했다.

4. 1970년대의 한국경제

1960년대 고도성장을 가능케 했던 국제경제환경이 1970년대에 들어오면서 미국 달러의 금태환정지조치를 계기로 종래의 IMF체제가 동요되고 전후 세계교역의 흐름이던 자유무역주의가 도전을 받게 되었다. 그리고 1972년 석유수출기구(OPEC)의 창설을 계기로 자원민족주의가 강화되기 시작하여, 마침내 1973년 10월의 중동전 재발이후 산유국의 석유무기화정책으로 발전하여 석유파동이라는 세계적 경제위기를 초래하였다.

이러한 시대적 배경하에 추진된 제3차 경제개발5개년계획(1972-76)은 우리나라 경제를 후진국의 굴레에서 탈피하여 중진국으로 도약시킨다는 기본시각을 가지고 수립되었다. 그리고 개발 전략면에서는 수출주도형 성장정책이 더욱 강도있게 추진되었지만, 한편에서는 1960년대와는 달리 농촌근대화, 지역개발, 근로자의 생활향상이 강조되는 등 균형개발이 강하게 부각되기도 했다.

제3차 경제개발계획은 다음과 같은 구체적인 중점목표를 제시하였다.

첫째, 주곡의 자급과 농어촌소득의 증대

둘째, 농·어촌 생활환경의 개선

셋째, 국제수지의 개선(1976년에 수출 35억 달러 달성)

넷째, 중화학공업의 육성을 통한 공업구조의 고도화

다섯째, 과학기술의 향상과 인력개발 및 고용증대

여섯째, 사회간접자본의 확충

일곱째, 국토자원의 효율적 개발과 산업 및 인구의 적정분산

여덟째, 주거환경의 개선과 국민복지 향상

이러한 목표하에서 한국경제는 국내의 공업화를 수출과 연결하는 형태로 외자에 의한 수출지향공업화를 전개하면서 경이적인 수출성장률에 힘입어 고도경제성장이 지속되었다. 한국경제는 연평균 1차 계획기간 중에는 42.9%, 2차 계획기간 중에는 39.6%라는 놀라운 수출신장을 기록하였으며 석유파동이

있던 3차 계획기간 중에도 41.6%의 신장률을 실현하였다. 당시의 성장엔진은 제조품 수출이었으며 당시의 한국 수출품은 섬유류, 신발류, 전자제품 및 합판 등과 같이 노동집약적인 경공업제품이 대부분이었다.

1970년대에 연이은 외부적 충격과 국제경제적 환경변화에도 불구하고 이 같은 수출의 신장과 함께 고도성장을 도모할 수 있었던 것은 당시의 강력한 한국정부의 수출촉진정책과 수출증대를 위해 철도운임 및 전력요금의 할인, 무역전담을 위해 한국무역진흥공사 설립, 종합무역상사육성을 위한 입법조치, 수출입은행의 설립 등과 같은 다양한 특혜정책 덕분이었다.

이 같은 한국의 수출촉진정책과 함께 조세면에서의 지원과 금융면에서의 지원정책도 적극적이었다. 우선 조세면에서의 지원정책은 관세의 면세, 경감, 환급, 징수유예 그리고 내국세의 부가가치세의 공제, 특별소비세 면세, 법인세경감 등과 같이 아주 다양하며, 이것은 당시의 한국의 수출증대를 도모하기 위한 강력한 지원정책으로 활용되었다.

지금까지 수출지원정책에 의한 1970년대의 한국의 수출증대는 경제성장의 견인차역할을 해왔으며, 이것은 제3차 경제개발계획의 과정에서 수출입국형의 성장구조가 정착되고 세계경제적으로 열악한 상황을 극복하면서 1977년에 이루어진 수출 100억 달러의 실현은 1970년의 한국경제성장에 있어서의 견인차역할을 상징적으로 보여주었다.

그리고 이러한 지원정책에 힘입어 1970년대에 들어서면서 노동집약적 산업에서 자본집약적산업으로의 산업고도화를 기하기 위해 무엇보다 중화학공업의 진흥책이 중요시 되었다. 중화학공업에 속하는 기계, 철강, 전자, 조선공업은 소비재 부문에서 생산재부문의 비중이 증대됨을 의미한다.

1972년부터 철강, 조선, 석유화학, 기계, 전자, 비철금속 등을 선도산업으로 지정하여 철강공업은 포항, 조선공업은 거제도, 석유화학공업은 여천, 전자공업은 구미, 비철금속은 오산 등 이 같은 특정지역을 만들어 단지식 개발방식에 의해 적극적으로 중화학공업을 진흥시키기 시작했다.

1960년대 이후 한국경제는 1962년 적극적인 경제개발 5개년계획의 추진에 따라 수출, 수입할 것 없이 높은 신장세를 동반하면서 고도성장을 달성하였다.

1960~70년대의 연평균 수출증가율은 1950년대 8.2%, 1960년대 38.5%, 1970년대 37.4%로 확대되었다. 이와 함께 수입증가율도 1950년대 9.8%,

1960년대 21.8%, 1970년대 29.0%로 해가 거듭할수록 크게 증가되었다.

[표 9-7] 수출입의 증가율의 변동(1962~1981)

(단위 : 백만US$, %)

연도	실질수출		실질수입	
	총액	증가율	총액	증가율
1962년	55	34.1	422	33.5
1963년	87	58.4	560	32.7
1964년	119	37.2	404	-27.9
1965년	175	47.0	463	14.6
1966년	250	2.9	716	54.6
1967년	320	27.9	996	39.1
1968년	455	42.2	1,463	46.8
1969년	623	36.7	1,824	24.6
1970년	835	34.2	1,984	8.7
1971년	1,068	27.8	2,394	20.6
1972년	1,624	52.1	2,522	5.3
1973년	3,225	98.6	4,240	68.1
1974년	4,460	38.3	6,852	61.6
1975년	5,081	13.9	7,274	33.7
1976년	7,715	51.8	8,774	20.6
1977년	10,046	30.2	10,811	23.2
1978년	12,711	26.5	14,972	38.4
1979년	15,056	18.4	20,339	35.8
1980년	17,505	16.3	22,292	9.6
1981년	21,254	21.4	26,131	17.2
1962년~1966년	686	46.3	2,565	21.5
1967년~1971년	3,301	33.8	8,661	28.0
1972년~1976년	22,105	50.9	29,662	37.9
1977년~1981년	76,572	22.6	94,545	24.8
1962년~1981년	102,664	38.4	135,433	28.0

자료 : 통관액기준, 한국은행, 경제통계연보, 1962~1981.
김종수, 전게서, p.92.

[표 9-7]에서와 같이 수출액의 증가율을 보면 1962년 5500만 달러, 1964년 1억 달러, 1971년 10억 달러, 1977년 100억 달러, 1981년 200억 달러로 급속도로 증가되었다. 수입규모는 수출규모의 확대와 더불어 크게 증가되어 1981년 261억 달러이며 1962~81년간의 연평균 수입신장률은 28%나 되었다.

한국과 같이 자원이 없는 국가는 무역의 확대가 경제성장의 원동력이므로 이 기간의 무역확대는 한국경제의 성장에 크게 기여하였으며, 성장의 선도부문도 노동집약적 경공업에서 중화학공업으로 전환된 것이 한국경제의 전망을 밝게 하였다.

신새마을운동(70년대 사업에서 운동으로)

새마을운동은 '잘 살아보세'라는 구호가 함축하고 있듯이 '가난으로부터의 탈출'을 희망하던 국민의 요구와 '조국근대화'를 추진하던 국가의 의지가 결합된 '잘 살기 위한 운동'이었다. 1970년에 시작된 새마을운동은 해방과 분단, 전쟁과 폐허, 4 · 19와 5 · 16 등과 같은 한국현대사의 유산들이 영향을 미친 역사적 산물이었다.

새마을운동의 태동배경은 첫째, 1960년 5 · 16을 통해 집권에 성공한 박정희 체제는 국민들로부터 정치적 지지를 얻고 국가통치의 안정적인 기반을 마련할 필요성이 있었다. 이를 위해 반공주의와 발전주의에 기초한 '조국근대화' 전략을 추진하고자 하였다. 둘째, 1960년대 '경제개발 5개년 계획'의 성공적 수행으로 연평균 9%대의 높은 성장률을 기록하였지만 경제발전을 향한 국가와 사회의 열망은 여전하였다. 셋째, 산업화와 도시화가 진행되면서 '탈농현상'과 도시빈민문제 등 다양한 사회구조적 문제가 발생하게 되었으며, 이를 치유할 수 있는 사회통합의 국가적 시도가 시급한 상황이었다.

새마을운동은 1970년 4월 22일 박정희 대통령이 전국지방장관회의를 통해서 '새마을가꾸기'를 처음으로 언급하면서 농촌부흥을 위한 국가정책으로 시작되었다.

1970년~1971년 정부는 새마을가꾸기사업을 시행하여 전국 33,267개 마을에 시멘트 336포를 공급하고 마을 앞길 확장, 공동빨래터 · 공동우물 설치 등 마을공동사업을 중점적으로 실시하였다.

또한 정부는 사업성과가 우수한 마을 16,600개를 선정하여 시멘트 500포와 철근 1톤을 추가로 지원함으로써 이후 마을의 등급화와 차등 지원이라는 새마을운동의 추진원리를 수립하는 계기를 마련하였다.

농촌마을의 적극적인 참여와 기대하지 않은 성과로 인해 1972년 새마을가꾸기사업은 농촌환경개선을 위한 하나의 '사업'에서 전국민적 참여를 요구하는 '농촌새마을운동'으로 확장되어 시행되었다.

1974년부터는 산업현장의 생산성을 높이고 안정적인 노사관계를 만들기 위하여 '공장새마을운동'이 시작되었다.

1976년에는 도시지역의 공동체의식을 높이고 새마을운동의 범국민화를 위하여 '도시새마을운동'이 대대적으로 전개되었으며, 이로써 새마을운동은 짧은 기간 동안 지역과 세대를 넘어 급속도로 파급될 수 있었다.

(2009.6.24. 중앙일보)

5. 1980년대의 한국경제

1970년대 제3차, 제4차 경제개발 5개년 계획 기간에 한국은 수출에 올인하는 전략으로 일관했다. 국내 수출기업에 대한 세제, 금융, 외환 면에서 높은 특혜는 물론, 수출 목적의 외국인 투자를 적극 유치하기 위하여 마산과 이리(지금의 전북 익산)에 수출자유지역의 설치, 외국인 투자기업에 대해서는 노조의 활동을 규제하는 노동관련법규의 제정 등 각종 수출 우대조치를 취했다. 그리고 1970년대 초 제3차 5개년 계획추진과 더불어 중화학공업을 추진함으로써 부가가치율이 높은 중화학제품 수출 전략으로 인해 경의적인 성과를 이루었다.

이 같은 한국의 수출성과에 대해 수입국 측의 여론이 좋을 리 없는 것은 당연하다. 특히 1970년대 후반 선진국경제가 전반적으로 스태그플레이션 상태에서 벗어나지 못하여 저성장에 고실업, 고물가 현상과 미국의 경우 특히 재정수지 및 무역수지의 쌍둥이 적자로 인해 미국을 중심으로 하는 신보호무역주의가 더욱 거세지던 시기였다.

한편 수출에 올인 한 한국은 1980년대 초 국제수지 적자누적으로 외채원리금 상환조차 어려운 처지에 놓이게 되었다. 한 마디로 정상적인 수출대금으로서는 외채에 대한 원리금 상환도 곤란한 형편에 놓이게 된 바로 여기에서 1980년대 들어 정책기조의 일대 전환이 불가피하게 되었다.

즉 종전과 같이 수입은 억제하고 수출만을 무조건 늘리고자 하는 이른바 수출드라이브정책에 대한 경험적 토대 위에서, 수입과 수출을 동시에 개방하는 이른바 완전한 시장개방화정책으로의 기조전환을 가져오게 되었다.

개방화정책으로의 전환과 함께 정부가 그동안 시행해온 각종 수출지원을 위해 특혜 조치도 점차 폐지하기에 이르렀다.

1980년대 들어 이러한 경제의 개방화/자유화 정책의 일환으로 1982년부터 시작되는 제5차 개발계획의 이름을 '경제사회개발5개년계획'으로 바꾸어, 지금까지의 경제의 양적 확대를 표방하는 이른바 경제개발5개년계획이란 이름은 폐기되었다.

국내시장 개방을 의미하는 수입자유화 문제와 관련해서는 경제의 개방화조치의 첫 단계로서 상품시장의 자유화조치를 단행하고 그 다음 단계로서 자본(기술)시장 자유화 → 금융(외환)시장 자유화 → 기타 서비스시장 자유화로 이어지는 단계별 자유화/개방화 조치를 단행하기에 이르렀다.[108]

1988년 전화 1000만... '1가구1전화' 시대로

국내에서 유선전화가 대중화된 것은 1986년 정부가 국내 기술로 개발한 교환기를 한국전기통신공사(현 KT) 전화국에 보급하면서부터였다. 이로 인해 1988년 가입자가 1,000만 명을 넘어서면서 국내에서도 '1가구 1전화' 시대가 열리기 시작했다.

1980년대 초까지 유선전화는 투기의 대상까지 될 만큼 아무나 가질 수 없는 상품이었다. 국내에 전화 개통을 위한 교환기가 워낙 부족해 전화 개통 수요를 따라가지 못했기 때문이다. 정부는 미국 · 스웨덴 등에서 교환기를 잇달아 들여왔지만, 소득 증가에 따라 급증하는 수요에는 미치기 어려웠다. 전화 신청을 해 놓고도 개통까지 몇 년씩 기다리는 일이 다반사였고, 대기자들 사이에선 서로 먼저 개통해 달라며 '로비' 경쟁을 벌이기도 했다. 1980년 무렵 서울 시내에서 명의 이전이 가능한 유선전화(일명 백색전화)에는 200만 원이 넘는 웃돈이 붙기도 했다.

상황이 반전된 건 정부가 1986년 국내 최초의 전화 교환기 개발에 성공하면서였다. 정부는 1981년부터 당시로선 파격적인 240억 원의 연구비를 책정, 국산 교환기 개발에 나섰다. 웬만한 공장 건립에 50억 원이 들지 않던 시절이었다. 정치권 등의 반대도 많았지만 개발자들의 5년이 넘는 헌신적 노력 끝에 만성적인 가입자 적체 현상은 해소되기 시작했다. 전화가 국내에 들어온 지 90년 만에 실질적인 '전화 대중화 시대'가 열린 것이다.

국내에 처음으로 전화가 개통된 건 이보다 앞선 1896년이었다. 당시 궁내부에 고종황제 전용 전화가 설치되었다. 제한적이나마 일반인도 전화를 이용할 수 있게 된 건 1902년 서울 · 인천 간에 전화가 설치되면서부터였다. 하지만 일제 통치 기간에 전화는

---

108) 이대근, 현대한국경제론, 한울, 2008, p.417~419.

대부분 일본의 대륙 침략 전시(戰時) 행정용과 일부 특권층의 사치품으로 사용되었다. 6 · 25 전쟁으로 막대한 피해를 본 우리나라는 1960년대 경제 개발 계획에 착수하면서 통신 인프라 재건 작업을 본격화했다. 1971년에는 서울과 부산 간 장거리자동전화가, 1983년에는 미국 · 일본 등 24개국과의 국제자동전화가 개통되었다. 1981년에는 현 KT의 전신인 한국전기통신공사가 출범했다. 한때 '부(富)의 상징'으로 여겨졌던 유선전화는 최근 위기를 맞고 있다. 이동통신 가입자가 4500만 명에 이르면서 유선전화 사용 빈도가 빠르게 줄고 있기 때문이다. 유선전화 가입자는 2007년 2300만 명을 정점으로 감소세로 접어들었다. 대신 그 자리를 요금이 싼 인터넷전화가 대체해가고 있다. 인터넷전화 가입자는 현재 LG데이콤(205만 명)을 포함해 600만 명에 이른다.

(2009년11월12일자 조선일보)

6. 1990년대의 한국경제

1990년대는 세계경제환경이 엄청난 변화를 가져왔다. 무엇보다 1989년 몰타회담에 의해 사회주의체제의 종주국인 구소련이 무너지고 세계는 미국과 소련에 의해 팽팽했던 냉전체제가 변화하여 하나의 자본주의체제로의 통합화 과정을 밟기 시작했다. 이어서 1995년에는 2차 세계대전 후 세계무역질서를 위해 조직된 국제기구인 GATT체제가 더 강력한 기구인 WTO로 체제를 변화시켜 세계경제는 상호의존적인 자유경쟁체제로의 변화를 가져오게 되었다.

소련의 변화는 사회주의 경제체제에서 시장경제체제로의 전환을 가져왔으며 사회주의 체제하에 있던 인구대국인 중국 또한 시장경제체제로의 전환을 가져왔다. 이와 같은 변화는 세계경제의 대변혁이었다. 따라서 1990년대의 세계경제는 시장경제라는 틀 속에서 무역자유화로의 도전이 이루어지기 시작했다. 세계경제의 동향을 좌우하는 환경변화는 무엇보다 무역확대와 관련된다. 국제기구인 GATT에서 WTO체제의 변화를 통해 국제간의 거래의 내용과 시스템의 변화로 인해 해가 거듭할수록 무역자유화의 대상범위는 상당히 넓어지고 있는 것이 오늘의 현실이다. 각국의 시장반응의 개선, 각종 보조금의 인하, 지적소유권과 해외투자의 룰에 이르기까지 그 범위는 상상을 초월하고 있다. 이 만큼 다각적으로 무역교섭대상은 매우 넓게, 깊게 다루어지고 있다.

그러나 오늘날 다각적 자유무역에서 생기는 이익은 앞으로 세계경제의 후생증진에 기여할 뿐만 아니라 발전도상국의 대외환경의 개선에도 유익할 것이다. 그렇지만 발전도상국의 관점에서 보면 무역자유화는 경제발전을 위한 커다란 실험이라고 해야 할 것이다. 거기에는 많은 고뇌가 동반되고 있다. 이를 테면 많은 나라들이 경험했던 것처럼 그것은 정책체제 그 자체의 변혁을 배경으로 하지 않으면 안 되었고, 국제수지위기와 심한 인플레이션, 소득, 고용의 감소를 각오하고 자유화가 도입되었다고 할 수 있다. 바로 이것이 무역자유화로의 도전이다.

[표 9-8] 한국경제성장의 주요연표(1962~2000)

1962	제 1차 경제개발 5개년계획(1962~66)으로 고도성장의 시작
1963	한국의 경제 도약단계(take-off stage) 진입. 1인당 GNP 100달러 수준 도달
1969	남한은 북한을 1인당 GNP, 공업화 수준 등에서 추월하기 시작함
1970	신생공업국(NIC)이 됨. GNP 중 공업(=광업 + 제조업 + 건설업 + 전기 · 가스 · 수도업)의 비중이 농업의 비중을 넘어서게 된다. 농경사회에서 공업화사회로 진입하기 시작. 새마을 운동의 시작
1973	중화학공업추진계획 발표(1981년까지 수출 100억 달러 및 1인당 소득 1000달러 달성 목표). 1977년에 1인당 소득 1000달러가 됨
1980	경제성장률 −4.3% 기록(제 2차 유류파동과 세계적인 농산물 흉작)
1985	외채가 최고 수준에 도달함(468억 달러)
1986	유사 이래 처음으로 국제수지가 흑자로 돌아섬. 흑자는 4년간 계속
1988	GNP 중 제조업 비중이 피크가 됨. 1989년부터 감소됨. 서울 올림픽 개최
1992	공업화사회에서 정보화사회로 진입하기 시작함. GNP 중 공업의 비중은 1991년에 피크가 된 후 1992년부터 감소하기 시작함
1995	1인당 소득 1만 달러가 됨
1996	선진국클럽이라고 하는 OECD의 회원국이 됨
1997	자동차수 천만 대, 주택수 천만 호, 전화 가입자수 2천만 명, 그리고 신용카드 가입자수 4천만 명을 넘어서게 됨
1997	IMF는 한국을 선진국으로 분류함. 1965년 이후 22년간 활동해 온 IMF서울상주대표사무소가 문을 닫음. 한국은 IMF졸업생이 되었음. 그러나 외환위기 때문에 다시 IMF서울상주대표사무소가 개소됨. 'IMF재수생'이 됨. 경제개발 5개년 계획이 폐지되었음
1998	경제성장률 −6.7%, 실업률은 2.6%에서 6.8%로 증가
2000	한국은 1999년 경제성장률 10.7%를 기록한 후 다시 IMF를 졸업하게 됨

자료 : 송병락, 글로벌, 지식, 경제시대의 경제학, 박영사, 2001.

한편 이러한 자유화과정을 거치면서 많은 마찰과 고통이 따르기 마련이다. 그러나 발전도상국의 무역자유화 과정에는 국제환경의 영향에 따라 행해지는 것이 바람직하다. 이런 관점에서 볼 때 1990년대의 한국경제는 이 같은 논리와도 부합되는 상황이었다. 즉 이 당시의 한국경제는 수출확대와 더불어 물가

안정을 가져 왔으며 대내외적인 균형을 이루고 있었다. 특히 1995년 GATT에서 더 강력한 국제기구로 변화된 WTO 가입과 1996년 세계 경제대국들의 모임인 일명 부자클럽이라는 OECD 가입은 한국의 경제정책이 적극적인 자유화정책을 시행함을 증명한다.

따라서 이 당시의 한국경제는 급격한 자유화라고 하는 세계경제의 환경변화에 발 빠르게 대응하게 되었다. 이러한 관점에서 보면 당시 한국경제의 방향은 말 할 필요도 없이 비록 단기적으로는 1997년 IMF구제금융까지 겪는 큰 어려움이 있었다고 하더라도 장기적으로는 경제적 도약을 도모하기 위해 자유화를 적극 모색하는 시기였다고 말 할 수 있다.[109)]

7. 2000년 이후의 한국경제

새로운 천년을 맞이하는 2000년은 전 세계가 새로운 밀레니엄을 맞이하기 위해 많은 일들이 있었다. 이러한 가운데 경제적인 여건은 새로운 변화에 적응하고 대비하기 위해 각국들은 나름대로 준비를 하고 노력하였다.

특히 2000년대는 고도의 기술을 바탕으로 새로운 세계화전략으로 중심산업이 변화되어 갔으며 다양한 형태의 무역장벽으로 자국의 산업을 보호하던 20세기와는 달리 자본, 노동, 자원, 기술, 정보 등이 국경이 제거된 형태의 산업화전략이 추진되었다. 한국경제는 수출지향적공업화 발전전략을 바탕으로 2010년 현재 세계 12위권에 들어갈 정도로 세계 속에서 무시할 수 없는 경제발전을 이룩하였다.

한국의 경제발전은 해방직후 최빈국의 위치에 있었으며 미군정하에서와 그 이후에도 외국원조에 의해 경제안정이 유지되었으나 1962년 제1차 경제개발 5개년계획 이후 줄곧 수출입국이라는 케치플레이저를 내걸고 수출지향적 공업화전략으로 비약적인 발전을 하였다.

이와 같이 한국의 경제발전은 정부주도형 발전전략에 의해 오늘날과 같은 눈부신 발전을 할 수 있었다. 그러나 20세기 말부터 시작된 세계화, 글로벌화의 물결속에서 한국의 경제발전전략은 많은 변화의 조짐을 보이기 시작했다. 이 시기는 이념적 대립의 갈등이 없어지고 말 그대로 세계는 자본주의체제 즉

---

109) 김종수, 전게서, pp.137~140.

시장경제의 원리를 하나의 축으로 경쟁이라는 틀 속에서 한국의 국제화는 빠른 속도로 세계로 향할 수 있는 경제발전전략의 틀을 모색하기 시작했다.

또한 산업정책은 기술집약산업에 초점을 맞추었으며 성장패턴으로서 민간설비 주도형으로 설비의 확대, 생산공정의 연속화, 자동화를 목표로 한 기술집약형 산업을 중심으로 재편을 시도했다. 예를 들면 한국의 반도체, 컴퓨터, IT, 휴대폰 등과 같은 기술집약산업을 수출산업화하는 경제발전전략으로 시도하여 많은 성과를 거두었다.

이러한 경제적 발전에 힘입어 많은 기업들이 적극적으로 해외로 진출하기 시작하였다. 이와 같은 해외 진출이유는 국제적인 임금격차, 기술격차, 부존자원격차, 무역장벽, 조세부담의 격차이다. 글로벌화 시대에 있어서는 위와 같은 이유로 인해 해외직접투자가 국가간 활발히 이루어질 수밖에 없는 것이다.

한국의 해외집적투자 확대는 대외거래의 글로벌화가 가속화되고 있기 때문에 국제수지개선에 이바지 하는 방향으로 추진되고 있다. 이를 위해서는 해외투자에 대한 금융제도, 보험제도, 조세지원제도, 정보지원제도 등을 효율적으로 우선 개선시키면서 해외투자를 증대시켜 나아가야 할 것이다.

해외투자는 단기적인 면에서는 외국으로의 자본유출을 촉진시키기 때문에 국제수지를 악화시키는 작용을 한다. 그러나 장기적인 면에서는 무역장벽의 극복, 수출시장의 다변화, 경제협력의 강화 등을 통해 수출을 촉진시킴으로써 국제수지의 개선에 있어서 긍정적인 경제효과를 가져온다. 그리고 해외투자는 외국으로부터 이윤 배당금 등 투자수익의 국내유입을 초래하기 때문에 국제수지를 개선시킨다.

물론 해외투자가 국제수지를 개선시키는데 주요한 역할을 하지만 한국에서는 최근까지 국제수지 개선에 해외투자가 별로 기여하지 못했다. 그 이유는 오늘에 이르기까지의 한국의 해외투자규모가 선진국에 비해 그렇게 크지 못했기 때문에 해외투자가 수출증대를 거의 유도하지 못했을 뿐만 아니라 투자수익의 국내유입도 기대만큼 크지 못했다. 그러나 앞으로는 한국의 경제규모도 크게 증대된 만큼 해외직접투자의 확대로 이어지고 있기 때문에 해외직접투자의 확대가 한국의 국제수지개선에 큰 영향을 미칠 것이다.

그리고 한국의 해외직접투자확대는 해외자원개발과 선진기술습득 측면 즉 원유, 광물과 같은 지하자원확보의 문제와 선진국 도약을 위한 첨단기술을 습득, 연구, 개발하는 문제가 해결되어야 하기 때문에 해외투자확대 발전전략을 세워야 한다.

최근 글로벌경제의 환경변화를 보면 세계 각국들이 FTA 열풍속으로 들어가고 있는 것 같다. 이러한 경제환경의 변화속에서 한국경제의 한 단계 높은 경제발전을 위해서는 자유무역을 더욱 발전시키는 방향으로 새로운 한국경제 발전 계획을 세워야 한다. 이러한 의미에서 한국경제가 빠른 속도로 세계 각국과 FTA를 체결하는 것은 더욱 중요하다.[110]

제2절 글로벌시대 한국의 FTA

한국은 부존자원이 부족한 국가이므로 자원 확보는 해외에 의존하지 않을 수 없다. 뿐만 아니라 한국의 경제발전의 원동력은 수출을 제일로 하는 경제정책으로 인해 한강의 기적을 이루어 오늘날 한국경제는 세계가 놀라워 할 정도로 발전을 하였다. 그 결과 1945년 해방이후 외국의 원조에 의해 지탱해 오던 한국은 외국에 원조해 주는 국가로 변한 지구촌의 유일한 국가가 되었다.

이와 같은 한국경제의 눈부신 발전은 1960년대 초 수출지향공업화전략의 결과이다.

그리고 최근 한국경제의 현실은 대외의존도가 70%가 넘어 무역의 중요성을 간과할 수 없으며 한국의 지속적인 경제성장을 위해서는 FTA를 적극추진해야만 한다.

1. 한국의 FTA 필요성

우리나라는 GATT(General Agreement on Tariffs and Trade)와 WTO (World Trade Organization)로 대표되는 다자무역체제의 가장 큰 수혜국이며, 우리의 경제발전은 대외교역을 통해 성장을 이룬 전형적인 사례로 인용되고 있다. 또한 우리나라는 명실상부한 통상국가로서 지속적인 경제발전을 위해서는 교역의 확대가 필수적이다. 요컨대 열린 세계시장이 우리의 경제적 생존

110) 김종수, 전게서, pp.160～167.

과 직결되기 때문이다. 최근의 세계 통상환경을 보면, 자유무역협정(FTA: Free Trade Agreement)을 중심으로 한 지역주의(Regionalism)가 가속화되고 있으며 이러한 지역주의의 경향은 과거 GATT체제보다 현재의 WTO 체제에서 오히려 급속도로 확산되는 경향을 보이고 있다. 각국의 FTA 체결 경쟁은 현재 진행 중인 도하개발어젠다(DDA) 협상이 의미있는 합의 도출에 난항을 겪고 있어 많은 국가들이 양자간 지역협정에 의존하는 경향이 더욱 뚜렷해졌다.

이러한 상황에서 우리나라가 적극적으로 FTA를 추진해야 하는 이유는 다음과 같다.

첫째, 1992년 EU의 출범과 1994년 NAFTA의 발효를 계기로 지역주의가 세계적으로 확산되면서 FTA 네트워크 역외국가로서의 피해를 최소화하고, 나아가 이러한 도전에 적극적으로 대응하기 위해 FTA를 추진하게 되었다는 점을 지적할 수 있다. 특히 우리의 대외경제 규모가 국내총생산(GDP)의 70% 이상을 차지하고 있는 점을 고려할 때(2006년 국내총생산(GDP)에서 대외교역(수출+수입)이 차지하는 비중은 69.8%), 주요 경쟁국들이 FTA를 앞 다투어 추진하고 있는 통상환경 하에서 우리나라가 기존 수출시장을 유지하고 새로운 시장에 진출하기 위해 FTA 확대에 전력을 다하는 것은 당연하다. 주요 교역국이 여타 국가와 먼저 FTA를 체결한다면 우리 상품은 고관세 적용에 따른 가격경쟁력의 저하로 점차 그 시장을 잃을 수밖에 없기 때문이다. 따라서 우리 상품의 수출경쟁력을 유지하고 안정적인 해외시장을 확보하기 위해서는 주요 교역국가들과의 FTA 체결이 필수적입니다.

둘째로 보다 적극적인 측면에서, 능동적인 시장개방과 자유화를 통해 국가 전반의 시스템을 선진화하고 경제체질을 강화하기 위해 FTA 추진이 필요하다. 우리 경제가 양적인 성장뿐만 아니라 질적인 발전을 통해 진정한 선진 경제로 거듭나기 위해서는 우리의 주요 통상정책으로 자리 잡은 FTA를 능동적·공격적으로 활용할 필요가 있다. 전세계적으로도 각국은 산업경쟁력과 국가경쟁력을 신장시키는 주요 정책수단으로서 FTA 및 이에 수반되는 무역자유화(trade liberalization)가 효과적임을 깨닫고 적극적으로 FTA 네트워크 구축에 나서고 있다.

2. 한국의 FTA 추진과정

우리 정부는 2003년이래 동시다발적으로 FTA를 추진해왔으며, 또한 미국을 비롯한 거대경제권과 자원부국 및 주요 거점 경제권을 중심으로 전략적인 FTA 체결 확대 전략을 통한 FTA 네트워크를 구축해 나가고 있다. 동시다발적인 FTA 추진을 통해 그동안 지체된 FTA 체결 진도를 단기간 내에 만회하였으며, 현재 FTA 체결네트워크를 전략적으로 구축하기 위해 노력 중이다. 이를 통해 우리 기업의 세계시장 확보를 지원하여 동아시아 FTA 허브국가로 발돋음하고자 한다.

내용면에서는 FTA 체결 효과를 극대화하기 위해 상품분야에서의 관세철폐뿐만 아니라, 서비스, 투자, 정부조달, 지적재산권, 기술표준 등을 포함하는 포괄적인 FTA를 지향하고 있다. 또한 WTO의 상품과 서비스관련 규정에 일치하는 높은 수준의 FTA 추진을 지향함으로써 다자주의를 보완하고, FTA를 통해 국내제도의 개선 및 선진화를 도모하고 있다.

이 모든 노력에도 불구하고 FTA가 성공적으로 추진되기 위해서는 무엇보다도 국민 모두의 이해와 지지가 필요하다. 이러한 인식 하에 정부는 2004년 6월 자유무역협정체결절차규정(대통령훈령)을 제정하여 FTA 추진과정의 투명성을 제고하고, FTA 추진과정에 각계 전문가와 업계의 이익을 최대한 반영하고 있다.

3. 한국의 FTA 현황

한국은 2004년 4월 1일 칠레와의 FTA을 발효시킨 이후 여러 나라 및 경제권과 동시다발적으로 FTA를 추진해 왔다. 그 결과 싱가포르(2006년 3월 2일), EFTA(2006년 9월1일), ASEAN(2007년 6월1일 상품분야), 인도(2010년 1월1일)와 차례로 FTA를 발효시켰다.

칠레, 싱가포르, 유럽자유무역연합(EFTA)은 일종의 전략적 거점 국가들이다. 칠레는 남미, 싱가포르는 동남아시아, EFTA는 유럽대륙으로 진출하기 위한 교두보이자 해당 지역의 본격적인 상대와 진검승부를 하기 전 겨뤄 보는 일종의 시험대였다고 볼 수 있다.

[표 9-9] 한국의 FTA현황표

국가		협정국가	내용
한국	발효	ASEAN	2010년 1월 1일 태국 한-ASEAN FTA 상품협정 및 서비스 협정 가입 의정서 발효 협정별 사항 -상품협정: 한국, ASEAN 10개국 모두 발효 서비스 협정: 한국, 미얀마, 싱가포르, 베트남, 말레이시아, 필리핀, 브루나이, 태국 발효 - 인도네시아, 캄보디아, 라오스는 국내절차 완료 통보 후 두 번째 달 1일부터 발효. 투자협정: 2009.6.2 서명
		EFTA	2006.9.1 한-EFTA FTA 발효
		싱가포르	2006.3.2 발효
		인도	2010년 1월 1일 한-인도 CEPA 발효
		칠레	2004.4.1 발효
	서명, 타결	EU	2011년 7월 1일 한-EU FTA 잠정발효 예정 * 단, 잠정 발효를 위해서는 우리 국회의 비준동의와 유럽의회의 동의 등 입법부의 동의 절차가 완료되어야함.
		미국	2010년 10월 7일 한-미 FTA관련 비공식 협의 개최
		페루	2010년 8월 29-30 한-페루 FTA 제5차 협상 및 타결(페루 리마)
	협상중	GCC	2009년 7월 8~10일 제3차 한-GCC FTA 협상 개최 (서울)
		뉴질랜드	2010년 5월 12~14일 제4차 협상 개최(웰링턴)
		멕시코	2008.6.9~6.11 제2차 한-멕시코 FTA 협상(서울)
		캐나다	2008.5.7~5.8 한-캐나다 FTA 회기간 농업회의 (벤쿠버)
		콜롬비아	2010년 6월 14~18일 한-콜럼비아 FTA 제3차 협상 개최(서울)
		터키	2010.7.19~23 제2차 한-터키 FTA 협상(서울)
		호주	2010.5.24~5.28 제 5차 협상 개최(캔버라)
	검토중	MERCOSUR	2009.7.23 한-MERCOSUR FTA 추진 협의 MOU 체결 - 무역협정 추진을 위한 공동협의체 회의 개최 추진중
		SACU	남아프리카 관세동맹(SACU; South African Customs Union): 남아프리카 공화국, 보츠와나, 나미비아, 레소토, 스와질란드 등 5개국으로 구성. 08.12월 민간공동연구 개시 합의
		러시아	2008.7.8~9 제2차 한-러 양국간 경제동반자 협정(BEPA, Bilateral Economic Partnership) 공동연구그룹 회의(모스크바)
		베트남	2010.6.23 한-베트남 FTA 공동작업반 출범
		이스라엘	2009년 8월 한-이스라엘 FTA 민간공동연구 개시
		일본	2010년 9월 16일 한일 FTA 제1차 국장급 협의 개최(동경) - 고위급 협의로 격상됨
		중국	2010년 9월 28~29일 제1차 한-중 FTA 정부간 사전협의(북경) - 민감성 처리방안 협의
		한중일	2010년 9월 1일~3일 산관학 공동연구 제2차 회의 개최(동경)

싱가포르는 이미 ASEAN과의 FTA로 이어졌고, EFTA는 4월중 정식서명이 이루어질 EU와의 FTA로 연결되었다. 칠레는 아직 본격화되지 않았지만 브라질이 포함된 남미공동시장(MERCOSUR)과의 FTA 협상에 기여할 것이다.[111)]

이와 같이 한국은 2004년 칠레와 FTA를 발효한 이후 싱가포르, EFTA, ASEAN, 인도와 FTA를 체결하여 발효시켰으며, 미국, 페루, EU와는 서명 또는 타결되었고 뉴질랜드, 호주, 멕시코 등과는 협상중이며, 중국과 일본 등과는 협상준비 또는 검토중에 있다. 한국의 세계 주요국과의 FTA 현황은 [표 9-9]와 같다.

4. 한국과 주요국간의 FTA 내용요약

1) 한국과 FTA 발효된 국가

(1) 한·칠레 FTA

우리나라의 경우 FTA 정책의 기본방향은 1998년 11월 대외경제정책조정위원회에서 결정되었다. 2002년 10월 타결된 칠레와의 FTA를 우선적으로 추진하고, 중소형 거점국가와의 FTA는 관련 부처와의 협의와 연구를 개시하기로 하였다. 또한 경제적 효과가 클 것으로 예상되는 미국, 일본, 중국 등 거대경제권과의 FTA는 정밀 검토를 거쳐 추진 여부를 결정하기로 하였다.

우리나라와 칠레는 1999년 12월부터 2000년 말까지 네 차례의 협상을 개최하였으나 농산물 부문에 대한 이견으로 2001년 한 해 동안 협상이 중단되었다.

2002년 들어 농산물 개방에 대한 칠레의 입장 완화로 2002년 8월 5차 협상이 개최될 수 있었고, 농업개방안에 대한 양국의 합의로 3년간 지속되었던 협상이 타결되었다. 2003년 2월 칠레의 라고스 대통령 방한을 계기로 한국·칠레의 FTA 협정은 공식 서명되었으며 2003년 11월 11일 국회 통일외교통상위원회는 한국·칠레의 FTA 협정의 심의를 통과시켰다.

---

111) International Trade, 2010 March Vol.522. p.12

[표 9-10] 한·칠레 FTA협상일정

연도	내용
1998년 11월	• 대외경제조정위원회에서 자유무역협정(FTA) 체결을 추진하기로 결정하고, 첫 대상국으로 칠레를 선정 • APEC 정상회의에서 한·칠레 양국간 FTA 추진에 합의
1999년 4월 및 6월	고위급 작업반 회의 2회 개최(서울, 산티아고)
1999년 9월	APEC 정상회의에서 양국간 FTA 협상 개시 합의
1999년 12월	제1차 협상 개최(산티아고)
2000년 2월	제2차 협상 개최(서울)
2000년 5월	제3차 협상 개최(산티아고)
2000년 11월	APEC 정상회의에서 협상 조기 타결 입장 확인
2000년 12월	제4차 협상 개최(서울)
2001년 6월 및 10월	통상교섭본부장과 칠레 외무장관간 회담에서 협상 재개 합의
2002년 2월	양허안 협상 재개를 위한 고위급 협의 개최(L.A.)
2002년 8월	제5차 협상 개최(산티아고)
2002년 9월 및 10월	상품양허안 별도협의 2회 개최(제네바)
2002년 10월	제6차 협상 개최, 협상 타결(제네바)
2003년 2월 15일	정식서명(서울)

한·칠레 FTA체결의 의미와 기대효과는 다음과 같다.

가. 우리나라의 첫 FTA

세계 주요 무역대상국과의 FTA, 그리고 아태지역 경제통합 움직임에 대비해 나가야 하는 우리나라 FTA 추진의 시발점이다.

나. 태평양을 사이에 둔(Trans-Pacific) 국가간의 첫 FTA

유망시장인 중남미로 우리 기업의 활동반경을 넓히고 수출시장을 다변화하는 데 필요한 통상 인프라를 구축하게 되었다.

남미권과의 FTA 체결을 추진하고 있는 아시아 각국 중 첫 성공사례

다. 통상정책 수단의 다원화

WTO체제의 다자간 협상을 통한 무역자유화와는 별도로 우리 스스로 무역자유화 상대국을 선택하고, 우리 실정을 적절히 반영한 무역자유화방식(FTA)을 채택한 것이다.

라. 상호 호혜적 이익을 최대한 반영한 FTA

쌀, 사과, 배 등을 동 협정의 예외품목으로 하여 농업 부분의 피해를 최소화하도록 하였으며 승용차, 화물자동차, 컴퓨터 등 대칠레 수출의 67%를 차지하는 품목에 대해 발효 즉시 관세 철폐를 확보하였다.

칠레로서는 아시아국가와의 FTA를 최초로 성사시킴으로써 이 지역으로의 교역을 확대해 나갈 수 있는 중요한 계기를 마련하였으며 우리 또한 칠레를 넘어 중남미시장 진출의 교두보를 확보하게 되었다.

마. 우리의 대외개방 의지를 재확인함으로써 대외신뢰도 제고

우리의 대외개방 및 내부 개혁 의지를 대내외에 과시함으로써 대외신뢰도를 크게 제고하게 되었다.

바. 우리기업의 칠레시장 진출 확대

칠레는 EU, 캐나다, 멕시코 및 중남미 국가 등 10개의 FTA를 체결하였으며, 미국, 일본, 싱가포르 등과도 조만간 FTA를 체결할 것으로 알려졌는바, 금번 칠레와의 FTA를 통하여 칠레에 진출했거나 진출할 우리 기업들에 대한 차별적 경쟁조건을 해소하게 되었다.

FTA에서 칠레측은 자동차, 휴대폰, 컴퓨터, 철강 파이프 등 2,450여개 품목(대칠레 수출의 67%)을 협정 발효 즉시 자유화를 단행하고, 자동차부품, 폴리에틸렌 등 2,000여개 품목을 향후 5년 동안 균등 철폐키로 함으로써 주요품목의 대칠레 수출이 단기간에 확대되었다.

FTA에 포함된 정부조달협정은 칠레가 추진 중인 사회간접자본 확충을 위한 대규모 프로젝트 등에 대한 우리 기업의 참여가 확대되었다.

사. 한 · 칠레의 교역구조

우리나라는 칠레에 공산품을 주로 수출하고, 원부자재를 주로 수입하고 있어 양국의 교역 및 산업구조는 보완적이다.

2002년 기준으로 우리나라의 대 칠레 교역은 수출 약 4억 5400만 달러, 수입 약 7억 5400만 달러로서 외형적으로 약 3억 달러의 적자를 기록하였지만, 우리의 수출품목이 통신기기, 자동차, 화학제품 등 공산품 일색인 반면, 수입품목은 전체 수입의 70% 이상을 차지하고 있는 구리를 비롯하여 펄프 · 목재,

광석 등 우리 경제가 수입에 의존할 수밖에 없는 원자재 중심으로 이루어지고 있다.

칠레는 세계 최대의 과실 수출국 중 하나라는 점에서 칠레와의 FTA에 대한 우려의 목소리가 있었으나 과실을 제외하고는 세계시장에서 경쟁력 있는 수출농산물이 별로 없다 할 수 있다. 세계의 농산물 수출액 중 칠레의 비중은 0.6~7%선에 불과하며, GDP에서 농림축산업이 차지하는 비중도 5.9% 정도로 우리나라의 농림업은 2000년 기준 4.2%이다.

우리나라와 지구 대칭점에 위치하는 지리적 위치, 반대되는 계절 등도 칠레의 대한국 농산물(특히 과실) 수출에 기본적인 제약요인으로써 우리 농업에 대한 부정적인 영향을 희석하는 작용을 하고 있다.

(2) 한·싱가포르 FTA

가. 협상경과

한·싱가포르 간 FTA에 대한 본격적인 논의는 1999년 9월 APEC 정상회담에서 고촉통 싱가포르 당시 총리가 양국 간 FTA 체결을 김대중 전 대통령에게 제안함으로써 시작되었다. 이어 2002년 11월 시드니 WTO 소규모 각료회의 기간 중 개최된 양국 간 통상회담에서 FTA 체결을 위한 "산관학공동연구회"를 발족하기로 합의하여 2003년 3월부터 10월까지 3차례의 공동연구회의가 개최 되었으며 동 연구회는 최종보고서를 통해 양국 간 FTA 협상을 조속히 개시하도록 권고하였다.

공동연구회의 이러한 권고에 기초하여 양국 정상은 2003년 10월 개최된 정상회담에서 양국 정부간 FTA 협상을 개시할 것을 선언하였다. 이에 따라 2004년 1월부터 11월까지 본격적인 협상을 진행하여 2004년 11월 라오스에서 개최된 ASEAN+3 정상회담 기간 중 개최된 양국 정상회담에서 FTA 협상을 실질적으로 타결하였다.

그 후 협정문에 대한 실무적인 법률검토를 거쳐 2005년 4월에는 협정문이가 서명되었으며 2005년 8월 4일 서울에서 우리 측 반기문 외교통상부장관과 싱가포르측 Lim Hng Kiang 통상산업부장관이 협정문에 정식 서명하였다. 한·싱가포르 FTA 협상일정은 [표 9-11]과 같다.

[표 9-11] 한·싱가포르 FTA협상일정

연도	내용
1999년 9월	오클랜드 APEC 정상회담 계기 양국 정상회담시 고촉통 총리, 한국-싱가포르-칠레 간 FTA 체결 제의 이래 수시로 제안
2002년 10월 16일	대외경제장관회의에서 한 · 싱 FTA 산 · 관 · 학 공동연구회를 추진하기로 합의
2002년 11월 14일	한 · 싱 FTA 체결을 위한 산 · 관 · 학 공동연구회 발족에 합의
2003년 3월4일~6일	공동연구회 제1차 회의 (서울)
2003년 7월29일-30일	공동연구회 제2차 회의 (싱가포르) 2003.9.4-5공동연구회 제3차 회의 (서울)
2003년 10월 7일	산 · 관 · 학 공동연구회는 6개월간의 활동 종료 후, 조속한 정부간 협상 개시를 건의하는 보고서 제출
2003년 10월 23일	협상 개시 선언
2004년 1월 27일~29일	제1차 협상 개최(싱가포르) 2004.3.24-26제2차 협상 개최(서울)
2004년 5월 19일~21일	제3차 협상 개최(싱가포르)
2004년 7월 21일~23일	제4차 협상 개최(제주도) 2004.9.7-9실무협의 개최(방콕)
2004년 10월 4일~8일	제 5차 협상 개최(싱가포르)
2004년 10월 28일~29일	실무협의 개최(방콕)
2004년 11월 29일	FTA협상 실질적 타결 선언
2005년 4월 16일	가서명(싱가포르)
2005년 8월4일	한-싱가포르 자유무역협정문 정식서명 (서울) 2005.8.24 국회 비준동의안 제출
2005년 12월1일	한-싱가포르 FTA 국회 비준동의안 통과 2006.3.2한-싱가포르 자유무역협정 발효
2007년 7월 9일~10일	제1차 임시관세위원회 개최 (싱가포르)
2009년 1월 8일	제1차 TBT 공동위원회 개최(싱가포르)
2009년 1월 15일~16일	제1차 한-싱가포르 FTA 이행검토회의 개최 (싱가포르) 제2차 임시관세위원회 개최 (싱가포르) 제1차 임시전문서비스위원회 개최 (싱가포르)

나. 협정의 의의 및 기대효과

가) 국제적 비즈니스 거점과의 전략적 연계로 경쟁력 강화

싱가포르는 동아시아의 무역센터이자 세계적인 물류·금융 및 비즈니스의 중심지로서 다국적기업의 유망투자 대상지역이다. 우리나라가 싱가포르와의 FTA체결을 통해 전략적 연계를 강화함으로써 우리나라의 경제시스템을 선진화시키고 서비스부문의 경쟁력을 강화함과 동시에 한국에 대한 투자를 확대할 수 있을 것으로 기대된다.

나) 동북아와 동남아허브를 연결하는 FTA로 우리기업의 동남아 진출기반강화

한·싱가포르 FTA는 최근 FTA 논의가 가장 활발한 동아시아에서 우리나라가 체결하는 첫 번째 FTA가 되었다. 싱가포르는 동남아 경제허브를 지향하고 있고 우리나라는 동북아 경제허브를 지향하고 있는데 양국이 FTA를 통하여 서로 결합함으로써 동북아와 동남아허브가 서로 연결되게 되었다.

또한 싱가포르와의 FTA 체결은 2005년부터 개시된 ASEAN+3과의 FTA협상추진을 위한 전략적 디딤돌 역할을 하고 있다. 이로써 우리기업이 싱가포르를 기반으로 동남아진출을 촉진할 수 있는 기반이 강화되었다.

다) 한·싱가포르 FTA는 내용 면에서 상당히 포괄적이다.

상품분야 관세철폐뿐만 아니라, 서비스·투자·정부조달·지적재산권 등 여타 분야에서 다양한 무역·투자 확대방안이 포함되었다.

또한 한·칠레 FTA에는 없는 금융서비스, 전자상거래, 기술표준 적합성에 대한 상호인정(MRA: Mutual Recognition Agreement), 협력 분야 등도 추가되었다.

라) 개성공단 생산제품의 해외판로 개척을 위한 선례 구축

개성공단 등 북한경제특구에서 생산된 제품이 우리나라를 거쳐 싱가포르로 수입 될 경우 한국산과 마찬가지로 원산지 물품으로 인정되어 한·싱가포르 FTA 상의 특혜관세를 누리게 되었다.

미국 등 일부 국가가 북한산 제품에 대하여는 고율의 관세를 부과하고 있어 사실상 이 국가들로 북한제품을 수출할 수 있는 길이 막혀 있었으나 한·싱가포르 FTA에서 개성공단 생산제품을 한국산과 같이 취급토록 함으로써 싱가포르를 시발점으로 하여 해외판로 개척을 위한 선례를 구축하게 된 것이다.

다. 한·싱가포르의 교역구조

우리나라와 싱가포르간의 자유무역협정(FTA)이 체결된 이후 무역수지가 56.1% 늘어나는 등 긍정적인 효과가 나타나고 있는 것으로 평가되었다. 또 당초 우려했던 것과는 달리 큰 폭의 수입증가는 없는 것으로 나타났다. 재정

경제부는 한·싱 FTA 체결 1주년을 계기로 양국간 경제교류 동향을 분석한 결과 수출이 19.9%, 수입이 4.4% 증가했다고 밝혔다.

한-싱가포르 FTA 발효(2006년 3월) 전후 10개월간을 비교했을 때, 수출은 싱가포르의 경제호황과 반도체 수요증가, 선박수주 증가에 따라 발효 전 67억 5,700만 달러에서 81억 200만 달러로 19.9% 늘었다. 반도체의 경우 35.1%, 선박은 23.9% 큰 폭으로 증가했다. 수입의 경우 관세철폐에 따라 수입이 크게 늘어날 것으로 우려하던 것과는 달리 소폭 증가에 그쳤다.

재경부는 "반도체, 석유제품 등 주요 수입제품이 FTA 발효 전에 이미 무관세이거나 낮은 관세를 유지하고 있었기 때문에 수입에 미치는 효과가 크지 않았다"고 분석했다.

양국간 투자는 전반적으로 호조를 띠고 있는 것으로 나타났다. 그러나 싱가포르에 대한 투자액(신고기준)은 발효 후 20.5% 감소했다. 이는 SK 텔레콤이 싱가포르 통신업에 대해 2억 8000만 달러 투자키로 한 신고가 협정 발효 전인 2006년 1월에 이루어진 데 기인한다.

양국간 방문객 수도 큰 폭으로 늘었다. 싱가포르 방문객 수는 2005년 36만4천 명으로 2004년과 거의 같은 수준을 유지하다가 2006년에는 45만4천 명으로 24.8% 늘었고, 한국으로 들어오는 싱가포르 방문객 수는 2005년 마이너스 증가율을 보이다가 2006년 9.6% 늘어난 7만1천 명을 기록했다.

재경부는 "한-싱가포르 FTA는 양국간 교역확대, 투자증진 등에 도움이 되었다"면서 "앞으로도 FTA가 관세철폐와 비관세 장벽 완화, 투자환경 개선 등을 통해 싱가포르와 전략적 연계를 강화하겠다"고 밝혔다. 한·싱가포르 FTA 체결로 양국간 교역비중은 체결 직전보다 교역액이 1.2~3.2배 증가하였으며, [표 9-12] [표 9-13]에서와 같이 교역비중은 2008년 2.9%까지 상승하였다.

[표 9-12] 교역비중 변화

발효	2004	2005	2006	2007	2008
2006. 03	2.11%	2.33%	2.42%	2.58%	2.88%

[표 9-13] FTA 발효 전후 교역증가율

	발표 전 3년간 평균	발효 후 연평균	발효 전 증가율대비	발효 후 對세계 증가율대비
對싱가포르 (對세계)	19.8% (19.6%)	20.5% (13.6%)	1.0배	1.5배

(3) 한·EFTA FTA

가. 협상경과

한·EFTA간 FTA는 2004년 5월 14일 개최된 한·EFTA 통상장관 회담에서 양측이 FTA 공동연구를 개시하는 데 합의 함으로써 공식화 되었다. 이를 계기로 양측 정부, 산업계, 학계 대표 및 EFTA 사무국이 주축이 되어 한·EFTA FTA 공동연구단(Korea-EFTA FTA Joint Study Group)이 결성되었다.

유럽자유무역연합(European Free Trade Association: EFTA)은 스위스, 노르웨이, 아이슬란드, 리히텐슈타인으로 구성된 유럽자유무역연합체로 서유럽 국가 중 EU에 참가하지 않은 국가들로서 인구규모는 작지만 세계 최고수준의 1인당 국민소득을 자랑하는 전형적인 강소국들의 자유무역연합체이다.

2004년 8월과 10월 제네바와 서울에서 각각 개최된 두 차례의 공동연구회의에서 양측간 FTA 추진의 경제적 효과 및 분야별 자유화 가능성을 검토하였고, 특히 2004년 10월 공동연구 2차 회의에서 1년 내 협상 타결을 목표로 2005년 초 FTA 협상을 개시하도록 권고하는 내용의 공동 연구보고서가 확정되었다.

공동연구보고서의 주요 결론 및 권고내용을 살펴보면 다음과 같다.

전문가그룹은 한·EFTA FTA가 양측에 win-win 상황을 조성함으로써 무역 및 투자 증대를 포함한 광범위한 분야에서의 가시적인 혜택을 제공할 것으로 기대하였다. 연구보고서에서는 협상의 3원칙이 제시되었다.

첫째, 포괄성 : 상품, 서비스, 투자, 정부조달 및 지적재산권 등 모든 분야를 협상대상에 포함 둘째, 실질적인 자유화 추진 셋째, 상호 이익의 증진 등으로 공동연구보고서는 한국과 EFTA 양측이 2005년 말까지 협정 타결을 목표로 2005년 초 협상을 개시할 것을 권고하였다.

[표 9-14] 한·EFTA FTA협상일정

연도	내용
2004년 5월 14일	OECD각료회의 계기로 개최된 한·EFTA 통상장관회담시 한·EFTA FTA 공동연구 개시에 합의
2004년 8월 11일~13일	한·EFTA FTA 공동연구 제1차 회의 개최(제네바)
2004년 10월13일~15일	한·EFTA FTA 공동연구 제2차 회의 개최(서울)
2004년 11월12일	한·EFTA FTA 공청회 개최(서울 무역센터)
2004년 12월 16일	한·EFTA FTA 통상장관회의시 FTA 협상개시 공동선언(제네바)
2005년 1월 18일~21일	한·EFTA FTA 제1차 협상 개최(제네바)
2005년 4월 4일~8일	한·EFTA FTA 제2차 협상 개최(서울)
2005년 5월 30일~6월 2일	한·EFTA FTA 제3차 협상 개최(노르웨이)
2005년 7월 4일~8일	한·EFTA FTA 제4차 협상 개최(서울)
2005년 7월 12일	한·스위스 양자 통상장관회의시 FTA 협상타결 선언(중국대련)
2005년 9월 13일	한·EFTA FTA 가서명(제네바)
2005년 12월 15일	한·EFTA FTA 정식서명(홍콩)
2006년 6월 30일	한–EFTA FTA 협정 국회 비준통과
2006년 9월 1일	한–EFTA FTA 협정 발효
2008년 5월 27일~28일	한–EFTA FTA 제1차 공동연구위원회(서울)
2010년 1월 20일~21일	한–EFTA FTA 제2차 공동연구위원회(제네바)

이러한 연구결과를 토대로 우리나라는 2004년 11월 공청회를 개최하여 한·EFTA FTA 추진타당성에 대한 민간전문가 및 이해관계자 등으로부터 광범위한 의견수렴을 하였다.

2004년 12월 1일 양측간 통상장관회의에서 정부간 협상을 공식적으로 선언하였으며, 2005년 1월(제네바) 공식협상을 개시한 후 네 차례의 협상을 진행하였으며, 7월 서울에서 개최된 제4차 협상을 끝으로 협상이 실질적으로 타결되었다.

이후 협정문에 대한 실무적인 법률 검토를 거쳐 2005년 9월 제네바에서 협정문이 가서명되었으며 12월 15일 홍콩에서 양측 통상장관들이 협정문에 정식 서명하였다. 한·EFTA FTA 협정일정은 [표 9-14]와 같다.

나. EFTA 경제 개황

EFTA는 세계 최고 부국들의 연합체이다. 2004년 기준 EFTA 4개국의 총

GDP는 6220억 달러로서 세계 9위권(한국7위)이며, 1인당 GDP는 PPP 기준 3만 2979달러에 달한다. 총상품교역은 3660억 달러로서 전 세계 교역의 2%(세계 9위, 한국 7위)이며 국민 1인당 수출액은 16만 498달러로서 주요 경제권역 중 최고수준이다. 총인구는 1,240만 명이다.

평균 인플레이션율 0.8%, 실업률 4.1%, 평균 정부부채는 GDP의 47%에 불과하고 평균 정부재정 적자는 GDP의 2.7%의 안정적인 경제상황을 나타내고 있다.

2004년 상업적 서비스 수출액은 640억 달러(세계 5위, 한국 8위)이며, 해외투자(ODI)는 136억 달러, 외국인직접투자(FDI) 144억 달러에 달한다.

IMD(2005)가 평가한 EFTA 국가들의 국가경쟁력지수를 보면 아이슬란드가 4위, 스위스가 8위, 노르웨이가 15위에 올라 있다. 한국은 29위이다. EFTA는 오일·가스, 어류, 의약품, 시계, 기계류, 금융서비스, 해운 부문에서 세계적인 경쟁력을 보유하고 있다. 스위스와 리히텐슈타인은 세계적인 국제금융센터로서 많은 외국기업을 유치하고 있으며, 스위스는 의약, 기계류, 시계 부문에서 강세를 보이고 있다. 노르웨이와 아이슬란드는 수산, 해운에 경쟁력이 있으며 노르웨이는 주요 산유국이다. EFTA 국가의 주요 수출입 품목은 다음과 같다.

첫째, 스위스의 주요 수출입품목

주요 수출품: 기계류 27%, 약품류 10%, 시계 7%

주요 수입품: 기계장비 24.5%, 화학제품 17%, 운송수단 11.6%, 시계·보석 6.2%

둘째, 노르웨이의 주요 수출입품목

주요 수출품: 광산품·석유 63%, 어류·해산물 5%, 알루미늄 5%

주요 수입품: 기계·운송장비 37.4%, 도로 운송수단 8.3%, 전자 기계 5.1%

셋째, 아이슬란드의 주요 수출입품목

주요 수출품: 어류·해산물 48%, 알루미늄 20%

주요 수입품: 산업장비 24%, 자본재 23.1%, 운송수단 16.9%, 식음료 8.3%

다. 협상의 의의와 기대효과

가) 선진경제권과의 FTA로 효과 극대화

EFTA는 우리나라가 FTA를 맺은 최초의 선진경제권이자 유럽경제권이며, 지금까지 맺은 FTA 체결국 중 경제규모가 가장 큰 대상국이다. 우리나라는 2003년 초 칠레와의 FTA 협상을 타결한 이래 2004년 말 싱가포르와 FTA 협상을 끝내고 2005년 유럽에 소재한 EFTA와 FTA 협상을 타결함으로써 미주(칠레)와 아주(싱가포르)에 이어 구주에도 한국의 FTA협상 타결국가가 생겼다.

EFTA 4개국의 1인당 국내소득(GDI, 2003년 기준)은 3만 8656달러로서 한국의 1만 2628달러의 세 배를 능가하고, 그 이전에 협상을 타결한 칠레(4562달러)나 싱가포르(2만 798달러)보다 소득수준이 높을 뿐만 아니라 전 세계 기준으로 볼 때에도 최고수준이다.

EFTA는 경제규모가 세계 10위권으로, 우리나라가 그동안 체결한 FTA 대상국 중 가장 큰 경제규모를 지니고 있다. 한편 EFTA도 EU를 제외한다면 14개 FTA 체결국 중 우리나라가 가장 큰 경제규모를 지닌 대상국이다.

나) 산업의 상호 보완성으로 상호 이익 증가

상호 보완적 산업구조를 갖고 있는 우리나라와 EFTA는 FTA를 통하여 양국간 교역이 크게 증가하는 등 상호 이익이 크게 증대할 것이다. 양측의 교역은 산업내 무역의 비중은 낮고 산업간 무역[112]이 대부분을 차지하는 구조라서 국내 산업구조 조정을 최소화하면서 교역자유화의 효과를 누릴 수 있을 것으로 평가된다. 우리나라와 EFTA의 FTA를 통한 교역비중의 변화를 살펴보면 [표 9-15], [표 9-16]에서와 같이 FTA발효 전에 비해 증가율대비 8.7배나 교역이 증가하였다.

---

112) 산업내 무역과 산업간 무역 : 산업내 무역(intra-industry trade)은 한 산업내의 원자재-중간재-최종재 사이에 국가간 교역이 일어나는 경우를 말하며 산업간 무역(inter-industry trade)은 서로 다른 산업 사이의 교역을 뜻한다. 예를 들어 자동차 부품산업과 완성차 산업이 서로 다른 국가에 있을 때 부품의 교역이 일어나면 이를 자동차 산업내 무역이라고 하며, 의약품을 수입하고 자동차를 수출하면 산업간 무역이 발생한 것으로 볼 수 있다.

[표 9-15] 교역비중 변화

발효	2004	2005	2006	2007	2008
2006. 09	0.56%	0.53%	0.62%	0.64%	0.78%

[표 9-16] FTA 발효 전후 교역증가율

	발표 전 3년간 평균	발효 후 연평균	발효 전 증가율대비	발효 후 對세계 증가율대비
對EFTA (對세계)	3.6% (20.2%)	31.6% (19.0%)	8.7배	1.7배

다) 우리 제품의 EFTA 시장진출 확대

EFTA측은 우리나라에서 수입되는 모든 제품(공산품, 수산물)에 대해 발효 즉시 100% 관세를 철폐하기로 하였다. 우리나라도 EFTA가 원산지인 상품 중 99.1%에 해당하는 상품의 관세율을 최장 7년간에 걸쳐 관세를 철폐하여 상당히 높은 수준의 자유화를 달성하였다. 다만 농산물 및 수산물 중 민감한 일부 품목은 자유화 대상에서 제외하거나 최장 10년간에 걸쳐 관세를 철폐하기로 하였다.

이에 따라 현재 양측 간 잠재력에 비해 크게 미약한 수준의 교역이 대폭 확대될 것으로 보이며, 특히 우리 상품 중에서도 의류, 자동차, 선박, 가죽제품 등 공산품의 수출이 큰 폭으로 증가할 전망이며, 사과, 배, 김치, 민속주, 라면 등의 우리 농산물이 EFTA 시장에 새롭게 진출할 수 있는 계기가 될 것으로 기대된다.

한·EFTA간 교역규모는 2004년에 약 27억 달러로 우리나라 제20위의 교역상대다. 자동차, 선박, IT 제품, 의료, 플라스틱·고무 제품 등이 주요 수출품목이다.

라) 우리 산업의 균형적 발달에 촉매 역할

한·EFTA FTA는 서비스업을 비롯하여 여러 산업의 경쟁력을 높일 수 있을 뿐만 아니라 정량화하기 어려운 서비스 및 투자와 무역원활화를 통한 이익을 감안하면 경제적 이익은 양측 모두에 훨씬 크게 나타날 것이다. 한국과

EFTA 양측간 경제가 대체로 보완적이어서 구조조정 비용을 최소화하면서 포괄적인 자유무역협정을 통해 상호간의 경제적 이익을 증대시킬 계기로 작용할 것이다.

상품 무역자유화뿐만 아니라 서비스업의 개방 및 상호 협력을 통하여, 현재 WTO의 DDA협상 차원에서 논의되고 있는 서비스시장 개방계획을 시범적으로 적용함으로써 전면적인 서비스시장 개방의 완충역할을 도모할 수 있다. 아울러 EFTA가 경쟁력을 보유한 금융 및 해운 서비스에서 선진기법을 도입할 수 있을 것으로 전망된다. 따라서 우리 경제의 산업간 불균형 발전에 대한 명확한 인식을 바탕으로 비교열위 산업을 발전시키는 데 한·EFTA FTA가 촉매제 역할을 할 수 있을 것이다.

마) 개성공단 생산제품에 대한 관세특혜 확보

양측은 개성공단사업 추진의 의의와 동북아 평화안정에 대한 중요성을 인정하여, WTO 규정상의 의무에 위배문제가 발생하지 않는 방안을 논의한 끝에 역외가공에 대한 특례인정방식으로 이를 처리하기로 합의하였다.

이에 따라 개성공단 생산제품은 우리나라산 원자재, 중간재 등이 일정비율만 넘게 되면 우리나라 생산제품과 동일한 특혜관세 혜택을 보게 되어 개성공단 생산제품의 판로 확보에 기여하게 되었다.

또한 개성공단 이외에 향후 북한에 유사한 공단 설립 시 동일한 혜택 향유가 가능해졌다.

바) 유럽에서 우리나라 상품의 인지도 증가

유럽에서 낮은 인지도를 보이는 우리나라 제품에 대한 이미지를 높여 우리 상품 및 기업의 유럽 진출에 긍정적 효과를 가져올 것이다. 한·EFTA FTA 체결은 우리나라가 무역자유화의 가장 큰 수혜자임에도 불구하고 중상주의적 통상정책을 펴고 있다는 오해를 불식시키고 유럽국가에서 우리나라 제품에 대한 브랜드이미지를 높일 수 있는 계기로 작용 할 것이다.

양측 간 TV 방송프로그램의 공동제작을 위한 근거를 마련함에 따라, 최근 해외시장에서 두각을 보이고 있는 우리 방송프로그램의 유럽시장 진출 확대에 유용할 것으로 기대되어 양측 간 문화교류 확대 및 우리의 국가이미지 제고에도 기여할 것이다.

사) 투자환경 개선으로 투자 활성화

기존의 투자협정을 대폭 개선하여 투자자 보호수준 강화 등 투자환경을 개선하였다. EFTA측이 우호적인 투자국임을 감안하여 EFTA로부터의 외국인 투자에 대한 보호수준을 강화하였다. 특히 한·스위스간 1971년에 체결한 투자협정을 대폭 개선하여 대체하고, 이 투자협정을 다른 EFTA 국가들에 확대하였다.

투자자 보호는 물론, 투자자유화 부문을 구체적으로 명시함으로써 EFTA로부터의 투자 유치가 확대될 전망이다.

아) EU와의 FTA 추진을 위한 환경 조성

한·EFTA FTA는 향후 EU와의 FTA 추진을 위한 환경 조성에 도움을 줄 것이다. EU는 미국, 일본, 중국과 함께 우리나라의 주요 교역대상국이자 FTA 추진 예정 대상국가 중 하나이다. EU는 산업구조의 보완성이 큰 경제권이며, EU의 선진화된 경제체제는 FTA 체결 시 우리 경제의 산업구조 고도화 및 서비스업 경쟁력 강화에 큰 도움이 될 것이다.

그동안 EU는 우리나라와 EFTA간 FTA가 어떠한 형태로 체결될 것인지에 대해 관심을 갖고 지켜본바, 협상과정에서 나타난 개방적 사고와 합리적 접근방식, 그리고 실질적인 시장개방효과를 갖고 있는 이번 FTA의 형태로 판단해 보면 한·EFTA FTA는 향후 우리나라가 EU와 FTA를 논의할 때 중요한 시금석으로 작용할 것으로 전망된다.

아울러 한·EFTA FTA의 발효 이후 예상되던 효과가 현실화할 경우 우리나라와 EU는 이러한 제반효과를 근거로 양자간 FTA의 효과를 예측하고 협상을 추진하는 데 보다 용이해질 것으로 예상된다.

(4) 한·ASEAN FTA

가. 협상 경과

ASEAN은 총인구 5.8억 명, GDP 1조 3000억 달러 규모의 단일시장, 2008년 기준으로 우리나라의 3대 교역파트너이자 2위의 투자지역이며 급속히 부상하고 있는 신흥시장이자 우리의 중요한 경제협력 대상 지역이다. 또한 아세안은 지난 20년간 우리나라와 대화관계를 유지하고 1997년 이래 매년 한-아세안 정상회의를 개최하고 있는 중요한 외교 파트너이기도 하다.

ASEAN측에서는 1997년 이후 지속적으로 우리나라와 ASEAN간 FTA 체결을 희망하였으며 2003년 8월 30일 대외경제장관회의에서 공동연구에 대한 제안을 결정하였다. 한·아세안 양측은 이러한 긴밀한 관계를 고려하여 2004.11월 "한·아세안 자유무역지대" 창설을 목표로 한-아세안 FTA 협상의 개시를 선언하고 지금까지 한·아세안 FTA 기본협정, 분쟁해결제도협정, 상품무역협정, 서비스협정을 체결·발효하였다. 국내 사정으로 인해 상품협정과 서비스협정 서명에 참여하지 못하였던 태국도 2009년 2월에 이 두 협정에 가입하였다. 한·ASEAN FTA 협상일정은 [표 9-17]과 같다.

나. 협정의 의의 및 기대효과

가) 협정의 의의

한·ASEAN FTA가 가지는 첫 번째 의의로는 한국이 거대경제권과 맺은 최초의 FTA라는 점을 들 수 있다. ASEAN은 총 10개 회원국에 약 6억의 인구를 지닌 거대시장으로 한국에게는 미국, 중국, 일본, EU와 더불어 5대 교역시장 중 하나이다. 1992년 이후 우리나라 대외 총교역의 10% 이상을 차지하고 있으며, 우리의 총해외투자에서 ASEAN 투자에 차지하는 비중은 1997년의 외환위기를 거치면서 주춤하는 모습을 보이기는 하였으나 2000년 이후 회복하고 있다.

또한 1997~98년의 외환위기에서 회복한 ASEAN 국가들의 경제가 정상궤도에 진입하면서 제3국 수출을 위한 생산기지로서 중요성을 가지던 ASEAN 시장이 점차 국내 구매력 증가로 인한 수출시장으로서의 중요성이 강조되고 있는데, 이 시점에서 한·ASEAN FTA는 ASEAN 시장에 대한 우리나라 기업들의 선점을 가능하게 한다는 점에서도 의의를 가진다.

또한 상품협상에서 개성공단 제품에 대한 한국산 원산지를 인정받은 점도 매우 의미 있는 성과이다. 이전의 한·싱가포르 FTA와 한·EFTA FTA에서도 개성공단제품에 대한 한국산 원산지 인정에 합의한 바 있으나, 싱가포르나 EFTA와는 달리 ASEAN 국가의 주력 품목은 개성공단 생산제품과 경합관계를 지니기 때문이다. 이러한 사실은 한국이 추진하는 FTA에서 개성공단에 대한 원산지 인정이 정형화된 항목으로 자리매김하고 있다는 국제적 인식을 이끌어내는 계기가 되었다. 동시에 한반도 내에서 평화적 방법을 통한 공존을

[표 9-17] 한·ASEAN FTA협상일정

연도	내용
2004년 2월	전문가그룹 구성 및 상호 통보
2004년 3월 8일~9일	제1차 전문가회의 개최(인니 자카르타)
2004년 4월 16일~17일	제2차 전문가회의 개최(서울)
2004년 6월 10일~11일	제3차 전문가회의 개최(싱가포르)
2004년 7월 9일~10일	제4차 전문가회의 개최(서울)
2004년 8월	제5차 전문가회의 개최(인니 자카르타)
2004년 8월 21일	FTA 실무조정회의
2004년 9월 4일	AEM+1에서 공동연구결과 승인 및 정상에게 공식협상 개시 건의
2004년 11월 30일	정상회의에 공동보고서 채택 및 2년내 타결 목표로 FTA협상개시선언
2005년 2월 23일~25일	제1차협상 개최(자카르타)
2005년 4월 19일~21일	제2차협상 개최(서울)
2005년 6월 8일~10일	제3차협상 개최(싱가포르)
2005년 7월 19일~20일	제4차협상 개최(방콕)
2005년 9월 6일~9일	제5차협상 개최(서울)
2005년 9월 23일	제6차협상 개최(라오스)
2005년 9월 28일	한-ASEAN 통상장관회의(라오스) 개최
2005년 9월 29일	제2차 한-ASEAN 경제장관회의
2005년 10월 11일~14일	제7차협상 개최(베트남)
2005년 11월 16일	APEC 계기 한-ASEAN 통상장관회의(부산) 개최
2005년 11월 24일~25일	제8차협상 개최(쿠알라룸푸르)
2005년 12월 9일	한-ASEAN 통상장관회의에서 상품자유화 방식 합의
2005년 12월 13일	한-ASEAN 정상회의에서 포괄적 경제협력에 관한 기본협정(Framework Agreement)에 정식 서명
2006년 2월 4일~7일	제9차협상 개최(자카르타)
2006년 3월 6일~10일	제10차협상 개최(자카르타)
2006년 4월 23일~28일	제11차협상 개최(캄보디아 프놈펜)한-ASEAN FTA의 상품무역협상 타결
2006년 5월 22일~26일	제12차 협상 개최(서울)
2006년 7월 3일~7일	제13차 협상 개최(말레이시아 쿠알라룸푸르)
2006년 8월 24일	한-ASEAN 상품무역협정 정식서명(말레이시아, 쿠알라룸프 한-ASEAN 경제장관회담계기)
2006년 9월 18일~22일	제14차 협상 개최(인도네시아, 발리)

연도	내용
2006년 10월 31일~11월 1일	제15차 협상 개최(브루나이, 다루살렘)
2007년 1월 31일~2월 2일	제16차 협상 개최(미얀마)
2007년 4월 2일	한-ASEAN FTA 기본협정, 분쟁해결제도협정, 상품무역협정 국회 비준 동의
2007년 4월 9일~13일	제17차 협상 개최(서울)
2007년 6월 1일	한-ASEAN 상품무역협정 발효
2007년 6월 5일~8일	제 18차 협상 개최 (베트남, 하노이)
2007년 8월 13일~16일	제 19차 협상 개최 (싱가포르)
2007년 10월 2일~5일	제 20차 협상 개최 (비에티엔)
2007년 11월 21일	한 ASEAN 정상회의 계기, 한-ASEAN 서비스협정서명 (싱가포르)
2008년 1월 14일~18일	한 ASEAN 제 21차 협상 개최 (필리핀, 바기오)
2008년 4월 8일~11일	한-ASEAN 제22차 협상 (부산)
2008년 7월 9일	한-ASEAN FTA 이행 및 활용에 관한 합동연구회(하노이)
2008년 7월11일	한-ASEAN FTA 이행 및 활용에 관한 합동설명회(호치민)
2008년 7월 13일~16일	한-ASEAN 제23차 협상 개최(태국,방콕)
2008년 10월 29일~31일	한-ASEAN FTA 제24차 협상(자카르타)
2009년 4월 7일~8일	한-ASEAN FTA 제25차 협상(방콕) – 투자협상 타결
2009년 5월	한-ASEAN FTA 서비스 무역협정 발효
2009년 6월 2일	한-ASEAN FTA 투자협정 서명
2009년 9월 1일	한-ASEAN FTA 투자협정 발효
2009년 10월 12일~14일	한-ASEAN FTA 제1차 이행위원회(서울)
2010년 3월 10일~12일	한-ASEAN FTA 제2차 이행위원회(마닐라)

모색하는 정부의 노력이 국제적으로 인정받고 있다는 간접적인 증거가 되기도 한다.

비록 전품목이 아닌 ASEAN 회원 국가별로 HS 6단위로 100개 품목에 대한 부분적인 원산지 인정이기는 하지만 싱가포르나 EFTA 같은 선진국이 아닌 대부분 개도국으로 구성된 ASEAN과의 협상에서 개성공단 제품에 대한 역외가공을 이끌어냈다는 사실은 앞으로 우리나라가 추진할 FTA에서 개성공단에 대한 한국의 원칙을 설득력 있게 추진할 수 있는 기반을 마련하였다.

나) 기대효과

2007.6.1일 한·ASEAN FTA 상품협정의 발효 이후 한-아세안 간의 교역은

급격히 확대되고 있다. 아세안과의 교역량이 발효 전 증가율대비 0.6배 증가하였으며 발효 후 대세계 증가율대비 1.7배나 교역이 증가하였다.

한·ASEAN 비중의 경우 2007년 6월 FTA발효 전 평균 9.7%에서 발효 후 교역비중은 10.52%로 증가하게 된 것은 한·ASEAN FTA가 양측 교역량 확대에 크게 기여하고 있음을 분명히 보여주고 있다. 한·ASEAN FTA 투자협정은 [표 9-18], [표 9-19]에 나타난 바와 같이 이러한 효과를 더욱 증폭시킬 것으로 예상된다.

[표 9-18] FTA 발효 전후 교역증가율

	발효 전 3년간 평균	발효 후 연평균	발효 전 증가율대비	발효 후 對세계 증가율대비
對ASEAN (對세계)	16.7% (17.1%)	9.5% (5.7%)	0.6배	1.7배

[표 9-19] 교역비중 변화

발효	2004	2005	2006	2007	2008
2007. 06	9.7%	9.8%	9.74%	9.87%	10.52%

투자협정의 경우 기존에 우리나라와 아세안 개별국가들간에 체결되어 있던 투자보장협정을 넘어서는 투자보호 장치를 제공하고 이를 FTA의 틀 내에서 이행하는 것을 주요 내용으로 하고 있다. 아세안에 진출한 대다수의 우리 기업들은 노동집약적인 산업에 현지 투자를 하여, 중간재를 우리나라로부터 수입·가공한 후 우리나라에 재수출하거나 제3국에 수출하는 방식으로 사업을 하고 있어 한·아세안 FTA 투자협정은 아세안에 진출한 우리 기업들이 보다 안정적으로 사업을 할 수 있도록 지원하고 아세안 투자를 확대하는 데에 기여할 수 있을 것으로 기대된다.

투자협정 서명으로 완성되는 한·아세안 FTA는 양측간 교역 및 투자 여건을 지속적으로 개선할 수 있는 제도적 틀을 마련하고 있다. 우리나라와 아세안 10개국은 합의된 협정문에 따라 2012년부터 상품무역 분야의 추가적 자유화를 추진하게 되어 있고 서비스·투자 분야의 추가 자유화 필요성도 검토하도록 하고 있다. 이러한 노력은 아세안과의 교역·투자 여건 개선 뿐 아니라 양측 모두의 경제 발전에 기여할 수 있을 것으로 예상된다.

(5) 한·인도 CEPA[113)]

가. 협상경과

한·인도 CEPA(Comprehensive Economic Partnership)에 대한 논의는 2003년 12월 인도 뉴델리에서 열린 제2차 한·인도 공동위 외무장관 회담에서 양국간 무역, 투자 및 서비스 분야에서의 포괄적 협력관계 수립을 위한 공동연구그룹(JSG) 설치 문제를 검토하기로 합의한 것으로부터 시작되었다. 이후 뉴델리 양국 정상회담에서, 포괄적경제동반자협정(CEPA)의 타당성을 검토하기 위한 정부, 학계, 재계인사로 구성된 공동연구그룹을 설치하는데 합의함에 따라 한·인도 CEPA에 대한 논의와 연구가 본격적으로 시작되었다.

이에 따라 양국은 2005년 1월~8월 한·인도 CEPA 공동연구그룹 회의를 3차례 실시하였다. 2006년 3월 뉴델리에서 열린 제1차 협상에서 양국은 협상 운영 규칙(Terms of Reference)을 제정하고 협상분과 구성, 협정문 및 양허안 교환 시기, 향후 협상일정 등에 합의하였다. 2006년 5월(서울) 2차 협상에서는 상품, 원산지, 서비스, 투자, 통관행정 및 절차의 5개 분과별 협상이 시작되었으며, 6월(뉴델리) 3차 협상에서는 일반조항 및 분쟁해결, 경제협력 및 기타 규범 등 총 7개 분과별 협상이 모두 시작되었다. 2007년 1월(인도 자이푸르) 5차 협상에서 양국은 상품양허 세부원칙(Modality: 양허율 및 관세철폐 일정 등) 및 네거티브 방식 투자자유화에 합의 하였다.

2008년 9월(서울) 12차 협상에서 한국과 인도 양국은 협상 전부문에 걸쳐 실질적인 타결에 합의하였다. 양측은 2009년 2월 9일 뉴델리에서 한·인도 CEPA에 가서명하였다. 한편 인도에서는 하원의원 선거(총선) 직전에는 주요 정책에 대한 내각 승인이 관례적으로 보류됨에 따라 2009년 4~5월 총선으로 승인이 지연되다가 한·인도 CEPA는 새로 출범한 정부에 의해 7월에서야 내각에서 승인되었다.

---

113) 포괄적경제동반자협정(CEPA) : 상품교역, 서비스교역, 투자, 경제협력 등 경제관계 전반을 포괄하는 내용을 강조하기 위해 채택된 용어로서 실질적으로 자유무역협정(FTA)과 동일한 성격이다.

이에 따라 2009년 8월 7일 역사적인 한·인도 CEPA 협정이 서울에서 공식 서명되었다. 김종훈 통상교섭본부장과 아난드 샤르마(Anand Sharma) 인도 상공장관의 서명으로 한·인도 CEPA 협상은 2006년 3월 첫 공식협상이 시작된 이후 3년 6개월 만에 타결되었다. 한·인도 CEPA 협상일정은 [표 9-20]과 같다.

[표 9-20] 한·인도 CEPA협상일정

연도	내용
2003년 12월	제2차 한-인도 공동위(뉴델리) 외무장관 회담에서 양국간 무역-투자 및 서비스 분야에서의 포괄적 협력관계 수립을 위한 공동연구그룹(JSG) 설치 문제를 검토키로 합의
2004년 5월	대외경제장관회의에서 FTA 추진 로드맵 보완, 인도를 단기 FTA 추진 대상국으로 확정
2004년 10월	양국 정상회담(뉴델리)에서, 포괄적 경제동반자 협정(CEPA) 타당성 검토를 위한 정부 · 학계 · 재계인사로 구성된 공동연구그룹(JSG) 설치
2005년 1월~8월	3차례 한-인도 CEPA 공동연구그룹 회의 개최
2005년 12월	『FTA체결절차 규정』에 따른 공청회 개최
2006년 1월	제4차 공동연구그룹 회의(서울)에서 양국간 CEPA 체결을 건의하는 최종보고서 채택
2006년 1월 26일	대외경제장관회의에서 CEPA 협상 개시 결정
2006년 2월 7일	Kalam 인도대통령 방한 계기, 양국 정상회담에서 협상개시 선언 김현종 통상교섭본부장과 R. P. Singh 농촌개발부 장관은 협상개시 공동성명을 발표하고, 3월중 뉴델리에서 제1차 협상 개최 합의
2006년 3월 23일~24일	한 · 인도 CEPA 제1차 협상 개최 (뉴델리) 협상운영규칙(Terms of Reference) 제정, 협상분과 구성, 협정문 · 양허안의 교환시기, 향후 협상일정 등 합의
2006년 5월 10일~12일	한 · 인도 CEPA 제2차 협상 개최 (서울) 상품, 원산지, 서비스, 투자의 4개 분과별 협상이 진행되어, 우리측이 제시한 협정문 초안을 기초로 협정문안 협의
2006년 7월 18일~21일	한 · 인도 CEPA 제3차 협상 개최(뉴델리) 상품, 서비스, 투자, 기타규범 및 경제협력, 일반조항 및 분쟁해결, 원산지규정, 통관행정 및 절차 등 7개 분과별 협상이 모두 진행되어, 통합협정문 작성
2006년 10월 10일~13일	한 · 인도 CEPA 제4차 협상 개최 (서울) 상품 및 서비스분야 1차 양허안을 차기 협상에서 교환키로

연도	내용
	합의하고, 상품 및 서비스 협정문의 상당한 조항에서 합의 도출
2007년 1월 10일~12일	한 · 인도 CEPA 제5차 협상 개최 (자이푸르) 상품양허 세부원칙(Modality: 양허율 및 관세철폐 일정 등) 및 Negative 투자자유화 방식에 합의
2007년 4월 3일~6일	한 · 인도 CEPA 제6차 협상 개최 (서울) 개괄적 상품양허 초안 및 투자분야 1차 개방안을 교환하고, 원산지분야 절충안에 합의
2007년 4월 24일~27일	한 인도 CEPA 제6차 협상 개최 (뉴델리) 상품 양허안에 대한 구체적인 협의 및 투자개방안, 원산지 기준에 대한 논의
2007년 7월 24일~27일	한 인도 CEPA 제7차 협상 개최(뉴델리)
2007년 9월 9일~10일	한 인도 CEPA 회기간 협상 개최(서울)
2007년 10월 31일~11월 3일	한 인도 CEPA 제8차 협상 개최 (서울)
2007년 12월 18일~21일	한 인도 CEPA, 제9차 협상 개최(뉴델리)
2008년 4월 2일~5일	한-인도 CEPA 회기간 회의(뉴델리)
2008년 5월 29일~6월 2일	한-인도 제10차 협상(서울)
2008년 7월 29일~8월 1일	한-인도 FTA 제11차 협상(뉴델리)
2008년 10월 23일~25일	한-인도 CEPA 법률검토 제1차 회의(서울)
2008년 11월 5일~7일	한-인도 CEPA 법률검토 제2차 회의(뉴델리)
2009년 2월 9일	한-인도 CEPA 가서명(뉴델리)
2009년 8월 7일	한-인도 CEPA 정식서명 (서울)
2009년 8월 26일	한-인도 CEPA 비준동의안 국회 제출
2009년 9월 28일	한-인도 CEPA 비준동의안 외통위 통과
2009년 11월 6일	한-인도 CEPA 비준동의안 본회의 통과
2010년 1월 1일	한-인도 CEPA 발효

나. 협정 의의 및 기대효과

가) 협정의 의의

인도는 중국, 러시아, 브라질과 함께 브릭스(BRICs)를 구성하는 거대 신흥 경제 대국이다. 2008년 기준 1인당 국민총생산(GDP)는 약 1000달러에 불과하지만 11.5억 명의 인구(세계 2위)와 함께 구매력평가 기준 GDP는 3조 2883억 달러로 인도는 미국, 중국, 일본에 이어 세계 4위의 거대 소비시장을 형성하고 있다. 특히 인도는 지난 2004~2008년 연평균 8.4%의 높은 경제 성장률을 달성했으며 세계경기 침체에도 불구하고 2009년에도 6% 이상의 견조한 성장률을 유지하였다.

한국과 인도는 지난 1973년 수교 이후 약 35년간 정치, 경제, 사회 등 분야에서 지속적인 관계 발전을 이뤄왔다. 특히 양국간 교역액은 2000년 이후 빠른 속도로 증가하고 있다. 2000년 약 20억 달러에 불과했던 교역액은 2008년 156억 달러로 약 8배 증가하였다. 2003~2008년간 양국간 교역액 평균증가율은 약 30%로 같은 기간 우리나라 전체 교역액 평균증가율 17.8%보다 거의 2배 정도 높게 나타났다. 인도는 또한 우리나라의 주요 투자대상국으로 2009년 6월 기준 신고금액으로는 약 23억 달러, 투자금액으로는 약 15.6억 달러를 기록하고 있으며, 최근 5년간 투자가 빠르게 증가하고 있다.

한·인도 CEPA체결의 의의는 우리나라가 이렇게 세계경제의 새로운 축으로 부상하고 있는 인도와 처음으로 FTA를 체결했다는 점이다. 특히 중국, 일본, EU 등 경쟁국보다 한 발 앞서 체결함으로써 인도시장 선점 가능성이 더욱 높아진 점은 이번 협상의 최대 의의이다. 인도는 현재 일본과 협상 중이며, 중국과는 협상 개시전 상태이다. 이로서 우리나라는 칠레. 싱가포르, EFTA, ASEAN 등에 이어 또 다른 거대시장 진출을 위한 교두보를 하나 더 선점하게 되었다.

나) 기대효과

한·인도 CEPA는 경제성장률을 높이고, 산업생산을 증가시키며, 무역수지를 개선하고, 소비자의 후생을 증대시킬 것으로 예상된다. 한·인도 CEPA가 발효되면 우리나라의 실질 GDP는 단기적으로 약 0.01%, 장기적으로는 약 0.18%(약 8억불, 약 1조원) 증가할 것으로 기대된다. 또한 한·인도 CEPA를 통해 상품 및 서비스 가격이 하락하고 소비자의 선택폭이 확대되면서 우리나라의 후생은 단기적으로 3억 달러, 장기적으로는 9억 달러(약 1조 1000억 원) 증가할 것으로 분석된다. 한·인도 CEPA를 통해 우리나라 전체 산업생산은 단기적으로 약 16억 달러, 장기적으로는 약 39억 달러의 증가효과가 있을 것으로 추산되며 단기 및 장기 효과 모두 서비스업이 제조업보다 상대적으로 큰 것으로 나타났다.

산업별 수출입효과의 경우, 먼저 인도의 높은 관세율과 수입탄력성으로 인해 우리나라의 제조업 수출증대효과가 예상보다 높게 나타날 것으로 분석된다. 수출관세의 철폐로 인해 향후 10년간 대인도 제조업 수출은 연평균 1억 7700만 달러, 수입은 연평균 3700달러 증가하여 매년 약 1억 4000만 달러의 무역흑자 효과가 발생할 것으로 추산된다. 제조업 중에서는 기계부문의 수출 효과가 4200만 달러로 가장 높은 것으로 나타났으며, 수입의 경우 화학부문이 800만 달러로 가장 높은 것으로 분석되었다. 또한 [표 9-21]과 같이 전체 제조업종 중 수출입 증가율을 기준으로 살펴볼 때 기계와 자동차 부문의 교역이 가장 활발하게 일어날 것으로 나타났다.

[표 9-21] 한국의 총교역 및 대인도 교역증가율 비교

(단위 : 천 달러, %)

구분	총수출액	총 증가율	대인도 증가율	총수입액	총 증가율	대인도 증가율	총교역액
2004	253,844,672	31	27.3	224,462,687	25.5	50.1	478,307,359
2005	284,418,743	12	26.3	261,238,264	16.4	14.2	545,657,007
2006	325,464,848	14.4	20.3	309,382,632	18.4	72.4	634,847,480
2007	371,489,086	14.1	19.3	356,845,733	15.3	27	728,334,819
2008	422,007,328	13.6	36	435,274,737	22	42.3	857,282,065
2009	226,366,616	−22.3	−15.8	199,669,905	−34.4	−53.2	426,036,521

서비스 부문은 다양한 분야를 포함한 시장접근, 내국민대우 확보 등으로 서비스 산업의 경쟁력 및 수출제고에 기여할 것으로 평가되며, 시장접근의 경우 포지티브 방식으로 이루어졌지만 우리나라의 서비스 수출이 가능한 부문은 거의 포함되었다. 특히, 은행지점 설치에 대한 시장접근 개선가능성은 인도에서 우리나라 은행의 영업경쟁력 및 효율성 제고에 잠재적으로 기여할 것으로 전망된다.

인력이동의 양허와 관련하여 인도 독립전문가 유입이 촉진될 경우 인력 부족을 겪고 있는 우리나라 관련산업의 경쟁력 제고에 기여할 것으로 분석된다. 특히 인도 IT소프트웨어 분야 전문가들의 국내유입 증가는 국내 소프트웨어 산업의 제품개발 및 품질, 가격 경쟁력 제고 뿐만아니라 국내 기업의 글로벌화에 역시 기여할 것으로 전망되고 있다. 이와 관련, 지난 2008년 IT벤처기업

연합회 소속 105개 회원사를 대상으로 설문조사를 실시한 결과, 국내 IT 벤처 및 중소기업들은 인도인전문가를 가장 선호하고 있으며, 채용만족도도 역시 높은 것으로 나타났다.

인도의 강점 · 약점

인도는 11억의 인구를 지닌 나라로서 중국에 이어 세계 2위의 인구 보유국이다. 국토면적은 중국에 비하면 1/3 정도지만 한반도에 비하면 15배에 달하는 세계 7위의 거대 국가이다. 인도 역시 이러한 거대성이 언제나 기본적인 잠재력으로 인식되어 왔다. 특히 인도의 1인당 GDP는 2003년에 520달러로 중국의 절반 정도에 불과해 풍부한 저임노동력이 가장 큰 기본적인 강점으로 꼽힌다. 막대한 인구가 다양한 구매층을 형성하면서 아직은 잠재적이지만 경제성장과 함께 거대한 소비시장으로의 부상을 예고하고 있기도 하다.

중국의 경제성장이 저임노동력을 이용한 대량생산체제의 제조업을 중심으로 이루어져 온 데 비해 인도의 경제성장이 기술집약적인 소프트웨어산업과 서비스업을 중심으로 이루어지고 있는 배경을 이러한 측면에서도 살펴볼 수 있다.

이와 함께 인도의 절대적인 사회간접자본 부족도 외국인투자 유입과 경제성장을 가로막는 장애가 되고 있다. 인도의 도로사정은 매우 열악하고 전력, 용수, 항만 시설 등도 크게 부족하다. 인도정부는 이 같은 사정을 개선하기 위해 최근 전국 4대 도시권을 연결하는 고속도로 건설을 추진하는 등 인프라 확대에 노력하고 있으나 단기간에 상황이 크게 개선되기는 어려울 듯하다.

법적으로는 폐지되었으나 아직도 인도 사회에 뿌리 깊게 남아 있는 카스트제도와 시대변화에 맞지 않는 종교 관습 등 사회문화적인 환경도 인도가 지속적인 경제성장을 이루어나가기 위해 개선해야 할 요소로 꼽힌다. 이 밖에도 경제성장에 따라 더욱 심해지고 있는 계층간, 지역간의 소득격차, 오랜 폐쇄경제체제에서 관행으로 굳어져 온 관료들의 부패 등도 역시 개선해야 할 요소들이다.

(산업연구원, 정책자료 2005-16)

2) 한국과 서명 · 협상타결 국가

(1) 한·미 FTA

가. 협상경과

한·미 FTA는 2007년 4월 2일 협상타결에 이어 약3개월 후인 6월 30일에 공식서명이 이루어졌다. 2009년 5월 14일 한·미 통상협의 및 장관회의를 거친 끝에 [표 9-22], [표 9-23]에 나타난 바와 같이 2010년 12월 3일 마침내 추가협상을 최종 타결하였다.

[표 9-22] 한·미 FTA 협상경과

연 도	내 용
2003.08	"FTA 추진 로드맵" 마련 - 중장기적 과제로 미국 등 거대경제권과의 FTA 추진을 상정
2004.05	USTR 부대표 한-미 FTA 체결에 대한 관심 표명
2004.11	APEC 계기 한-미 통상장관회담(칠레)에서 FTA 추진 가능성 점검을 위한 사전실무점검회의 개최 합의
2005.02.03	한-미 FTA 사전실무점검회의 제1차 회의 개최(서울)
2005.03.28~29	한-미 FTA 사전실무점검회의 제2차 회의 개최(워싱턴)
2005.04.28~29	한-미 FTA 사전실무점검회의 제3차 회의 개최 (워싱턴)
2005.05.02	OECD 각료이사회 계기 한-미 통상장관회담 (파리)
2005.06.03	APEC 계기 한-미 통상장관회담(제주)
2005.07.24~28	본부장 방미, 주요 상하원의원 및 업계 설득
2005.09	미행정부, 한국 등 4개국을 FTA 우선협상대상국으로 선정 정부 내부 회의, 외부전문가 자문, 설문 조사 등을 통한 검토 전문가 연구 : 정부 발주 연구영역 포함, 10여개의 국내전문가 연구 및 세미나, 공청회진행 설문조사 : 04.11월 전경련(87%),12월 무역협회(75%) 및 한국갤럽(80%),'06.2월 중기협(80%)의 한-미 FTA에 대한 여론 조사 결과, 응답대상 대부분이 한-미 FTA 체결에 찬성 (괄호는 찬성비율)
2005.09.19~21	본부장 방미, 주요 정부관계자 면담
2005.09.20	한-미 통상장관회담(워싱턴)
2005.10.11	한-미 통상장관회담(제네바)
2005.11.16	APEC 계기 한-미 통상장관회담(부산)
2003.08	2006.01.31본부장-Portman USTR 대표 면담(워싱턴)
2006.02.02	한-미 FTA 추진 관련 공청회 개최 대외경제장관회의 보고 및 결정
2006.02.03	한-미 FTA 추진 발표(워싱턴 미 상원의사당) - 본부장-USTR대표 공동 기자회견
2006.03.06	한-미 FTA 제1차 비공식 사전준비협의 개최
2006.04.17~18	한-미 FTA 제2차 비공식 사전준비협의 개최
2006.06.05~09	한-미 FTA 제1차 공식협상 개최(워싱턴)
2006.06.27	한-미 FTA 추진 관련 공청회 개최
2006.07.10~14	한-미 FTA 제2차 공식협상 개최(서울)
2006.09.06~09	한-미 FTA 제3차 공식협상 개최(시애틀)

연 도	내 용
2006.10.23~27	한-미 FTA 제4차 공식협상 개최(제주)
2006.12.04~08	한-미 FTA 제5차 공식협상 개최(몬태나)
2007.01.15~19	한-미 FTA 제6차 공식협상 개최(서울)
2007.02.11~14	한-미 FTA 제7차 공식협상 개최(워싱턴)
2007.03.08~12	한-미 FTA 제8차 공식협상 개최(서울)
2007.03.19~22	한-미 FTA 고위급 협상 개최(워싱턴)
2007.03.26~04.02	한-미 FTA 통상장관 회의 개최(서울)
2007.04.02	한-미 FTA 협상타결
2007.05.29~06.06	법률검토회의(워싱턴)
2007.06.21~22	추가협의(서울)
2007.06.25~26	추가협의(워싱턴)
2007.06.30	한미 FTA 서명(워싱턴)
2007.09.07	한미 FTA 비준동의안 17대 국회 제출
2008.10.08	한미 FTA 비준동의안 18대 국회 제출
2009.04.22	국회 외교통상통일위원회 통과
2010.11.30~12.03	한-미 FTA 통상장관 회의 개최(메릴랜드 주 콜롬비아 시)

[표 9-23] 관세부문 2007년 협정문과 2010년 추가협상 내용 비교

	2007년 협정문	2010년 추가협상 내용
자동차	• 3000CC 이하 한국산 승용차는 2.5% 관세를 즉시 철폐하고, 3000cc 이상 승용차는 2.5% 관세를 3년 내 철폐 • 한국이 미국산 자동차에 부과하는 8% 관세는 즉시 철폐	• 한국산 자동차에 대한 미국의 관세철폐 기간을 5년으로 일괄 연장 • 한국이 미국산 자동차에 부과하는 8% 관세를 4년 동안은 4%로 감축하고 5년째에 완전 철폐
트럭	• 미국은 한국산 트럭에 대한 관세를 10년에 걸쳐 점진 축소(매년 2.5%씩 10년 후 25% 관세철폐)	• FTA발효 후 8년간 25%를 그대로 유지하고 9년, 10년째부터 단계적으로 철폐
전기차	• 전기차와 하이브리드 차 10년간 철폐	• 향후 4년간은 4%로 감축하고 5년째 되는 해에 완전 철폐

자료 : 한미FTA추가협상 타결의미와 향후 과제, 삼성경제연구원, 2010.12

나. 협정 내용과 기대효과

미 무역위원회(ITC)는 이번 타결을 통해 관세인하로 발생되는 대한국 수출 파급효과가 연간 100억~110억 달러 정도 증가하고 최소 7만 개의 일자리가 창출될 것으로 기대하고 있으며, 아울러 약 5600억 달러 규모의 한국 서비스

시장이 개방됨에 따라 법무, 회계에서부터 교육 및 의료부문까지 다양한 서비스분야의 일자리 창출이 가능할 것으로 기대하고 있다.

한국의 국책연구기관들은 한미 FTA가 발효될 경우 10년간 실질 GDP는 6% 증가하고, 대미 수출은 13억 2800만 달러 증가할 것으로 추정하고 있다. 또한 한국정부는 한·미 FTA 추가협상 타결로 경제적 이익과 함께 한미 동맹이 강화될 것으로 긍정적인 평가를 하고 있다.

현대기아차 그룹과 한국 자동차 공업협회(KAMA)는 이번 타결로 최대시장인 미국 자동차시장에서 불확실성 해소와 판매확대에 대해 긍정적일 것으로 예상되어 환영하고 있다. 특히 부품관세가 즉시 철폐됨으로써 향후 중소기업의 부품수출 확대에 기여할 것으로 예상되고 있으며, 현대기아차의 미국현지 완성차 공장의 경쟁력 향상에도 큰 도움이 될 것으로 기대하고 있다.

한편 한국의 관세인하와 완화된 환경·안전기준 적용에도 불구하고 미국 자동차는 아직 연비와 소형차부문에서 경쟁력이 떨어져 가격이 일부 하락하더라도 수입은 크게 증가하지 않을 것으로 예상하고 있다.

또한 한국정부는 2010년 제정한 저탄소 녹색 성장기본법에 따라 입안중인 연비/CO_2 기준을 포함할 것을 요구했다([표 9-24]).

[표 9-24] 환경기준의 2010년 추가협상 내용

	2007년 협정문	2010년 추가협상 내용
자동차	• 연비/C02 기준은 없음	• 2009년 판매 기준, 4500대 이하 자동차 제작사에 대해 연비와 배기가스 등 환경기준의 119%만 달성하면 기준을 충족하는 것으로 판매를 허가 • 향후 연비/C02 에 기반한 자동차 세제에 대해 투명한 절차를 규정 – 절차적 투명성은 분쟁해결 대상에서 제외되며, 협력 및 협의 절차만 반영

의약품의 경우 2007년 협정 문안에는 의약품허가·특혜연계 의무 이행이 1년 6개월간만 유예하도록 되어 있었으나, 2010년 재협상에서 1년 6개월을 추가 유예한 3년으로 연장합의 하였다([표 9-25]).

[표 9-25] 의약품 허가·특허 관련 2010년 추가협상 내용

	2007년 협정문	2010년 추가협상 내용
의약품	• 복제의약품 시판허가와 관련한 허가 특혜 연계 의무 시행을 1년 6개월간 유예	• 유예기간을 3년으로 연장

(2) 한·EU FTA

가. 협상경과

[표 9-26]에서 나타난 바와 같이 한국과 EU는 2003년 8월 EU를 비롯한 미국, 중국과 함께 FTA추진 로드맵을 선정하여 2006년 5월 15일 한·EU 통상장관회담을 개최하여 예비협의에 합의 하였으며, 그 후 2009년 3월 23-24일 한·EU FTA 제8차 협상을 서울에서 개최하여 2009년 10월 15일 가서명이 이루어졌으며, 1년 후인 2010년 10월 6일 한·EU FTA에 대한 정식서명을 하였다. 한·EU 양측은 공산품 및 임산물 전 품목에 대해 관세를 철폐키로 하는 등 높은 수준의 시장 개방에 합의하였으며, 수입액 기준, EU측은 모든 대한국 수입에 부과되는 관세를 5년내 철폐하고 우리나라는 대EU 수입 97.0%에 부과되는 관세를 5년내 철폐하기로 하였다. 품목수 기준, EU측은 쌀을 제외한 나머지 99.6%에 해당하는 품목에 부과되는 관세를 5년내 철폐, 우리나라는 93.6%를 5년내 철폐하기로 합의 하였다.

[표 9-26] 한·EU FTA 협상경과

연 도	내 용
2003.08월	"FTA 추진 로드맵"상 미국, 중국과 함께 EU를 중장기적 FTA 추진 대상국으로 선정
2006.05.15	한-EU 통상장관회담 개최(필리핀), 한-EU FTA 예비협의 개최 합의
2006.07.19	제1차 한-EU FTA 예비협의 개최(브뤼셀)
2006.09.26~27	제2차 한-EU FTA 예비협의 개최(브뤼셀)
2006.11.24	한-EU FTA 공청회 개최, 일반 국민 및 이해당사자 의견 수렴
2006.12.06	FTA 민간자문회의 개최, 업계 및 학계 등 민간 전문가 의견 수렴
2007.04.09	FTA 추진위원회 개최, 한-EU FTA 추진방안 협의
2007.05.01	대외 경제장관회의 개최, 한-EU FTA 협상 출범 승인
2007.05.06	한-EU FTA 협상 공식 출범 선언

연 도	내 용
2007.05.07~11	한-EU FTA 제1차 협상 개최(서울)
2007.07.16~20	한-EU FTA 제2차 협상 개최(브뤼셀)
2007.09.17~21	한-EU FTA 제3차 협상 개최(브뤼셀)
2007.10.15~19	한-EU FTA 제4차 협상 개최(서울)
2007.11.19~23	한-EU FTA 제5차 협상 개최(브뤼셀)
2008.01.28~02.1	한-EU FTA 제6차 협상 개최(서울)
2008.05.12~15	한-EU FTA 제7차 협상 개최(브뤼셀)
2009.03.23~24	한-EU FTA 제8차 협상 개최(서울)
2009.10.15	한-EU FTA 가서명
2010.10.06	한-EU FTA 정식서명

나. 협상내용

한-EU FTA의 주요 내용은 다음과 같다.

첫째, 상품 양허 부문이다. 한-EU 양측은 임산물을 포함한 공산품 전 품목에 대해 관세를 철폐하되, 관세철폐 시기에 있어 EU는 공산품 전 품목에 대해 5년 내 관세를 철폐하는 반면 우리 측은 일부 민감품목에 대해 7년의 관세철폐 기간을 확보함으로써 전반적으로 EU측이 다소 조기에 관세를 철폐토록 하는 비대칭적인 관세철폐 방식에 합의했다. 특히 우리의 최대 관심품목인 자동차 관세의 경우 양측 모두 배기량 1,500cc를 초과하는 중·대형 승용차에 대해선 협정 발효 후 3년 내에, 배기량 1,500cc 이하의 소형 승용차에 대해선 5년 내 관세를 철폐키로 했다.

농산물의 경우 우리 농업의 민감성을 반영해 예외적 취급 범위를 최대한 확보하는 것을 목표로 협상을 진행했다. 주요 민감품목에 대해 10년 이상의 장기 철폐 기간을 확보하고 양허제외(쌀), 현행관세 유지(고추·마늘·양파 등), 계절관세 도입(포도·오렌지), 세번분리(품종에 따라 개방방식을 달리하는 기법, 사과·배) 등에 대한 예외적 취급을 확보했다. 농산물 중 EU로부터 수입이 많은 냉동돼지고기 삼겹살에 대한 관세철폐 기간은 한미 FTA 결과인 2014년 1월 1일 철폐보다 장기인 10년 철폐로 합의해 우리 양돈업계에 미치는 부정적 영향을 최소화하는 한편, 피해에 대한 보완대책 마련과 경쟁력 제고 방안을 마련할 수 있도록 했다.

둘째, 자동차 비관세조치 부문이다. 자동차 안전기준과 관련해 양측은 각

당사자의 국내 기준과 유사한 것으로 인정된 UN유럽경제위원회(UN ECE) 기준에 따라 제작된 차량에 대해선 해당 국내 기준을 충족한 것으로 인정키로 했다. 휘발유 자동차의 배출가스 기준은 2009년 1월부터 시행 중인 평균배출량 제도를 적용하되, 한미 FTA 합의 내용과 같이 1만대 이하 소량판매 제작자에 대해선 완화된 기준을 적용키로 했다. 또한 휘발유 자동차 배출가스자기진단장치(OBD; On Board Diagnostics)에 대해선 2014년부터 유럽식 OBD (Euro-6)를 인정하고, 2014년 이전까지는 일정 대수까지만 유럽식 OBD (Euro-5)를 허용키로 했다.

셋째, 동식물검역(SPS)부문이다. 한-EU FTA는 동식물검역과 관련해 WTO SPS 협정상의 권리와 의무를 재확인하고, SPS 조치관련 분쟁은 한-EU FTA의 양자간 분쟁해결절차의 적용을 배제하고 WTO 분쟁해결절차를 적용키로 했다. FTA에선 쇠고기 수입위생조건 등 개별 위생검역 현안은 다루고 있지 않으며, 이에 따라 한-EU FTA에서 검역기준과 관련해 새로운 내용이 추가되는 것은 없다.

넷째, 원산지 부문이다. 우리의 주요 수출품목인 기계, 전기·전자, 자동차 등에서 역외부품 및 재료를 많이 사용하는 우리 산업 구조의 특성을 반영해 적정한 수준의 품목별 원산지 기준을 채택했다. 자동차의 경우 완성차에 대한 원산지 기준은 역외산 부품사용 비율 상한을 45%로 합의했으며, 자동차 부품 및 기타 자동차의 경우에는 보다 완화된 기준인 역외산 부품사용비율 50% 또는 세번 변경기준을 적용했다. 관세환급과 관련해선 우리의 현행 관세환급제도를 계속 유지키로 했다. 다만 협정 발효 5년 후부터 역외산 원자재 조달방식에 중요한 변화가 있을 경우 해당 품목에 대해 환급하는 관세율의 상한을 설정할 수 있는 제도를 도입키로 했다. 개성공단과 관련해 한-EU 양측 간 '한반도역외가공지역위원회'(Committee on Outward Processing Zones on the Korean Peninsula)를 협정 발효 1년 후 구성해 역외가공지역(OPZ) 운영에 관한 세부사항을 결정키로 했다.

다섯째, 서비스 및 투자 부문이다. 서비스 및 투자 관련 의무로 한-EU FTA는 한미 FTA와 마찬가지로 발효 후 서명되는 FTA에 대해 미래 MFN(최혜국대우)을 적용토록 규정하고 있다. 또한 한-EU FTA는 서비스 양허표에 기재된 분야만을 개방하는 포지티브 양허방식을 채택하면서 역진방지 장치는 포함하지 않았다. 그리고 EU 법체계상 투자보호 관련 협상권한을 EU 집행위가 아닌 개별 EU 회원국이 보유하고 있어 투자자 국가 간 분쟁해결절차(ISD) 등 투자보호 관련 사항도 포함하고 있지 않다. 서비스 양허 수준은 대부분의 분야에서 한미 FTA 수준으로 양허했으나, 일부 통신서비스(방송용 국제 위성전용 회선서비스) 및 환경서비스(생활하수 처리서비스)는 한미 FTA보다 추가된 수준으로 개방하고 국내산업 보호 측면에서 개방 유예기간을 부여했다. 또한 법률 서비스에 대해선 외국법자문사의 자국 명칭(home title) 사용을 허용했다.

여섯째, 지적재산권 부문이다. 한-EU 양측은 지리적표시 품목을 협정 부속서에 기재해 상호 보호키로 했으며, 농식품의 지리적표시 보호 수준을 WTO TRIPS(무역 관련 지적재산권 협정)상의 포도주와 증류주 보호 수준으로 강화키로 했다. 다만 협정 발효 이전에 출원 또는 등록된 상표나 사용에 의해 식별력이 확립된 상표인 선행상표의 사용은 계속 보장키로 했다. 저작권과 관련해 저작권 보호기간을 기존의 50년에서 한미 FTA와 동일하게 저작자 생존기간 및 사후 70년으로 연장하되, 보호기간 연장시점을 협정 발효 후 2년간 유예키로 했다. 또한 EU측이 요청한 추급권(미술품이 재판매될 때 작가 또는 저작자가 판매액의 일정 몫을 받을 수 있는 권리) 도입은 일단 배제하고 협정 발효 후 2년 이내에 우리나라에서의 추급권 도입 적절성과 실행 가능성에 대한 협의를 개시키로 했다.

다. 기대효과

대외경제정책연구원(KIEP)을 포함한 10개 국책연구기관이 발표한 한-EU FTA의 경제적 효과 분석에 따르면, 한-EU FTA로 GDP 최대 5.6% 증가, 일자리 25만 개 이상 창출, 수출 연평균 25억 2000만 달러 증가 등이 예상된다. EU는 세계 제1위의 경제규모를 가진 거대시장이자 우리의 제2위 교역파트너로서 2009년 우리와 EU와의 총 교역액은 788억 달러에 달하고 있다. EU는 미국보다 평균관세율이 높고(2008년 기준 EU 5.6%, 미국 3.5%) 우리의 주요 수출품목인 자동차(10%), TV 등 영상기기(14%), 섬유 및 신발(최고 12~17%) 등의 관세율이 높기 때문에 한-EU FTA에 따른 관세철폐 시 우리 업계에 가시적인 혜택이 발생할 것으로 전망된다. 특히 EU 시장에서 우리의 주요 경쟁국인 미국·일본·중국 등에 앞서 EU와 FTA를 체결함으로써 이들 국가들과의 경쟁에서 유리한 입지를 확보할 것으로 보인다.

또한 국내 소비자들은 한-EU FTA를 통해 세계적인 품질과 브랜드 파워를 가지고 있는 EU산 제품을 보다 저렴하게 소비할 수 있으며, 선택의 폭이 확대되는 효과를 기대할 수 있다. 국내 제조업계 차원에서는 세계적 경쟁력을 가진 EU산 부품 및 소재 수입을 통해 비용절감 및 경쟁력제고 효과가 기대된다. 우리나라의 대일본 무역적자(2009년 277억 달러) 중 73%인 201억 달러가 부품 및 소재 분야에 기인한다. 한-EU FTA에 따른 EU산 부품 및 소재 수입 증가는 대일본 무역적자 개선의 주요한 계기를 제공할 것으로 전망된다.

한-EU FTA는 우리나라 경제시스템의 투명성·신뢰성·개방성을 제고해 제도와 관행의 선진화를 가속화할 것으로 기대된다. 또한 투자환경 개선, 투자자에 대한 정책 투명성 제고, 서비스 시장 개방 등으로 보다 자유로운 시장경쟁 환경을 조성함으로써, 우리 경제 전반의 생산성 향상을 통한 성장동력을 창출해 지속적 성장에도 기여할 것으로 기대된다.[114)]

(3) 한·페루 FTA

가. 협상경과

우리나라 통상교섭본부장과 마틴 페레즈(Martin Perez) 페루 통상관광부장관은 2010.8.30(월) 페루 리마에서 개최된 한·페루 통상장관회담을 통해 한·페루 FTA 협상을 타결하고, 페루 대통령궁에서 알란 가르시아(Alan Garcia) 페루 대통령 참석하에 공동선언문을 발표하였다.

양측 실무대표단은 통상장관회담에 앞서 한·페루 FTA 제5차 협상을 8.29(일)~8.30(월)간 페루 리마에서 개최하였으며, 한·페루 양측은 상품, 무역구제, 위생 및 검역(SPS), 원산지, 통관, 서비스, 투자, 통신, 금융, 지적재산권, 경쟁정책, 정부조달, 전자상거래, 노동, 환경, 경제협력 등 양국 경제·통상의 제반 분야(총 25개 챕터)를 망라하는 매우 포괄적이고 높은 수준의 FTA에 합의하였다. 한·페루 FTA 협상경과는 [표 9-27]과 같다.

---

114) 장성길, 한-EU FTA 이렇게 준비한다. 한-EU FTA, 잃은 것과 얻은 것은? 외교통상부, 2010. 12.

[표 9-27] 한·페루 FTA 협상경과

연 도	내 용
2005.11	APEC 계기 정상회담시 Toledo 페루 대통령이 FTA 제안
2006.11	APEC 합동 각료 회의시 FTA 민간공동연구 시행 합의
2007.10	한-페루 FTA 공동연구 제1차 회의(페루 리마)
2008.04	한-페루 FTA 공동연구 제2차 회의(서울)
2008.05	민간공동연구 종료
2009.01.20~21	한-페루 FTA 사전준비회의(페루 리마)
2009.03.16~20	한-페루 FTA 제1차 협상(서울)
2009.05.11~14	한-페루 FTA 제2차 협상(리마)
2009.06.29~07.03	한-페루 FTA 제3차 협상(서울)
2009.10.19~22	한-페루 FTA 제4차 협상(리마)
2010.01.14~15	한-페루 FTA 회기간회의(워싱턴)
2010.08.30	한-페루 FTA 협상 타결(리마)
2010.11.15	한-페루 FTA 가서명(서울)

나. 협상내용

한·페루 FTA의 분야별 주요 내용은 다음과 같다.

첫째, 상품 시장 개방의 관세철폐이다. 양측은 협정 발효 후 10년 이내에 현재 교역되고 있는 품목에 대한 관세를 모두 철폐하기로 하여, 향후 양국간 교역이 크게 증대될 것으로 전망되는데 특히, 우리의 주력 수출상품인 승용차, 칼라TV, 세탁기, 냉장고, 플라스틱, 고무, 철강, 화학제품 등의 수출 증가가 기대된다.

페루측은 우리의 주력 수출품목인 승용차(페루 관세율 9%)와 관련, 대형차 3개 세번에 대한 관세는 협정 발효 즉시, 중형차 3개 세번에 대한 관세는 5년내, 기타 승용차 세번에 대한 관세는 10년내 철폐하기로 합의 하였다. 또한 이 밖에도 칼라TV(페루 관세율 9%)에 대한 관세는 즉시 철폐하고, 세탁기(17%)는 4년내 철폐, 냉장고(17%)는 10년내 철폐하기로 합의하였다.

우리나라는 농·수산업의 민감성을 고려하여 양허안을 제외하고, 농산물 세이프가드, 계절관세, 장기 관세철폐기간 설정 등 다양한 예외적 수단을 확보하여 국내 관련 산업에 대한 피해를 최소화하였다.

둘째, 원산지의 경우 양측은 양국 교역관계를 균형있게 반영한 중립적인 특혜 원산지규정에 합의하였으며, 특히 우리 주력 수출품목에 대해서는 품목의 민감성과 원자재 해외 조립 비율 등 산업의 특성을 고려한 기준에 합의함과 동시에 개성공단에서 생산되는 제품의 한국산 원산지 인정을 받기 위한 역외가공 조항에 합의하였다.

셋째, 무역구제의 경우 한·페루 FTA에 따른 관세 감축으로 국내산업에 심각한 피해가 발생할 경우, 관련 상품에 대한 관세를 MFN 관세율까지 인상할 수 있는 양자 세이프가드 제도에 합의하였다.

넷째, 위생 및 검역(SPS) 부분은 WTO SPS 협정상의 권리·의무를 확인하고, 양국간 SPS 위원회를 설치하여 양자간 위생 및 검역 관련 협력을 강화하기로 하였다.

다섯째, 기술장벽(TBT)으로 기술규정 및 표준의 제·개정 과정에 있어 투명성을 강화하였으며, 자국 기술규정의 목적을 달성하거나, 자국 기술규정 또는 표준과의 적합을 보장하는 경우, 상대국의 기술규정 또는 적합성평가절차 결과의 동등성을 인정하기로 합의하였다.

여섯째, 시장개방 관련 서비스·투자로 우리는 한·미 FTA 및 한·EU FTA에서 기 개방한 분야에 대해 대체로 유사한 수준으로 개방하였으나, 전기·가스·방송·통신 등 기간산업에 대한 규제권한을 유지하였고, 페루는 전기·가스·발전·서비스 등을 양허하는 등 페루·미국 FTA를 제외하고 페루가 체결한 FTA중 가장 높은 수준으로 개방하였다.

투자 분야에서는, 기존 한·페루 투자협정에 비해 투자 보호수준을 강화하여, 한국 투자자의 페루 진출을 위한 제도적 기반을 마련하였으며, 일시입국(인력이동) 분야에서는 양국간 일시입국을 통한 서비스 공급을 원활히 하기 위해 양국의 출입국조치에 부합하는 범위 내에서 상용방문자, 무역가 및 투자자, 기업내전근자, 전문가 등에 대한 비자발급에 대해 규정하였다.

일곱 번째, 저작권 보호기간을 현행 사후 50년에서 70년으로 연장하기로 하되, 우리측은 협정 발효 후 2년의 유예기간을 두기로 하였다. 정부조달면에서는 양측은 정부조달 및 민자사업 시장을 상호 개방하고, 입찰·낙찰시 과거 실적 요구 금지 조항을 포함하여, 우리 기업의 페루 정부조달 및 민자사업 시장 진출 기회가 확대될 것으로 예상된다. 아울러 학교급식 조달 예외 조항에 합의하여 학교급식용 식자재 구매에서 우리 농산물 우선 구매가 가능하도록 하였다.

여덟 번째, 경제협력에서 양측은 "한·페루 FTA 발효 후 2년 이내에 수산 협력약정을 체결하기 위해 노력한다"는 문안 및 에너지·광물 자원 분야 협력 및 투명성 강화 조항에 합의하였다.115)

다. 기대효과

한·페루 FTA는 양국간 경제·통상 관계의 강화, 우리나라의 남미지역 진출 확대를 위한 교두보 확보 및 한·페루간 자원 협력·투자 확대 등에 기여할 것으로 기대된다.

FTA 협상 타결로 에너지·광물자원 분야에서 협력과 투명성을 강화키로 함에 따라 우리나라 기업의 페루 현지 자원개발 진출이 확대될 전망이다. 2009년 말 유전광구의 경우 석유공사, SK에너지, 대우인터내셔널, 케드콤, 동양시멘트 등 5개 기업이 9개 프로젝트에 참여 중인 것으로 정부는 파악하고 있다. 광물개발 사업은 광물자원공사가 마르코나, 셀렌딘 등 2개의 프로젝트에 발을 담그고 있으나 아직 탐사 단계다.

또한 한·페루 FTA 협상 타결은 다른 FTA를 자극해 우리나라가 꿈꾸는 '세계 FTA 허브' 실현을 앞당길 것으로 기대되고 있다. 2010년 1월1일 인도와의 포괄적 경제동반자협정(CEPA)이 발효되면서 FTA 교역이 차지하는 비

[표 9-28] 한·페루 FTA에 따른 對페루 10대 수출유망품목

품목	현 관세율	유망요인
자동차	9%	한국산 선호도 증가
자동차 배터리	9%	완성차 판매 증가에 따른 수요 증가
중장비부품	9%	건설 경기 호조와 한국산 중장비 수요증가
TV	9%	LCD TV 등 한국산 선호도 및 현지 수요증가
세탁기/냉장고	17%	한국산 선호도 증가
컴퓨터	9%	현지 수요 증가
철강판	9%	현지 건설경기 호조
섬유직물, 염료	17%	한국산 인지도 상승
플라스틱제품	9%	현지 수요 증가
농약 및 의약품	9%	한국산 인지도 증가

115) 외교통상부, 한·페루 자유무역협정 협상타결, 2010.

중은 약 14%로 올라갔다. 여기에 한·유럽연합(EU) FTA가 추가되면 비중은 25% 정도로 상승하고, 미국까지 마무리되면 35% 수준이 된다. 이와 함께 페루 및 걸프협력위원회(GCC), 터키 등과 FTA가 체결되면 FTA 교역 비중은 50%까지 확대될 수 있다. 한·페루 FTA에 따른 대페루 10대 수출유망품목은 [표 9-28]과 같다.

3) 협상진행 중인 주요국가

우리나라와 FTA 협상진행 중인 주요국가로는 캐나다, 멕시코, GCC(걸프협력회의 : Gulf Cooperation Council), 호주, 뉴질랜드, 콜롬비아, 터키 등이며 한국과 이들 국가들과의 협상경과 일정을 보면 [표 9-29], [표 9-30], [표 9-31], [표 9-32]에 나타난 바와 같다.

한국과 캐나다는 지난 60년간 교류협력을 강화해 왔으며, 캐나다는 자원이 풍부하고 한국은 천재적 제조기술이 있다. 자원대국 캐나다와 한국이 상호보완적 산업구조를 가진 만큼 FTA 효과가 클 것이다.

멕시코의 경우 주력 수출 품목은 무선통신기기 부품, 연제품, 유선통신기기 부품, 아연광, 컴퓨터, 계측제어분석기, 동제품, 석유제품, 알루미늄, 소금 등으로 한국이 필요로 하는 물품이 많이 포함되어 있으므로 멕시코의 한국 수출이 크게 증가할 것이다. 따라서 한·멕시코 FTA는 동북아시아와 북아메리카에 진출을 위한 게이트웨이를 서로 제공할 수 있는 전략적으로 중요한 파트너가 될 수 있다

한·GCC FTA의 경우 수출면에서 우리나라 제품의 경쟁력이 뛰어나며 GCC 현지에서 좋은 반응을 얻고 있는 수출 품목인 자동차와 TV, 휴대폰, 에어컨 등의 전자 전기제품과 중동 경기 활황에 따른 플랜트 기자재의 수출이 한·GCC FTA의 체결로 더욱 늘어날 것으로 전망하고 있다. 수입의 경우 GCC는 우리나라와의 교역에 있어 17.5%를 차지하고 있는 중요한 원료수입의 교역상대국이다. 따라서 FTA가 이루어질 경우 우리나라에게 자원을 안정적으로 보급하는 보급처를 마련함과 동시에 대규모 조달시장과 건설시장 진출 확대 등을 획득할 수 있다.

한·호주 FTA의 핵심골자는 농업협력으로 농업협력이 확대돼 양국간 발전에 이바지할 것이다.

[표 9-29] 한국과 FTA 협상중인 국가

국가	날짜	협상 경과
캐나다	2004.05.10	• 우리 정부는 대외경제장관회의에서 FTA 추진로드맵상에 캐나다를 단기 FTA 추진 대상국에 포함
	2004.11	• APEC 계기 양국 정상회담 및 통상장관회담에서 FTA 예비협의 개최에 합의
	2005.01.25-26	• 1차 예비협의 개최(양국의 FTA정책 및 협정문 각 chapter별 구성요소 등에 대해 협의)
	2005. 3.31-4.1	• 2차 예비협의 개최
	2005. 5.6	• 한-캐나다 FTA 공청회 개최
	2005. 5.10	• FTA 민간자문회의 개최
	2005. 5.21	• FTA 추진위원회 개최
	2005. 5.23	• 대외경제장관회의 개최
	2005. 7.11	• 한-캐나다 통상장관 회담 개최(중국 대련) 한-캐나다 FTA협상 출범 합의(7.15 공식 발표)
	2005. 7.28	• 한-캐나다 FTA 제1차 협상 개최
	2005.9.27-9.30	• 한-캐나다 FTA 제2차 협상 개최(서울)
	2005.11.28-12.2	• 한-캐나다 FTA 제3차 협상 개최(오타와)
	2006.2.13-17	• 한-캐나다 FTA 제4차 협상 개최(서울)
	2006.4.24-27	• 한-캐나다 FTA 제5차 협상 개최(오타와)
	2006.6.26-29	• 한-캐나다 FTA 제6차 협상 개최(서울)
	2006.9.25-28	• 제7차 한-캐나다 FTA 협상 개최(오타와)
	2006.11.20-23	• 제8차 한-캐나다 FTA 협상 개최(서울)
	2007.1.29-2.1	• 제9차 한-캐나다 FTA 협상 개최(밴쿠버)
	2007.4.23-26	• 제10차 한-캐나다 FTA 협상 개최(서울)
	2007.6.25-6.28	• 한-캐나다 FTA 제1차 상품분야 실무협상 개최(오타와)
	2007.9.11- 14	• 한-캐나다 FTA 제2차 상품분야 실무협상 개최(서울)
	2007.10.9-12	• 제11차 한-캐나다 FTA 협상 개최(오타와)
	2007.11.26-29	• 제12차 한-캐나다 FTA협상(서울)
	2008.3.25-28	• 제13차 한-캐나다 FTA 협상 개최(오타와)
	2008.5.7-5.8	• 한-캐나다 FTA 회기간 농업회의(밴쿠버)
	2009.1.8-9	• 한-캐나다 FTA 원산지분야 회기간 회의(밴쿠버)

뉴질랜드의 경우 기업인들과 소비자들에게 더 많은 기회와 혜택을 제공하고 양국의 교역 및 투자를 늘리는데 큰 역할을 할 것이다. 뉴질랜드는 한국전쟁에 6000여명을 파병한 혈맹국으로 양국 경제구조가 상호보완적인만큼 앞으로 양국의 교역 및 투자가 더욱 활성화될 것으로 기대한다. 또한 한국은 저탄소 녹색성장을 새로운 성장동력으로 삼고 미래산업의 패러다임 변화를 선도하고 있다는 점에서, 앞으로 녹색성장 부문에서의 협력을 더욱 확대해 나갈 수 있을 것이다.

[표 9-30] 한국과 FTA 협상중인 국가

국가	날짜	협상 경과
멕시코	2000.5	• 제5차 한 · 멕 경제공동위에서 민간협력 강화, 투자 보장협정 체결 FTA 연구라는 3단계 FTA 추진방안합의
	2000.11	• 투자보장협정 서명(2002.8 발효)
	2002.7	• 제6차 한 · 멕 경제공동위에서 FTA개별 타당성 연구합의
	2003.5	• 우리측 연구결과에 대한 멕시코 현지 설명회 개최
	2003.11	• 고건 총리 Fox대통령 예방계기 FTA 공동연구 실시 제의
	2003.11	• 멕시코 FTA 모라토리엄 선언
	2004.4	• 양자 통상장관회담에서 경제관계 강화를 위한 공동 전문가그룹(Korea-Mexico Joint Experts Group on the Strengthening of Bilateral Economic Relations)구성 합의
	2004.5	• OECD 각료회의계기 양자 통상장관회담에서 경제관계 강화를 위한 공동 전문가그룹 운영방안 합의
	2004.10	• 한 · 멕시코 경제관계 강화를 위한 전문가그룹 제1차 회의 개최(서울)
	2004.12	• 한 · 멕시코 경제관계 강화를 위한 전문가그룹 제2차 회의 개최(멕시코)
	2005.3	• 한 · 멕시코 경제관계 강화를 위한 전문가그룹 제3차 회의 개최(서울)
	2005.4	• 한 · 멕시코 경제관계 강화를 위한 전문가그룹 제4차 회의 개최(멕시코)
	2005.6	• 한 · 멕시코 경제관계 강화를 위한 전문가그룹 제5차 회의 개최(서울)
	2005.8	• 한 · 멕시코 경제관계 강화를 위한 전문가그룹 제6차 회의 개최 및 공동 연구보고서 채택(멕시코)
	2005.9.9	• 한 · 멕 정상회담시 전략적 경제보완 협정(SECA)추진 합의(멕시코)
	2005.11.3-4	• 한-멕시코 SECA 협상개시 관련 사전준비회의(멕시코시티)
	2006.2.7-9	• 한-멕시코 SECA 제1차 협상 개최(서울)
	2006.4.18-20	• 한-멕시코 SECA 제2차 협상 개최(멕시코시티)
	2006.6.14-16	• 한-멕시코 SECA 제3차 협상 개최(서울)
	2007.12.5-7	• 한-멕시코 FTA 제1차 협상 개최(멕시코시티)
	2008.6.3-6.5	• 한-멕시코 FTA 서비스 투자협상(서울)
	2008.6.9-11	• 한-멕시코 FTA 제2차 협상 개최(서울)

콜롬비아와 협상에서 FTA 협상범위 및 분과구성, 시장개방 협상방식, 향후 협상일정 등 협상 운영세칙에 대해 협의했다. 양측은 세부적으로 상품, 서비스, 투자, 정부조달, 지적재산권, 경쟁, 지속 가능한 개발, 협력 등 각종 분야에서 세계무역기구(WTO) 규범에 맞는 높은 수준의 포괄적인 FTA를 추진키로 합의했다. 콜롬비아는 최근 5년간 6% 이상의 경제성장을 이루었으며, 중남미 3위의 인구(약 4천600만)를 보유하고 있다. 한국은 콜롬비아와의 FTA를 통해 자동차, 전자제품 등의 시장 진출 확대와 에너지·자원 및 인프라 건설 분야에서의 투자·협력 관계 확대를 기대하고 있다.

[표 9-31] 한국과 FTA 협상중인 국가

국가	협상 경과
GCC	2007.3월 노무현 대통령의 중동 방문시 한-GCC FTA의 추진 필요성에 양측이 공감 2007.4월 통상교섭본부장 명의 GCC 사무총장 앞 서한 송부 2007.7월 대외경제장관회의시 한-GCC FTA 협상의 조속한 추진 필요성 확인 2007.11월 예비협의 개최(리야드) 2008.1월 한-GCC FTA 추진에 대한 의견 청취를 위한 공청회 개최 2008.1월 대외경제장관회의에서 협상 출범 공식 의결 2008.4.5-7 한-GCC FTA 제1차 협상준비를 위한 실무회담 개최(리야드) 2008.7.9-10 한-GCC FTA 제1차 협상 개최(서울) 2009.3.9-10 한-GCC FTA 제2차 협상 개최(리야드) 2009.7.8-10 한-GCC FTA 제3차 협상 개최(서울) 2009.11.17-19 한-GCC FTA 원산지/서비스 회기간 회의(두바이)
호주	2006.12 한-호주 정상회담시 한-호주 FTA 민간공동연구 및 라운드테이블회의 개최에 합의 2007.05/08/10 한-호주 FTA 민간공동연구 회의 개최 2008.04 한-호주 FTA 민간공동연구보고서 완료 2008.04.22 한-호주 FTA 라운드테이블회의 개최(서울) 2008.10.13-15 한-호주 FTA 제1차 예비협의(서울) 2008.12.16 한-호주 FTA 제2차 예비협의(화상회의) 2009.02.16 한-호주 FTA관련 공청회(서울) 2009.05.19-22 한-호주 FTA 제1차 협상(캔버라) 2009.08.31-9.4 한-호주 FTA 제2차 협상(서울) 2009.11.30-12.4 한-호주 FTA 제3차 협상(캔버라) 2010.03.15-18 한-호주 FTA 제4차 협상(서울) 2010.05.24-28 한-호주 FTA 제5차 협상(캔버라)
뉴질랜드	2006.12 한-뉴질랜드 정상회담시 한-뉴질랜드 FTA 민간공동연구 및 라운드테이블회의 개최에 합의 2007.02/07/11 한-뉴질랜드 FTA 민간공동연구 회의 개최 및 공동연구보고서 작성 2008.04.21 한-뉴질랜드 FTA 라운드테이블회의 개최(서울) 2008.05.16 한-뉴질랜드 정상회담시 한-뉴질랜드 FTA 정부간 예비협의 개최에 합의(서울) 2008.09.29-30 한-뉴질랜드 FTA 제1차 예비협의(서울) 2008.11.26-27 한-뉴질랜드 FTA 제2차 예비협의(웰링턴) 2009.02.16 한-뉴질랜드 FTA관련 공청회(서울) 2009.06.08-12 한-뉴질랜드 FTA 제1차 협상(서울) 2009.09.14-18 한-뉴질랜드 FTA 제2차 협상(웰링턴) 2009.12.14-18 한-뉴질랜드 FTA 제3차 협상(서울) 2010.05.12-14 한-뉴질랜드 FTA 제4차 협상(웰링턴)

[표 9-32] 한국과 FTA 협상중인 국가

국가	협상 경과
콜롬비아	2008.07.14 양국 외교장관회담시 콜롬비아측이 양국간 FTA 체결 검토 요청 2008.11.22 APEC 계기 한-콜롬비아 정상회담에서 양 정상은 양국간 FTA 체결 필요성에 공감 2009.03.02 한-콜롬비아 FTA 민간공동연구 개시 2009.08.31 한-콜롬비아 민간공동연구 종료 2009.12.07-09 한-콜롬비아 FTA 제1차 협상 개최(서울) 2010.03.01-05 한-콜롬비아 FTA 제2차 협상 개최(보고타) 2010.06.14-18 한-콜롬비아 FTA 제3차 협상 개최(서울) 2010.10.04-08 한-콜롬비아 FTA 제4차 협상 개최(보고타)
터키	2008.06 한-터키 FTA 공동연구 개시 2008.09.25 한-터키 FTA 제1차 공동연구 회의(서울) 2009.03.26 한-터키 FTA 제2차 공동연구 회의(앙카라) 2009.05 한-터키 FTA 공동연구 완료 2010.04.26-30 한-터키 FTA 제1차 협상(앙카라) 2010.07.19-23 한-터키 FTA 제2차 협상(서울)

터키의 경우 우리나라와의 교역액은 지난해 31억 달러를 기록했으며, 터키는 우리나라가 22.2억 달러의 흑자를 기록한 32대 수출국이다.

4) 공동연구와 여건조성중인 주요국가

(1) 한·일 FTA

칠레와의 FTA 논의가 개시되었던 1998년 말에 우리나라는 일본과의 FTA 논의를 시작하였다. 당초 한·일 FTA는 일본의 낮은 관세와 산업의 높은 국제경쟁력으로 우리나라가 불리하다는 입장이었으나 일본의 비관세장벽 완화, 대한 투자의 확대, 규모의 경제실현 등 동태적 이익이 가시화될 경우 우리나라도 일본과의 FTA로 이익을 기대할 수 있는 것으로 입장을 선회하였다. 1999년과 2000년 우리나라와 일본의 민간연구기관이 중심이 되어 양국간 FTA체결의 경제적 이익에 대한 공동연구를 실시하였고 2000년 9월 한·일 양국 업계가 중심이 된 한·일 FTA비즈니스포럼이 결성되었고 한·일 FTA 비즈니스포럼은 2002년 1월 양국간 FTA를 지지하는 공동선언을 채택하였다. 양국은 2002년 3월 정부가 참여하는 한·일 FTA 공동연구회를 발족시켰다. 6차까지 진행된 한·일 FTA연구회는 2003년 7월 후쿠오카에서 개최된 6차 회의에서 한·일 FTA에 대한 보고서를 검토하였다. 양국간 FTA논의는 2003년 10월 방콕 한·일 정상회의의 공식협상 개최 합의에 따라 정부간 협상으로 발전하게 되었다.116)

하지만 [표 9-33]에서와 같이 한·일 FTA는 협상 시작은 되었으나 정치적, 역사적, 경제적으로 양국간에는 첨예한 점들이 존재하고 있어 2010년까지도 협상을 위한 실무회의를 계속하고 있는 실정이다.

[표 9-33] 한· 일 FTA 추진경과

구 분	일시 및 장소	주요 논의 내용
	1998.11	양국 통상장관, 민간연구기관간 공동연구 합의
	1998.12~2000.4	대외경제정책연구원(KIEP), 일본 아세아경제연구소 공동연구 시행
	2002.3.22	양국정상, 한-일본 FTA 산관학 공동연구회 설치 합의
1차	2002.7.9~10, 서울	FTA의 경제적 효과 검토, 공동연구회 논의범위(scope) 및 향후 작업계획 논의
2차	2002.10.1~2, 동경	FTA 추진 기본원칙, 관세양허 방향, 비관세조치 개선문제 등
3차	2002.12.4~5, 부산	제조업에 미치는 영향, 비관세장벽 개선방안, 인력이동 촉진, 지적재산권, 경쟁정책, 경제협력사항 등
4차	2003.2.6~7, 동경	비관세조치(NTM) 협의체 구성 합의, 서비스 자유화, 정부조달시장 상호진출 확대, BIT 후속조치 등
5차	2003.4.14~15, 서울	상호인정협정(MRA) 체결 문제, 항공자유화, SPS, TBT, 전자무역거래 촉진 등
NTM협의회	2003.5.27, 동경	양측이 제기한 비관세조치(NTMs) 개선방안 협의
6차	2003.7.11~12, 후쿠오카	NTM 협의회 운영상황 점검, MRA, 분쟁해결절차, 경제협력의제 등
7차	2003.9.2~3, 서울	농업 및 수산업에 미치는 영향, 최종보고서 작성 협의 * 2003.9.1 제2차 비관세조치협의회 개최
실무협의	2003.9.19, 동경	최종보고서 문안 검토
8차	2003.10.2, 서울	최종보고서 채택
9차	2003.10.20, 방콕	FTA를 2005년내에 실질적으로 타결할 것을 목표로 2003년중 교섭을 시작하기로 합의
1차 협상	2003.12.22, 서울	협상체제 및 향휴 협상일정 등 기본적인 골격 합의

116) 정인교 외 7인, '한·중·일 FTA의 추진당위성과 선행과제', 대외경제정책연구원, 2003.

구 분	일시 및 장소	주요 논의 내용
2차 협상	2004.2.23. 동경	제2차 협상 개최
3차 협상	2004.4.26. 서울	제3차 협상 개최
4차 협상	2004.6.23. 동경	제4차 협상 개최
5차 협상	2004.8.23. 경주	제5차 협상 개최
지방설명회	2004.9.1. 광주, 대전	한 · 일FTA, 중소기업지방설명회
6차 협상	2004.11.1. 동경	제6차 협상 개최
	2008.6.25	한-일본 FTA 협상 재개 검토 및 환경 조성을 위한 제1차 실무협의 개최(동경)
	2008.12.4	한-일본 FTA 협상 재개 검토 및 환경 조성을 위한 제2차 실무협의 개최(서울)
	2009.7.1	한-일본 FTA 협상 재개 검토 및 환경 조성을 위한 제3차 실무협의 개최(동경)
	2009.12.21	한-일본 FTA 협상 재개 검토 및 환경 조성을 위한 제4차 실무협의 개최(서울)
	2010.9.16	제1차 한.일 FTA 국장급 협의 개최(동경)

(2) 한, 중 FTA

중국은 아세안, 대만 등과 FTA를 맺으며 중화경제권을 확대하고 있다. 하지만 정부는 중국과의 FTA에 대한 국내 반발이 적지 않아 이해득실을 면밀히 따지고 있는 상황이다. 중국 내수시장 선점이라는 차원에서 한·중 FTA가 바람직하지만 중국산 저가 농산물과 공산품 유입시 국내 산업에 미칠 피해가 크다는 점이 걸림돌이다. 또한 중국이 자유시장경제 체제가 아니어서 비관세 장벽과 시장의 불확실성이 높다는 점도 고려 대상이다. 정부는 국민여론 등을 감안해 한·중 FTA 협상 개시 여부와 시기를 결정한다는 방침이다. 한·중 FTA의 협상경과는 [표 9-34]와 같다.

그리고 [표 9-35]에서와 같이 많은 지역과 국가간 FTA에 대한 공동연구와 FTA 체결을 위한 여건을 조성중에 있다. 먼저 한·중·일 FTA에 관해 언급코자 한다.

한·중·일 FTA는 2011년부터 한·중 FTA, 한·일 FTA는 물론 한·중·일 FTA 논의가 뜨거워질 것으로 전망된다. 2011년 1월 7일 일본의 겐바 고이치로(玄葉光一郞) 일본 국가전략담당상은 김성환 외교통상부 장관과 김종훈 통상교섭본부장을 방문, 한·일 FTA에 대한 일본의 입장을 전달한 것으로 알려졌다.

[표 9-34] 한·중 FTA 협상경과

날짜	공동연구와 여건조성 경과
2004.09	ASEAN+3 경제장관회의 계기 한-중국 통상장관회담시 민간공동연구 개시 추진 합의
2005년	2005년부터 중국의 국무원발전연구중심(DRC)과 대외경제정책연구원(KIEP)간 공동연구 개시, 1년차 연구수행
2006년	민간공동연구 2년차 연구수행 후 11월 연구종료
2006.11.17	APEC 각료회의 계기 한 · 중 통상장관회담에서 한-중국 FTA 산관학 공동연구를 2007년부터 개시키로 합의
2007.3.22~23	한-중국 FTA 산관학 공동연구 제1차 회의 개최(북경)
2007.7.3~4	한-중국 산관학 공동연구 제 2차 회의 개최 (서울)
2007.10.23~25	한-중국 FTA 산관학 공동연구 제3차 회의 개최(위해)
2008.2.18~20	한-중국 FTA 산관학 공동연구 제4차 회의 개최(제주)
2008.6.11~13	한-중국 FTA 산관학 공동연구 제5차 회의 개최(북경)
2010.2	한-중국 FTA 산관학 공동연구 수석대표간 협의(북경)
2010.5.23	한-중 통상장관 회담시 산관학 공동연구 종료 방안 논의(서울)
2010.5.28	양국 정상 참석하에 양국 통상장관, 산관학 공동연구 종료관련 양해각서 서명(서울)
2010.9.28~29	한-중 FTA 정부간 사전협의 제1차 회의 개최(북경)

최근 간 나오토(菅直人) 일본 총리가 한국과 FTA 협상 재개를 강력하게 추진할 것임을 밝혔고, 일본 경단련에서도 가장 우선되어야 할 자유무역협정은 한·일 FTA라고 주장한 바 있다.

중국의 이샤오준(易小准) 상무부 부부장도 지난 달 "한·중·일 3국이 전 세계 인구의 22%, 경제 규모의 19%, 외환보유액의 47%를 차지한다."고 말하면서 "2012년부터 한·중·일 FTA 협상이 시작될 것"이라고 언급했다. 우리 정부도 한·중, 한·일, 한·중·일 FTA 등 3개 시나리오로 대응하고 있다.

한·중·일 3국은 지역 경제권의 시너지 창출을 위한 경제 협력 필요성에 대해선 서로 공감하고 있지만, 2003년부터 시작된 FTA 협의는 답보 상태다. 협상은 상대국과 경제 격차나 역사 인식, 관세 철폐에 따른 위험성 등 민감한 내용이 많아 '동상이몽'으로 끝나곤 했다.

그런데 2010년부터 세계적으로 EU, NAFTA, ASEAN 등 권역별로 경제 블록화가 강화되기 시작했다. 게다가 FTA, 경제동반자협정(EPA), 환태평양경제동반자협정(TTP) 등 경제협력체가 잇달아 등장하면서 한·중·일 FTA 논의에 다시 불을 지피고 있다.

[표 9-35] 한국과 FTA 공동연구와 여건조성중인 국가

국가	공동연구와 여건조성 경과
한·중·일	2003-2009 3국간 민간공동연구 진행 2009.10.10 한 · 중 · 일 정상회의시 산관학 공동연구 추진 합의 2009.10.25 한 · 중 · 일 통상장관회의시 2010년 상반기 중(한 · 중 · 일 정상회의 개최 이전) 산관학공동연구 개시 및 이를 위한 준비회의를 2010년 초 한국에서 개최키로 합의 2010.1.26 한·중·일 산관학 준비회의 개최(서울), 공동연구 운영규칙(TOR) 등 협의 2010.5.6-7 한·중·일 FTA 산관학 공동연구 제1차 회의 개최(서울) 2010.9.1-3 한·중·일 FTA 산관학 공동연구 제2차 회의 개최(동경) 2010.12.1-3 한·중·일 FTA 산관학 공동연구 제3차 회의 개최(웨이하이)
MERCOSUR	2004.11. 대통령 남미순방시 브라질 및 아르헨티나 정상과 공동연구 개시 합의 2005.5.4-5 한-MERCOSUR FTA 공동연구 제1차 회의(아순시온, 파라과이) 2005.8.17-18 한-MERCOSUR FTA 공동연구 제2차 회의(서울) 2006.3.2-3 한-MERCOSUR FTA 공동연구 제3차 회의(부에노스아이레스, 아르헨티나) 2006.10.31-11.01 한-MERCOSUR FTA 공동연구 제4차 회의(브라질리아, 브라질) 2007.10.31 한-MERCOSUR FTA 공동 연구 결과 발표회(몬테비데오) 2009.7.23 한-MERCOSUR간 무역과 투자의 증진을 위한 공동협의체 설립 양해각서(MOU) 서명
러시아	2005.1 1월 양국정상이 체결한 Action Plan에서 공동전문가 그룹을 창설키로 합의 2007.10.31-11.1 한-러시아 양국간 경제동반자 협정(BEPA) 공동연구그룹 제1차 회의(서울) 2008.7.8-7.9 한-러시아 양국간 경제동반자 협정(BEPA) 공동연구그룹 제2차 회의(모스크바)
이스라엘	2009.05.18 제4차 한-이스라엘 경제공동위 개최시 양국간 FTA 민간공동연구 개시 합의 2009.08.17 한-이스라엘 민간공동연구 제1차 회의(서울) 2009.09.15 한-이스라엘 민간공동연구 제2차 회의(화상회의) 2010.04.15 한-이스라엘 민간공동연구 제3차 회의(예루살렘)
SACU	2008.12.09 제4차 한-남아공 정책협의회 개최시 양국간 FTA 민간공동연구 개시 합의
베트남	2010.06.23-24 한-베트남 FTA 공동작업반 제 1차 회의(서울)
중미	2010. 10 공동연구개시 * 공동연구참여 중미 5개국 : 파나마, 코스타리카, 과테말라, 온두라스, 도미니카공화국

자료 : 외교통상부

하는 일부 시장은 큰 충격이 올 수 있다는 점을 감안하여 한·중·일 FTA협상 3국의 정상회의 때마다 FTA가 거론되면서 각국의 실무진들은 작년부터 공동연구에 들어갔다. 그러나 워낙 파괴력이 높은 경제협력체이기 때문에 진행이 급물살을 탈 것 같지는 않다. 마치 연못 위의 오리가 겉으론 태연하게 표정관리 중이지만, 수면 밑에선 쉼 없는 발길질로 각자 갈 방향을 탐색하고 있는 것과 비슷한 상황이다.

어쨌든 한국의 입장에서도 3국간의 FTA는 정치적 이해관계나 산업별 득실관계가 첨예하게 맞물려 있어 어느 FTA보다 신중한 접근이 필요하다. 한·중·일 FTA 체결에 이르기까지 해결해야 할 문제가 산적해 있으며, 위험 요소가 많아 오히려 부정적으로 보는 시각도 나오고 있다.

우선 FTA가 발효되면 농수산품 등은 중국의 가격 경쟁에서 밀리고, 소비재 상품 부문은 일본의 기술 경쟁에서 밀릴 우려가 있다. 한·중·일 FTA가 성장동력인 줄 알았는데 오히려 뒷덜미를 잡는 악재일 수도 있다.

한·중 FTA로 인한 농수산업 피해가 한·미 FTA 보다 더 강력할 것이란 주장도 이런 이유에서 나온다. 또한 세계적으로 관세 인하 추세가 지속적으로 진행되는 상황에서 FTA 효과는 반감될 가능성이 크다는 주장도 주목해야 할 대목이다.

미국·EU와 함께 동시다발적인 개방이 이뤄지는 것도 부담스러운 측면이다. 특정 국가나 지역과 FTA 체결은 특별 영역끼리의 경제 활성화가 목표인데, 교역 국가 대부분과 FTA를 맺는다면 그 효율성은 반감될 수밖에 없다. 더욱이 FTA는 관세 철폐가 핵심이기 때문에 비슷한 시기에 상대국에 내줘야을 해야 할 것이다.

아르헨티나, 브라질, 파라과이, 우루과이 등 남미 4개국으로 구성된 메르코수르(MERCOSUR)와는 FTA 체결을 위한 공동연구가 끝났지만, 협상에는 별 진척이 없는 상황이다

한국기업이 베트남 시장에서 경쟁력을 확보하려면 한·베트남 FTA가 빠른 시일 내에 체결돼야 한다는 주장이 나왔다. 최근 베트남의 시장진입장벽 현황과 대응전략 보고서를 통해 베트남의 높은 관세장벽으로 인해 우리나라 기업들의 수출 채산성이 나빠지고 가격경쟁력도 상실되기 때문이다.

또한 우리나라 기업들의 베트남 수출품에 적용되는 가중평균관세율은 9.7%

에 이른다. 지난해 베트남으로의 수출액이 71억 달러에 달했다는 점을 감안하면 7억 달러에 달하는 부담을 짊어진 셈이다. 베트남의 관세장벽으로 인해 차량류와 섬유류에서 부정적인 영향을 많이 입은 것으로 나타났다. 한·베트남 FTA가 체결되지 않아 우리 수출에 악영향을 미치는 요인은 관세장벽 외에 과도한 내국세 및 부가세, 독점적 수입채널, 기술장벽, 수량제한, 수입금지 등 비관세 장벽도 많다.

"올해 사상최대 흑자… 내년 무역 1조 달러 시대 진입"

올해 우리나라의 수출이 4650억 달러, 무역수지 흑자가 410억 달러에 달해 수출액과 무역 흑자에서 각각 사상 최대를 기록할 것이라고 정부는 30일 밝혔다. 또 내년에는 수출입을 합한 무역 규모(수출 5130억 달러, 수입 4880억 달러)가 사상 처음으로 1조 달러를 넘을 것으로 예상했다.

이와 관련해 이명박 대통령은 이날 서울 코엑스에서 열린 제47회 무역의 날 축사에서 "수출 1억 달러를 달성한 1964년, 무역 입국의 꿈을 담아 무역의 날을 제정한 지 반세기 만에 이룬 개가"라며 "대한민국의 역사는 생존과 번영의 역사였고 무역은 대한민국 번영의 원천이었다"고 말했다. 특히 "내년에 진입할 것으로 전망되는 무역규모 1조 달러는 경제대국의 분명한 증표로, 지난해에는 미국 등 전 세계 5개국만이 이를 넘었다"면서 "열사의 사막에서 동토의 시베리아까지 세계 곳곳을 누빈 기업인과 근로자들이 있었기에 가능한 일"이라고 말했다.

우리나라 수출은 1964년 1억 달러 돌파 이후 1977년 100억 달러, 1995년 1000억 달러를 넘어섰다. 1986년 처음으로 무역 흑자를 기록했고, 1998년 이후에는 글로벌 금융위기가 닥친 2008년(133억 달러 적자)을 제외하고는 줄곧 무역 흑자를 내고 있다.

수출액 세계 순위도 1960년 88위, 1970년 43위에 그쳤지만 지난해 9위로 처음 10위권에 진입했다. 올해는 이탈리아와 벨기에를 제치고 중국, 미국, 독일, 일본, 네덜란드, 프랑스에 이어 7위로 올라설 것으로 보인다.

기획재정부 관계자는 "내년에 세계 경제 성장률의 둔화 등으로 올해보다 수출 증가율은 낮아지겠지만 전체 수출액은 사상 처음으로 5000억 달러를 넘어설 수 있을 것으로 보인다"고 말했다.

우리나라의 수출액과 세계 순위

단위: 달러, 괄호안은 순위

연도	수출액(순위)
1960	3300만(88위)
70	8억3500만(43위)
80	175억500만(26위)
90	650억1600만(11위)
2000	1722억6800만(12위)
10	4650억 예상(7위)
11년	5130억원 예상(6~7위)

자료: 무역협회

(2010.12.01 조선일보)

한국 경제력, 북한의 37배… 무역총액은 무려 201배

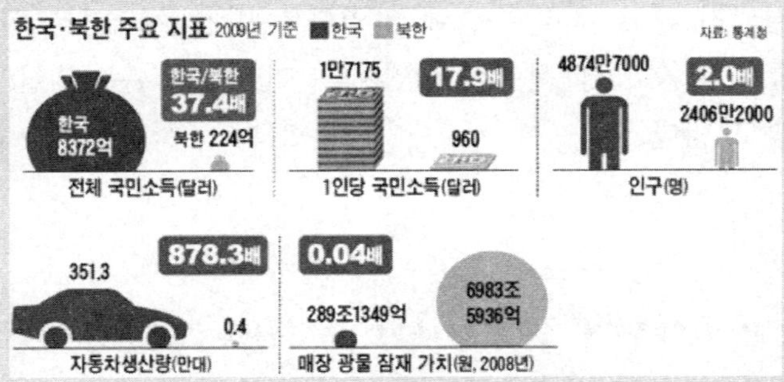

통계청 '北통계지표' 보고서… 北 광물 매장량은 南의 24배

한국의 경제력이 북한의 37.4배에 달하는 것으로 조사되었다.

2010년 1월 5일 통계청이 발표한 '북한의 주요 통계지표' 보고서에 따르면, 2009년 현재 우리나라의 명목 GNI(물가상승을 반영하지 않은 국민총소득)는 8372억 달러로 북한(224억 달러)의 37.4배에 달했다. 이는 2008년의 37.7배보다는 다소 줄었지만 3년 전인 2006년의 34.7배보다는 크게 늘어난 것이다. 1인당 국민소득은 한국이 1만 7175달러로 북한의 960달러의 17.9배에 달했다.

수출입 등 무역 총액은 우리나라(6866억 달러)가 북한(34억 달러)의 201.9배.

북한은 광물 매장량이 풍부한 잠재적인 '자원 부국'인 것으로 조사되었다. 2008년 기준으로 북한의 광물 매장량의 잠재가치는 6,983조5,936억 원으로 우리나라(289조1,349억 원)의 24.1배에 달했다. 북한에는 마그네사이트 2,679조7,320억 원어치(60억t), 석탄 2,662조9,070억 원어치(205억t), 금 61조3,274억 원어치(2,000t) 등이 있는 것으로 추정되었다. 한국에는 마그네사이트는 없고, 석탄 매장량의 잠재가치는 북한의 5.9%인 156억9,848억 원어치(13억6000t)에 불과하다.

통계청은 보고서 말미에 북한 소식을 전하는 인터넷 매체인 '열린북한통신'을 인용해서 북한의 한류 열풍을 소개했다. 현재 북한에서 유통되는 한국 제품은 믹서기, 온풍기, 가스레인지, 가스통, 은나노 도시락, 압력밥솥, 행주, 장갑 등으로 한국산 상표가 붙은 채 유통된다고 전했다. 평양의 고위급 간부 사이에서는 한국산 샴푸와 린스가 유행하는데, 470g 들이 1개에 40~50위안(원화 8000~1만 원)이고 비누는 개당 1.5달러에 거래된다고 전했다. 북한의 일부 젊은이들은 중국산 노트북으로 '블루', '친구', '조폭 마누라', '겨울연가', '천국의 계단' 등 한국 영화와 드라마를 보고 CD플레이어는 물론 MP3를 통해 '비내리는 영동교', '네 박자' 같은 한국 가요를 듣는다고 했다.

(2011.1.6. 조선일보)

참고문헌

구성열, 인구경제론, 박영사, 1996.
공배완, 신세계질서와 국제통상, 한올출판사, 1999.
기획재정부, 주요경제지표, 2010.8.
김관호, 세계화와 글로벌경제, 박영사, 2009.
김광수, 중상주의, 민음사, 1984.
김기영 외, 국제경제의 이해, 2009.
김세영 외, FTA확산과 한국의 대응, 두남, 2003.
김세원, EU경제학, 박영사, 2004.
김용진, 알기쉬운 세계경제, 형설출판사, 2002.
김정수, 국제통상정책론, 박영사, 2000.
김정수 외, 세계화와 국제비지니스의 이해, 동아대학교 출판부, 2008.
김종수, 한국경제론, 두남, 2008.
김찬훈, 세계경제를 어떻게 볼 것인가?, 현장문학사, 1992.
레스턴C. 서로우 역 현대경제연구원 역, 부의지배, 청림출판, 2005.
마크레빈슨, "THE BOX", 21세기북스, 2008.
문병집, 한국경제론, 법문사, 1989.
박광서 외, 세계화와 현대경제, 두남, 1999.
박장환, 경제사상사의 이해, 학문사, 1997.
박종수 외, 세계지역론, 삼영사, 2008.
배기형, 세계경제의 이해, 두남, 2008.
변재웅, 해외직접 투자론Ⅰ, 비즈프레스, 2010.
변재웅 외, EU통상정책 특수문제연구1, 계명대학교 출판부, 2010.
서근태, 국제경제론, 삼영사, 2005.
서기원 외, 경제학설사, 문영사, 1999.
서정두, 국제통상법, 삼영사, 1996.
손병건, 세계경제사, 도서출판 해남, 2005.

송병락, 글로벌 · 지식 · 경제시대의 경제학, 박영사, 2001.
송병락, 한국경제의 길, 박영사, 2008
이남구, 세계지역연구, 무역경영사, 1999.
이대근, 현대한국경제론, 한울, 2008.
이상호 외, 국제무역론, 법문사, 2010.
이승환 역, 죽은 경제학자들의 살아있는 아이디어, 김영사, 1999.
이종원 외, 국제지역경제, 비봉출판사, 1996.
이용희, 동북아경제, 두남, 2010.
이창훈 외, EU-정치 · 경제 · 법, 삼영사, 2000.
이천우, 신아시아 경제론, 두남, 2010.
이코노미스트, 2010 세계경제전, 한국경제신문, 2010.
임양택, 아시아대예측, 매일경제신문사, 1999
유광호 외, 현대한국경제사, 한국정신문화연구원, 1989.
윤광운, 무역혁명에서 글로벌 상거래까지, 효민, 2009.
윤영자 외, 세계경제론, 한국방송통신대학교 출판부, 2007.
외교통상부, 주요경제통상통계, 통상기획홍보과, 2010.8.
외교통상부, 한 · 페루 자유무역협정 협상타결, 2010.
장성길, 한-EU FTA 이렇게 준비한다, 외교통상부, 2010. 12.
전용일, WTO, 한국무역경제, 1995.
정인교 외 7인, 한 · 중 · 일 FTA의 추진당위성과 선행과제, 대외경제정책연구원, 2003.
조용득, 국제경제기구와 세계경제질서, 형설출판사, 2003.
조용수, 재미있는 돈이야기, 이가책, 1995.
주명건, 세계경제론, 박영사, 1986.
지식경제부, 2010년도 무역 · 통상진흥 종합시책, 2010.
차철호, 현대국제경제학, 형설출판사, 1996
최낙복, 아시아경제론, 두남, 2009.
최용식, 환율전쟁, 새빛, 2010.
통계청 통계자료
한국무엽협회, 무역연감, 2010.
한국은행, 경제통계년보, 각해당년도.
현대경제연구원, 대한민국경제지도, 원앤원북스, 2009.
현혜정, 국경간 M&A 동향과 한국의 과제, 오늘의 세계경제, 제07-33호, 대외경제정책연구원, 2007.

대외경제정책연구원홈페이지
지식경제부 홈페이지

외교통상부 홈페이지
한국무역진흥공사 홈페이지
한국무역협회 홈페이지
통계청홈페이지

朝岡良平編, 『國際商務論の諸問題』 同文舘, 1998年.
池田美知子, 『ガットからWTOへ』ちくま新書, 1996年.
岩澤雄司, 『WTOの紛爭處理』 三省堂, 1995年.
外務省監修, 『新國際經濟機構 ABC』 野田經濟社, 1965年.
環境廳地球環境經濟硏究會, 『地球環境の政治經濟學』 ダイヤモンド社, 1990年.
吾鄕健二譯, 『歪がめられた發展と累積債務—世界經濟の中のメキシコ』 岩波書店, 1992年.
小島麗逸編, 『中國の經濟政策』勁草書房, 1988年.
淸水嘉治, 『市民經濟の經濟學』 汐文社, 1989年.
土屋六郎編著, 『國際經濟學』 東洋經濟新報社, 1997年.
西口章雄·浜口恒夫編, 『新版インド經濟』世界思想社, 1990年.
日本經濟新聞社編, 『世界經濟 TODAY』日本經濟新聞社, 1996年.
本問忠良, 『ウルグアイラウンドが世界貿易を変えた』中央經濟社, 1995年.
三橋規宏外, 『日本經濟入門』日本經濟新聞社, 1999年.
三菱總合硏究所編, 『中國情報ハンドブック(1995年版)』 蒼蒼社, 1995年.
森田桐郞編著, 『世界經濟論』ミネルヴァ書房, 1996年.
柳田侃外, 『新版 世界經濟-市場經濟のグローバル化』ミネルヴァ書房, 1998年.
湯淺和夫編著, 『手にとるようにIT物流がわかる本』かんき出版, 2001年.
若杉隆平, 『国際経済学』岩波書店, 1996.
池田美知子, 『ガットからWTOへ』ちくま新書, 1996.

Balassa, B., *The Theory of Economic Integration*, Homewood, 1961.
Feensta,R.C.,et al, *The Political Economy of Trade Policy-Papers in Honor of Jagdish Bhagwati-*, The MIT Press, 1996.
Grimwade, N., *International Trade Policy-A Contemporary Analysis*, Routledge, 1996.
Houtte, H.V., *The Law of International Trade*, Sweet & Maxwell, 1995.
International Trade, 2010 March Vol.522.
Jackson, H. J. & Davey, W. J., *Legal Problems of International Economic Relations*, West Pub.Co., 1986.
KITA, KOREA AND THE WORLD, 2010.
Lipsey, R.G., "The Theory of Customs Union : A General Survey", *Economic Journal*, Sept. 1960.

MacRae, H., *The World in 2020*, Harper Collins Publishers, 1994.

PETER ISARD, Globalization and the International Financial System, CAMBRIDGE, 2005.

Schott, J. J., *The Uruguay Round-An Assessment*, Institute for International Economics, 1997.

Viner, J., *The Customs Union Issue*, Carnegie Endowment for International Peace, N.Y., 1950.

WEFA, *World Economic Outlook : Developing and Eurasia*, 4th Quarter 2009.

WEINSTEIN, GLOBALIZATION, COLUMBIA, 2005.

World Bank, *From Crisis Sustainable Growth ; A Long-Term Perspective Study*, World Bank, 1989.

IMF HOMEPAGE

IBRD HOMEPAGE

OECD HOMEPAGE

WTO HOMEPAGE

찾아보기

ㄱ

가격경쟁력 *108*
개성공단 생산제품 *241*
개인용컴퓨터 *23*
개인투자가 *40*
거시경제정책 *171*
경공업 *211*
경상계정 *105*
경상수지 *102*
경상이전수지 *103*
경쟁라운드 *138*
경제개발 5개년 계획 *218*
경제기획원 *23*
경제동맹 *154*
경제사회개발5개년계획 *227*
경제성장 *46*
경제성장률 *46*
경제적 후생효과 *161*
경제정책 *16*
경제정책수단 *107*
경제통합의 유형 *155*
경제통화연합 *169*
고대주화 *100*
고령사회 *52*
고령화 사회 *52*
고령화문제 *51*
고전학파 *14*
고정환율제도 *96, 99*
곡물법 *53*
공동농업정책(CAP) *172*
공동시장 *154*
공동유효특혜관세(CEPT) *185*
공동정책 *171*
공산주의자 선언 *17*
과잉생산 *32*
과잉인구 *51*
관리변동환율제도 *98*
관세동맹 *154*
관세양허품목수 *130*
관세율 *129*
관세인하 *129*
교차환율 *95*
교토의정서 *70*
국가가격메커니즘 *164*
국부론 *14*
국제경제기구 *113*
국제금리 *108*
국제금융 *91*
국제무역 *73*
국제수지 *87*
국제수지관리 *106*
국제수지표 *102*

국제습지협약 *68*
국제에너지기구 *61*
국제전략연구소 *61*
국제통화기금 *101*
국제협조정책 *123*
국제회계법 *146*
그린스펀 *105*
근대무역이론 *80*
글레스고 *16*
글로벌경제 *232*
글로벌이슈 *66*
금본위제도 *97*
금속산업 *32*
금융기관 *41*
금융서비스 *181*
금융위기 *43*
금융제도 *231*
기능적 통합 *157*
기술격차론 *84*
기술라운드 *138*
기술장벽 *131*
기술장벽(TBT) *269*
기술집약산업 *231*
기술혁신 *46*
기준환율 *95*
기하급수적 *45*
기회비용(opportunity cost) *80*
기후변화협약 *59*
꼬르도바 *33*

ㄴ

남미공동시장(MERCOSUR) *187*
남북문제 *164*
내국민대우(NT) *128*
내국세 *223*
내셔널지오그래픽 *50*
냉전체제 *33*
넉시(Nurkse) *218*
노동라운드 *138*
노동집약재 *81*
노동집약적 산업 *84*
노벨경제학상 *15*
노스웨스트항공사 *29*
녹색혁명 *55*
농업혁명 *77*
뉴 라운드 *138*
뉴딜정책 *19*

ㄷ

다각적 합병 *38*
다산다사 *48*
다산소사 *48*
다임러벤츠 *43*
다자주의 *149*
담수화 *63*
당발환 *92*
대공황 *14*
대금결제 *22*
대량생산 *32*
대외경제정책연구원(KIEP) *266*
대외송금 *108*
대외자산 *108*
대외지급준비금 *87*
대일청구권자금 *221*
대체연료 *58*
대표적 수요이론 *83*
데나리우스 *100*
데이비드 리카르도 *14*
도량형 *31*
도미니크 스트로스칸 *118*

도시바 *42*
도입기 *84*
도쿄 라운드 *130*
도하개발어젠다(DDA) *233*
독과점 *40*
동인도회사 *53*
동태적 효과 *163*

ㄹ

라인신문 *17*
라틴통화동맹 *175*
레온티에프의 역설 *82*
레이저산업 *65*
루이스 *218*
루즈벨트 *19*
리스본조약 *178*
리스트 *89*
리우환경회의 *69*

ㅁ

마르세이유 *73*
마르코 폴로 *73*
마샬프랜 *125*
마스트리히트조약 *168*
매도환 *92*
매입환 *92*
매킨리산 *71*
멩거 *14*
몬트리올의정서 *68*
무상원조 *214*
무선통신기기 *24*
무역마찰 *107*
무역수지 *226*
무역이익 *79*
무역자유화 *128*
무역전환효과 *161*
무역창출효과 *161*
무역투자위원회 *194*
물가안정 *87*
물의 총량 *62*
미군정시기 *212*
미숙련노동자 *85*
밀턴 프리드먼 *19*

ㅂ

바젤협약 *67*
바퀴 *29*
방직산업 *32*
뱅크오브아메리카 *111*
버논 *84*
법인세 *223*
벤츠 *43*
변동화율제시대 *118*
보험시장 *181*
보험제도 *231*
보호무역정책 *88*
복수통화바스켓제도 *99*
복합운송 *74*
볼리비아 *75*
볼테르 *16*
부가가치세 *223*
부문별특혜무역협정 *154*
부문적 통합 *157*
북미자유무역협정 *178*
북한경제특구 *241*
분담금 *145*
분배이론 *14*
불완전실업 *46*
브레턴우즈체제 *114*
비관세장벽 *89*

비교우위론 *78*
비엔나협약 *69*
비철금속 *223*
빌 게이츠 *65*

ㅅ

사막화 방지협약 *69*
사망률 *50*
사망원인 *62*
사회간접자본 *182*
산성비 *62*
산업폐기물 *62*
산업혁명 *13, 14*
삼성전자 *22*
상계관세 *131*
상트페테르부르크 *20*
상평통보 *100*
생물다양성협약 *68*
생산요소 *81*
서브프라임 모기지 *19*
서비스수지 *106*
석유매장량 *58*
석유수출기구(OPEC) *222*
석유화학공업 *223*
석탄산업 *32*
선물환율 *95*
선물환프리미엄 *95*
성숙기 *85*
성장기 *84*
세계경제통합 *149*
세계경제포럼(World Economic Forum) *31*
세계무역 *32*
세계무역기구 *134*
세계무역질서 *33*
세계보건기구(WHO) *63*
세계은행 *127*
세계의 공장 *110*
세계의 은행 *110*
세계인구 *47*
세계화 *28*
세비야 항 *34*
세이의 법칙 *14*
소득세 *71*
소득수지 *103*
소비의 경제이론 *19*
송금환 *92*
쇠퇴기 *85*
수량제한 *129*
수량제한의 특혜적 적용 *154*
수어드 *71*
수에즈 운하 *20*
수입대체공업화정책 *216*
수입수량제한 *132*
수입허가절차 *131*
수직적 통합 *157*
수직적 합병 *38*
수출경쟁력 *108*
수출금지정책 *75*
수출드라이브정책 *226*
수출자유지역 *226*
수출촉진정책 *223*
수평적 결합 *149*
수평적 통합 *157*
수평적 합병 *38*
수확체감의 법칙 *46*
수확체증 *65*
순수변동환율제도 *97*
순차적 공업화 *219*
슈만선언 *177*

스마트폰 *21, 25*
스미소니언박물관 *119*
스왑 *38*
스왑레이트 *95*
스태그 플레이션 *19*
시장평균환율제도 *99*
식량문제 *51*
식량자원 *55*
식품가공업 *210*
신고전학파 *80*
신보호무역정책 *88*
신설합병 *38*
신용장 *91*
신용카드 *22*
신자유주의 *19*
실크로드 *36*
씨티그룹 *111*

ㅇ

아담 스미스 *13*
아리스토텔레스 *13*
아메리카 *31*
아시아태평양 경제협력체 *189*
아이폰 *21*
아인슈타인 *20*
안시라운드 *131*
알래스카 *71*
알프레드 노벨 *20*
암스테르담조약 *178*
에너지소비량 *59*
에너지자원 *58*
에든버러 *16*
엘빈 토플러 *13*
여행자수표 *91*
연구개발이론 *83*
옥스퍼드 *16*
온실효과 *60*
완전경제통합 *154*
완전실업 *45*
왈라스 *14*
왕립경제학회 *18*
외국물품 *73*
외환보유액 *105*
외환시세 *87*
외환안정 *116*
외환자금의 공여 *116*
요소부존이론 *81*
우루과이 라운드 *131*
우호적 M&A *38*
원산지 규정 *180*
원시사회 *48*
원자력 *58*
원자력발전소 *64*
원화절상 *108*
월드워치연구소 *56*
유럽경제공동체(EEC) *168*
유럽경제권 *182*
유럽경제협력기구 *141*
유럽석탄철강공동체(ECSC) *167*
유럽연합 *167*
유럽원자력공동체(EAEC) *168*
유럽정치연합 *169*
유럽중앙은행 *175*
유콘강 *71*
유효수요 *19*
은행예치금 *91*
은행투자가 *40*
이민유입 *49*
이사벨여왕 *33*
이행형태적 발전패턴 *219*

인간자본 *66*
인공강우 *63*
인구론 *53*
인구변천과정 *47*
인구의 원리 *45*
인구정책 *50*
인구증가율 *49*
인구현황 *49*
인터넷 *21*
인플레이션 *113*
일반 이론 *19*
일반특혜관세 *174*
일본재벌 *221*

ㅈ

자국통화표시환율 *94*
자본계정 *105*
자본수지 *104*
자본주의 *14*
자본집약재 *81*
자본집약적 산업 *84*
자연자원 *55*
자유무역이론 *88*
자유무역지역 *154*
자유방임주의 *14*
자유변동환율제도 *94*
자조이론 *218*
장기자본거래 *108*
재무제표 *39*
재정수지 *226*
재정정책 *171*
재정환율 *95*
잭 웰치 *65*
저출산 *53*
저평가 *40*
적대적 M&A *38*
전반적 통합 *157*
절감효과 *87*
절대우위론 *77*
정미업 *210*
정보지원제도 *231*
정보혁명 *21, 32*
정부조달 *131*
정지인구정책 *50*
정치경제학 *53*
정태적 효과 *161*
제네바라운드 *131*
제도적 통합 *157*
제본스 *14*
제일제당 *221*
제품수명주기이론 *84*
조선공업 *223*
조선은행권 *213*
조세지원제도 *231*
조폐공사 *110*
죤 스튜어트 밀 *14*
주식인수 *38*
주식중개업자 *80*
주조업 *210*
중(中)수도 *63*
중국공상은행 *110*
중금주의 *75*
중농주의 *13, 76*
중상주의 *74*
중화학 공업 *211*
지구온난화 *59*
지구촌 *21*
지구촌화 *32*
지대론 *80*
지식기반사회 *55*

지식자원 *65*
지역주의 *164*
지역주의(Regionalism) *233*
직접세 *172*
짐바브웨 *98*

ㅊ

천연자원 *55*
철강공업 *223*
청조전 *100*
초고령사회 *52*
초인플레이션 *113*
총수요정책 *122*
최혜국대우(MFN) *128*
추심환 *92*
출생률 *50*
취업구조 *46*

ㅋ

칼 마르크스 *14*
컴퓨터 *21*
케네 *13*
케네디 라운드 *129*
케인즈 *14*
케인즈혁명 *14*
케임브리지 *53*
콜럼버스 *31*
크라이슬러 *43*
크리미아반도 *73*

ㅌ

타발환 *92*
탄소 녹색성장 *272*
탄소배출권 *67*
탄소세 *60*
토마스 맬스서 *14*
토지조사사업 *210*
토템폴 *71*
통화정책 *19*
투자수지 *105*
특별소비세 *223*
특별인출권 *121*
틴버겐 *15*

ㅍ

파리조약 *167*
파생금융상품 *105*
파이낸셜타임스 *61*
평화의 경제적 귀결 *18*
포괄적경제동반자협정(CEPA) *254*
포스너 *84*
푸미폰 국왕 *111*
프리드먼 *15*
프리쉬 *15*
플라톤 *13*
피인수기업 *39*
피터 드러커 *65*

ㅎ

한·싱가포르 FTA *239*
한·칠레 FTA *236*
한계효용 *14, 81*
한국 자동차 공업협회(KAMA) *262*
한국무역진흥공사 *223*
한국민간구호계획 *214*
한국재벌 *221*
한일경제협력 *221*
합병시대 *40*
항공운송 *74*
해상무역 *73*

해수담수화공법 *64*
해양오염방지협약 *68*
해외농업개발 *57*
해외직접투자 *108, 231*
해외투자 *231*
해저터널 *36*
향신료 *34*
헤겔주의 *17*
헥셔-오린 *81*
헬레니즘시대 *101*
현대무역이론 *83*
현대자동차 *22*
현물환율 *95*
호박금(Electrum) *101*
호프바우어 *84*
화석연료 *58*
화폐개혁론 *19*
화폐차액론 *76*
화학독물 *62*
환경라운드 *138*
환경오염문제 *51*
환어음 *91*
후버연구소 *19*
휴대폰 *25*
흡수능력이론 *218*
흡수합병 *38*

A. Hamilton *88*
Absolute Advantage *77*
Absorptive Capacity Theory *218*
ACM *152*
Acquisition *37*
Adler *218*
AFTA *185*
American terms *94*
ANCOM *187*
ANIEs *189*
arbitrated rate *95*
ASEAN *37, 153*
Asian-Pacific Economic Cooperation ; APEC *189*
Association of Southeast Asia : ASA *153*
Augustus *100*

B

Balassa *155*
basic rate *95*
Biodiversity Convention *68*
Blue Round *138*
Boom *40*
Bretton Woods system *96*
BRICs *117*
buying exchange *92*

CACM *152*
CARICOM *187*
CEPA *254*
CER *191*
cessna *30*
Civic Relief in Korea : CRIK *214*
Classic School *77*
collection exchange *92*
Committee on Trade and Investment ; CTI *194*
Comparative Advantage *78*
Competition Round *138*
cross rate *95*

D

David Ricardo *80*
DDA *149*

E

East Asian Economic Caucus ; EAEC *185*
EC *132*
ECA *214*
Economic and Monetary Union ; EMU *169*
economic integration *149*
effective exchange rate *96*
EFTA *132, 157, 174*
Eminent Persons Group ; EPG *194*
Euratom *168*
EURO *175*
European Free Trade Association *243*
European Political Union ; EPU *169*
European terms *94*

F

F. Engels *17*
F. List *88, 89*
Facebook *22*
FAO *56*
Foreign Exchange *91*
Foreign Exchange Market *92*
forward exchange rate *95*
FTA *197*
FTA: Free Trade Agreement *233*
FTAA *207*
fundamental disequilibrium *115*

G

G-7 *142*
G20 *145*
GARIOA *214*
GARIOA : Government and Relief in Pccupied Area *214*
GATS *136*
GATT *33*
GCC *200, 271*
GDP *142*
General Agreement on Tariffs and Trade *114*
Giddens *28*
Gilland *56*
Globalization *27*
gold parity *115*
gold standard system *96, 97*
Google *22*
grace time *152*
Green Round *138*
GSP *174*
Gulf Cooperation Council *271*

H

Heckscher-Ohlin *81*

I

IBRD *56*
ICA(미국의 국제협력기구)원조 *214*
IN-IN *44*
IN-OUT *44*
International Bank for Reconstruction and Development *114*
International Monetary Funds *114*
International Trade Organization *128*

Internet 22
inward exchange 92
ITO 128

J

Jean Monnet 168

K

Karl Marx 80
Kennedy Round 220
Krugman 80
Kyoto Protocol 70

L

LAFTA 152
LAIA 187
Leontief 82
Lewis 218
liquidity dilemma 118
London Dumping Convention 68

M

Market Access 136
Marrakesh Agreement 134
Mercantilism 74
Merger 37
MFA 136
Milton Friedman 19
Montreal Protocol 68
MRA: Mutual Recognition Agreement 241

N

NAFTA 178
NEC 42
neo-protectionism 89
NIEs 37, 60
nominal exchange rate 95

O

OBD; On Board Diagnostics 265
OECD 56
OEEC 141
On Line Information Service 142
Organization for European Economic Cooperation ; OEEC 141
OUT-IN 44
outward exchange 92

P

PC(Personal Computer) 23
PL480호 214
Preferential Trading Arrangement ; PTA 185
punctuality 152

Q

quantitative restriction 129

R

R&D 83
Ramsar Convention 68
real exchange rate 96
Regional Cooperation for Development ; RCD 153
remittance exchange 92
roaring twenties 113
RTA : Regional Trade Agreement 197

S

SACU *200*
safeguards *130*
Self-Help Theory *218*
selling exchange *92*
SOC *183*
Special Drawing Rights *121*
spot exchange rate *95*
SPS *265*
stand-by credit *220*
STX *41*
swap point *95*
swap rate *95*

T

Technology Round *138*
terrafugia *30*
TGIF *23*
The United Nations Framework Convention on Climate Change *67*
trade policy *86*
Transparency *136*
TRIPS(무역 관련 지적재산권 협정) *266*
Twitter *22*

U

UNKRA(국련한국재건단)원조 *214*
UN환경개발회의 *59*

V

Viner *163*
virtual punctuality *152*

W

WHO *127*
Wild Geese Flying Pattern of Growth *219*
Working Group *194*
World Bank *124*
WSJ *61*
WTO *33*

Z

zero sum *93*

❑ 저자약력

▎김 용 진

- 브니엘고등학교
- 부산교육대학교
- 동아대학교
- 부산대학교 경영대학원(경제학석사)
- 부산대학교 대학원(경제학박사)
- 미국 Portland State University 객원교수
- (사)한국무역통상학회장
- (사)한국무역학회부회장
- (사)한국항만경제학회부회장
- (사)한국국제상학회부회장
- 한국경제교육학회이사
- 한국학술진흥재단 심사위원
- 교육부 교육대학교발전위원회 및 실무추진팀원
- 부산광역시 연제구 재정심의위원회 부위원장
- 부산광역시 연제구 투자심의위원회 부위원장
- (재)부산광역시 인적자원개발원 운영위원
- 부산발전연구원 경제교육센타 자문위원
- 낙동고등학교 학교운영위원회위원장
- 한국무역협회 무역연수원 강사
- 경북전문대학 무역학과 전임강사
- 부산경상대학 무역학과 부교수
- 부산교육대학교 사회교육과 교수

➜ 대표논문 및 저서

- 해상수입 LCL화물의 창고보관료 적정화방안에 관한 연구, 한국항만경제학회지(2010)
- 한 · 중 FTA의 주요쟁점과 추진전략에 관한 연구, 무역통상학회지(2009)
- 한-ASEAN FTA에 관한 연구, 무역통상학회지(2006)
- 한 · 일 FTA 체결에 따른 산업별 영향과 한국의 대응방안, 부산교육대학원 논문집(2005)
- 초등사회과 ICT활용 교수학습과정안 연구개발, 초등사회과교육학회(2004)
- 우리나라의 관세자유지역의 전망에 관한 연구, 한국항만경제학회지(2003)
- 알기쉬운 세계경제(공저)(형설출판사, 2002)
- 세계경제의 이해(공저)(형설출판사, 2001)
- 영남지역의 초등사회과 지역화교과서 경제영역 비교연구, 한국초등사회과교육학회(2001)

외 다수의 논문

인 지

TGIF시대의 글로벌경제

초 판 1쇄 발행 —— 2011년 3월 5일
초 판 2쇄 발행 —— 2014년 9월 10일
지은이 —— 김 용 진
펴낸이 —— 전 두 표
펴낸데 —— 도서출판 **두남**
서울시 강동구 성내로6길 34-16 두남빌딩
신 고 : 제25100-1988-9호
TEL : 02) 478-2065, 2066, 2067, 2311
FAX : 02) 478-2068
E-mail : dunam1@unitel.co.kr
http://www.dunam.co.kr

정가 15,000원

ISBN 978-89-6414-201-1 93320